Chuck Chitwood
Hiobs Botschaft

Chuck Chitwood

Hiobs Botschaft

Roman

ONCKEN VERLAG WUPPERTAL UND KASSEL

ABCteam-Bücher erscheinen in folgenden Verlagen:

Aussaat Verlag Neukirchen-Vluyn
R. Brockhaus Verlag Wuppertal
Brunnen Verlag Gießen und Basel
Christliches Verlagshaus Stuttgart
Oncken Verlag Wuppertal und Kassel

Die amerikanische Originalausgabe erschien
unter dem Titel THE TRIAL OF JOB
bei Cook Communications Ministries,
4050 Lee Vance View, Colorado Springs, Colorado 80918/USA
© 2000 Chuck Chitwood

Deutsch von Wolfgang Günter

© 2002 der deutschen Ausgabe:
Oncken Verlag Wuppertal und Kassel
Umschlag: Ralf Krauß, Remseck-Aldingen
Satz: QuadroMedienService, Bensberg
Druck und Bindung: Bercker Graph. Betrieb GmbH & Co. KG, Kevelaer
ISBN 3-7893-1820-5
Bestell-Nr. 111 820

1

CHARLIE HARRIGAN BEOBACHTETE schweigend, wie die Zahlen auf der Anzeige im Fahrstuhl umsprangen, ebenso wie die zehn anderen Männer, alle in gedeckten Anzügen und gestärkten Hemden. Er fragte sich, ob ihn jemand erkannte. Charlie hatte niemals wirklich im Rampenlicht stehen wollen, aber er war gespannt, was für ein Gefühl das sein würde. Würde man einen Empfang für ihn geben? Ein großes Transparent mit seinem Namen aufhängen? Auf dem in riesigen Buchstaben die Schlagzeile des *Charlotte Observer* zu lesen war: »Zehn Millionen Dollar Schmerzensgeld im Kunstfehlerprozess«? Gerade hatte er das höchste Schmerzensgeld für einen ärztlichen Kunstfehler erkämpft, das in der Geschichte North Carolinas je einem Kläger zugesprochen worden war. Dies war der größte Tag seiner Karriere.

Immer noch sprangen die Zahlen auf der Anzeige um. Trotz allem fühlte sich Charlie unbehaglich. Ein Rechtsanwalt baute sein Leben auf dem Leid anderer Menschen auf, auf ihren Unfällen, Verlusten und gebrochenen Herzen. Entweder erlitt jemand einen Verlust und engagierte daraufhin einen Rechtsanwalt, oder jemand verklagte einen anderen, um ihm Leid zuzufügen. So oder so, manch eine Karriere und manch ein Vermögen wurde auf den Tränen errichtet, die ein anderer vergossen hatte. Aber wenn er nicht diesen Fall übernommen hätte, hätte es jemand anders gemacht. Charlie versuchte sich einzureden, dass ein anderer Rechtsanwalt kaum so viel Mitleid und Nächstenliebe aufgebracht hätte wie er. Warum sollte er also nicht feiern? Die Gerechtigkeit hatte gesiegt, und der Schuldige war zur Zahlung von zehn Millionen Dollar Schmerzensgeld und anderthalb Millionen Dollar Schadensersatz verurteilt worden. Charlie war zum Helden geworden, weil er die Wahrheit aufgedeckt und den Stein ins Rollen gebracht hatte. Dies war eindeutig der größte Tag seiner Karriere, und er fand, dass er das Recht hatte, ihn zu genießen.

Die Kanzlei *Hobbes, Reimarus & Van Schank* residierte im neununddreißigsten, vierzigsten und einundvierzigsten Stockwerk des vor kurzem errichteten NationsBank-Tower in Charlotte. Es war die teuerste und prestigeträchtigste Adresse in der Skyline von Charlotte, die in rasendem Tempo wuchs, und *Hobbes, Reimarus & Van Schank* war ihrerseits die einflussreichste Firma, die unter dieser Adresse anzutreffen war. Während die NationsBank von Florida bis Oklahoma Banken schluckte, machten *Hobbes et al.* in aller Stille das große Geld.

Als der Aufzug zum Stillstand kam und sich die Türen öffneten, war Charlie enttäuscht. Keine Transparente. Keine Glückwünsche. Keine Anwälte, die die Hände aufhielten, um ihren Anteil zu verlangen, ein Drittel der elfeinhalb Millionen Dollar. Nur die Namen *Hobbes, Reimarus & Van Schank* in riesigen goldenen Lettern über der Tür. Charlies Herz sank ein wenig, aber er zwang sich, nicht enttäuscht zu sein. Die Kanzlei war eine respektable Firma. Vielleicht wollten sie ihm auf ihre stille Art zeigen, wie sehr sie seine Arbeit schätzten. Vielleicht würde ihn einer der Teilhaber in ein Fünf-Sterne-Restaurant einladen. Nichts konnte ihn heute enttäuschen. Mit dieser Verhandlung hatte er die fünf härtesten Monate seines Lebens hinter sich gebracht. Und selbst wenn ihm niemand gratulierte, konnte ihm das doch nicht die Stimmung verderben – er musste nur an das Gesicht denken, das Dr. Owen Johnston gemacht hatte, als der Sprecher der Geschworenen den Schuldspruch verkündete.

Charlie bog nach links zum Empfangstresen ab. In dem Moment, als er die zweiflügelige Eichentür erreichte, schlug ihm der Geruch von Edelholzparkett und Geld entgegen. Durch die geöffnete Tür sah er die Panoramafenster am entgegengesetzten Ende des Foyers, die sich von der Decke bis zum Fußboden erstreckten. Sie boten ihm den Ausblick auf die Skyline von Charlotte und das Ericsson-Stadion, in dem die Baseballmannschaft *Carolina Panthers* ihre Heimspiele austrug. Auf dem Edelholzparkett lagen echte Perserteppiche. Das Foyer war nach oben hin offen, so dass man alle drei Stockwerke sehen und auf der Wendeltreppe ins nächste Geschoss gelangen konnte, auf dem ebenso großer Wohlstand zur Schau getragen wurde. Der ausladende Eingangsbereich und der Ausblick sollten Prozessgegner einschüchtern. Darum bestanden die Teilhaber darauf, dass alle Aussagen unter Eid im großen Konferenzsaal zu Protokoll genommen wurden. Der massive Eichentisch mit den vierzig Sitzplätzen und die Vertäfelung aus Eiche strahlten Macht und Prestige aus. Dass einem beim Blick aus dem Fenster die Stadt zu Füßen lag, wies darauf hin, dass man es hier nicht mit Anfängern zu tun hatte. Charlie erinnerte sich daran, dass sein Geschichtsprofessor Dr. Leuchtenburg von mittelalterlichen Königen erzählt hatte, die ihre Zufahrten und Portale mit Waffen und Kriegsbeute geschmückt hatten, um Feinde und ausländische Würdenträger so einzuschüchtern, dass sie ihre Vorherrschaft nicht in Frage stellten. Heute geschieht das Gleiche in Anwaltskanzleien und Gerichtsgebäuden. Ein Gerichtssaal wird absichtlich so groß gestaltet, dass der Angeklagte vor der Macht des Staates zittert. Anwaltskanzleien zeigen dagegen, dass ihnen genügend Geld zur Verfügung steht, um ihre Gegner darunter zu begraben. Nur sehr wenige Anwälte in Charlotte würden das Gefühl bekommen, es mit ihnen aufnehmen zu können, wenn sie diese Kanzlei betraten. Charlie konnte sich glücklich schätzen, dass er die Firma auf seiner Seite hatte. Gegen diese Leute zu prozessieren wäre kein Vergnügen.

Charlie begrüßte die attraktive, aber dennoch irgendwie künstlich aussehende Empfangsdame Selia, die ihm zurief: »Herzlichen Glückwunsch, Mr. Harrigan! Ich hab Ihr Foto auf der Titelseite gesehen.«

»Danke«, entgegnete Charlie. »Ich war brillant, oder?« Ein kleiner Scherz war hier wohl nicht fehl am Platz.

Nachdem man die üblichen Höflichkeiten ausgetauscht hatte, griff Selia zum Telefonhörer und wählte einen Hausanschluss an. »Er ist jetzt hier und kommt zu euch!« Sie sprach schnell und leise in ihr Kopfhörermikrophon.

Charlie wandte sich nach rechts und ging den Korridor zu seinem eigenen Büro entlang. Als er den Konferenzraum erreichte, öffnete sich plötzlich die zweiflügelige Tür. Jemand griff nach ihm und zog ihn in den Saal hinein. Vor sich sah er eine Menge dunkler Anzüge und einige helle Kleider, die von den wenigen

Anwältinnen getragen wurden. Charlie erkannte sie nicht alle. Ganz vorne stand der Seniorpartner J. Garrison Hobbes III. Hobbes war vollständig kahl und wirkte wie ein Schurke aus einem James-Bond-Film. Ihm fehlte nur noch das Monokel. Er trug immer schwarze Anzüge und eine schmale rote Krawatte, die ihn noch größer wirken ließ, als er mit seinen einsdreiundachtzig ohnehin schon war. Er war direkt und kam immer sofort zur Sache. Sehr selten verspürte er das Bedürfnis zum herzlichen Umgang mit seinen Angestellten. Man konnte sich seiner Motive und seiner Handlungen nie ganz sicher sein und musste wenn möglich versuchen, ihn auf seiner Seite zu haben.

Er wies Charlie zurecht. »Sie sind spät dran! Es ist Viertel nach neun.« Charlies Herz setzte einen Moment aus. Er konnte sich nicht erinnern, dass für heute ein Treffen angesetzt war. »Wie können Sie es wagen, uns warten zu lassen, wenn der Champagner schon seit einer halben Stunde kalt steht? Meinen Glückwunsch, Herr Anwalt!«

Die Leute brachen in Hurrageschrei aus und applaudierten. Charlie hatte Hobbes noch nie von seiner jovialen Seite kennen gelernt, und er begriff erst nach einigen Augenblicken, dass die Party ihm selber galt.

»Ladies und Gentlemen«, fuhr Hobbes fort, als er sein Glas erhob, um dem Helden des Tages zuzuprosten, »lassen Sie mich Ihnen den neuesten Millionär unserer Firma vorstellen. Ich habe Ihnen immer gepredigt, dass es sich lohnt, als Pflichtverteidiger ohne Bezahlung tätig zu werden, denn verborgen unter den Felsen der gemeinnützigen Arbeit trifft man früher oder später auf eine Goldmine. Unser Freund Charlie hat das große Los gezogen. Trinken Sie ruhig aus, aber ich erwarte, dass in einer halben Stunde jeder wieder an der Arbeit sitzt. Sie können Charlie die ausgefallene Arbeitszeit in Rechnung stellen. Er kann es sich leisten.«

Die Anwälte lachten, der Champagner begann zu fließen und einige Anwälte wirkten tatsächlich etwas beschwipst, obwohl es noch früh am Morgen war. Charlie schlängelte sich durch die Menschen hindurch, und an die einhundert Leute klopften ihm auf die Schulter. Auf dem Tisch lagen ein paar Exemplare des *Charlotte Observer* herum. Keiner konnte ahnen, dass Charlie sich bereits fünfzig Exemplare besorgt hatte. In einer Firma mit über vierhundert Anwälten konnte man unmöglich jeden Einzelnen kennen, aber Charlie schien es auf einmal, als hätte er mit einem Schlag über hundert neue Freunde gewonnen. Die Gespräche bestanden meist aus Small Talk. Wie hoch lag der Anteil der Firma? Würde der Arzt in Berufung gehen? Würde Charlie zum nächsten Teilhaber gemacht werden?

Hobbes, Reimarus & Van Schank hatten fünf Standorte. Der Hauptsitz lag in Charlotte, die Filialen in Washington, New York, Atlanta und Dallas. Insgesamt gab es achthundert Anwälte und zweihundert Teilhaber. Als Teilhaber kam man in dieser Firma am schnellsten an das ganz große Geld, aber es war gar nicht so einfach, so weit zu kommen. Nur einer von zehn angestellten Anwälten hatte überhaupt die Chance, Teilhaber zu werden. Der entscheidende Faktor war dabei, neue Mandanten zu gewinnen. Nachdem Charlie nun eine für North Carolina einmalige Rekordsumme in einem Kunstfehlerprozess herausgeschlagen hatte, konnte er darauf zählen, dass die neuen Mandanten vor seiner Tür Schlange stehen würden. Er hatte es geschafft.

Die Party klang allmählich aus und die Anwälte gingen in ihre Büros zurück, wo sie ihre Arbeitszeit anderen Leuten in Rechnung stellen konnten. Charlie war den ganzen Morgen im siebten Himmel gewesen. Als sich der Konferenzsaal leerte, schaute er zum Fenster hinaus und ließ den Blick über die anderen Hochhäuser gleiten. Er spürte, wie dieser Schmerz ihn wieder überfiel. Ein junges Mädchen hatte sterben müssen, damit er reich und bekannt werden konnte. Es war eine völlig sinnlose Tragödie. Charlies bester Freund in der Firma, Brad Connelly, sah Charlie seinen Kummer an. Brad sah aus wie ein Anwalt aus einer Fernsehserie, mit sonnengebräunter Haut und perfekt gestyltem Haar. Dreimal in der Woche ging er zum Bodybuilding und jeden zweiten Tag machte er einen Dauerlauf von zehn Kilometern. Alles in allem erinnerte er an einen Anwalt, wie man ihn von den Hochglanzillustrierten kannte. Er genoss das Leben zu sehr, um so ernsthaft und verbissen wie Charlie zu sein, und dafür bewunderte ihn Charlie irgendwie.

»Was ist los mit dir? Das ist deine Party, und du siehst aus, als wolltest du zu einer Beerdigung gehen.«

»Ich habe nur nachgedacht, Brad. Ist das wirklich richtig, dass wir hier feiern? Ein Teenager ist tot. Zwei wundervolle Menschen haben ihre Tochter verloren, und diese Leute hier fangen um neun Uhr morgens an zu trinken.« Charlie hatte in seiner Studentenzeit selbst etwas mehr getrunken, als gut für ihn war, aber seine Frau hatte ihn vor dem Partyleben gerettet.

»Hör mal gut zu. Es ist eine verdammte Schande, dass Maggie Thomason sterben musste, aber wir feiern hier doch nicht ihren Tod! Wir feiern, weil du diesen Schlächter der Gerechtigkeit ausgeliefert hast und er jetzt die Suppe auslöffeln muss. Du hast ihren Tod nicht verhindern können, aber du hast dafür gesorgt, dass die Gerechtigkeit gesiegt hat. Du bist nicht irgendein Wichtigtuer, du bist ein richtiger Held!«

»Danke, Brad. Ich glaube, die ganze Sache ist mir an die Nieren gegangen. Was diese Familie durchmachen musste, ist wahrscheinlich das Schlimmste, was ich je gesehen habe.«

»Du brauchst dich ja nicht wie ein Held zu fühlen, aber für mich bist du einer.« Brad versuchte das Thema zu wechseln. »Glaubst du, dass sie dich dafür zum Teilhaber machen werden?«

Ein vierunddreißigjähriger Mann wurde kaum jemals zum Teilhaber gemacht, aber es kam noch seltener vor, dass jemand einen so bedeutenden Prozess gewann. Anders als in den Filmen ist die Arbeit eines Rechtsanwalts eher von langweiliger Routine geprägt. Achtzig Prozent der Arbeitszeit vergehen mit Papierkram und langwierigen Untersuchungen.

Charlie entgegnete: »In den nächsten paar Monaten müssten sie wieder jemanden zum Teilhaber machen. Ich will mir nicht zu große Hoffnungen machen, aber – Mann, das wäre unglaublich.«

»Ich stehe auf jeden Fall hinter dir. Burchette habe ich nie getraut. Kam mir immer ein bisschen zwielichtig vor, dieser Typ.«

Charlie dachte kurz an den Teilhaber, der sich vor kurzem aus dem Geschäft zurückgezogen hatte und den die Firma bald ersetzen würde. »Danke.« Er wandte seinen Blick wieder der Skyline zu.

»Ich muss mich jetzt wieder mit Edmund Rourke beschäftigen. Der Alte kommt heute vorbei, um sein Testament zum zwanzigsten Mal ändern zu lassen.« Brad machte sich auf den Weg.

»Will er seiner Katze irgendwas vererben?«

»Rourke ist der exzentrischste Mann, den ich kenne. Du könntest glauben, er lebt auf einem anderen Planeten. Er hinterlässt seiner Katze mehr als seiner Frau.«

»Das hat man davon, wenn man zweiundzwanzig ist und einen Mann in den Siebzigern heiratet, der seinen Sauerstofftank auf einem kleinen Wagen hinter sich herzieht.«

»Ruf mich an. Wir können zusammen zu Mittag essen.«

»Bis nachher.«

Diesmal haben die Guten wirklich gewonnen, dachte Charlie. Er verließ die Party und ging zurück zu seinem Büro, das nach Osten lag. Er konnte die Trade Street bis zum Polizeirevier und dem Mecklenburg-County-Gerichtsgebäude hinaufsehen, wo er im letzten Jahr viel Zeit verbracht hatte. Er blätterte in den Gelben Seiten und bestellte einen Blumenstrauß für Harold und Carlene Thomason. Auf der Karte stand: »Es tut mir Leid wegen Maggie. Ich hoffe, dass dieses Urteil ein bisschen dazu beiträgt, dass es Ihnen besser geht. Charlie.« Er bezahlte die Blumen sogar mit seiner persönlichen Kreditkarte, statt sie seinen Mandanten unter der Rubrik »Verschiedenes« zu berechnen, wie es üblich war.

Maggie Thomason war eine aufgeweckte Sechzehnjährige und ging zur Providence Day High School im Südosten der Stadt. Man hatte sie zur Vizepräsidentin des Schülerrats gewählt, und sie war beliebt, aber nicht die unangefochtene Königin. Sie war Cheerleader, hielt sich aber deswegen nicht für etwas Besseres, und das war vielleicht der Grund, warum sie jeder mochte, besonders Harley Ross. Harley war im letzten Schuljahr und finanzierte sich durch ein Vollstipendium, das er aufgrund seiner Leistungen als Footballspieler erhielt. Harley und Maggie waren schon ein gutes Jahr miteinander ausgegangen, als er ein letztes

Mal in seiner Schullaufbahn für die Schulmannschaft spielte. Weil Harley drei Touchdowns erreichte, wurde East Mecklenburg von Providence Day vernichtend geschlagen. Bei der Siegesfeier entschloss sich Maggie, die Sache nicht so eng zu sehen und sich einen oder zwei Drinks zu genehmigen ... oder vielleicht auch drei. Später feierte sie mit Harley allein weiter, und dabei gingen sie zu weit. Obwohl die statistische Wahrscheinlichkeit dagegen sprach, wurde sie beim allerersten Mal schwanger.

Maggie und ihre beste Freundin Stacey fanden, dass man die Situation schnell und in aller Stille bereinigen konnte. Maggie wollte sich weder die Chancen auf ein Stipendium verbauen noch ihre Familie enttäuschen. Was würden die Leute in der Kirche sagen? Sie leitete dort eine Gruppe und sollte eigentlich ein gutes Beispiel geben. Am Donnerstag ließen Maggie und Stacey das Mittagessen in der Schule ausfallen und fuhren zu einer Frauenklinik im Stadtzentrum. Sie wollten so weit wie möglich fahren, damit ihnen nicht jemand begegnete, den sie kannten. Dr. Owen Johnston war nicht gerade herzlich. Die Schwestern bereiteten sie für den Eingriff vor. Der Arzt betrat den OP, erledigte seine Aufgabe so schnell wie möglich und ging dann wieder. Er empfahl ihr lediglich, »etwas auszuruhen«. Fünfundvierzig Minuten und einhundertfünfzig Dollar später war alles vorbei. Problem gelöst.

Die beiden Mädchen waren rechtzeitig zum Englischunterricht in der sechsten Stunde zurück. Maggies ganzer Körper schmerzte, als sie Mrs. Brawleys Ausführungen zum Charakter von Hester Prynne in *Der scharlachrote Buchstabe* verfolgte. Sie nahm eine Aspirintablette und versuchte, sich ihre Schmerzen nicht anmerken zu lassen. Niemand würde etwas herausfinden.

Als es läutete, schnappte Maggie sich Stacey und ging mit ihr zu den Toiletten. Sie blutete. Sie rannten zu Staceys Auto und fuhren zur Klinik zurück. Die Schwester teilte ihnen mit, dass der Doktor nicht im Haus sei und dass sie es im Krankenhaus versuchen müssten.

»Und was ist mit der Versicherung?«, schrie Maggie. »Die wollen doch wissen, wo meine Eltern versichert sind ...!«

»Die Klinik an der Shamrock Road ist umsonst.« –

Gewöhnlicher Angestellter einer großen Firma wie *Hobbes, Reimarus & Van Schank* zu sein, hatte seine Vorteile. Die Angestellten waren verpflichtet, jeden Monat zehn Stunden als Pflichtverteidiger abzuleisten. Meist handelte es sich dabei um ziemlich einfache Fälle. Ältere Menschen mussten ihre Testamente abfassen und ihre finanziellen Angelegenheiten ordnen. Für gewöhnlich gab es ein paar Arme, die gegen gierige Vermieter klagten, die sie aus ihrer Wohnung verjagt hatten. Charlie genoss diese Arbeit. Andere betrachteten sie als lästige Unterbrechung auf ihrem Weg zu Wohlstand und Berühmtheit, aber Charlie fand diese Arbeit weitaus sinnvoller, als einen Vergleich zwischen einem Bauunternehmer und einem Geschäftsmann auszuhandeln und dabei nur die zweite Geige zu spielen. Er half den Menschen wirklich gern und besuchte dafür Obdachlosenheime, das Heim für Jugendliche, die von zu Hause durchgebrannt waren, und die Klinik, wo man Kranke umsonst behandelte. An einem Donnerstag in dieser Klinik sollte sich Charlies Leben völlig ändern.

Charlie unterhielt sich gerade mit einer Mutter, die Schwierigkeiten mit der Auszahlung ihrer Sozialhilfe hatte, als er hörte, wie ein Auto mit quietschenden Reifen in einer Parkbucht zum Stehen kam. Stacy hetzte mit Maggie in die Klinik.

»Ich brauche Hilfe! Meine Freundin verblutet!«, schrie Stacy.
»Kann ich Ihnen helfen?«, fragte Charlie.
»Sind Sie Arzt?«, fragte Stacey.
»Nein, ich bin Rechtsanwalt.«
»Können Sie diesen Schlächter verklagen?«, bat Maggie schluchzend.
»Ja, wenn Sie mich engagieren, schon.«
An diesem Tag nahm Maggie die juristische Unterstützung von Charlie Harrigan und *Hobbes, Reimarus & Van Schank* gegen einen Vorschuss von fünf Dollar in Anspruch. Mehr hatte sie nicht in der Tasche.

Ein guter Anwalt ist immer bereit. Charlie raste zum Kofferraum seines grünen Chevy Blazer und griff nach seinem Camcorder. Hinten im Krankenwagen nahm Charlie Maggies Aussage auf dem Weg zum Presbyterian Hospital auf. Damals machte er sich darum keine Gedanken, aber kein Geschworener konnte sich diese schreckliche Szene anschauen, ohne Charlie alles zu geben, worum er gebeten hatte.

Dieses Video enthielt die letzte Aussage, die Maggie jemals machte. Sie bat ihre Eltern für alles um Verzeihung. Sie bat Harley um Verzeihung, weil sie ihr Baby getötet hatte. Sie weinte und wiederholte immer wieder, dass das alles gar nicht wahr sein könne. Ihre letzte Aussage auf dem Video besiegelte das Schicksal des Arztes.

»Dieser Mann darf nie wieder praktizieren. Er soll doch Menschen helfen, aber mich hat er umgebracht!«

Im Warteraum der Notaufnahme rief Charlie seine Frau an.

»Sandy, ich bin's.«

»Was ist los?« Sie konnte an seiner Stimme hören, dass etwas nicht stimmte.

Charlie erzählte ihr die ganze Geschichte von Maggie, Harley und Dr. Owen Johnston.

»Ich weiß noch nicht, wann ich nach Hause kommen kann«, versuchte er sich zu entschuldigen.

»Mach dir keine Sorgen. Du musst alles tun, was nötig ist, um diese schleimige Ratte festzunageln.«

»Sandy, manchmal glaube ich, du regst dich über meine Probleme mehr auf als ich.«

»Dafür bin ich da.«

Sandys Stimme brachte einen Augenblick lang Licht in seine ansonsten bedrückende Situation. Es war gar nicht das, was sie sagte; allein der Klang ihrer Stimme schien zu bewirken, dass sich jede Wolke verzog. Sandy gehörte zu den wenigen geduldigen Frauen, die verstanden, dass der Beruf des Rechtsanwalts ein Vierundzwanzigstunden-Job war und dass es zu diesem Beruf gehörte, Tag und Nacht für seine Mandanten erreichbar zu sein. Gerade das gehörte zu den Dingen, die sie an Charlie liebte. Er stand loyal zu seinen Mandanten. Er betrachtete seine juristische Tätigkeit als einen Dienst, nicht nur als einen schnellen Weg zum Wohlstand. Schließlich hatte Geld sie niemals sonderlich motiviert. Sandy hatte ihre eigene lukrative Stelle bei *Carolina Graphic Design* aufgegeben, als Ashley vor vier Jahren zur Welt gekommen war. Eine Grafikfirma zu verlassen, die sie in den nächsten sieben oder acht Jahren bestimmt zur Teilhaberin gemacht hätte, brachte ihr einen Haufen Kritik von ihren feministischen Freundinnen ein, die sie noch von der Universität kannte. Aber sie war glücklich. Jetzt, da sich ein zweites Kind ankündigte, war sie vollkommen ausgefüllt.

Charlie hatte Maggie um die Erlaubnis gebeten, ihre Eltern anzurufen, und Stacey wartete am Eingang auf sie. Im Wartezimmer dachte Charlie an Ashley, ihr langes braunes Haar und ihre Stupsnase. Als er sich vorstellte, seiner eigenen Tochter wäre so etwas zugestoßen, begann er sogar zu weinen. Er versuchte in die Haut der Thomasons zu schlüpfen, aber der Versuch misslang. Der Krankenhausseelsorger bemerkte den einsamen Mann, der zusammengesunken in der Ecke saß.

»Ist etwas nicht in Ordnung, mein Sohn?«

Den Bruchteil einer Sekunde lang regte sich Charlie über diese Frage auf. Ich bin hier im Krankenhaus, also was glaubst du denn?, dachte er ärgerlich. Weil der Seelsorger aber aufrichtig klang, zwang sich Charlie zu einer höflichen Antwort.

»Das ist unfair. Das Mädchen macht in ihrem Leben einen einzigen Fehler und muss dafür sterben.«

Der Priester strich sich über seinen Bart. »Manchmal können wir Gottes Willen nur schwer erkennen. Wir müssen darauf vertrauen, dass er alles unter Kontrolle hat.«

Die Worte des Seelsorgers klangen ebenso zweideutig wie unbeteiligt.

»Jetzt will ich Ihnen mal was sagen, Herr Pfarrer. Erstens: Haben Sie vielen Dank für Ihren schwachen Versuch, mich zu trösten. Zweitens: Wenn Gott diese Situation unter Kontrolle hat, dann ist er wohl einen Moment am Steuer eingeschlafen. Und drittens: Ich bin nicht Ihr Sohn!«

Charlie ging eilig zur Besuchertoilette und machte sich frisch, damit er den Eltern des Mädchens einen einigermaßen präsentablen Anblick bieten konnte. Meist hatte er seine Gefühle besser unter Kontrolle als gerade jetzt. Aber die Situation hatte ihn mitgenommen. Er brauchte keine Orakelsprüche von einem Seelsorger, der nichts über ihn wusste.

Charlie war kein Ketzer. Er glaubte an Gott und ging ein paar Mal im Monat zum Gottesdienst. Aber die Anforderungen des Studiums und eine Achtzig-Stunden-Woche zu Beginn seiner Berufslaufbahn hatten dazu geführt, dass sein Glaube nur noch auf Sparflamme brannte. Trotzdem liebte er Gott und versuchte, immer das Richtige zu tun, was für einen Anwalt gar keine einfache Sache war. Er war im Grunde der moralischste Anwalt, den er kannte.

Harold und Carlene Thomason kamen gegen sechs Uhr am Presbyterian Hospital an, als der Arzt gerade den OP verließ. Er erklärte ihnen, dass sie alles versucht hätten, dass aber die inneren Verletzungen so schlimm gewesen seien, dass Maggie es nicht geschafft hatte.

Charlie stellte sich den Thomasons vor, sprach ihnen sein Beileid aus, erklärte, warum er da war, und bot ihnen seine Hilfe an. Sie luden ihn für den nächsten Tag zu sich nach Hause ein. Ihr Haus war im Kolonialstil erbaut und stand unter den mächtigen Kiefern im Osten von Charlotte. Er zeigte ihnen das Video, das er im Krankenwagen von Maggie gemacht hatte. Ihre Eltern entschlossen sich schon nach wenigen Minuten, Charlie als Anwalt zu behalten und Dr. Johnston zu verklagen.

Dr. Owen Johnston hatte das Studium eigentlich mit dem Vorsatz begonnen, der Menschheit zu helfen. Aber ein Studentendarlehen von fünfzigtausend Dollar und dann ein Segelboot und ein Ferienhaus am Strand in Hilton Head, South Carolina, zwangen ihn, praktisch zu denken. Er fand bald heraus, dass man mit Abtreibungen schneller und leichter Geld machen konnte als mit den gewöhnlichen gynäkologischen Untersuchungen. Er schaffte am Tag mindestens zwanzig Eingriffe zu je einhundertfünfzig Dollar. Damit konnte er am Tag dreitausend Dollar und in einer Woche fünfzehntausend verdienen. In einem Jahr kam er damit auf eine Dreiviertelmillion Dollar. Wenn er noch Medikamente und andere Behandlungen auf die Rechnung setzte, konnte er in ein paar Jahren ein Vermögen machen.

Die ganze Stadt Charlotte verfolgte die Verhandlung, vor allem deswegen, weil die Thomasons und ihre Tochter geachtete Mitglieder der Gesellschaft waren. Maggie war eine ausgezeichnete Schülerin und ging an jedem Thanksgiving ins Obdachlosenheim, um dort ehrenamtliche Arbeit zu leisten. Die ganze Stadt wollte Gerechtigkeit für dieses Mädchen, das über die Gefahren und Nebenwirkungen einer Abtreibung nicht genügend aufgeklärt worden war. Charlie musste nur einmal im *Country-Club* anrufen, um zu erfahren, dass der Arzt schon, fünfundvierzig Minuten nachdem Maggie den OP betreten hatte, wieder auf dem Golfplatz war.

Charlie präsentierte den Geschworenen seine Ergebnisse, und als Letztes spielte er ihnen das Video vor. Die Geschworenen sahen erschreckt zu, als das bildschöne Mädchen seine Geschichte erzählte – wie man sie gezwungen hatte, bar zu bezahlen, und sie dann zu einer ambulanten Operation in den OP brachte, ohne sie darüber zu informieren, dass dieser Eingriff gefährlicher war als eine Geburt. Alles, was man ihr erzählte, habe darauf hingedeutet, dass eine Abtreibung nicht gefährlicher sei, als sich einen Zahn ziehen zu lassen. Maggie weinte, als sie um Gerechtigkeit bat, und auch die Geschworenen konnten ihre Tränen nicht zurückhalten.

Zivilrechtliche Prozesse sind meist schwierig zu entscheiden, und die zwölf Geschworenen müssen in der Regel lange abwägen, bevor sie eine Entscheidung über die Schadensersatzsumme treffen. Weil in der Vergangenheit den Klägern außerordentlich hohe Summen zugesprochen worden waren, hatte das Pendel nun in die andere Richtung ausgeschlagen. Die Geschworenen in Charlotte zögerten im Allgemeinen, Leuten, die aus manchmal zweifelhaften Beweggründen einen Prozess anstrengen, allzu hohe Schmerzensgelder zuzusprechen. Die Geschworenen hatten sich um elf Uhr zur Beratung zurückgezogen. Charlie hatte sein Mittagessen im *Uptown Café* noch nicht beendet, als sich sein Piepser meldete. Er sah auf seine Uhr. Anderthalb Stunden – und ein Urteil.

Im Gerichtssaal wurde der Angeklagte aufgefordert, sich zur Urteilsverkündung zu erheben. Man konnte Dr. Johnstons Knie förmlich zittern sehen, als der Sprecher der Geschworenen sagte: »Wir halten den Angeklagten der fahrlässigen Tötung für schuldig und verurteilen ihn zur Zahlung von Schadensersatz in Höhe von anderthalb Millionen Dollar. Das Schmerzensgeld beträgt zehn Millionen Dollar.«

Carlene begann zu weinen. Harold zeigte mit dem Finger auf den Arzt und schrie, dass ihn am besten jemand genauso abschlachten sollte, wie er seine Tochter abgeschlachtet hätte. Die Journalisten hetzten zur Tür, damit sie die Nachricht als Erste weitergeben konnten. Die größte Überraschung kam aber, als Charlie seine Mandanten umarmte; er sah auf und beobachtete, wie Melinda Powell durch die Hintertür kam und auf das Richterpult zuging.

»Dr. Owen Johnston, ich bin die Stellvertretende Bezirksstaatsanwältin von Mecklenburg County und verhafte Sie wegen Totschlags.«

Völlig entgeistert begann er zu stottern: »Was ... was ... Das können Sie nicht tun! Ich bin Arzt. Sie werden von meinem Anwalt hören. Ich werde Sie wegen Verleumdung verklagen!«

Die Kameras auf dem Rasen vor dem Gerichtsgebäude fingen wunderbare Bilder von Dr. Owen Johnston ein, wie er in Handschellen in einen Streifenwagen geführt wurde. Charlie stand an einem Fenster im ersten Stock und beobachtete die Prozession auf dem Rasen vor dem Gerichtsgebäude. Er dachte an Dr. Leuchtenburg, der hin und wieder gesagt hatte: »Ladies und Gentlemen, die mittelalterliche Rechtsprechung schaffte es durch Gottesurteile und Folterkammer, die Verbrechensrate niedrig zu halten. Die Guillotine auf dem Marktplatz führte der Unterschicht die Schrecklichkeit ihrer Verbrechen vor Augen und flößte ihnen neuen Respekt vor ihrem Feudalherrn ein. Welche Auswirkungen hätte es auf die Kriminalität in Amerika, wenn wir auf dem Rasen vor dem Gerichtsgebäude öffentliche Hinrichtungen abhalten würden?«

Charlie musste lachen. Sein alter Professor war ein Genie mit festen Überzeugungen, aber ganz bestimmt würde er niemals in ein politisches Amt gewählt werden. Aber trotzdem, dachte Charlie, vielleicht hatte er in gewisser Weise Recht. Die einzige Wiedergutmachung, die ein Zivilgericht bieten konnte, war Geld. Aber zehn Millionen waren nicht genug für das, was seine Mandanten hatten durchmachen müssen.

Charlie sah immer noch aus dem Fenster und dachte über den Wirbelsturm nach, den das gestrige Urteil ausgelöst hatte. Wer weiß, wie viele andere Mädchen unter der Behandlung dieses guten Doktors zu leiden gehabt hatten. Vielleicht hatte er mit dem Prozess etwas Gutes bewirkt. Vielleicht hatte er ein paar Teenager dazu gebracht, vorsichtiger zu sein. Vielleicht würde ein anderer Arzt morgen Dr. Johnstons Platz einnehmen. Aber wenigstens hatte er einem von ihnen das Handwerk gelegt. Ungefähr zu diesem Zeitpunkt klingelte das Telefon. Die Stimme gehörte Samuel Reimarus.

»Seien Sie gegrüßt, siegreicher Held!«

»Ich fühle mich nicht wie ein Held – Maggie ist und bleibt tot!«, entgegnete Charlie.

»Charlie, Sie denken viel zu negativ. Sie können sie nicht zurückholen. Sie können den Eltern ihre geliebte Tochter nicht wiederbringen. Aber Sie haben die Macht, diese Verbrecher zu bestrafen. Und das haben Sie getan. Und bevor Sie anfangen, sich wegen dieses ganzen Geldes schuldig zu fühlen, vergessen Sie nicht, dass man diese Verbrecher nur mit einer empfindlichen Geldbuße treffen kann. Betrachten Sie es nicht als einen Weg, reich zu werden, sondern als Wiedergutmachung.«

Samuel Reimarus kümmerte sich als Teilhaber um das Management der Firma. Er war groß und weißhaarig und strahlte väterliche Wärme und Weisheit aus. Während Hobbes für die Werbung verantwortlich war und die Firma nach außen hin repräsentierte, war Reimarus für den reibungslosen Ablauf der anstehenden Aufgaben zuständig.

»Ich wollte Ihnen nur mitteilen, dass wir für zehn Uhr eine Pressekonferenz in der Bibliothek im vierzigsten Stock anberaumt haben. Wenn Sie glauben, dass Ihre Mandanten daran teilnehmen sollten, sollten Sie sie noch anrufen.«

»Sie sind der Chef.«

»Charlie, lassen Sie uns morgen essen gehen. Ich muss etwas Wichtiges mit Ihnen besprechen.«

Ich soll Teilhaber werden, dachte Charlie. Sie wollen mich zum Partner machen. »Klar, also morgen Mittag.«

»Ich werde Sie ins *French Quarter* ausführen. Die haben die besten Südstaaten-Gerichte diesseits von New Orleans. Warum nehmen Sie sich den Nachmittag nicht frei? Sie haben die Firma um eine gute Million Dollar reicher gemacht, und für Sie ist ja auch eine schöne Summe herausgesprungen. Sie haben sich eine kleine Pause verdient.«

Der Anteil der Anwälte lag bei einem Drittel der elfeinhalb Millionen Dollar. Charlie würde die dreieinhalb Millionen mit der Firma teilen. Ein Drittel stand der Firma zu, zwei Drittel gehörten Charlie.

»Wenn Sie es sagen, Boss. Wir sehen uns morgen.«

Oliver James Burchette hatte sich gerade wegen seiner Herzprobleme aus der Firma zurückgezogen. Niemand hätte aufgrund seiner äußeren Erscheinung geglaubt, dass er einer der besten Prozessanwälte bei *Hobbes, Reimarus & Van Schank* gewesen war. Er hatte eine untersetzte, rundliche Figur und trug immer eine Fliege. Mit seinen weißen Haaren und seinem Bart hätte man ihn für den Weihnachtsmann halten können. Gerade dieses humoristisch anmutende Äußere hatte ihn zum perfekten Prozessanwalt gemacht. Anders als im Fernsehen wütet und brüllt ein guter Anwalt nicht herum. Er schmeichelt und lächelt. Er zwingt seinen Gegner, ihn zu mögen und die Dinge aus seiner Perspektive zu betrachten. Nach dreißig Jahren als Prozessanwalt und zwei Herzinfarkten war Burchette nun nach St. Augustine gezogen, wo er seine Memoiren schreiben und sich im Grunde genommen zu Tode trinken wollte.

Charlie vermutete, dass Reimarus ihm anbieten wollte, als Teilhaber und Prozessanwalt einzusteigen, da er ja nun einen bedeutenden Fall gewonnen hatte. Das bedeutete, dass er neue Mandanten gewinnen musste, aber auch, dass er einen gewissen Prozentsatz der Firmengewinne einstreichen würde, statt ein festes Gehalt zu beziehen. Bei einer Anwaltsfirma, die über fünfzig Millionen Dollar im Jahr an Honoraren kassierte, würde ihm ein halbes Prozent eine Viertelmillion jährlich einbringen. Ja, das war wirklich der größte Tag seiner Karriere. Nichts konnte ihn nun noch aufhalten.

2

CHARLIE UND SANDY KUSCHELTEN sich auf ihrer Couch aneinander, während sie die Abendnachrichten sahen. Sie nannten das ihre Couchzeit, und dann waren sie nur füreinander da. Ashley musste ihre künstlerischen Fähigkeiten an einem Malbuch üben, bis die Couchzeit zu Ende war. Charlie hatte so ungewöhnliche Arbeitszeiten, dass sie es wirklich planen mussten, wenn sie zu zweit sein wollten, aber nach vielen Diskussionen und Missverständnissen hatten sie es erreicht, dass sie Kompromisse schließen und gegenseitiges Verständnis aufbringen konnten. Sandy verstand, dass er gern Teilhaber werden und die Welt verändern wollte. Er verstand, dass materielle Dinge ihr nichts bedeuteten. Aber beide genossen es, in dieser Stadt zu leben, wo der Lebensstandard ständig stieg.

Selbst ein kleines Haus wie das ihre in Myers Park war sehr teuer. Sie lebten in einem ungewöhnlichen Haus mit drei Zimmern, die sich über zwei Etagen erstreckten, unter großen Eichen gelegen, die jeden Herbst in einem Farbenrausch explodierten. Sie waren nicht reich, versuchten aber, es sich so gut gehen zu lassen wie möglich. Die öffentlichen Schulen waren so schlecht, dass sie Ashley am liebsten auf die Charlotte Latin schicken wollten, eine der besten Privatschulen des ganzen Landes. Man brauchte sehr viel Geld, um in Charlotte ein einigermaßen angenehmes Leben führen zu können, wenn man nicht in einen der Vororte ziehen wollte, aber das hätte jeden Tag eine Dreiviertelstunde Fahrt ins Stadtzentrum bedeutet.

Charlie stammte aus Midland, einer kleinen, konservativen Stadt, und er bedauerte keinen Augenblick, dass er diesen Ort verlassen hatte. Er hatte nie einen Geländewagen mit Vierradantrieb besessen, und er hatte keine Abneigung gegen Schwarze, und dies beides hatte ihn zum Außenseiter gemacht. Er war von einem strengen Vater mit dem Ledergürtel erzogen worden. Sein Vater war mit einer anderen Frau durchgebrannt, als Charlie sechs war, und hatte es geschafft, ein erfolgreicher Anwalt zu werden. Charlie hatte immer das Gefühl, dass seine eigene Unzulänglichkeit schuld daran war, aber er wusste nicht, warum genau sein Vater mit ihm unzufrieden war.

Die Stadt war so klein, dass man eine Dreiviertelstunde zum nächsten Kino fahren musste. Das war einer der Gründe, warum Charlie angefangen hatte zu trinken, zunächst nur selten und in kleinen Mengen, aber als Student hatte er gesoffen wie ein Loch. Charlie hatte sich geschworen, dass er aus diesem Kleinstadtleben ausbrechen und nie zurückkommen würde, außer natürlich zum Klassentreffen. Er hatte davon geträumt, dann als erfolgreicher Anwalt mit einem Jaguar XK8 vorzufahren, eine attraktive Frau zu präsentieren und jedem seiner alten Mitschüler seinen Erfolg aufs Butterbrot zu schmieren.

Als er sich selbst in den Abendnachrichten sah, begriff er, dass das doch ein sehr oberflächlicher Traum gewesen war. Der Erfolg forderte einen hohen Preis und war mit einer enormen Verantwortung verbunden. Es wäre im höchsten Grad selbstsüchtig, angesichts einer solchen Tragödie mit seinen Leistungen anzugeben. Außerdem hatte er das Geld noch nicht auf dem Konto. Dr. Johnston würde zweifellos in Berufung gehen. Er würde vermutlich geltend machen, dass man den Fall an einem anderen Ort hätte verhandeln sollen, weil die Geschworenen durch das Aufsehen, das der Fall erregt hatte, befangen gewesen seien. Er würde beantragen, die Zahlung zu verschieben, bis der Fall vor der nächsten Instanz verhandelt worden war. Wenn Charlie Johnstons Anwalt wäre, würde er es jedenfalls so handhaben. Aber trotz der möglichen Berufung war Charlie jetzt schon eine Berühmtheit. Er konnte nichts dagegen machen – er empfand schon ein wenig Hochmut, als ihm der Reporter so lächerlich einfache Fragen stellte.

»Guck mal, mein Schatz«, sagte Sandy zu Ashley, »Papa ist im Fernsehen.«

»Ja, Papa!« Ashley juchzte, sprang im Zimmer herum und hüpfte dann ihrem Vater auf den Schoß.

Der Reporter fragte Charlie: »Was halten Sie von dem Urteil?«

»Zunächst einmal möchte ich den Geschworenen danken. Sie hatten eine schwierige Aufgabe, aber sie haben das richtige Urteil gefällt. Sie haben dafür gesorgt, dass Maggie Gerechtigkeit widerfährt. Zweitens möchte ich Ihnen sagen, dass die Thomasons es abgelehnt haben, heute hier zu erscheinen, aber sie haben uns eine Mitteilung zukommen lassen, die ich Ihnen vorlesen möchte: ›Wir wollten, dass die Bevölkerung von Charlotte von dem tragischen Verlust erfährt, den wir erlitten haben. Wir möchten allen Eltern Mut machen, mit ihren Töchtern zu reden. Wir wollen, dass die Politiker dazu beitragen, in Zukunft solche Tragödien zu verhindern. Und schließlich wollen wir, dass jeder weiß, dass es Alternativen zur Abtreibung gibt. Darum spenden wir jeden Pfennig des Geldes dem *Safe House*, einem Heim für minderjährige Mütter, das Mädchen in Maggies Situation Seelsorge und eine Ausbildung anbietet.‹«

Bevor er weiterreden konnte, wurde Charlie von einem weiteren Reporter unterbrochen: »Bedeutet das, dass Sie gegen Abtreibung sind?«

»Meine persönlichen Überzeugungen tun hier nichts zur Sache. Meine Mandanten sind aber gegen Ärzte, die junge Mädchen abschlachten.«

Der Redakteur der Nachrichtensendung schaltete sich an diesem Punkt wieder ein. »Sally, es sieht so aus, als hätte sich die Atmosphäre hier ganz schön aufgeheizt.«

»Das stimmt, Bob. Mr. Harrigan reagierte recht gereizt, als man ihn auf seine persönliche Haltung in der Abtreibungsfrage ansprach. Er hat sehr ausweichend geantwortet.«

»Schließlich ist er ja Anwalt, Sally.«
»Und ein reicher noch dazu.«
Charlie drückte auf die Fernbedienung und schleuderte sie durchs Zimmer.
»Diese Leute haben überhaupt nicht verstanden, worum es eigentlich ging. Ich war doch nicht da, um über mich selber zu reden. Ich war da, um für Maggie zu sprechen. Ich bin gegen Abtreibung, und ich finde, man sollte sie verbieten. Ich finde, Maggie war dumm und feige, weil sie es ihren Eltern nicht erzählt hat. Vielleicht hatte sie keine gute Beziehung zu ihnen. Aber ich bin nicht der Gesetzgeber. Ich stelle nicht die Regeln auf.«
»Das sind doch Journalisten, Schatz. Die wenigsten Leute heute nehmen sie wirklich ernst. Die gute alte Sally marschiert wahrscheinlich bei irgendwelchen Pro-Abtreibungs-Demonstrationen mit. Du musst die Medien einfach ignorieren. Im Augenblick bist du halt ein heißer Typ, stehst im Mittelpunkt und musst dich auf Kritiker gefasst machen. Den Guten geht es immer so.«
»Nach all den Jahren glaubst du also immer noch, dass ich ein heißer Typ bin?«
»Wenn du das herausfinden willst, musst du nur warten, bis ich Ashley ins Bett gebracht habe.«
Charlie sprang von der Couch herunter.
»Ashley, komm, mach dich fertig, Zeit zum Schlafengehen.«

Als er im Schaukelstuhl saß und Ashleys Köpfchen an seiner Schulter ruhte, dachte er darüber nach, was für ein wundervolles Leben er führte. Er liebte Ashley, die ihrer Mutter wie aus dem Gesicht geschnitten war, über alles. Beide waren so voller Leben. Jedes Mal, wenn Sandy Ashleys Haar zu einem Pferdeschwanz zusammenband, erinnerte er sich an ihre erste Begegnung. Als er Sandy zum ersten Mal gesehen hatte, war er in der Abschlussklasse des College und spielte Football auf dem Carmichael Field. Jeden Freitag wurde ein Schulturnier veranstaltet. Zwischen ihm und seinem besten Freund Chris Lemon stimmte die Chemie so gut, dass niemand gegen sie ankam. Sie machten die Falcons zum unschlagbaren Team, wenn man berücksichtigte, dass sie keine Profispieler waren. Chris hatte eine unglaubliche starke Wurfhand, und Charlie war schnell. An diesem speziellen Herbstnachmittag fand auf dem Platz der Universität von North Carolina in Chapel Hill das Relegationsspiel statt. Um den entscheidenden Touchdown zu erzielen, musste ein langer Pass entlang der Seitenlinie bis in die Endzone geworfen werden, die Amateurversion des professionellen Flea Flicker.

Aus dem Spielergedränge heraus sah Charlie sie zum ersten Mal. Sie joggte mit einer Freundin die South Road hinab. Ihr langer brauner Pferdeschwanz hüpfte bei jedem Schritt auf und ab. Sie war vollkommen. Der Ball wurde abgeschlagen, und Charlie rannte die Seitenlinie hinunter. Mit voller Kraft lief er in die Endzone ein und fing den Ball mit vollendeter Eleganz auf. Sie blickte ihn an, lächelte und wandte ihre Aufmerksamkeit wieder der Straße zu. Charlie lächelte im Lauf zurück und prallte dann mit voller Kraft gegen den Torpfosten. Ohnmächtig wurde er nicht, aber benommen war er ganz bestimmt. Als sie hörte, wie Charlie mit einem dumpfen Geräusch auf dem Boden aufschlug, blickte sie zurück, um zu sehen, ob alles in Ordnung war. Als sie merkte, dass er sich nicht ernsthaft verletzt hatte, begann sie zu lachen. Charlie hatte noch niemals so ein Lächeln gesehen. Jetzt, vierzehn Jahre später, war ihr Lächeln immer noch so strahlend und machte Charlie immer noch so glücklich wie am ersten Tag.

»Alles okay, Charlie?« Chris war gleich zur Stelle.

»Nein, ich glaube, es ist gebrochen.«

»Wo? Was? Wo hast du dir wehgetan?«

»Mein Herz. Sie hat mein Herz gebrochen. Ich habe mich gerade tödlich blamiert, und sie hat gelacht. Das wunderbarste Mädchen auf der Welt hat mich ausgelacht. Ich wollte noch ein bisschen weiterlaufen, damit sie mir wenigstens ihren Namen sagt.«

»Wer? Sandy Davis? Sie ist in meinem Marketing-Kurs.«

»Dann brauche ich genau dich. Was weißt du über sie?«

»Glatte Einserkandidatin, ist wählerisch, neben welchen Jungen sie sich setzt, und richtig religiös. Sie geht immer zu dieser baptistischen Jugendgruppe am Donnerstagabend. Ich bin auch schon ein paar Mal da gewesen.«

»Sieht so aus, als wäre ich gerade Baptist geworden.«

Sandy wusste genau, dass Charlie bei ihrem ersten offiziellen Treffen falsche Motive vortäuschte. Sie hatte ihn nie bei einem dieser Treffen gesehen, und Charlie hatte keine Ahnung, wann man stehen, sitzen oder klatschen musste. Aber nach dem Gottesdienst kamen sie ins Gespräch, und schon bald trafen sie sich fast täglich auf den Stufen vor der *Lenoir Cafeteria*. Sie zeigte ihm, wie man das Leben genoss. Bis zu diesem Zeitpunkt hatte Charlie sich unter einem gelungenen Tag vor allem vorgestellt, dass man in der einen Hand eine Dose Bier hielt. Aber irgendwie hatte er keine Lust auf Bier mehr, seit er mit ihr zusammen war. Das war kein großes Wunder und sie stritten sich auch nicht deswegen. Er genoss die Zeit mit ihr und ohne Bier so sehr, dass er die Lust auf Alkohol einfach verlor. Sie war genau das, wonach Charlie gesucht hatte.

Sie zeigte ihm, dass es okay war zu versagen. Charlie hatte immer unter dem Druck gestanden, den Erwartungen seines abwesenden, aber erfolgreichen Vaters zu genügen, der die Firma MicroCom in juristischen Fragen beriet und kürzlich ins Silicon Valley gezogen war. Auch wenn Sandy Einserkandidatin war, machte sie sich um ihre Leistungen kaum Gedanken. Beziehungen waren ihr viel wichtiger.

Sie brachte ihm auch bei, über sich selbst zu lachen. Ihr erstes offizielles Date zu viert wurde von ihm und Chris geplant. An einem Samstagabend drangen Charlie und Chris heimlich in das Planetarium ein und bereiteten auf dem Dach ein Picknick vor. Charlie hatte Sandy gerade ihr Essen serviert und war dabei, sich wieder auf die Decke zu setzen, als er sich über und über mit Spaghetti bekleckerte. Sie lachte nur. Normalerweise wäre Charlie so etwas überaus peinlich gewesen, aber ihr Lachen ließ ihn sein Gleichgewicht wieder finden.

»Warum muss ich mich nur herumdrehen, damit du über mich lachst?«, fragte er sie frustriert.

»Du bist so süß. Du versuchst immer den perfekten Könner zu spielen, und dann geht etwas schief, wie damals, als du in den Torpfosten gerannt bist …« Sie lachte immer noch.

»Wegen dir hab ich mir beinah eine Gehirnerschütterung geholt.«

»Weiß ich. Noch niemand hat sich so viel Mühe gegeben, mich zu beeindrucken. Wirklich nett von dir, aber das brauchst du wirklich nicht zu tun.« Sie legte eine Hand auf sein Knie. »Ich mag dich, wenn dein Hemd voller Spaghetti ist.«

»Wenn du das süß findest, brauchst du auch welche.« Charlie warf Spaghetti über ihre Bluse, und die beiden kämpften miteinander, als die Sonne über Chapel Hill unterging.

Charlie besuchte später die juristische Fakultät in Chapel Hill, und sie bekam einen Job in der Nähe. In seinem zweiten Jahr auf der Universität heirateten sie. Sie hatten gerade genug Geld, um eine billige kleine Wohnung in der Franklin Street zu bekommen, nicht weit von den Modegeschäften und Studentencafés auf dem Campus entfernt. Bis zum *Players* waren es nur fünf Minuten Fußweg, und viele Abende verbrachten sie hier, um Billard zu spielen. Zwei Jahre lebten sie dicht an der Armutsgrenze; dann zogen sie nach Charlotte.

Es war eine wunderbare Ehe. Sie war nicht vollkommen, auf keinen Fall. Aber sie konnten miteinander reden, und das war der Schlüssel. Ihr erstes Jahr in Charlotte hatte dieses Band fast zerstört, weil sie beide wie Pferde arbeiteten, um aus ihren Schulden herauszukommen und ihre Studentendarlehen abzubezahlen. Hin und wieder kochten sie Spaghetti und machten hinten im Garten ein Picknick. Es endete immer damit, dass sie zum Schluss mehr Spaghetti auf der Kleidung hatten als im Magen.

Was würden sie mit zwei Millionen Dollar anfangen? Charlie dachte nach. Ein Boot kaufen? Ein Haus am Wylie-See? Armani-Anzüge? Vielleicht würde er es anlegen, um das College für Ashley zu bezahlen, denn das konnte in ein paar Jahren eine Menge kosten.

Was auch immer sie sich für das Geld leisten würden, eins wusste Charlie ganz bestimmt: Er war noch nie in seinem ganzen Leben so glücklich gewesen. Sie lebten den amerikanischen Traum, so klischeehaft das auch klang. Sein Leben glich im Augenblick einem Märchen.

Gerührt schaute er zu seiner Tochter hinab, die in seinen Armen schlief, und flüsterte ein Dankgebet für seine wunderbare, warmherzige Frau und sein geliebtes kleines Mädchen.

»Verlassen Sie sofort meinen Garten! Wenn Sie jemals zurückkommen, dann erschieße ich Sie!«, brüllte Walter Comstock und knallte die Haustür zu.

In seiner Hand hielt er eine Vorladung. Man warf ihm fahrlässige Tötung vor; Horace und Betty Douglas hatten die Klage am vergangenen Nachmittag eingereicht. Der Gerichtsdiener rannte zu seinem Wagen und machte, dass er wegkam. Walter Comstocks Haus gehörte zu den vierstöckigen, im Plantagenstil erbauten Häusern an der Sharon Road, nicht weit von der Southpark Mall. Nirgends in der Stadt war Grund und Boden teurer als hier. Comstock sah nicht wie ein Millionär aus, aber er war ein echter Selfmademan. Er hatte ein Bauunternehmen aufgebaut, das seinerseits einen großen Teil von Charlotte gebaut hatte. Der bärbeißige, untersetzte Mann griff zum Telefon.

»Martin Van Schank, guten Tag. Kann ich Ihnen helfen?«

»Na, das will ich doch schwer hoffen! Ich hab schon wieder 'nen Prozess am Hals. Wir müssen uns nachher gleich treffen. Das können die mir doch nicht antun! Ich bin zum ›Wohltäter des Jahres‹ gewählt worden, und jetzt das – die verklagen mich und die Paragon-Gruppe und wollen Schadensersatz in Millionenhöhe!«

»Moment mal, Walter. Was ist denn überhaupt passiert?«

»Sie wissen doch, dass ich dieses Programm für geistig Behinderte organisiert habe, wo ich ihnen Gelegenheitsarbeiten auf Bauplätzen verschaffe. Diese Leute behaupten, dass ich durch fahrlässiges Verhalten den Tod ihres behinderten Sohns verschuldet hätte. Das ist doch absurd. Ich habe gerade eine Auszeichnung erhalten, weil ich diesen Menschen helfe!«

»Ich bin in einer Stunde im Büro, Walter. Wir treffen uns dort. Wir werden das Kind schon schaukeln!«

Hobbes war für die repräsentativen Aufgaben zuständig, Reimarus leitete das eigentliche Geschäft, aber Van Schank hatte den größten Einfluss der drei Seniorpartner von *Hobbes, Reimarus & Van Schank*. Er war jünger als die beiden anderen. Sein rabenschwarzes Haar war immer perfekt frisiert, und ständig hing ihm eine Zigarre zwischen den Lippen. Er war ungewöhnlich schnell zum Teilhaber geworden; er hatte Freunde im Stadtrat, in Raleigh und in Washington. Er wirkte nicht unbedingt Vertrauen erweckend, aber er wusste, was er wollte und wie er es bekommen konnte. Jeder Satz aus seinem Mund enthielt eine Bedingung oder einen Vorbehalt. Das war eine seiner Methoden, sich aus schwierigen Situationen herauszuwinden. Er hatte noch viele andere Tricks auf Lager. Die angestellten Anwälte spekulierten über seine zwielichtigen Bekanntschaften, aber sie wussten nichts Konkretes. Und doch erzielte Van Schank Ergebnisse, von denen andere Anwälte nur träumen konnten. Ja, Van Schank hatte viele Tricks auf Lager.

»Schatz, hier ist dein Kaffee. Wichtiges Treffen heute, oder?«

»O ja«, entgegnete Charlie, als er sich die letzten Bartstoppeln rasierte. »Reimarus kann mit mir eigentlich nur über eins sprechen wollen – mich zum Teilhaber zu machen.«

»Sie könnten dich wirklich als Teilhaber gebrauchen. Du bist der berühmteste Anwalt am Ort. Sag mir aber bitte Bescheid, wenn du später kommst; ich koche dir nämlich dein Lieblingsessen.«

»Steak?«

»Nein.«

»Krebse?«

»Nein.«

Charlie zögerte. »Jambalaya!«

»Du hast es erraten.«

»Toll – mein absolutes Lieblingsessen!«

Charlie konnte sich ein Leben ohne sie nicht vorstellen. Sandy war wirklich wundervoll. Natürlich war sie nicht vollkommen. Sie zerquetschte die Zahnpastatuben in der Mitte, und manchmal sagte sie in der Kirche zu, dass er irgendwelche Aufgaben übernehmen würde, ohne ihn vorher zu fragen, aber das waren nur

Kleinigkeiten. Mit ihr an seiner Seite fand er, dass er es nicht nur verdiente, der nächste Teilhaber zu werden, sondern dass er der Firma damit sogar einen Gefallen tat. Aber andererseits konnte ihn auch niemand so fertig machen wie sie.

Als sie noch nicht lange verheiratet waren, hatte sie einmal keine Lust, sich ein Softballmatch anzusehen, das die Angehörigen der Kanzlei untereinander austrugen, und wollte stattdessen lieber einkaufen gehen. Charlie verlor seine Runde mit vier zu null und geriet sogar ins Aus. Kein Mensch gerät beim Softball ins Aus, dachte er. Seit diesem Vorfall begriffen sie, wie wichtig es war, auch die kleinen Dinge miteinander zu teilen. Sie saß bei jedem Spiel in der ersten Reihe, und er erreichte in dieser Saison den Schlagrekord. Charlie dagegen ging jedes Jahr mit ihr in die Ausstellung »Schöner Wohnen« und hörte sich mit ihr an der Universität von North Carolina Vorlesungen über Stil und Entwicklung des Kaffeetisches in den Südstaaten vor dem Bürgerkrieg an. Gerade diese kleinen Dinge waren wichtig, das hatten sie bald gelernt.

Nach der ersten Tasse Kaffee weckte Charlie Ashley auf. Das gehörte zu ihrem allmorgendlichen Ritual.

»Guten Morgen, mein Sonnenschein.«

Ashley stöhnte nur. Sie war ein Morgenmuffel, genau wie er. Das und eine gewisse Halsstarrigkeit hatte sie von ihrem Vater geerbt. Alles andere hatte sie von ihrer Mutter. Ihr dunkles Haar war zerzaust, und unter ihren schläfrigen Lidern kamen ihre großen smaragdgrünen Augen zum Vorschein.

Er trug sie nach unten, wo sie ihre Cornflakes wie ein Zombie aß. Sandy las die Zeitung, während Charlie sich seinen Spiegeleiern widmete und die dritte Tasse Kaffee trank. Das war ihre morgendliche Routine, wenn er genug Zeit hatte.

»Dein Bild haben sie wieder auf der ersten Seite neben Maggies abgedruckt.«

»Führst du schon Buch über meine berühmtesten Fälle?«, fragte Charlie.

»Ich wollte noch warten, bis du zwei hast.«

»Au, das hat wehgetan! Was steht denn in dem Artikel?«

»Der Abtreibungsarzt Dr. Owen Johnston stand für einen Kommentar nicht zur Verfügung. Hunderte von Abtreibungsgegnern hielten eine Mahnwache vor der Frauenklinik im Stadtzentrum ab, die die Türen verriegelt hatte. Die Demonstranten sangen *We shall overcome*, sie sprachen Gebete für die abgetriebenen Föten und trugen große Transparente, auf denen man das Gesicht des siegreichen Anwalts sehen konnte. Dazu skandierten sie seinen Namen: ›Charlie! Charlie!‹ Die Polizei hält sich bereit, falls die Proteste andauern sollten, und wird den Frauen, die in der Klinik Hilfe suchen, Geleitschutz gewähren.«

»Keine Frau sucht Hilfe in dieser Klinik. Sie wollen eine Abtreibung, eine schnelle Lösung für etwas, das sie als Problem betrachten. Ein Problem, das sie sich selbst eingebrockt haben, vergiss das nicht.«

»Nicht alle diese Frauen sind an diesem Problem selbst schuld ...«, warf Sandy ein und versuchte Charlie zu beruhigen. Dabei kannte sie ihn gut genug, um zu wissen, dass jeder Versuch, ihn zu beschwichtigen, ihn nur noch mehr aufbrachte.

»Aber die große Mehrheit geht ganz bereitwillig dorthin, und viele nicht zum ersten Mal. Es schreit zum Himmel, dass sie die Abtreibung als ein Instrument der Geburtenkontrolle betrachten!«

»Daddy«, warf Ashley plötzlich ein, »was ist Abtreibung?«

Für eine Vierjährige war sie sehr aufgeweckt und überraschte ihn oft mit intelligenten Fragen. Charlie hatte nicht gemerkt, dass sie aus ihrem Halbschlaf erwacht war, als er begonnen hatte, in leidenschaftlichem Ton zu sprechen; sie hatte jedes Wort mitbekommen.

»Also, mein Liebes, das ist so ...«, sagte Charlie langsam, »manchmal macht ein Mensch einen Fehler, und statt ihn zu berichtigen und die Verantwortung für seine Lage zu übernehmen, will er das Problem einfach loswerden und ihm nicht ins Gesicht sehen.«

»Schatz«, warf seine Frau ein, »die Dinge liegen nicht immer so einfach.«

»O doch. Es ist immer klar, welches der richtige Weg ist. Es ist vielleicht nicht leicht, ihn zu gehen, aber er ist immer leicht zu erkennen.«

»Hat der Arzt das Mädchen umgebracht?«, fragte Ashley, die die Unterhaltung noch immer verwirrte.

»Ja, mein Schatz.« Charlie schüttelte den Kopf. Das war nicht gerade ein typisches Gespräch am Frühstückstisch. »Der Arzt hat Maggie und ihr Baby getötet, weil sie Angst hatte, es ihren Eltern zu erzählen.«

Ashley begann zu weinen. Sie hatte ein weiches Herz und war so emotional wie ihre Mutter.

»Nicht jeder Mensch auf dieser Welt tut immer das Richtige, und dann gibt es auch schlechte Menschen, die nur Geld verdienen wollen. Wir müssen für die Menschen beten, die Probleme haben, und unser Bestes tun, um ihnen zu helfen. Darum bin ich Anwalt. Ich will den Menschen helfen, ihre Probleme zu lösen. Du musst mir eins versprechen, Ashley: Versprich mir, dass du immer zu mir kommst, wenn du ein Problem hast. Du kannst mir vertrauen.«

Immer noch schluchzend sagte Ashley: »Das verspreche ich dir, Daddy. Und ich will auch Anwalt werden, damit ich anderen Menschen helfen kann.«

Ja, dachte Charlie, genau darum bin ich Anwalt geworden. In was für einer Welt leben wir eigentlich, wenn ein Vater seiner vierjährigen Tochter über einer Schüssel Cornflakes erklären muss, was Abtreibung ist? Charlie fürchtete den Tag, an dem sie fragen würde: »Daddy, wo haben wir eigentlich das viele Geld her?« Dann würde er antworten müssen: »Erinnerst du dich an das Mädchen, das gestorben ist? Ich habe den Prozess gegen den Mann gewonnen, der sie umgebracht hat.« Je mehr er darüber nachdachte, desto schlechter wurde ihm. Je mehr er darüber nachdachte, desto weniger Sinn ergab das alles.

»Hallo, Kumpel!« Brad stürzte mit zwei Tassen Cappuccino in der Hand in Charlies Büro. »Meine Güte! Charlie! Charlie!«, skandierte er. »Hast du die Abendnachrichten gesehen? Jeder Idiot in Charlotte betet dich an.«

Charlie knallte die Garcia-Akte auf den Schreibtisch und blaffte: »Das sind keine Idioten, und sie beten mich auch nicht an! Sie sind einfach froh darüber, dass jemand das Problem ans Licht gebracht hat. Hast du gewusst, dass jeden Tag mehr als dreitausend Abtreibungen vorgenommen werden, viele davon bei Frauen, die schon eine oder mehr Abtreibungen hinter sich haben?«

»Nun mal langsam. Ich bin doch auf deiner Seite, hast du das vergessen? Warum regst du dich so auf?«

»Du würdest dich auch aufregen, wenn du deiner vierjährigen Tochter erklären müsstest, was Abtreibung ist.« Charlie ließ sich in seinen Ledersessel fallen.

»Oh, das tut mir Leid. Ich glaube, du brauchst mal ein paar Tage Urlaub. Du kannst mein Apartment in Nags Head für ein Wochenende haben. Du fängst ein paar Rochen, genießt den Strand und lässt einfach mal den ganzen Zirkus hinter dir.«

»Ich kann mir nicht einfach freinehmen. Rate mal, wer heute mit mir im *French Quarter* zu Mittag isst.«

»Der Bürgermeister.«

»Noch besser. Reimarus.«

»O Mann. Er wird dir die Partnerschaft anbieten, denn der alte Burchette ist jetzt ja in den Süden gegangen. Kannst du dir vorstellen, wie er am Strand liegt und sich von der Sonne bräunen lässt? Er sieht bestimmt aus wie ein gestrandeter Wal!«

»Ich bin aber nicht der einzige Anwalt, dem sich jetzt diese Chance bietet. Nancy hat es fertig gebracht, dass Tarheel Freight im Prozess gegen Allied Brakes Inc. zu uns gewechselt hat. Hast du eine Ahnung, was für ein Honorar die zahlen müssen?«

»Nein. Ich bin bloß ein kleiner Anwalt und hab nicht wie ihr die großen Fische an der Angel.«

»Eine halbe Million! Und das nicht nur einmal, sondern jedes Jahr wieder. Wir werden jetzt alle ihre Fälle übernehmen, ob es nun um sexuelle Belästigung, Abfindungen oder Vertragsstreitigkeiten geht. Mein Fall war eine einmalige Geschichte. Als Teilhaber muss ich aber dauernd neue Mandanten heranschaffen.«

»Oh, das ist mein Piepser. Ich glaub an dich. Also viel Glück nachher. Erzähl mir, wie's gelaufen ist.« Brad joggte den Flur hinunter und skandierte immer noch »Charlie, Charlie«.

Nancy Lockmann-Kurtz hatte die juristische Fakultät der Duke University als Jahrgangsbeste abgeschlossen. Viele fanden, dass sie nicht genug aus sich machte, weil sie in North Carolina hängen geblieben war. Wer einen Abschluss von Duke in der Tasche hatte, ging meist nach Washington oder New York.

Schon sehr früh hatte sie begriffen, dass die Arbeit als Jurist nicht nur mit den Gesetzen, sondern ebenso viel mit Gefälligkeiten und Beziehungen zu tun hatte. Entweder hatte sie die Ethikkurse geschwänzt oder denselben Lehrer wie Richard Nixon gehabt, der ja ebenfalls an diesem Institut studiert hatte. Jedenfalls hatte Nancy eine erfolgreiche Methode entwickelt, um neue Mandanten zu gewinnen. Ihr Vater war Geschäftsführer der Firstbank und möglicherweise in einige zwielichtige Transaktionen verwickelt. Tarheel Freight war vor ein paar Jahren fast bankrott gegangen, aber irgendwie hatte sie den Auftrag ergattern können, den Transport aller Baustoffe für den neuen Geschäftspark an der Interstate 77 zu übernehmen, der ebenfalls zu Nancys Mandanten zählte. Was sie tat, war vermutlich nicht illegal, aber die Alarmglocken schrillten. Manche behaupteten, sie schliefe mit allen ihren Mandanten, aber dabei handelte es sich möglicherweise nur um Klatschgeschichten, die von eifersüchtigen Sekretärinnen verbreitet wurden, die jedes Jahr mehr Pfunde auf die Waage brachten, während Nancy ihre perfekte Figur anscheinend immer behielt.

Als sie vor sieben Jahren bei *Hobbes, Reimarus & Van Schank* angefangen hatte, war sie ein Aushängeschild des Feminismus gewesen. Sie benutzte kaum Make-up, trug ihr Haar schlicht und glatt, lief in schlecht sitzender Kleidung herum und trieb jeden Prozess wegen sexueller Belästigung bis zum Äußersten. Wenigstens zwei der angestellten Anwälte, die mit ihr ausgehen wollten, bekamen von offizieller Seite die Anweisung, sich von ihr fern zu halten. Als einer der Teilhaber sie zum Abendessen einlud, verklagte sie ihn wegen sexueller Belästigung und gewann. Ihm wurde nahe gelegt, sich aus der Firma zurückzuziehen und eine eigene Kanzlei zu eröffnen. Obwohl Nancy genug Feuer hatte, fehlte ihr die Leidenschaft.

Aber als sie von einem verlängerten Wochenende zurückkam, das sie mit einigen potenziellen Mandanten auf den Jungferninseln verbracht hatte, war aus ihr eine neue Frau geworden. Von ihrem Feminismus war keine Spur zurückgeblieben, und auf einmal begannen sich die Männer um sie zu reißen. Ihre Karriere machte einen Sprung nach vorn, nachdem sie an einem Herbstmorgen entdeckt hatte, dass sie nicht wie ein Mann kämpfen konnte, dass ihr dafür aber ein Arsenal von ganz anderen Waffen zur Verfügung stand.

Charlie dachte an Nancy. Er war einigen Studenten wie ihr begegnet – sie gingen über Leichen und unterliefen alle Regeln und Gesetze, um vorwärts zu kommen. Ihm fielen mindestens zehn Freunde aus dem ersten Studienjahr ein, die im dritten Jahr zu erbitterten Feinden geworden waren. Es gab so viele Jurastudenten und noch mehr Rechtsanwälte, für die der Konkurrenzkampf zur treibenden Kraft geworden war. Charlie hatte früh gelernt, nicht jedem zu vertrauen. Er versuchte jetzt, den schalen Geschmack loszuwerden, den der Gedanke an solche heimtückischen Anwälte hinterlassen hatte, und wandte sich wieder der Akte Hector Garcia zu. Der Mann besaß eine kleine Firma für Garten- und Landschaftsgestaltung und hatte das niedrigste Angebot für die Pflege des Marshall Parks eingereicht, den Zuschlag aber trotzdem nicht bekommen. Dass dabei Rassismus im Spiel gewesen war, war schwer zu beweisen, aber Charlie wollte es auf einen Versuch ankommen lassen. Die Chancen standen gut, dass sich die Stadt aus Angst vor der Presse auf einen Vergleich einlassen würde. Schließlich gehörte er jetzt zu den bekannten Anwälten. Keiner war vor ihm sicher, und bei dem Gedanken daran musste Charlie leise in sich hineinlachen.

Die Tryon Street verlief von Norden nach Süden und kreuzte im Stadtzentrum die Trade Street. Im Umkreis von einem knappen Kilometer befanden sich einige der reichsten Bankhäuser und

Anwaltskanzleien der gesamten Ostküste. Im Vergleich mit New York und Atlanta war das Leben in Charlotte noch billig. Als sich die Stadt allmählich zu einem Finanzzentrum entwickelte, zog das große Firmen an. Bald danach kamen die Anwälte. Heute war Charlotte die am zweitschnellsten wachsende Stadt der Südstaaten; sie kam gleich nach Atlanta. Seit der Zeit, als sich die Stadt aus einer kleinen Siedlung am Schnittpunkt zweier indianischer Handelswege entwickelt hatte, hatte sich eine Menge getan. Die südliche Straße nach Charleston und die nördliche nach Virginia waren zur Interstate 77 und 78 geworden, die im Stadtzentrum von Charlotte zusammentrafen. Um die Jahrhundertwende wurde Charlotte zu einem wichtigen Verkehrsknotenpunkt; von dort gingen sechs verschiedene Eisenbahnlinien aus, die man für den florierenden Textilhandel eingerichtet hatte, und ein beispielloser Boom begann.

Trotz dieses Booms hatte Charlotte sich seinen unaufdringlichen Südstaaten-Charme bewahrt. Die Mittagspause wurde jeden Tag zu einer kleinen Geschäftsparty. Die Banken übertrafen sich gegenseitig damit, zu Werbezwecken Bands auf dem Bürgersteig vor ihren jeweiligen Geschäftsgebäuden spielen zu lassen. In der Overstreet Mall gab es reihenweise Geschäfte und Restaurants, die sich zwischen den sechs größten Wolkenkratzern im Zentrum von Charlotte hinzogen.

Samuel Baskin Reimarus und Charlie Harrigan gingen durch die Overstreet Mall bis zum Restaurant *The French Quarter* in der Church Street, einen Block nördlich der Tryon Street. Meist stand zur Mittagszeit eine lange Schlange vor der Tür, aber Reimarus musste kaum jemals warten. Er hatte seine Beziehungen spielen lassen und Jaques LeTourneau zu einem Darlehen verholfen, mit dem er diese Immobilie in bester Lage erwerben konnte.

»*Bon jour*, Samuel, mein Freund und Mentor«, sagte er. »Dieser Mann ist ein Heiliger. Ohne ihn würde ich noch immer Hamburger grillen. Er ist ein Held.«

Als sie sich an der Schlange der Wartenden vorbeidrückten und dafür einige eifersüchtige Blicke kassierten, sagte Reimarus: »Jaques, *dieser* Mann hier ist ein Held. Erkennen Sie ihn nicht?

Der *Charlotte Observer* hat sein Foto zwei Tage hintereinander auf der Titelseite abgedruckt.«

»Tut mir Leid, ich habe Sie nicht erkannt.«

»Das macht gar nichts«, entgegnete Charlie. Er konnte nicht erwarten, dass ihn jeder wieder erkennen würde.

Reimarus setzte sich an einen Tisch in der Mitte des Restaurants, der für zwei Leute eigentlich zu groß war, und sagte: »Dieser Mann hat einen Prozess gewonnen, in dem es um über zehn Millionen Dollar ging. Bringen Sie uns also Champagner und Ihren besten geräucherten Cajun-Lachs.«

»Sofort.«

Jaques machte auf dem Absatz kehrt und kam mit einer Flasche Hundert-Dollar-Champagner zurück. »Ihr Essen geht heute aufs Haus.«

»Das ist schon in Ordnung, Jaques«, entgegnete Reimarus, »der Mandant bezahlt dafür.«

Sie lachten beide lauter als unbedingt notwendig, und Charlie kam sich etwas albern vor. Alle Restaurantbesucher starrten sie an. Die Aura von Arroganz und Selbstzufriedenheit, die sie zweifellos umgab, war Charlie schon fast peinlich. Er hätte viel lieber eine Bratwurst von einem der Straßenverkäufer erstanden.

»Und, Charlie, wie fühlen Sie sich nun als Millionär?«, wollte Reimarus von ihm wissen, als er versuchte, die Flasche zu öffnen.

»Ich weiß nicht. Das Geld ist noch nicht auf dem Konto, und deshalb bin ich im Grunde genommen immer noch ein armer Angestellter.«

Der Korken sprang mit einem lauten Knall aus der Flasche und der Champagner spritzte über den Tisch.

»Ein Glas Champagner?«

»Tut mir Leid, aber ich trinke nicht mehr. Ich habe es als Student aufgegeben.«

Reimarus blickte ihn an, als ob er von einer anderen Welt stammte. »Aber diese kleine Feier gilt Ihnen. Wir können diese Flasche doch nicht verkommen lassen!«

»Es tut mir wirklich Leid, aber ich trinke unter keinen Umständen.«

»Tja, da entgeht Ihnen was.«

Reimarus starrte ihn unverwandt an, als er die Flasche wieder im Eiskübel versenkte. Charlie fühlte sich auf einmal sehr unbehaglich, als ob er sich in einer fremden Kultur bewegte und gerade einen Fauxpas begangen hätte, ohne sich dessen bewusst zu sein. Nur ein paar Sekunden dauerte das Schweigen, aber es kam ihm wie eine Ewigkeit vor.

»Charlie, ich habe Sie heute zum Essen eingeladen, um mit Ihnen zu feiern, aber auch, um Ihnen einen geschäftlichen Vorschlag zu unterbreiten.«

»Oh, wirklich? Ich bin ganz Ohr.«

»Sie sind in der Klinik zufällig auf einen komplizierten Fall gestoßen, und Sie haben ihn wirklich professionell abgeschlossen.«

»Es war nicht gerade der leichteste Fall, den ich je zu bearbeiten hatte. Es tut mir immer noch um die Familie Leid.«

Reimarus entgegnete verständnisvoll: »Das ist schwierig, ich weiß. Aber es bedeutet den Eltern sehr viel, dass sie gewonnen haben. Das müssen Sie wissen.«

Charlie war dankbar für den verständnisvollen Ton, in dem Betroffenheit mitschwang. Aber so schnell, wie das Mitgefühl gekommen war, verschwand es auch wieder.

»Worüber ich eigentlich mit Ihnen sprechen wollte ... Es geht um Ihre Zukunft«, redete Reimarus weiter. Charlie war überrascht, wie schnell der Teilhaber gefühlsmäßig umschalten konnte.

»Sie sind jetzt zehn Jahre bei uns. Wir beurteilen die angestellten Anwälte immer in regelmäßigen Abständen. Wenn jemand nicht recht vorwärts gekommen ist, bitten wir ihn zu gehen. Niemand kann damit glücklich sein, zehn Jahre lang immer dieselbe Arbeit zu tun. Wenn ein angestellter Anwalt sich aber gut entwickelt, dann bekommt er die Chance, zum Teilhaber zu werden. Manch einer schafft das nach zehn Jahren. Wenn nicht, bekommt er nach fünfzehn Jahren eine weitere Chance.«

Charlie hielt es für das Beste, so wenig wie möglich zu sagen und so viel wie möglich zuzuhören. Er nickte einfach, um zu zeigen, dass er seinem Gesprächspartner folgen konnte.

»Als Teilhaber bekommen Sie den Bruchteil eines Prozents

vom Firmengewinn. Das hört sich nicht nach sehr viel an, aber alle Teilhaber verdienen eine sechsstellige Summe. Und von den Mandanten, die Sie anwerben, steht Ihnen ein höherer Anteil zu als bisher. Verstehen Sie?«

Charlie nickte. Irgendwo musste die Sache einen Haken haben.
»Kennen Sie Nancy Lockman-Kurtz?«, fragte Reimarus.
Das ist also der Haken, dachte Charlie.
»Sie sind beide als Prozessanwälte tätig, aber soweit ich weiß, haben Sie noch nie zusammen an einem Fall gearbeitet. Ich glaube, sie hat ihren Abschluss an der Duke gemacht, oder? Und Sie an der Chapel Hill, wenn ich mich nicht irre?«
»Ja, Sir.«
»Ich vermute, das macht Sie zu Rivalen. Aber diese Rivalität müssen Sie für eine Weile vergessen. Sie haben beide bewiesen, dass Sie etwas können, am Gericht und auch bei Schlichtungen. Sie haben die besseren Karten, was Prozesse betrifft, aber Nancy hat in einigen Fällen, die wir niemals hätten gewinnen können, sehr gute Vergleiche erreicht. Und außerdem hat sie einige Mandanten geworben, die immer wiederkommen.«

Charlie hörte immer noch gespannt zu. Das wird ja immer besser, dachte er.

»Die Thomasons sind wunderbare Menschen, aber sie werden unsere Dienste vermutlich nie wieder in Anspruch nehmen – höchstens, wenn sie einmal ihr Testament verfassen. Wir leben aber von den Mandanten, die wiederkommen.«

Der gegrillte Lachs kündigte sich mit einer Duftwolke an und wurde serviert.

Charlie mochte Fisch im Allgemeinen nicht besonders gern, aber dieser war so zart, dass er förmlich im Mund schmolz.
»Wie schmeckt der Fisch?«, erkundigte sich Reimarus.
»Unglaublich gut. Ich bin hier nicht oft.«
»Na ja, jetzt, wo Jaques weiß, dass Sie ein Freund von mir sind, können Sie herkommen, sooft Sie wollen. Jetzt aber wieder zum Geschäftlichen. Martin wurde heute Morgen von einem sehr wichtigen Mandanten angerufen, der fälschlicherweise wegen fahrlässiger Tötung angeklagt worden ist. Eine tragische Ge-

schichte. Einer seiner Arbeitnehmer starb an Krebs, und seine Eltern machen unseren Mandanten dafür verantwortlich. Er ist vollkommen unschuldig, aber diese Bauernlümmel sind auf schnellen Reichtum aus. Weil Burchette seinen fetten Bauch mit Sonnenöl einschmiert, brauchen wir neue Prozessanwälte. Ich will, dass Sie und Nancy diesen Fall zusammen bearbeiten. Wenn wir sehen, wie Sie mit dem Mandanten und dem Fall umgehen, werden wir entscheiden, wen wir zum Partner machen, vorausgesetzt, Sie gewinnen den Fall. Wenn er vor Gericht kommt, werden Sie auf jeden Fall erster Anwalt. Allerdings würde ein guter Vergleich unserem Mandanten eine Menge negative Presse ersparen.«

»Weiß Nancy davon?«

»Natürlich, ich habe heute Morgen mit ihr gesprochen.«

»Vielen Dank für das Angebot«, sagte Charlie und dachte bei sich, dass dieses Angebot wirklich zum Himmel stank. Einen Anwalt gegen den anderen auszuspielen, wenn sie im Team zusammenarbeiten sollten, war nicht fair. Die restliche Mittagspause verbrachten sie mit Small Talk, sprachen über aktuelle Ereignisse und darüber, was man mit einer Million Dollar anstellen könnte. Charlie traute Reimarus nicht über den Weg. Natürlich traute er in der Firma nur sehr wenigen, Brad ausgenommen. Jeder schien es auf ein Eckbüro abgesehen zu haben und würde dafür über Leichen gehen. Er dachte: Wenn ich Teilhaber würde, bräuchte ich mir über solche Dinge keine Gedanken mehr zu machen. Ich könnte einfach meine Arbeit tun.

Aber ganz so einfach war das Ganze wohl doch nicht.

3

BEI *Hobbes, Reimarus & Van Schank* war es von entscheidender symbolischer Bedeutung, wem man welches Büro zuteilte. Die Eckbüros hatten zwei Wände mit Fenstern, und hier residierten ausschließlich Teilhaber. Die Seniorpartner arbeiteten im einundvierzigsten Stock und die jüngsten Teilhaber im neununddreißigsten. Angestellten wurde ein Büro mit nur einer Fensterwand zugewiesen. Die Büros wurden immer größer, je weiter außen sie lagen. Deshalb war es besser, ein Büro nicht weit von einer Ecke im neununddreißigsten Stock zu belegen, als ein Büro im einundvierzigsten, das in der Mitte lag. Es war ein höchst kompliziertes System, das alle Anwälte offenbar verstanden. Die Sekretärinnen und Rechtsanwaltsgehilfinnen kamen bei diesem Arrangement schlechter weg. Sie hatten kleine Kabinen im Innern des Gebäudes, gegenüber der Tür des Anwalts, für den sie arbeiteten. Eine Sekretärin konnte deshalb nur dann einen Blick aus dem Fenster erhaschen, wenn der betreffende Anwalt seine Tür offen stehen ließ. Sonst arbeitete sie unter dem flirrenden Licht der Neonröhren.

Nach dem zweistündigen Lunch im *French Quarter*, den man Walter Comstock und der Paragon-Gruppe auf die Rechnung setzen würde, hastete Charlie an Selia, der Empfangsdame, vorbei und zurück in sein Büro, das einige Türen hinter dem großen Konferenzsaal lag. Sein Büro befand sich direkt neben einem Eckbüro im neununddreißigsten Stock. Er ging an seiner Tür vorbei und spähte vorsichtig in das Eckbüro von Wallace J. Stoneman. Eine Minute lang träumte er. Nach dem Comstock-Prozess könnte auch er in einem Eckbüro sitzen. Es war gar nicht das Prestige, was diese Aussicht so aufregend machte, sondern die Freiheit, die die Partnerschaft mit sich brachte. Ein angestellter Anwalt arbeitete normalerweise zwischen achtzig und hundert Stunden in der Woche, und neun von zehn suchten sich schließlich irgendeine andere Stellung. Als Teilhaber konnte er sich eine etwas entspanntere Arbeitshaltung erlauben. Keiner der Partner arbeitete am Sonntag und nur eine Hand voll regelmäßig am Samstag. Charlie freute sich darauf, mehr Zeit für seine Familie zu haben, besonders, weil nun das zweite Kind unterwegs war.

Als er wieder in seinem Büro war, rief er zu Hause an. Sandys Stimme klang in seinen Ohren wie Musik. Schon zu Beginn ihrer Beziehung war sie immer diejenige gewesen, der er die guten und schlechten Neuigkeiten zuerst mitteilen wollte. Wenn sie nicht Bescheid wusste, fühlte er sich immer ein bisschen unvollständig.

»Hallo, Liebling. Was machst du gerade?«, wollte Charlie wissen.

»Ashley und ich reißen die alte Tapete im Flur von der Wand. Ich bin total verschwitzt, und überall klebt mir der Kleister und dieses Essigzeug, das man auf die Wand sprühen muss.«

»Ich wette, du siehst großartig aus.«

»Du hörst dich fröhlich an. Wie war das Mittagessen?«

»Fantastisch! Ich muss dich bei Gelegenheit in dieses Restaurant ausführen. Das Essen war unglaublich gut. Reimarus will mir noch einen Fall anvertrauen, bevor die Teilhaber entscheiden, wen sie zum nächsten Partner machen wollen.«

»Was ist das für ein Fall?«

»Fahrlässige Körperverletzung mit Todesfolge in einem Bauunternehmen. Ich darf nicht darüber sprechen, verstehst du?« Es fiel ihm schwer, sich Nancy gegenüber an die Schweigepflicht zu halten, weil sie alles miteinander teilten. Er mochte nichts vor ihr geheim halten, nicht einmal, wenn es seinen Beruf betraf.

»Das wirst du locker schaffen. Du bist doch jetzt der König der fahrlässigen Tötungsfälle!«

Sie streichelte sein Ego, auch wenn er es im Augenblick kaum nötig hatte.

»Nur ist es diesmal so, dass ich auf der anderen Seite stehe. Unser Mandant wird von einem älteren Ehepaar verklagt, dessen geistig behinderter Sohn an Lungenkrebs gestorben ist. Sie behaupten, dass die Paragon-Gruppe für den Tod verantwortlich ist.«

»Wo ist das Problem? Glaubst du, dass sie daran schuld sind?«

»Ich weiß nicht. Ich muss noch mehr über den Fall herausfinden, aber ich habe ein komisches Gefühl bei dem, was Reimarus mir erzählt hat. Außerdem lässt er mich mit Nancy Lockman-Kurtz, der Königin der Vergleiche, zusammenarbeiten.« Irgendwie war es seltsam, dass Reimarus ihn nicht in allen Einzelheiten über den Fall aufgeklärt hatte, aber er blieb optimistisch.

Sandy versuchte ihm Mut zu machen und sagte: »Ich bin sicher, du wirst deine Sache gut machen. Ich weiß, dass du es nicht magst, wenn du die Seiten wechseln musst, aber lass dich davon nicht aus der Ruhe bringen.«

Im Thomason-Fall hatte Charlie die Klage vertreten, jetzt war er in einem ähnlich gelagerten Fall Anwalt der Verteidigung. Dieser Aspekt des juristischen Daseins hatte ihm schon seit dem Studium Kopfzerbrechen bereitet. Ein Anwalt muss in der Lage sein, beide Seiten eines Falles gleichermaßen logisch wie leidenschaftlich zu vertreten. Was ihn am meisten verwirrte, war, dass es so einfach war, die Seiten zu wechseln. In einem Kurs über Gerichtsverfahren, der vom ehemaligen Bezirksstaatsanwalt Gerald Long geleitet wurde, argumentierte er einmal mit einem neuen Gesetz, aufgrund dessen Drogendealer bei ihrer dritten Verurteilung mit dem Tod bestraft wurden. Charlie referierte vor der ganzen Klasse über einen Straftäter, der in Berufung gegangen war. Roger Jefferson, genannt »der Hammer«, war bereits zweimal verurteilt worden, als er außerhalb von Winston-Salem angehalten wurde, weil er zu schnell gefahren war. Als der Polizist mit der Taschenlampe den Rücksitz ableuchtete, fand er eine braune, mit einem Kniff verschlossene Papiertüte. Vor dem Berufungsgericht ging es dann um den vierten Zusatz zur Verfassung, der illegale Durchsuchungen und Beschlagnahmungen verbot. Eine Viertelstunde lang argumentierte Charlie, dass der Polizist die Verfassung nicht übertreten hatte, weil die Tüte teilweise geöffnet gewesen war. Sie war nur oben zusammengefaltet, nicht mit Heftklammern oder Klebeband verschlossen. Seine Argumentation beruhte darauf, dass die Tüte im juristischen Sinn nicht versiegelt gewesen sei, weil man weder einen Kleber noch einen Hefter benutzt habe; deshalb habe der Polizist das verfassungsmäßige Recht gehabt hineinzusehen.

Mitten in seiner Argumentation sagte Dr. Long: »Und jetzt wechseln Sie die Seiten.« Charlie argumentierte nun eine Viertelstunde lang, dass der Polizist kein Recht gehabt habe, die Tüte an sich zu nehmen und hineinzusehen, da das nicht ohne weitere Maßnahmen möglich gewesen sei. Er habe kein Recht gehabt, die Tüte zu öffnen, selbst wenn sie zwei Pfund reines Heroin enthalten hätte. Wenn Charlie diesen Fall tatsächlich vertreten hätte, dann wäre »der Hammer« noch heute auf freiem Fuß und würde auf Schulhöfen Heroin verkaufen. Das machte

Charlie Angst. Er konnte sich leidenschaftlich für die Einhaltung der Gesetze einsetzen, und den Bruchteil einer Sekunde später trat er ebenso leidenschaftlich für die Rechte des Straftäters ein, ohne darüber nachzudenken. Nach dem Unterricht saß er ganz erschlagen mit seiner Frau in ihrem winzigen Studentenapartment und fragte sich, wie er jemals Rechtsanwalt werden konnte, ohne seine ethischen Grundsätze aufzugeben. Jetzt, als er wieder die Seiten wechselte, um eine große Firma zu vertreten, kamen dieselben Gefühle in ihm hoch. Er rieb sich die Schläfen und wechselte das Thema.

»Hör mal, ich habe eine Idee. Montag ist doch Feiertag, Labor Day, und wir könnten vor dem nächsten Verhandlungstermin wegfahren. Brad hat mir seine Hütte in Nags Head überlassen.«

»Ich packe sofort die Sachen.« Sandy war die Vorfreude deutlich anzumerken.

»Vergiss nicht, den schwarzen Bikini mitzunehmen.« Charlie grinste.

»Schatz, ich habe ein Kind zur Welt gebracht und ich bin schwanger. Den kann ich doch nicht anziehen!« Er wusste, dass sie errötete, auch wenn er sie nicht sehen konnte.

»Das ist sogar noch besser. Ich muss jetzt los. Bis später, mein Schatz. Ich liebe dich.«

»Ich dich auch, Liebling. Tschüss.« Sandy legte auf.

Charlie lehnte sich in den Sessel und wählte Brads Durchwahl. »Hast du Lust, nach der Arbeit noch was zu unternehmen?«

»Klar, Mann. Wie wär's mit *Johnathan's* gegen halb sechs?«

»In Ordnung. Dann erzähle ich dir, wie ein richtig gutes Mittagessen aussieht.«

»Ich kann's kaum noch erwarten. Bis nachher.«

Charlie konnte sich nur schwer auf die Arbeit konzentrieren. Er starrte aus dem Fenster, dachte an die Landschaft, die sich meilenweit vor ihm erstreckte, an Eckbüros, seine Frau im Bikini, Ashley, wie sie vor den Wellen davonrannte, die erbärmliche Nancy Lockman-Kurtz, Reimarus mit seinem schlohweißen Haar und seinem leicht unzurechnungsfähigen Lächeln, und an Maggie Thomason. –

Die Ader auf Walter Comstocks mächtigem Nacken schwoll an und sein Gesicht war puterrot, als er Reimarus und Van Schank anschrie. In einem Eckbüro im einundvierzigsten Stock tigerte er vor den Fenstern hin und her. Überraschenderweise konnte man seine Stimme außerhalb des Büros nicht hören.

»Ich zahle dieser Firma Hunderttausende von Dollar im Jahr für juristischen Beistand, und wenn ich verklagt werde, was bekomme ich? Zwei kleine Rechtsanwälte, die noch nicht trocken hinter den Ohren sind. Burchette konnte meine Probleme mit der Gewerbeaufsicht immer ausbügeln. Er muss zurückkommen!« Comstock schlug mit der Faust auf den Tisch.

»Hören Sie mal, Walter«, versuchte Reimarus ihn zu beruhigen, »das sind zwei unserer erfahrensten Anwälte, und einer wird Burchettes Platz einnehmen, wenn die ganze Sache ausgestanden ist. Im Augenblick ist keiner unserer Partner frei. Einer ist gerade in London, einer auf Hawaii, und die anderen sind damit beschäftigt, einem Fernsehevangelisten zu helfen, der Jim Bakkers alte Studios aufkaufen will, aber der Fall zieht sich schon über ein paar Jahre hin. Ich werde den ganzen Prozess überwachen. Sie sind uns sehr wichtig.«

Mit einem heiseren Lachen entgegnete Comstock: »Mein Geld ist Ihnen wichtig und dass wir den millionenschweren Auftrag für den Autobahnausbau um Charlotte bekommen. Ich könnte mich ja auch an eine andere Kanzlei wenden. Jede Anwaltsfirma in der Stadt würde mir die Füße küssen, wenn sie mich vertreten dürfte.«

Ohne Comstock zu antworten, stand Van Schank auf und stellte sich hinter Reimarus' Schreibtisch. »Würden Sie uns ein paar Minuten allein lassen?«, bat er seinen Kompagnon.

Normalerweise würde kein Anwalt sein Büro einfach auf eine Aufforderung hin verlassen. Es war ein Schlag ins Gesicht, was seine territoriale Oberhoheit betraf. Reimarus zog den Kopf ein und ging verlegen zur Tür. Van Schank ging zu Reimarus' Privatbar und schenkte zwei Gläser Jack Daniels ein.

»Also, Walter«, begann Van Schank leise, aber bestimmt, »wir beide wissen genau, warum Burchette sich vorzeitig aus dem

Geschäft zurückgezogen hat. Er wusste zu viel, und sein Gewissen hat ihn belastet. Ich habe ihm eine schöne Abfindung gezahlt, um sein Gewissen zu beruhigen. Und jetzt habe ich mich entschlossen, mit Ihnen eine neue Strategie zu versuchen.«

Comstock nickte nur, um zu zeigen, dass er verstanden hatte.

»Ich habe mich nämlich entschlossen, Ihnen zwei Anwälte zu geben, die so gut wie nichts über Sie wissen. Wenn sie glauben, dass zwei unbedarfte Dorfbewohner versuchen, sich an einem angesehenen Mitglied der Gesellschaft zu bereichern, ist es wahrscheinlicher, dass sie ihr Bestes geben. Burchette hatte sich die Hände schmutzig gemacht. Wenn Sie weiter solche Geschäfte machen, dann müssen Sie mir auf Leben und Tod vertrauen. Denn wenn irgendjemand die Wahrheit herausfindet, dann packen Sie besser Ihr Geld zusammen und reisen so schnell wie möglich auf die Bahamas. Verstanden?«

»Ja, ja, natürlich.« Walter starrte unverwandt auf den Teppich und schenkte sich noch einen Drink ein.

»Sie können mir nicht erzählen, wie ich meine Arbeit zu tun habe, und ich halte Ihnen keine Vorträge über das Gesetz. Wenn Sie sich einfach an das Gesetz halten würden, müssten Sie meine Dienste nicht so oft in Anspruch nehmen.« Van Schank konnte mit seiner dürren Gestalt sehr einschüchternd wirken. Seine runde Brille ließ ihn aussehen wie einen Gestapo-Offizier.

Comstock lenkte ein. »Wenn Sie es sagen. Ich vertraue Ihnen. Ich muss mich bald mit den beiden treffen, vielleicht Anfang nächster Woche.«

»Nancy wird gleich einen Termin mit Ihnen vereinbaren.« Van Schank lächelte. »Der Fall könnte Sie leicht zweihunderttausend Dollar kosten.«

Das *Jonathan's* war ein markanter Punkt im Stadtbild. Es hatte schon dort gestanden, als die North Tryon Street noch das boomende Finanzzentrum Charlottes gewesen war. In den siebziger und achtziger Jahren hatte sich der Finanzbezirk etwas nach Süden verlagert, und die North Tryon Street war zum Tummelplatz der Obdachlosen, Drogensüchtigen und Dealer geworden.

Einige Hotels mussten schließen und vernagelten ihre Fenster. Sie dienten nun manch einem Obdachlosen als provisorische Unterkunft. Drogensüchtige setzten sich hier ihren Schuss, und billige Prostituierte empfingen in dieser wenig romantischen Umgebung ihre Freier. In den späten achtziger und frühen neunziger Jahren führte dann der republikanische Bürgermeister einen Feldzug gegen die Kriminalität und gewährte in den ärmeren Gebieten Steuervergünstigungen, um im heruntergekommenen Stadtzentrum wieder Betriebe anzusiedeln.

Als man aus den alten Warenlagern Apartments machte und auch kulturelle Einrichtungen rund um die North Tryon Street schuf, blieb das *Jonathan's* ein beliebter Treffpunkt für alle Workaholics, die die Karriereleiter emporkletterten. Beliebt vor allem deshalb, weil es zu den wenigen Gebäuden im Zentrum gehörte, die nicht neu waren. Es gab keine grellen Neonröhren und nur wenige Fenster, nur dunkles Holz und Messing. Im Erdgeschoss befand sich das Restaurant, im Keller gab es eine Bar und gelegentlich spielte hier eine Jazzband.

Charlie ging die sieben Blocks von der NationsBank bis zum *Jonathan's* zu Fuß. Er kam am neuen Blumenthal Performing Arts Center vorbei, der Bibliothek von Charlotte, dem Spirit Square, und bei Joe, einem pensionierten Vietnam-Veteranen, dem eine Mine beide Beine abgerissen hatte und der jetzt auf einer Bahre in der Stadt herumfuhr. Charlie ging durch die Tür und die Treppen bis zur Bar hinunter, wo Brad bereits auf ihn wartete.

Überall saßen Geschäftsleute, Männer und Frauen, die sich nach Arbeitsschluss um fünf Uhr auf ein oder zwei Gläser hier trafen. Normalerweise machten Brad und er niemals so früh Feierabend, aber am Montag war Labor Day, und daher war am Freitag vor diesem langen Wochenende nicht viel los.

Als sich Charlie durch den Tabaksqualm und die schummrige Beleuchtung zwischen den kleinen Tische hindurchquetschte, sah er, wie Brad aufstand und ihn zu sich herüberwinkte. »Hier bin ich! Komm rüber!« Dann rief er in Richtung der Gäste: »Ladies und Gentleman, wenn ich Ihnen nun ein Getränk Ihrer Wahl ausgebe, gratulieren Sie bitte mit mir Charlie Harrigan, dem besten Anwalt in Charlotte.«

Die Menge brach in Hochrufe aus, und Charlie senkte verlegen den Kopf, damit man nicht sehen konnte, wie er errötete.

»Was fällt dir ein? Hier sitzen mindestens dreißig Leute.« Charlie blickte seinen Freund fragend an.

»Mein Junge, du musst erst noch lernen, wie man richtig feiert. Ihr alten Ehemänner seid einfach zu langweilig.« Brad war noch nicht betrunken, aber auf dem besten Weg dahin.

In Charlies Leben hatte es einmal eine Zeit gegeben, in der er geglaubt hatte, dass er in die Hölle kommen würde, wenn er nur eine Bar beträte, und deshalb war es für ihn überhaupt nicht in Frage gekommen, Alkohol auch nur zu berühren. In der Oberstufe war er dann neugierig geworden und hatte hier und da ein Glas getrunken. In der ersten Woche auf der Universität hatte er entdeckt, dass von den zweiundzwanzigtausend Studenten mindestens neunzig Prozent tranken, und er hatte nicht widerstehen können. Seit er das Trinken ganz aufgegeben hatte, vertrat er gemäßigtere Ansichten. Es war für ihn ganz in Ordnung, hier zu sitzen und sich zu unterhalten, solange er dabei nicht trank. Alkoholismus war ein schreckliches Problem unter Juristen. Alles schien sich um Alkohol zu drehen, wenn man sich mit seinen Mandanten traf, einen Sieg begoss oder den Kummer über einen verlorenen Prozess herunterspülte. Er konnte sich nicht einfach davon fernhalten, aber als trockener Alkoholiker mochte er diese Zusammenkünfte nicht besonders. Er erinnerte sich daran, wie ein Sonntagsschullehrer einmal erzählt hatte, dass Jesus sich oft mit zwielichtigen Gestalten herumgetrieben hätte. Aber natürlich wurde Jesus nicht allzu oft in Gesellschaft von Rechtsanwälten gesehen.

Der Barkeeper fragte Charlie: »Was darf's denn sein?«

»Eine Cola, bitte«, antwortete er und schaute auf Brads dritte Flasche Corona-Bier, die er zügig leerte, und ein leeres Schnapsglas, von dem Charlie annahm, dass es Tequila enthalten hatte.

»Charlie, warum feierst du nicht mal so richtig? Nicht einmal auf deiner eigenen Siegesfeier hast du ein Glas Champagner getrunken.« Brad biss auf eine Scheibe Zitrone und genehmigte sich einen weiteren Drink.

»Nachher vielleicht«, versuchte Charlie seinen Freund zu besänftigen.

»Und jetzt erzählst du mir ganz haarklein alles über deinen Lunch mit dem Oberguru.« Brad betrachtete sich als den coolsten Anwalt der Stadt. Er fuhr wie James Dean einen Porsche Cabrio und wachte häufiger neben Frauen auf, an deren Namen er sich erst erinnern konnte, wenn er ihre Visitenkarte gelesen hatte.

»Ich bin mit Reimarus zwei Stunden im *French Quarter* gewesen. Er hat mir kurz auf die Schulter geklopft und mir erklärt, welche Prüfung ich bestehen muss, damit ich Teilhaber werden kann. Ich arbeite mit Nancy zusammen.«

»Mit dieser Hexe!« Brads Stimme wurde merklich lauter.

»Wir müssen Walter Comstock verteidigen. Reimarus hat sich eine Stunde darüber ausgelassen, wie wichtig dieser Kerl für uns ist und wie viel Geld er der Firma einbringt. Er scheint einer von diesen Selfmade-Geschäftsleuten zu sein. Er ist jetzt Ende fünfzig. In Vietnam hat er die A-6 Intruder geflogen. Ich glaube, die A-6 wurden als Vorhut vorgeschickt, um die Flaks von den Bombern abzulenken. Er ist eine echte Kämpfernatur und hat ein Vermögen gescheffelt, als er halb Charlotte erbaut hat. Er bekommt jede Menge Aufträge von der Regierung, hauptsächlich deshalb, weil man ihn für einen Wohltäter hält. Er hilft leicht Behinderten oder ehemaligen Häftlingen, wieder auf die Füße zu kommen, indem er ihnen leichte Arbeiten anbietet. Für diese Hilfsprogramme hat er unzählige Auszeichnungen erhalten. Einer dieser Jugendlichen, die er beschäftigt hat, ist jetzt tot. Die Eltern behaupten, dass der Vorarbeiter fahrlässig gehandelt hat. Er hätte diesem Jungen eine gefährliche Arbeit zugewiesen, ohne ihm die damit verbundenen Gefahren richtig zu erklären. Ich kenne die Einzelheiten noch nicht, aber im Großen und Ganzen sind das wohl die Fakten. Offenbar behaupten sie, dass Comstock dabei ganz bewusst vorgeht.«

»Mann, du kriegst immer die guten Fälle. Ich habe immer nur

langweilige Sachen. Howard Brackman und die Triton-Gesellschaft wollen noch eine heruntergekommene Einkaufszeile kaufen und dort eine Videothek, ein Sonnenstudio und einen Joghurtladen eröffnen. Ist dir schon mal aufgefallen, dass jede Einkaufszeile in North Carolina eine Videothek, ein Sonnenstudio und einen Joghurtladen besitzt? Wir sollten selbst Unternehmer werden und ein ›Sonn-dich-und-iss-einen-Joghurt-während-du-dir-ein-Video-ausleihst-Geschäft‹ aufmachen. Damit könnten wir reich werden.«

»Ich weiß nicht, ob der Fall so aufregend ist, aber wenn ich dadurch zum Partner werde, reicht mir das.« Charlie hatte seine Cola halb ausgetrunken, und Brad bestellte sein viertes und letztes Corona.

»Aber pass auf Nan auf. Sie sieht vielleicht gut aus, aber sie ist gefährlich. Ich kenne jemanden, der mit ihr zusammen auf der Duke studiert hat. In ihrem letzten Studienjahr gab es nur einen Studenten mit einem besseren Notendurchschnitt. Man hat ihn rausgeworfen, weil er geschummelt haben soll, obwohl er behauptet hat, dass er das in seinem ganzen Leben noch nie getan hätte. Aber irgendjemand hat seine Sozialversicherungsnummer benutzt, um sich Zugang zu den Computern zu verschaffen, an denen die Studenten in der Bibliothek ihre Prüfungen ablegen, und hat die Noten gefälscht. Zwei Wochen vor den Abschlussprüfungen wurde er exmatrikuliert, und Nancy verließ Duke als beste Studentin.«

»Was willst du damit sagen? Hat sie das getan?«, fragte Charlie ungläubig.

Brad rückte ganz nah an ihn heran und flüsterte: »Ich will damit sagen, dass du dich in Acht nehmen sollst.«

»Ich muss mich auf den Weg machen, damit ich zum Abendessen zu Hause bin. Kann ich auf dein Angebot zurückkommen?«

»Ein Wochenende in meinem Apartment in Nags Head? Natürlich.« Brad nahm seinen Schlüsselbund heraus und zog einen Schlüssel vom Ring ab. »Der Code ist 3323. Die Trikotnummern von Magic Johnson und Michael Jordan. Ganz schön clever, was? Warte noch einen Augenblick. Kannst du mir

Geleitschutz geben?« Brad hatte gerade Blickkontakt mit zwei Sekretärinnen am Ende des Tresens aufgenommen.

»Mann, du weißt doch, wie ich das hasse.«

»Sei kein Frosch. Du bist doch verheiratet, aber ich muss meine Traumfrau noch finden.«

»Okay. Zehn Minuten.«

Sie gingen den Tresen hinunter. Brad sprach sofort die süße Blonde an. Ihre nicht ganz so attraktive Freundin lächelte Charlie zu.

»Seid ihr oft hier?« Sie grinste ihn an.

Oh, dachte Charlie, das ist wirklich originell. Kein Wunder, dass du auf die vierzig zugehst und immer noch in Bars herumhängst. »Hin und wieder«, sagte er.

»Ich sehe, dass Sie verheiratet sind.«

»Ja, und zwar sehr glücklich. Darum gehe ich jetzt auch nach Hause, zurück zu meiner wunderbaren Frau.«

»Nicht so schnell, wir können uns doch noch etwas unterhalten.« Sie legte ihre Hand auf sein Knie, um ihn an einem schnellen Rückzug zu hindern.

»Vielen Dank. Das ist sehr schmeichelhaft, aber auf der anderen Seite sind Sie vielleicht auch nicht so schwer zu haben. Bis später, Brad.« Brad antwortete nicht. Er war viel zu sehr damit beschäftigt, sich seiner Wollust hinzugeben.

Als Charlie das *Jonathon's* verließ, fuhr eine orangeblaue Limousine mit einem Taxischild vor, um beschwipste Geschäftsleute nach Hause zu bringen. Charlotte hat die hässlichsten Taxis von ganz Amerika, dachte er und machte sich auf den Weg zurück zur Tryon Street. Als er an Joe vorbeikam, gab er ihm ein paar Dollar und ging weiter zum Parkhaus. Der Weg nach Hause auf der Providence Road erinnerte ihn mehr an einen Parkplatz als an eine Straße. Obwohl die Stadt vor ein paar Jahren zusätzliche Spuren gebaut hatte, die morgens in die Stadt hinein- und abends aus ihr herausführten, sodass dem Berufsverkehr drei Spuren zur Verfügung standen, hatte das die Situation nicht wesentlich verbessert. Als Charlie sich im Stau zu den Klängen von David Sanborn's neuester CD Zentimeter um Zentimeter vorwärts bewegte, dachte er daran, dass Brad zu ihm gesagt hatte, er solle sich in Acht nehmen. Wieso eigentlich? Er und Nancy arbeiteten an demselben Fall. Warum sollte er sich Sorgen machen?

4

AM FREITAGMORGEN um halb sechs hatte Charlie keine Lust, das Frühstück vorzubereiten, und Sandy lag noch im Bett. Charlie gab erst ihr einen Kuss und ging dann zu Ashley hinüber, um auch sie zu küssen. Er wollte so früh wie möglich zur Arbeit, damit sie mittags zum Strand aufbrechen konnten. Myrtle Beach in South Carolina war zwar der nächstgelegene Badeort am Atlantik, aber dort war auch am meisten los. Weil sich dort ein T-Shirt-Shop an den anderen reihte und jedes Frühjahr ein großes Motorradtreffen stattfand, hielten manche Menschen Myrtle Beach für den geschmacklosesten Badeort der gesamten Ostküste. Charlie hatte es gern etwas ruhiger. Nags Head lag mindestens sechs Autostunden entfernt. Mittags würden sie losfahren.

So früh am Morgen zur Arbeit aufzubrechen hatte einen Vorteil. Auf der Providence Road herrschte kein Verkehr, er hatte die ganze Straße für sich. Er entschloss sich, bei *Sonny's Teriyaki Grill* zu frühstücken. Das machte er immer, wenn er früh dran oder Sandy nicht zu Hause war. Es war ein typischer kleiner Schnellimbiss mit Barhockern am Tresen und sechs Tischen. In Charlotte hatte es bereits einen *Sonny's* gegeben, und deshalb musste Sonny den Namen ändern, damit man die beiden Imbisse unterscheiden konnte.

Sonny hieß eigentlich Kim Il Sook. Er war mit achtzehn Jahren nach Amerika gekommen, ohne ein Wort Englisch zu sprechen. Er hatte nicht einmal Kleidung zum Wechseln. Im Lauf der Jahre hatte er es zu etwas gebracht. Der Imbiss und die Reinigung nebenan gehörten ihm. Alle möglichen Leute, vom Buchhalter bis zum Straßenfeger, liebten Sonnys Küche. Der Hauptgrund für seine Beliebtheit lag darin, dass es auf der Karte nicht ein einziges fettfreies Gericht gab. Er kochte für Menschen, die wirklich gerne aßen.

Charlie konnte nur selten einen Parkplatz direkt vor der Tür ergattern, aber heute war eine Ausnahme. »Guten Morgen, Sonny! Wie geht es Ihnen?«

»Gut, Charlie. Sie fangen heute früh an. Muss ein wichtiger Fall sein!«, vermutete Sonny.

»Ich will heute früh Schluss machen, damit wir dieses Wochenende wegfahren können«, sagte Charlie.

»Das ist schön. Sie verdienen es. Ich hab's in der Zeitung gelesen. Sie sind ein großer Held. Der Arzt gehört ins Gefängnis, wissen Sie, aber der Bezirksstaatsanwalt kann ihn nicht finden.« Das verwirrte Charlie etwas, denn nach seinen letzten Informationen war Dr. Owen Johnston verhaftet worden und wartete auf die Vorverhandlung.

Sonny fuhr fort: »Auf der Titelseite steht's. Der Doktor hat eine Kaution bezahlt. Der Bezirksstaatsanwalt hat ihn zur Vorverhandlung geladen, aber der Doktor ist verschwunden.«

»Das kann doch wohl nicht wahr sein! Er ist nicht zur Beweisaufnahme aufgetaucht?« In dieser Anhörung ging es darum, welche Teile des Zivilprozesses als Beweis zugelassen werden sollten. Das Video von Maggie würde vermutlich nicht zugelassen werden. Johnston hatte gute Chancen, den Strafprozess zu gewinnen. Das Video hatte im Zivilprozess die entscheidende Rolle gespielt. Ohne es würde es dem Staat nicht leicht fallen, die Fahrlässigkeit des Arztes zweifelsfrei nachzuweisen.

»Machen Sie sich keine Sorgen, Charlie. Sie sind immer noch ein Held. Nehmen Sie das Übliche?«

»Ja, gern.« Charlie wartete gespannt, ob Sonny seine Standardbestellung noch im Kopf hatte.

»Okay, das sind zwei Rühreier, fünf Scheiben Speck, zwei Scheiben Toast, Traubengelee und Kaffee mit Milch und Zucker.« Sonny lächelte ihn an. Er vergaß nie die Vorlieben eines Stammkunden.

»Richtig. Kann ich mal in Ihre Zeitung schauen?« Charlie überflog den Artikel, erfuhr aber nichts Neues. Der Bericht bezog sich auf den Prozess, erwähnte ihn selbst aber nicht namentlich. Vielleicht war Johnston einfach in die Berge gefahren, um eine Zeit lang allein zu sein. Charlie nahm sich vor, vom Büro aus ein paar Anrufe zu machen; vielleicht konnte er etwas herausfinden.

Nach der dritten Tasse Kaffe brach er auf und kam um Viertel nach sechs in der Tiefgarage an. Er ließ die Tür seines Chevy Blazers zuschlagen und machte sich auf den Weg zum Fahrstuhl. Der Jaguar XK8 würde warten müssen, bis Dr. Johnstons Geld auf dem Konto war. Während er auf den Fahrstuhl wartete, hörte er hinter sich auf dem Asphalt das Klicken von hohen Absätzen. Er hielt die Tür auf, und eine attraktive Blondine in einem eleganten burgunderroten Kostüm schob sich an ihm vorbei. Es war Nancy Lockman-Kurtz.

»Guten Morgen!« Charlie versuchte fröhlich zu klingen.

»Guten Morgen«, erwiderte sie kühl. »Ich dachte, Sie hätten sich mit ihren Millionen aufs Altenteil zurückgezogen.«

Sie macht es einem nicht gerade leicht, sie zu mögen, dachte Charlie. »Na ja, bis jetzt bin ich nur auf dem Papier ein Millionär, es ist noch nicht offiziell.« Er versuchte, dem Gespräch eine andere Wendung zu geben, und sagte: »Ich habe gehört, wir sollen zusammenarbeiten.«

»Ja, Walter und ich haben gestern Abend noch ein Glas zusammen getrunken. Ich habe mir die Freiheit genommen, bei ihm vorbeizufahren und mit ihm die Strategie zu besprechen, bevor uns die ganze Geschichte aus der Hand gleitet.«

Er versuchte, seine professionelle Haltung zu wahren, und fragte sie: »Haben Sie das mit Reimarus abgesprochen, bevor Sie mit dem Fall angefangen haben?«

Sie lächelte unschuldig und entgegnete: »Das ging nicht. Es hat sich einfach so ergeben. Ich habe ihm gesagt, der Nebenanwalt würde heute bei ihm vorbeischauen. Ich habe ein gutes Wort für Sie eingelegt.«

»Danke.«

Als sich die Tür öffnete, verließ Charlie den Fahrstuhl und ging zum Kiosk. Nancy hatte ihn gefragt, ob sie auf ihn warten sollte.

Vier Etagen von der Tiefgarage bis zum Erdgeschoss waren schlimm genug, aber neununddreißig bis zum Büro waren mehr, als er ertragen konnte. Eigentlich brauchte er an diesem Morgen keinen Kaffee mehr, aber es war eine gute Ausrede, um die Flucht zu ergreifen. Sie hatte ihm ganz bewusst die Pistole auf die Brust gesetzt. Statt ein offizielles Treffen mit Comstock und den Teilhabern abzuwarten, lief sie ihm hinterher. So etwas gehörte sich einfach nicht.

Henry Judson zog genießerisch an seiner Davidoff-Zigarre und blies den Rauch seinen beiden Mandanten Horace und Betty Douglas ins Gesicht. Die beiden bemühten sich, höflich zu bleiben und nicht zu husten, obwohl sie Tabakrauch verabscheuten. Er war der einzige Rechtsanwalt, den sich dieses nette altmodische Ehepaar, beide Mitglieder einer Pfingstgemeinde, leisten konnte. Henrys Kanzlei lag in Kannapolis, einer Kleinstadt in Rowan County an der Interstate 85, etwa zwanzig Autominuten von Charlotte entfernt. An der Straße gegenüber Cannon Village lag eine Arbeitersiedlung, die man in Geschäfte und Büroräume umgewandelt hatte. In den dreißiger Jahren hatte Charles Cannon eine Textilmühle eröffnet und damit Kannapolis praktisch erbaut. Er brachte die Arbeiter in kleinen weißen Siedlungshäusern unter und benannte beinah jedes Gebäude nach sich selbst, von der Bücherei bis hin zum Einkaufsviertel, das erst kürzlich saniert worden war.

Nachdem Judson von der juristischen Fakultät der Universität von Georgia abgegangen und nach Hause zurückgekehrt war, kaufte er 1960 eins dieser Häuser und richtete dort seine kleine Kanzlei ein. Er behauptete immer, dass die Hochschule in Georgia seine erste Wahl gewesen sei, aber seine Freunde vermuteten, dass er von den juristischen Hochschulen in Carolina und Virginia abgelehnt worden war. Er beschäftigte sich hauptsächlich mit der Abfassung von Testamenten, prüfte Grundbücher und Besitzurkunden, regelte für Freunde und Verwandte die Zahlungsbedingungen, wenn sie ins Krankenhaus mussten, und vermittelte gelegentlich in Fällen von sexueller Belästigung am Arbeitsplatz. Jetzt war er zweiundsechzig und hatte ein Doppelkinn. Ein paar Strähnen graues Haar hatte er über seinem runden Kopf nach hinten gelegt. Er liebte es, seine Football-Hosenträger mit dem Emblem der Georgia Bulldogs zu seinem blau-weiß gestreiften Anzug zu tragen. Er sprach mit einem unverkennbaren Südstaaten-Akzent und rauchte pausenlos Davidoff-Zigarren.

Um halb elf fuhr ein verbeulter und leicht verrosteter Monte Carlo Baujahr 76 vor seinem Büro vor. Ein älteres Ehepaar stieg aus; die beiden waren Ende fünfzig, sahen aber eher wie Ende sechzig aus. Horace und Betty hatten 1959 geheiratet, als er das letzte Schuljahr hinter sich gebracht hatte. Horace nahm sofort eine Stellung in der Baumwollfabrik an. Allmählich arbeitete er sich vom Gabelstaplerfahrer bis zum Speditionsmanager hoch. Betty arbeitete als Kellnerin und bekam schließlich eine Stellung in der Bücherei. Sie verreisten kaum, höchstens, um noch einmal an den Ort zurückzukehren, an dem sie ihre Flitterwochen verbracht hatten, Pigeon Forge in Tennessee. Nach zwanzig Jahren waren sie endlich in der Lage, sich ein eigenes Haus zu leisten. Sie führten nicht gerade ein aufregendes Leben, aber sie waren glücklich.

Als sie zehn Jahre verheiratet waren, bekamen sie ihr erstes Kind, Matthew Luke Douglas. Sie riefen ihn Matt. Eine Zeit lang schien alles perfekt. Aber als Matt drei war, bemerkten sie, dass er sich langsamer entwickelte als andere Kinder. Erst als er zur Schule kam, erfuhren sie, dass er an einer leichten geistigen Behinderung litt. Ein Fehler in den Chromosomen war dafür verantwortlich, dass er nur sehr langsam lernte. Betty kündigte ihre Stellung und blieb einige Jahre lang zu Hause, um sich um Matt zu kümmern und ihn so gut wie möglich zu fördern. Ihr Arzt riet ihnen, keine weiteren Kinder mehr zu bekommen. Er sagte, dass in Bettys Alter so etwas wieder passieren könnte.

Matt ging mit einundzwanzig von der Schule ab, und Horace machte in Charlotte ein Institut ausfindig, das erwachsene Behinderte dabei unterstützte, ein unabhängiges Leben zu führen. Matt verbrachte anderthalb Jahre im so genannten »Ich-kann's-

Projekt«. Hier lernte er, wie man Bus fährt, was man machen muss, um eine Stelle zu bekommen und zu behalten, und wie man bezahlt und das Wechselgeld nachzählt. Es ist kaum zu glauben, aber es gibt Menschen, die einen geistig Behinderten um fünfundsiebzig Cent betrügen würden. Matt bekam eine Drei in Holzbearbeitung, und er arbeitete gern mit seinen Händen. Als Frank Grady, der Leiter des »Ich-kann's-Projektes«, merkte, dass Matt unglaublich gern etwas baute und herstellte, fand er für ihn eine Stelle bei der Paragon-Gruppe. Horace und Betty fuhren über ein Jahr lang jeden Tag nach Charlotte hinein, um mit Matt gemeinsam zu Abend zu essen. Eines Abends begann Matt fürchterlich zu husten. Nach einigen Monaten wurde der Husten immer schlimmer. Noch einige Monate später war Matthew Douglas im Alter von dreiundzwanzig Jahren an Lungenkrebs gestorben. Als ihnen niemand erklären konnte, was genau geschehen war, wandten sie sich an Judson, den sie über die Gelben Seiten ausfindig gemacht hatten.

»Alles läuft bestens.« Judson lehnte sich in seinen weichen Sessel zurück. »Ihre Klage ist beim Zivilgericht von Mecklenburg County eingereicht worden. In Kürze werden dann die Zeugen aussagen, und der eigentliche Prozess wird Mitte Februar oder Anfang März eröffnet.«

»Warum so spät?«, wollte Betty wissen.

»Das ist so eine Sache. Beide Seiten müssen ja Untersuchungen anstellen und die Zeugen befragen«, erklärte er nicht ganz überzeugend.

»Ich versteh das immer noch nicht«, sagte Horace und saß mit verschränkten Armen still da, als wartete er darauf, dass sich endlich etwas tat.

»Wir müssen die Zeugen befragen, damit wir wissen, was sie im Zeugenstand sagen werden.«

»Aber ist dafür nicht die Verhandlung da? Um herauszufinden, was sie sagen?«

Judson machte in diesem fünfminütigen Gespräch viele Pausen und zog ein Taschentuch heraus, um sich den Schweiß von der Stirn zu wischen.

»Das ist nicht so einfach, wie Sie denken. Zunächst einmal handelt es sich um einen Zivilprozess. Bei Zivilprozessen dauert es länger als bei Strafprozessen, bis sie zur Verhandlung kommen. Zweitens kämpfen Sie gegen eine große und reiche Firma, die bei jedem Schritt versuchen wird, den Ablauf zu verzögern. Wir haben die Beweislast und müssen die Geschworenen davon überzeugen, dass Paragon fahrlässig gehandelt hat. Glücklicherweise liegt die Messlatte dabei nicht so hoch wie in einem Strafprozess. Ich habe alles unter Kontrolle. Sie können nach Hause gehen und sich entspannen.«

»Vielen Dank«, sagte Betty, als sie sich verabschiedeten. »Wir haben Matt sehr geliebt, und wir wissen es zu schätzen, wie sehr Sie sich für uns einsetzen.«

Als Judson zum Abschied mit seiner großen, fleischigen Pranke Bettys magere, feingliedrige Hand schüttelte, rüttelte er damit beinahe ihren ganzen Körper durch. Horace dagegen hatte einen unglaublich festen Händedruck. Mit seinen neunundfünfzig Jahren sah er alt aus, aber er war stark wie ein Pferd. Auf der Heimfahrt redeten die beiden über das Treffen. Aus irgendeinem Grund wirkte Henry Judson auf sie nicht gerade Vertrauen erweckend, und der Gedanke daran, wie er bei ihrer Abfahrt in seinem Schaukelstuhl auf der Veranda gesessen und eine dicke Zigarre geraucht hatte, ermutigte sie auch nicht gerade. Aber er war der einzige Anwalt, den sie sich leisten konnten. Er nahm einhundertfünfzig Dollar pro Stunde. Horace würde einen großen Teil seiner Rente dafür angreifen und vielleicht sogar eine zweite Hypothek auf das Haus aufnehmen müssen. Aber das war ihnen egal. Sie wollten, dass die Paragon-Gruppe bestraft wurde, weil diese Leute ihren Sohn umgebracht hatten. Im Auto griff Betty mit ihrer schmalen, feingliedrigen Hand nach der starken, sonnengebräunten Hand ihres Mannes. Schweigend sah sie zu, wie ihm eine Träne über die Wange lief.

Der Flur war dunkel, bis auf die schummrige, indirekte Beleuchtung unter der Decke und den Lichtstrahl, der aus einem Büro drang, das zwischen dem mittleren und dem Eckbüro lag. Brad

Conelly ging zum ersten Mal in seinem Leben an einem Freitagabend nicht pünktlich nach Hause. Sein Mandant hatte darauf bestanden, dass am Dienstagmorgen alle Papiere fix und fertig vorlagen, damit die Klage eingereicht werden konnte, und Brad hatte keine Lust, am Montag, dem Labor Day, extra ins Büro zu kommen. Der neununddreißigste Stock lag verlassen da, als überall in der Stadt die Lichter angingen. Brads Büro lag nach Westen, und man konnte die Trade Street entlang bis zum Bundesgericht blicken. Am anderen Ende des Korridors hörte er das Klacken von Absätzen auf dem Edelholzparkett.

»Was machen Sie hier noch so spät?« Zuerst fiel ihm das blonde Haar ins Auge, dann erkannte er das Gesicht. Es war Nancy.

Brad versuchte sich nonchalant zu geben und antwortete: »Ich hatte noch dies und das zu erledigen, bevor ich ins Wochenende gehe.« Es war erst acht Uhr, und gewöhnlich begann sein Nachtleben am Wochenende nicht vor zehn.

»Ich wollte nur sehen, ob mich irgendjemand zu meinem Wagen begleiten kann. Nachts ist mir die Tiefgarage unheimlich.« Er hatte nicht gewusst, dass sie so sensibel war, aber er hatte wirklich keine Lust, ihr zu helfen.

»Ich bin sicher, dass Ihnen die Wachleute unten gerne helfen würden. Schönes Wochenende!«

Sie ignorierte diesen Wink mit dem Zaunpfahl. »Ach, kommen Sie schon, Brad. Seien Sie nett zu mir.« Aus ihren Augen strahlte eine Freundlichkeit, die schon fast auf einen Flirt hoffen ließ. Brad wurde weich.

Als sie sich auf den Weg zu ihrem Wagen machten, schlug sie vor, irgendwo noch einen Happen zu essen, weil ihr tagsüber dafür die Zeit gefehlt hatte. Sie bestand darauf, Brads Cabrio zu nehmen, weil sie noch nie in einem solchen Sportwagen gefahren war.

Das *Jonathans's* war überfüllt und verqualmt. Eine Jazzband aus Memphis brachte mit ihrer Version von *Satin Doll* die Stimmung zum Überkochen. Sie saßen an der Bar und warteten auf einen Tisch. Sie war geduldig und bereit, so lange hier mit ihm sitzen zu bleiben und zu trinken, bis sie herausgefunden hatte, was sie wissen wollte.

»Sie und Charlie kennen sich gut, oder?«, fragte sie mit Unschuldsmiene. »Ich kenne ihn gar nicht, aber ich glaube, wir sollen in einem Fall zusammenarbeiten.«

»Er hat hier ein Jahr vor mir angefangen. Er ist viel zielbewusster als ich. Ich wollte nie neunzig Stunden in der Woche arbeiten. Ich bin mit meiner augenblicklichen Stellung zufrieden. Ich will Spaß haben.«

»Ich auch.«

Brad hätte vor Überraschung beinah seinen Cocktail ausgespuckt. »Sie? Spaß? Sie sind schlimmer als Charlie! Sie sind erst seit sieben Jahren hier, und die wollen Sie schon zur Teilhaberin machen.«

»Na ja, ich bin sicher, Charlie wird das Rennen machen. Er ist schon länger hier, und er hat gerade diesen großen Fall gewonnen. Ich kann noch ein paar Jahre warten. Ich finde, er verdient es.« Sie war attraktiv und unwiderstehlich; das konnte Brad nicht leugnen. Aber heute Abend war sie außerdem richtig nett und benahm sich fast menschlich. Das Licht spiegelte sich auf ihren leicht geöffneten feuchten Lippen wider. Natürlich, er hatte schon drei Cocktails getrunken, dann sahen für Brad alle Frauen gut aus.

»Ich hoffe nur, er wird etwas lockerer. Ich glaube, die Teilhaber machen sich nicht allzu viel aus diesen Sonntagsschultypen.« Es war okay, über Charlie zu reden; sie war ja offensichtlich auf seiner Seite.

»Was wollen Sie damit sagen?« Genau darum war sie noch zwei Stunden in ihrem Büro sitzen geblieben, hatte am Computer Solitär gespielt und die Zeit der Tramco-Gesellschaft in Rechnung gestellt. Recherchen.

»Charlie hat manchmal Schwierigkeiten mit der Moral.«

»Nimmt er es mit dem Gesetz nicht so genau? Hat er keine ethischen Grundsätze?« Sie war eine wunderbare Schauspielerin.

»Nein, nein. Das Problem ist, dass er moralische Grundsätze

hat. Er hat nicht einmal auf seiner Siegesfeier etwas getrunken. Die Partner halten ihn für zu steif. Das könnte Mandanten abschrecken. Charlie macht sich selber manchmal Sorgen deswegen.«

In einer schummrigen Ecke wurde gerade ein Tisch für zwei Personen frei. Sie bestellten beide Steak und Bier. Sie trank aus der Flasche wie ein Mann. Dann zog sie ihre Pumps mit den Acht-Zentimeter-Absätzen aus und begann ihn mit ihrem Fuß zu streicheln. Nach ein paar Minuten belangloser Plauderei kam sie mit generalstabsmäßiger Präzision wieder auf ihr eigentliches Thema zu sprechen.

»Charlie gehört also zu diesen frommen Typen?« Sie kicherte.

Brad lachte. »Nein, das nun auch wieder nicht, aber er nimmt seine ethischen Grundsätze sehr ernst. Er gehört nicht zu den Leuten, die es drauf ankommen lassen, wie weit sie gehen können. Manchmal bin ich regelrecht eifersüchtig auf ihn. Er hat alles: Er sieht gut aus, hat Familie, eine tolle Stellung und einen guten Ruf. Ich weiß nicht, wie er damit Anwalt bleiben kann. Klingt eher nach einem Prediger.«

Volltreffer, dachte Nancy. »Sie können sich glücklich schätzen, einen so guten Freund zu haben.«

Sie aßen ihr Steak auf und bestellten noch einen Nachtisch. Sie tanzten und tranken und stolperten dann beschwipst zu seiner modernen Stadtwohnung einen Block östlich der Graham Street. Eigentlich war es nicht nötig, auch noch den Rest der Komödie zu spielen, aber sie fand, es könnte Spaß machen. Dann hätte sie ihn ganz auf ihrer Seite. Sie machten aus, dass sie niemandem in der Firma etwas davon sagen würden. Beziehungen zwischen den Angestellten waren nicht verboten, aber sie bewegten sich auf gefährlichem Terrain. Eigentlich hatten sie nicht einmal eine Beziehung. Nur ein paar Nächte noch, dann würde sie Teilhaberin werden. Brad würde sich an heute Nacht nicht einmal erinnern. Sie schon.

5

Weil sie oft anhalten mussten, um Rast zu machen, brauchten sie sieben Stunden bis Nags Head, aber es lohnte sich. Zwei Stunden mussten sie der Interstate 85 in nördlicher Richtung folgen, dann bei Durham nach Osten auf die Interstate 40 abbiegen. Ab Raleigh wurde die Route komplizierter. Der Highway 64 brachte sie bis nach Williamston, und hier begann die Küstenebene. In Williamston fuhren sie auf den Highway 17 auf und durch eine Marschlandschaft an vielen Buchten vorbei, bis sie in Elizabeth City auf den Highway 158 stießen. Ab hier wurde die Strecke landschaftlich reizvoll, und sie hatten das Gefühl, in eine vergangene Zeit einzutauchen. Anders als auf vielen Küstenstraßen konnte man das Meer nicht schon von weitem sehen. Der Highway 158 wurde von Bäumen gesäumt, und man ahnte nicht, dass der Strand in der Nähe war, bis man ihn bei der Wright Memorial Bridge auf einmal zu Gesicht bekam. Diese Brücke führte zu den Outer Banks, einer Inselkette, die sich fast vor der gesamten Küste von North Carolina erstreckt. Eigentlich zieht sich diese Inselkette von Virginia bis Florida, aber vor North Carolina liegen die Inseln so dicht beieinander, dass sie im achtzehnten Jahrhundert die Besiedlung und das wirtschaftliche Wachstum ernsthaft behinderten. Viele Jahre lang versuchten Schiffe, die gefährlichen Sandbänke zu umfahren. Viele scheiterten bei dem Versuch. Darum wurde North Carolina auch »Friedhof des Atlantiks« genannt.

Der Highway 158 trug den Beinamen *Virginia Dare Trail* nach dem ersten englischen Baby, das in der Neuen Welt geboren wurde. Er führte durch die Badeorte Kitty Hawk, Devil Hills und Nags Head. Ihr Reiseziel lag nur acht Kilometer südlich des Ortes, über den die Gebrüder Wright am 17. Dezember 1903 mit einer Maschine flogen, die schwerer war als Luft. Der sanfte Wind mit einer Durchschnittsgeschwindigkeit von zwanzig Stundenkilometern und die weiten Sanddünen machten diesen Ort zum perfekten Experimentiergelände für den Motorflug.

Nags Head ist ein über sechzehn Kilometer langer Strand auf einer kaum anderthalb Kilometer breiten Insel. Im Osten liegt der Atlantik, im Westen der Intracoastal Waterway, beliebt bei Anglern und Segelanfängern. In Nags Head gibt es viele Eichen, einige von ihnen fünfhundert Jahre alt. Überall auf der Insel findet man Dünen, auf denen man wunderbar hinunterrutschen kann und die Gleitflieger als Startbahn nutzen. Die beiden größten Dünen heißen Run Hill und Jockey's Ridge.

Seit etwa 1830 ist Nags Head ein beliebter Touristenort. Damals glaubte man, dass aus den Sümpfen und Mooren der Küstenebene bestimmte Ausdünstungen, damals Miasma genannt, aufstiegen, an denen die Bevölkerung lebensgefährlich erkrankte. Die Einwohner der Küstenebene bemerkten, dass alle, die den Sommer auf den Outer Banks in der salzigen Luft und dem Meerwasser verbrachten, sich nicht mit dieser Krankheit ansteckten. In den dreißiger Jahren des neunzehnten Jahrhunderts reisten alle, die es sich leisten konnten, nach Nags Head, um den Ausdünstungen zu entgehen. Unglücklicherweise begriffen sie nicht, dass es sich bei dieser Krankheit um Malaria handelte, die von den Moskitos in den Sümpfen und nicht von irgendwelchen fiktiven Ausdünstungen übertragen wurde. Trotzdem nahm damit der Aufstieg von Nags Head als Ferienort seinen Anfang.

Niemand weiß genau, wie Nags Head, zu Deutsch »Gaulkopf«, zu seinem Namen kam. Einige behaupten, dass die Insel vom Meer aus gesehen einem Pferdekopf ähnelt. Es gibt aber auch eine romantischere Geschichte: Damals banden nämlich gewisse Banditen bei Nacht ihren Pferden eine Laterne um den Hals und ritten die Dünen auf und ab. Aus der Ferne erinnerte das an ein Schiff, das auf den Wellen tanzte. Die Lichter lockten die Schiffe in die Untiefen vor den Sandbänken, und wenn sie auf Grund liefen, kamen die Piraten an Bord und raubten die wertvolle Fracht.

Über zwei Jahre waren vergangen, seit sie aus der Stadt herausgekommen und einen richtigen Urlaub gemacht hatten, wenn man den Besuch bei Sandys Eltern in den Bergen und bei Charlies

Mutter in Atlanta nicht mitzählte. Sie waren ganz zufrieden damit, ihre Ferien an einem kleinen See in der Nähe zu verbringen oder ihr Haus zu renovieren. Wenn der nächste Prozess ebenso viel Zeit verschlang wie der letzte, würden Charlie und Sandy bis Thanksgiving kaum mehr Zeit füreinander haben.

Sie kamen gegen halb acht in Nags Head an und gingen direkt zum Lebensmittelhändler, um ihre Vorräte aufzustocken. Nach dem Auspacken war es für Ashley fast Zeit zum Schlafengehen, und deshalb gingen sie zu dritt noch kurz zum Strand hinunter. In seiner Rechten hielt Charlie eine weiche, schlanke Hand, die mit einem Diamantring geschmückt war. In seiner Linken hielt er eine kleine Hand, die kaum drei seiner Finger umfassen konnte. Die Sonne, die hinter den Apartments unterging, tauchte den ganzen Strand in ein orangefarbenes Glühen, während der Horizont über dem Ozean schnell dunkler wurde.

Sie gingen den Strand entlang und ließen das Wasser über ihre Füße spülen. Zum ersten Mal seit sechs Monaten dachte Charlie nicht an Maggie Thomason oder Dr. Owen Johnston. Er machte sich keine Sorgen wegen Walter Comstock oder Nancy Lockman-Kurtz. Der Gedanke daran, Teilhaber zu werden, schien in eine andere Welt zu gehören. Hier am Meer war er der Schnelllebigkeit entkommen, und das veranlasste ihn, innezuhalten und über sein Leben nachzudenken.

»Schatz«, er wandte sich zu Sandy und zog sie dicht an sich heran, als Ashley in dem seichten Wasser nach Seesternen suchte, »ich liebe dich.«

»Danke. Ich liebe dich auch«, entgegnete sie.

»Das meine ich nicht. Ich weiß, dass wir das immer sagen, aber ich meine es ernst. Ich könnte ohne dich nicht leben. Du bist nicht nur meine Frau, sondern auch meine beste Freundin.«

»Danke, mein Schatz.« Sie überlegte, ob sie noch mehr sagen sollte, aber das war nicht nötig. Die Berührung sagte alles. Sie umarmten sich noch einmal ganz eng und küssten sich, lange und leidenschaftlich wie damals als Studenten. Als sie umkehrten, um Ashley ins Bett zu bringen, dachten sie beide an ihren ersten Kuss. –

Ihre erste Verabredung war nach Charlies Maßstäben eine Katastrophe gewesen, und er war sich nicht sicher gewesen, ob Sandy sich überhaupt noch einmal mit ihm treffen wollte. Er nahm all seinen Mut zusammen und lud sie ein, mit ihm zum Herbsttanz zu gehen. Es gab Bigband-Musik, und man tanzte Walzer, Jitterbug und Foxtrott. Als Sandy ihn in einem anständigen Anzug sah, war sie beeindruckt. Sie hatte gewusst, dass er nett war und gut aussah, aber in diesem Zweireiher warf er sie einfach um. Am Ende des Abends gab er ihr einen kleinen Kuss auf die Wange.

Ihre dritte Verabredung war eine ganz andere Geschichte. Eigentlich wollten sie sich zum Square Dance in der baptistischen Studentengruppe treffen, aber in dem Restaurant, wo er jobbte, war an diesem Abend ein Kellner ausgefallen, und sein Chef wollte ihm nicht freigeben. Das *Four Corners* war eine Institution in Chapel Hill. Man hatte es nach einer besonderen Technik benannt, die der legendäre Basketballtrainer Dean Smith erfunden hatte. Jedes Gericht auf der Speisekarte war nach einem Basketball-Star aus Carolina benannt. An diesem Abend verlor Charlie die Fassung. Er hatte keine Möglichkeit, Sandy Bescheid zu sagen, und sie saß den ganzen Abend allein in ihrem Zimmer.

Um halb zwei morgens, nachdem er die Tische abgewischt hatte, rannte Charlie so schnell er konnte über den ganzen Campus zum Avery-Studentenwohnheim. Er kam ohne große Schwierigkeiten hinein. So etwas kam öfter vor. Er hämmerte gegen die Tür von Zimmer 324. Stille. Er hämmerte noch einmal. »Bitte mach auf, es tut mir Leid, dass du aufstehen musst. Aber ich tu das aus gutem Grund.« Es war ein verzweifelter Schachzug, aber er war in diesem Augenblick notwendig.

Ganz langsam öffnete sich die Tür einen Spalt. »Du riechst nach Bier.«

»Ein anderer Kellner hat es verschüttet, und es ist alles auf meinen Klamotten gelandet. Ehrlich. Ich konnte heute wirklich nicht früher Feierabend machen.« Er ließ sich tatsächlich vor ihr auf die Knie sinken.

»Warte einen Augenblick«, entgegnete sie schlaftrunken und alles andere als begeistert.

Die Tür öffnete sich weiter und gab den Blick auf eine Gestalt in einem abgetragenen weißen Frotteebademantel und flauschigen Hausschuhen mit Bärentatzen frei. Sie trug ihr Haar zu einem Pferdeschwanz gebunden. »Was willst du?«

»Ich wollte dir die hier bringen.« Er präsentierte ihr ein Dutzend frisch gepflückter Rosen in allen erdenklichen Farben.

»Wo hast du die her?« Sandy sah erstaunt aus.

»Morehead Planetarium«, antwortete er beiläufig.

»Vom Planetarium!«, entgegnete sie schockiert. »Wenn die Campuswachen herausfinden, dass du sie dort gepflückt hast, werden sie dir hundert Dollar pro Stück berechnen.«

»Ich weiß. Ich glaube nicht, dass dir schon jemand einmal Rosen für zwölfhundert Dollar geschenkt hat.« Da war es endlich. Die Andeutung eines kleinen Lächelns. Desselben Lächelns, das er gesehen hatte, als er mit dem Kopf gegen den Torpfosten geprallt war.

»Also, wenn du für mich tausend Dollar riskiert hast, dann können wir uns wohl ein bisschen unterhalten. Ich vergebe dir.«

Sie gingen den Flur hinab und setzten sich auf den Balkon, ließen ihre Beine durch das Balkongitter hängen und blickten auf das vom Mond erleuchtete Baseballfeld. Sie redeten stundenlang miteinander. Zunächst war es einfach eine normale Unterhaltung. Sie sprachen über ihre Familien, ihre Schule, verflossene Freunde und Freundinnen, aber schon bald begann ihr Gespräch tiefer zu gehen. Sie sprachen über ihre Hoffnungen und Träume. Er vertraute ihr seine Ängste und sie ihm ihre Verletzungen an. Sie verstanden sich. Eine sanfte Brise strich ihnen um die Beine, und ihnen kam es vor, als hätten sie nur ein paar Minuten dagesessen, aber auf einmal ging die Sonne über dem Spielfeld auf.

Er sagte ihr, dass er wohl gehen müsse, um sich für die Acht-Uhr-Vorlesung fertig zu machen. Sie fasste ihn am Arm an. Es war das erste Mal, dass sie ihn in dieser Nacht berührte. Er fühlte sich wie dreizehn, die Berührung elektrisierte ihn. Er setzte sich wieder hin und sie lehnte sich an ihn. Ihr braunes Haar strich über seine Wange, und er schloss die Augen. Sie wandte den Kopf, und ihre Lippen berührten sich. Im warmen Licht der aufgehenden Sonne streichelte er ihre Wange. Einen Augenblick stand die Zeit still. Sie atmeten im selben Rhythmus. Sie gehörten zusammen.

Sie hatten sich auf der Schaukel vor ihrem Apartment aneinander gekuschelt und beschlossen, auf den Sonnenaufgang zu warten und so diesen Moment noch einmal zu erleben. Sandy trug denselben alten abgetragenen Bademantel wie damals und hatte ihren Kopf auf Charlies Schulter gelegt. Sie schlürften ihren Kaffee und beobachteten, wie der Horizont über dem Atlantik in rotes und orangefarbenes Licht getaucht wurde.

»Charlie, musst du so viel arbeiten?« Sie hatte es getan. Sie hatte ein Thema angeschnitten, über das sie sich oft unterhalten hatten und niemals einigen konnten. Solch eine hartnäckige Geduld konnte mit der Zeit schwierig werden.

»Du kennst die Antwort. Warum fragst du dann?«

»Es ist so schön hier. Der Fall Thomason hat dich monatelang beschäftigt. Sogar jetzt denkst du noch manchmal daran. Ich mag es, wenn wir hier so einfach herumsitzen.« Sie beschwerte sich nicht. Sie war einfach ehrlich. Das gehörte zu den Dingen, in denen sie einer Meinung waren: schonungslose Ehrlichkeit.

»Mir gefällt es auch. Aber wenn wir weiter in Myers Park wohnen und Ashley später auf die Charlotte Latin schicken wollen, dann geht es nicht anders. Man kann kein guter Anwalt sein und dabei nur fünfzig Stunden in der Woche arbeiten.« Charlie schüttelte den Kopf und dachte an die zahlreichen Vorlesungen, die Dozenten darüber gehalten hatten, wie man das wird, was man werden will. Es schien ihm, als ob jemand nur das sein könnte, was die Rechnungen und die Umstände erlauben.

»Wäre es nicht schön, wenn wir hier leben könnten?« Die Sonne stand nun fast über dem Horizont und das Wasser funkelte.

»Ja, aber was würden wir hier tun? Brad kann sich dieses Apartment nur leisten, weil er ledig ist«, entgegnete er mit einem Anflug von Zynismus.

»Das ist es also. Du willst die Scheidung.« Sie lachte.

»Natürlich nicht, niemals. Ich wüsste gar nicht, was ich ohne dich tun sollte.«

Sie setzte sich aufrecht hin und schaute ihm in die Augen: »Was würdest du machen, wenn Geld keine Rolle spielte?«

»Ich weiß nicht«, Charlie zuckte die Achseln, »darüber habe ich nie nachgedacht.« Er überlegte. »Siehst du das Segelboot? Das wäre etwas.«

»Du bist in deinem ganzen Leben noch nie gesegelt.« Sie spielte die Überraschte.

»Wenn Geld wirklich keine Rolle spielt, dann würde ich Segelstunden nehmen. Du, ich, Ashley und unser Kleines könnten in die Karibik segeln oder nach Neuschottland, vielleicht um die ganze Welt. Das wäre wunderbar.«

»Hört sich gut an. Machen wir's doch einfach.«

»Du weißt genau, dass das nicht geht.«

»Nein. Ich meine heute. Wir drei mieten uns ein Segelboot und schauen uns die Küste an. Ich seh mal im Telefonbuch nach.« Sie lief ins Haus.

Charlie folgte ihr in das kleine, aber geschmackvoll eingerichtete Apartment. An der Wand hing ein Fischernetz mit lauter Muscheln darin. Er ging nach oben und weckte Ashley auf.

Sanft streichelte er sie und sagte: »Ashley, Zeit zum Aufstehen.«

Sie stöhnte, streckte sich und begann nach ein paar Augenblicken zu lächeln. »Hey, Daddy.« Sie gab ihm einen Kuss.

In den folgenden sieben Stunden redeten sie nicht über die Arbeit. Sie lernten alles, was über Bug und Heck, Masten und Segel zu lernen war. Sie cremten sich mit Sonnenöl ein. Charlie versuchte es sogar mit Hochseeangeln. Er hatte sich nie viel daraus gemacht, stundenlang an einem See zu stehen und die Angelschnur auszuwerfen, aber das hier war aufregend. Nach einer Stunde und etlichen erfolglosen Versuchen fing er einen sechzig Zentimeter großen Makohai. Mit einem Sonnenbrand kehrten sie in ihr Apartment zurück und legten den Hai in einer Marinade aus Orangen, Zitronen und Limonen ein. Sie aßen gegrillten Hai und gebackene Kartoffeln. Ashley war nicht sonderlich beeindruckt. Für sie war es nur ein großer Fisch.

In dieser Nacht benahmen sich Charlie und Sandy wieder wie in den Flitterwochen. Sie kitzelten sich und lachten, massierten und liebkosten sich. Sie schliefen bei offenem Fenster, und vom Meer her wehte eine angenehme Brise durchs Zimmer. Ihr Bett war ins Mondlicht getaucht.

Am Sonntag gingen sie in die Kirche am Ort und hielten Händchen. Sie sangen und beteten zusammen. Als sie über den Ocean Acres Drive zu ihrem Apartment zurückkehrten, sagte ihr Charlie, dass er versuchen würde, weniger zu arbeiten. Und er meinte es ernst. Er wollte nicht mehr verpassen, wie sein kleines Mädchen aufwuchs. Er hatte ihre ersten Schritte verpasst, weil er sich mit einem Mandanten in Charleston traf, und musste sich mit dem Video begnügen. Den ganzen Nachmittag spielten sie im Sand. Ashley baute Sandburgen und die Wellen rissen sie wieder nieder. Dann rannte sie weinend zu ihrem Daddy, und sie fingen wieder von vorne an.

Sandy nahm Sonnenbäder und betete für Charlie. Er sorgte gut für sie, aber zu einem guten Ehemann gehörte noch mehr. Sie sah, wie er sich immer mehr in seinen Beruf verstrickte. Dieses Monster hatte eine Menge Ehen zerstört. Er brauchte ein klares Ziel vor Augen. Der Fall Thomason hatte ihm Sorgen bereitet, aber auch neue Energie gegeben. Es ging nicht um das Gesetz selbst, sondern um den Sinn, den es hatte. Er hatte diesem Ehepaar geholfen, und das machte ihm Freude. Die Belohnung war nicht das Geld, jedenfalls nicht für Charlie. Es bereitete ihm Genugtuung, diesem Ehepaar in seiner Not beizustehen. Sandy griff nach ihrem Tagebuch und vertraute ihm ihre Gedanken an. Eines Tages würde sie Charlie alles erzählen, aber im Augenblick hatte er Entspannung nötiger als alles andere.

Am Montag entschlossen sie sich, ihrer Haut eine Pause zu gönnen und Golf zu spielen. Sie fuhren in den Golfcarts umher und sahen zum ersten Mal nach einem Jahr wieder einen Film zusammen. Er wollte sehen, wie Mel Gibson die Schurken über den Haufen schießt. Sie wollte sehen, wie Tom Hanks seine verlorene Liebe wieder findet. Sie sahen Tom Hanks. Sie besichtigten das Wright Brothers' Memorial, kletterten die Dünen hoch und rutschten und rollten sie wieder hinunter. Es war wunderbar. Zum Schluss gingen sie noch ein letztes Mal am Strand spazieren und machten sich dann auf den Heimweg. Sie packten ihren Wagen, fuhren die 158 in nördlicher Richtung und über die Wright Memorial Bridge weiter nach Westen. Ashley war innerhalb von zwanzig Minuten eingeschlafen.

Bald war das Meer nicht mehr im Rückspiegel zu sehen, und Charlie griff nach Sandys Hand. »Ich hatte ein wunderbares Wochenende.«

»Ich auch«, seufzte sie.

Er betrachtete ihr Gesicht im Mondlicht. »Ich finde, du siehst mit jedem Tag schöner aus.«

»Danke schön. Du machst dich übrigens auch ganz gut.«

»Ich verspreche dir was. Ich will versuchen, weniger zu arbeiten. Wenn ich erst Partner bin, kann ich einen Gang zurückschalten.« Er erzählte ihr nichts von Nancys Alleingang oder Brads warnenden Worten. Es gab keinen Grund, sie zu beunruhigen.

»Es ist absolut in Ordnung, wenn du kein Teilhaber wirst. Ich hätte nichts dagegen, wenn du selbst eine Kanzlei eröffnen würdest. Dann könntest du den Menschen wirklich helfen. Ich habe doch gesehen, wie zufrieden du warst, dass du den Thomasons helfen konntest.« Sie lächelte.

»Du hast Recht. Es macht mir viel mehr Spaß, die gemeinnützigen Fälle zu bearbeiten, als laufend Prozesse für diese großen Tiere zu führen.«

»Damit würdest du nie glücklich werden. Man ist zu einsam. Du brauchst einen Platz, an dem du den Menschen helfen kannst. Bist du nicht vor allem deswegen Anwalt geworden?«

Er dachte lange nach. Es war gar nicht so leicht, sich daran zu erinnern. »Weißt du, warum ich Anwalt geworden bin? Mein Vater macht jedes Jahr ein paar Millionen. Aber er hat nie Unterhalt gezahlt. Und unser Anwalt hat unser Konto geplündert und sich mit dem Geld aus dem Staub gemacht. An diesem Tag habe ich mir geschworen, niemals arm zu sein und mich niemals wieder ausnutzen zu lassen.«

»Dass du anderen hilfst, bedeutet dir also nichts?«, fragte sie.

»Ich weiß es nicht. Manchmal weiß ich es wirklich nicht«, entgegnete er. Schweigend fuhren sie weiter.

6

AM DIENSTAGMORGEN – genau eine Woche nachdem ihn die Zeitungen zum Helden erklärt hatten – hatte es Charlie nach diesem langen, entspannenden Wochenende nicht besonders eilig, zur Arbeit zu kommen. Um sieben Uhr morgens war die Providence Road bereits verstopft, obwohl die zusätzlichen Spuren alle in Richtung Innenstadt freigegeben waren. Er hatte Ashley auf die Stirn geküsst, als sie noch schlief, und musste dann ohne Frühstück aus dem Haus gehen, weil er und Sandy die verbleibende Zeit noch genutzt hatten, um sich ein paar Minuten aneinander zu schmiegen. Er spürte, dass er wieder zum Leben erwacht war.

Die zehn Jahre, in denen er als Jurist gearbeitet hatte, hatten ihn irgendwie zermürbt, aber heute war er wieder optimistisch. Er war wieder bereit, die Welt zu retten, wie an dem Tag, an dem er zum ersten Mal die Kanzlei *Hobbes, Reimarus & Van Schank* betreten hatte. Als Anwalt bekam man leicht einen Tunnelblick; er hatte sich so auf seine Fälle konzentriert, dass er die wirklich wichtigen Dinge aus dem Blick verloren hatte. Das Wochenende auf Nags Head mit Frau und Tochter hatte ihm geholfen wieder zu entdecken, was wirklich zählte. Wenn er Teilhaber wurde, wollte er als Pflichtverteidiger arbeiten und seine Begabung für diejenigen einsetzen, die sich sonst keinen fachmännischen juristischen Rat leisten konnten.

Charlie hatte an diesem Wochenende kaum über Walter Comstock und Nancy Lockman-Kurtz nachgedacht, aber als er jetzt in der Sharon Road schon zum dritten Mal vor einer roten

Ampel festsaß, ging ihm nichts anderes mehr im Kopf herum. Nancy hatte ihm erzählt, dass dieses Ehepaar vom Land sich lediglich an Walters Firma bereichern wollte. Zwei Dinge daran kamen ihm seltsam vor. Erstens, woher wollte sie wissen, dass die beiden ausschließlich hinter Geld her waren? Zweitens nannte sie ihn Walter. Irgendein Puzzleteil fehlte hier, und Charlie machte sich Gedanken darum. Sie würden den größten Teil des Nachmittags mit Comstock verbringen, und in Kürze sollten die Prozessgegner ihre Aussagen machen. Er wusste nichts über das Ehepaar Douglas, und noch weniger über die Einzelheiten, die diesen Fall betrafen. Die beiden behaupteten, dass Comstocks Fahrlässigkeit etwas mit dem Krebstod ihres Sohns zu tun hätte, so viel hatte er gehört. Reimarus hatte dagegengehalten, dass dieses Risiko zum Job gehörte und dass jeder, der dort arbeitete, das wusste und sich darauf eingelassen hatte. Die Sachlage war einfach, und man hatte Charlie angewiesen, den Fall zügig und diskret zum Abschluss zu bringen, um Comstocks guten Ruf nicht zu schädigen. Charlie war aber der Meinung, dass er mit ganzer Kraft gegen dieses Ehepaar kämpfen würde, das sich aus Comstocks dickem Portemonnaie bedienen wollte, wenn man ihn tatsächlich zu Unrecht verklagt hatte. Diese Leute waren möglicherweise einfach nur faul und hofften, mit diesem Prozess das große Los zu ziehen.

Schon um halb acht hatte Charlie sein Hemd oben aufgeknöpft. Endlich war er bei Sonny angekommen und parkte im Halteverbot. Schließlich brauchte er nur eine Tasse Kaffee und eine kleine Fleischpastete. Er ließ die Tür weit aufschwingen und quetschte sich bis zum belebten Tresen hindurch.

»Hallo, Sonny! Haben Sie ein schönes Wochenende gehabt?« Charlie versuchte höflich zu sein, in der Hoffnung, dass er schneller bedient werden würde.

»Ja, mein Freund. Nehmen Sie das Übliche?« Sonny fing schon damit an, den Speck zu braten.

»Nein. Ich bin heute spät dran. Ich muss gleich ins Büro. Nur eine kleine Fleischpastete und einen Kaffee. Heute fange ich mit einem neuen großen Fall an.«

»Sie gewinnen ihn auch. Keiner kann Charlie Harrigan besiegen. Der Gute gewinnt immer. Was Sie für das Mädchen getan haben, war großartig. Aber schade wegen dem Arzt.« Sonny schüttelte den Kopf und kehrte zum Grillrost zurück.

Was meint er bloß damit?, fragte sich Charlie. Aber schade wegen dem Arzt? Irgendetwas passte hier nicht zusammen.

Sonny servierte Charlie das Frühstück. »Sonny, wie haben Sie das mit dem Arzt gemeint?«

Charlies Augenbrauen zogen sich noch mehr zusammen, als Sonny antwortete. »Haben Sie die Zeitung noch nicht gelesen? Auf der Titelseite steht ein Bericht über Ihren Arzt.«

»Nein. Ich habe es nicht geschafft, war spät dran heute Morgen.«

»Ich habe nicht alles verstanden«, Sonny gab sein Bestes, um den Sachverhalt zu klären, »aber der Arzt ist weg. Keiner kann ihn finden.«

Charlies Herz schlug schneller. »Steht in dem Artikel noch mehr?«

»Ja, ja. Ich muss nachdenken. Irgendetwas über den Bundesgerichtshof. Ich erinnere mich nicht genau.«

Charlie fühlte sich von diesen Neuigkeiten wie erschlagen. »Danke, Sonny. Ich werde es herausfinden.« Er zahlte und stolperte zur Tür.

Wie im Traum ging er auf seinen Wagen zu und fragte sich, wohin Dr. Johnston sich abgesetzt hatte. Unter dem Scheibenwischer fand er einen Strafzettel über fünfzig Dollar. »Der Tag fängt ja gut an«, schimpfte Charlie, als er auf den Stau in Richtung Innenstadt blickte. Er kämpfte sich durch den Verkehr und fuhr in die Tiefgarage an der College Street.

Wieder beobachtete er, wie die Zahlen auf der Anzeige im Fahrstuhl umsprangen, und dabei dachte er an die letzte Woche. Wenn sein Gefühl ihn nicht trog, war er bald nicht mehr der größte Anwalt von Charlotte. Im neununddreißigsten Stock stieg er aus und ging auf Selias Empfangstresen zu.

»Haben Sie die Zeitung von heute?«, fragte er sie und konnte dabei seine Verzweiflung kaum verbergen.

»Nein, Sir.« Selia schenkte ihm ein warmes Lächeln, in dem

die Andeutung mitschwang, dass er sie auch besser gar nicht zu Gesicht bekommen sollte. »In der Küche liegt eine. Einen schönen Tag.«

Charlie rannte den Flur hinunter und betrat die kleine Teeküche auf der linken Seite. Er warf seine Aktentasche, das Frühstück und seinen Mantel auf den Boden und schnappte sich die Dienstagsausgabe des *Charlotte Observer*. Unten auf Seite eins, gleich nach den unvermeidlichen Berichten über Morde und andere Verbrechen, die im Zusammenhang mit Drogen standen, fand er, was er suchte. »Millionen-Dollar-Arzt verschwunden«, lautete die Schlagzeile des Artikels, der die ganze Geschichte erzählte. Dr. Owen Johnston, der in einem Zivilprozess wegen eines Kunstfehlers mit Todesfolge verurteilt worden war, hatte beim Bundesgericht in der Trade Street einen Offenbarungseid geleistet. Nachdem er seinen Bankrott erklärt hatte, ließ ihn seine Versicherung fallen, bei der er sich gegen Kunstfehlerprozesse versichert hatte. Ohne Versicherung standen ihm aber keine Mittel zur Verfügung, Schadensersatz und Schmerzensgeld zu zahlen. Im Artikel hieß es weiter, dass Dr. Johnston nicht zur Anhörung erschienen war, und man vermutete, dass er nach Zahlung einer Kaution von einer halben Million Dollar das Land verlassen habe.

Charlie knüllte die Zeitung zusammen und warf sie durch die Küche. Weil er sich damit noch nicht hinreichend abreagiert hatte, griff er sich seinen Becher mit frisch aufgebrühtem Kaffee und schmetterte ihn an die Wand. Das machte einen entsetzlichen Lärm, und der Jamaica Blue Mountain spritzte auf alle Wände. Dann trat er noch den Tisch um, ließ sich auf einen Stuhl fallen und verbarg das Gesicht in seinen Händen. Dieser miese, elende Hund. Mehr konnte er nicht denken. Er bringt ein junges Mädchen um, verliert einen großen Prozess und steckt jetzt vermutlich mit den Taschen voller Geld irgendwo in Südamerika. Als Charlie an Maggies Eltern dachte, konnte er die Tränen kaum zurückhalten. Ihr einziger Trost lag darin, dass Johnston bestraft und öffentlich gedemütigt werden würde. Während der Kaffee langsam auf den Boden tröpfelte, spürte Charlie, wie ihn diese

Niederlage in die Knie zwang. Solche Schurken betrachteten den Bankrott als letzte Zuflucht. Natürlich hatte Charlie den moralischen Sieg davongetragen, aber was zählte das jetzt noch?

In einem Eckbüro im einundvierzigsten Stock massierte Martin Van Schank Nancy Lockman-Kurtz bei gedämpfter Beleuchtung die Schultern. Sie genossen dieses Rendezvous am frühen Morgen, denn um diese Zeit war noch nicht viel Betrieb, und sie mussten nicht befürchten, dass sie von irgendwelchen Sekretärinnen oder neugierigen Teilhabern gestört wurden.

»Und was hältst du jetzt von unserem Jungen?« Van Schank setzte ein eiskaltes Grinsen auf, als er sich herunterbeugte und sie auf die Stirn küsste.

»Ich glaube, dass er im Wettlauf um die Teilhaberschaft weit zurückliegt. Jetzt zeigt sich, dass er nicht der Mann ist, den diese Firma braucht. Er ist in den perfekten Fall hineingestolpert; sogar ein Idiot hätte ihn mit den Fakten gewonnen, die ihm zur Verfügung standen. Aber er hat einfach nicht mein Format.« Nancy lächelte, schlug die Beine übereinander und schüttelte dabei ihre Schuhe ab.

»Jetzt müssen wir ihn nur noch von diesem Fall loseisen. Wie du weißt, zahlt uns die Paragon-Gruppe jedes Jahr eine beträchtliche Summe. Was du nicht weißt, ist, dass man Walter vor der Öffentlichkeit beschützen muss. Wir müssen diesen Fall aus dem Bewusstsein der Öffentlichkeit heraushalten, um gewisse Interessen und Beziehungen zu schützen, die er hat. Wenn Charlie ihn in diesem Prozess vertritt, ist es von vornherein klar, dass der Fall an die große Glocke gehängt wird. Reimarus wollte dem Jungen eine Chance geben. Aber ich glaube nicht, dass er das Zeug dazu hat, ganz oben mitzuspielen. Er ist einfach zu sauber.«

»Ich habe schon einen Plan, was ich mit ihm nach der Arbeit anstelle. Wenn wir ihn damit nicht loswerden, müsste ich zu drastischeren Maßnahmen greifen. Ich habe es verdient, die nächste Partnerin zu werden. Ich bin nicht schlechter als ihr Männer.« Nancy schnurrte wie ein Katze, die sich an ihre Beute heranschleicht.

»Du weißt, wie eifersüchtig ich werde, wenn du mit anderen Männern flirtest.« Er fasste sie beim Arm und zog sie mit festem Griff zur Ledercouch an der Wand.

»Ja, du bist noch eifersüchtiger als mein Mann.« Sie lachte, warf ihr Haar zurück und knöpfte langsam ihre Bluse auf.

Sie würden beide Walter Comstock und der Paragon-Gruppe ihr anderthalbstündiges Rendezvous in Rechnung stellen, weil sie dabei den Fall erwähnt hatten. Van Schank würde dreihundertfünfzig, Nancy zweihundert Dollar pro Stunde verlangen. Diese kurze Verabredung würde Comstock also über achthundert Dollar kosten.

In seinem rauchgeschwängerten Büro in dem alten Mühlenhaus versuchte Henry Judson seinen Mandanten zu erklären, dass der Fall nicht gut für sie aussah. Um die Wahrheit zu sagen, hatte er vor sieben Jahren zum letzten Mal einen Gerichtssaal von innen gesehen. Er beschäftigte sich mit einfachen juristischen Tätigkeiten. Meist bestanden sie darin, hässliche Briefe zu schreiben und mit einem Prozess zu drohen, bis sich die gegnerische Partei auf einen Vergleich einließ. Dann strich er ein Drittel der ausgehandelten Summe ein. Er hatte praktisch jede Versicherungsgesellschaft im Rowan County verklagt. Die meisten von ihnen stimmten einem Vergleich zu und zahlten hohe Summen, um ihren Namen aus den Zeitungen herauszuhalten. Seine höchst erfolgreiche und lukrative Tätigkeit verhalf ihm zum Erwerb einer teuren Motorjacht, mit der er angeln fuhr, und einer Segeljacht. Bald würde er sich aus dem Geschäft zurückziehen und seine Zeit damit verbringen, auf dem High Rock Lake Barsche zu angeln.

»Ich habe ein bisschen nachgeforscht, und es sieht nicht sehr gut aus.« Judson schüttelte den Kopf und fuhr fort: »Ich glaube, wir sollten uns damit zufrieden geben, nur einen guten Vergleich herauszuschlagen, wenn sie uns einen anbieten. Ich möchte Ihnen versichern, dass ich nicht auf das erstbeste Angebot eingehen werde, sondern warten möchte, bis sie uns eine vernünftige Summe nennen.«

Horace war sichtlich frustriert, sagte aber nichts. Betty rutschte unruhig auf ihrem Stuhl hin und her und machte sich auf weitere unangenehme Neuigkeiten gefasst.

»Sie wollen bestimmt einen Kaffee oder einen Doughnut. Die biete ich meinen Mandanten immer an. Die hier mit Schokolade mag ich am liebsten, weil man da …«

»Mr. Judson«, die zierliche kleine Lady klang ziemlich eingeschüchtert, »wenn Sie nichts dagegen haben, würde ich gern auf den Fall zurückkommen. Warum wollen Sie einen Vergleich?«

»Also«, Henry ließ sich in seinen Sessel sinken, so dass sein Bauchansatz die roten Georgia-Bulls-Hosenträger zur Seite drückte, »diese großen Tiere in Charlotte haben jede Menge Rechtsanwälte und jede Menge Geld. Ich habe keine Ahnung, wie ich mit ihnen mithalten kann. Wenn nicht von irgendwoher Geld hereinkommt, kann ich unmöglich meine ganze Arbeitszeit auf diesen Fall verwenden, wenn ich nicht bezahlt werde.«

»Ist das das Einzige, was Sie davon abhält?« Betty begann sich Sorgen zu machen. »Wenn das das einzige Problem ist – wir können unsere Rentenrücklagen verwenden, um Sie zu bezahlen.«

»Nein, nein. Das ist nicht das einzige Problem. Walter Comstock hat eine weiße Weste. Weder die Gewerbeaufsicht noch die Stadt sind jemals gegen ihn eingeschritten. Außerdem hat er einige Auszeichnungen für Mitmenschlichkeit erhalten, weil er den …«, Judson suchte nach dem richtigen Wort, »… den Bedürftigen half. Außerdem müssen wir nachweisen, dass der Krebs Ihres Sohnes etwas mit seiner Arbeit bei Paragon zu tun hat, bevor wir nachweisen, dass Comstock fahrlässig gehandelt hat. Das ist nicht einfach. Ich glaube, wir sollten einen Vergleich anstreben.«

Bis jetzt hatte Douglas ruhig dagesessen und sich nicht eingemischt. Jetzt stand er auf; er sprach ruhig und bestimmt wie ein Mann, der sich nicht umstimmen lässt. Er sah Judson in die Augen und sagte: »Ich verstehe, dass Sie es mit einem gefährlichen Gegner zu tun haben, aber Sie sind ein Anwalt und Sie arbeiten für mich. Es ist mir egal, wie viel Geld diese Leute haben. Ich will keinen Vergleich. Es geht mir nicht ums Geld. Ich will Gerechtigkeit. Ich will, dass die Paragon-Gruppe in aller Öffentlichkeit zur Verantwortung gezogen wird. Mein Sohn konnte die Risiken nicht einschätzen, denen er sich aussetzte. Ich kann es nicht beweisen, aber ich würde darauf wetten, dass man in diesem alten Warenlager Asbest findet und dass dieser Asbeststaub Matts Lungenkrebs verursacht hat. Er hätte dort gar nicht arbeiten dürfen, aber zumindest hätten sie ihn besser schützen müssen.«

»Ja, aber vorliegende Berichte sagen aus, dass die Baustelle vollkommen ...« Judson konnte Kritik nicht gut vertragen.

»Mr. Judson«, Horace war noch nicht fertig, »ich habe mein ganzes Leben lang hart gearbeitet, und es ist selten vorgekommen, dass ich einmal jemanden um einen Gefallen gebeten habe. Bitte kümmern Sie sich eingehend um diese Sache. Ich glaube, dass man Matt gefährlichen Stoffen ausgesetzt hat und dass er nicht wusste, womit er es zu tun hatte. Sie sind unsere einzige Hoffnung.« Horace entspannte sich wieder und setzte sich.

Henry legte seine Zigarre zur Seite und sagte: »Es tut mir Leid. Ich werde mein Bestes geben. Es wird schwierig werden, Paragon irgendeine Schuld nachzuweisen, aber ich werde es versuchen.«

Als Horace und Betty in ihren zerbeulten Monte Carlo einstiegen, blickte Judson aus dem Fenster und überlegte, wie er sich aus der Affäre ziehen könnte. Die Paragon-Gruppe würde sicherlich fünfundsiebzigtausend Dollar zahlen, nur um nicht in der Zeitung zu erscheinen. So konnte er auf die Schnelle fünfundzwanzigtausend machen. Er überlegte noch ein bisschen und wandte seine Aufmerksamkeit dann wieder einem Autounfall zu, mit dem er schnell ein paar Tausender verdienen konnte. Er griff zu seinem Briefpapier mit der Aufschrift »Rechtsanwalt Henry Wallace Judson, Esquire«.

Brad und Charlie stiegen aus dem Fahrstuhl und gingen durch den Flur zu ihren Büros. Charlie hatte um halb zwei einen Termin mit Nancy, Walter und Barry Kasick, einem der Vorarbeiter bei Paragon. Seit Charlie am Morgen das Büro betreten hatte, waren ständig Anwälte bei ihm vorbeigekommen, um ihm ihr Beileid zu seinem Verlust von drei Millionen Dollar auszusprechen. Brad hatte ihm einen Lunch im *Scoreboard* ausgegeben, um ihn etwas aufzumuntern. Sie versuchten, nicht über den Arzt zu reden, kamen aber im Lauf der Unterhaltung immer wieder auf ihn zurück.

»Hat sich der alte Hobbes zu deiner abstrakten Kaffeekunst geäußert, die du heute Morgen an der Küchenwand hinterlassen hast?« Brad fing an zu lachen.

»Nein, noch nicht, aber wahrscheinlich muss ich für die neue Tapete bezahlen. Ich hätte heute Morgen im Bett bleiben sollen.« Charlie lachte kurz auf und wurde dann wieder ernst. »Ich kann es einfach nicht glauben. Jeder weiß, dass Johnston wohlhabend sein muss, und trotzdem beruft er sich auf Paragraph elf des Konkursgesetzes, so dass sie sein Gehalt nicht einfrieren können.«

»Wo wird diese Schlange wohl stecken, was glaubst du?« Brad trug immer noch seine Sonnenbrille, als sie durch das Foyer gingen. »Hallo, Süße«, grüßte Brad Selia, die ihn wie üblich ignorierte.

»Ich habe mit Melinda Powell im Büro des Bezirksstaatsanwalts gesprochen, und sie hat mir mitgeteilt, dass am späten Freitagabend Geld vom Privatkonto seiner Frau bei der First Union Bank auf das Konto einer Bank auf den Bahamas überwiesen wurde. Dort verliert sich die Spur. Das FBI hat versucht, einen Gerichtsbeschluss zu erwirken, aber diese Burschen sind genau wie wir Anwälte – es ist kaum möglich, irgendeine klare Aussage aus ihnen herauszuholen.«

»Die Bahamas bestehen aus über siebenhundert Inseln«, sagte Brad und machte aus seiner Verwunderung keinen Hehl. »Johnston hat die Konkurs-Gesetze ausgenutzt, um sein Geld zu transferieren, bevor er das Land verlassen hat.«

»Und das ist in höchstem Grad illegal, vergiss das nicht«, fügte Charlie hinzu.

Brad fuhr fort: »Als das Geld auf den Bahamas ankam, konnte er es innerhalb von zehn Minuten überallhin überweisen. Der Bursche kann überall stecken.«

»Ja«, Charlie seufzte nur, »er liegt irgendwo am Strand und betrinkt sich mit Cocktails mit einem Papierschirmchen drauf, und ich habe vermutlich gerade meine Teilhaberschaft in den Sand gesetzt.«

»Vielleicht auch nicht. Wenn du besser bist als Nancy, kannst du es noch schaffen.« Brad versuchte ihm Mut zu machen.

»Das werden wir sehen. Jetzt müssen wir uns erst mal mit Comstock treffen. Wir reden dann später weiter, okay?«

»Wollen wir nach der Arbeit noch einen trinken gehen?«, fragte Brad.

»Warum versuchst du, mich zum Trinken zu verführen? Außerdem will ich bei meiner Familie sein. Wenn ich Sandy sehe, geht es mir besser.«

»Na gut«, meinte Brad. Dann fiel ihm noch etwas ein. »Wir könnten sowieso nicht weggehen. Nan will mit euch und Comstock heute Abend ausgehen. Vielleicht morgen nach der Arbeit. Bis dann.«

Brad war schon den halben Flur heruntergegangen, als es bei Charlie plötzlich klickte. Hatte er »Nan« gesagt? Charlie dachte darüber nach. Irgendetwas stimmte hier nicht. Charlie schnappte sich die Paragon-Akte und machte sich auf den Weg zum großen Konferenzraum im neununddreißigsten Stock. Brad konnte diese Frau nicht ausstehen und nannte sie sonst immer eine Hexe. Aber gerade hatte er tatsächlich etwas Nettes über sie gesagt. Charlie hatte ein Gefühl, als wäre er im zweiten Akt in eine Theatervorstellung gestolpert und hätte einige wichtige Informationen verpasst. Vielleicht war er auch nur müde. Er hatte gerade ein Vermögen verloren, das er eigentlich noch gar nicht besessen hatte. Das war aber nicht das Schlimmste. Er hatte das Gefühl, die Thomasons enttäuscht zu haben, selbst wenn er mit Johnstons Flucht nichts zu tun hatte. Sein Sieg war umsonst. Seine Teilhaberschaft stand auf der Kippe, weil er gerade den wichtigsten Mandanten verloren hatte, den er jemals herangeschafft hatte. Mit einem Mal sah seine Zukunft bei *Hobbes, Reimarus & Van Schank* nicht mehr so rosig aus. Wie war es nur möglich, dass sich die Situation innerhalb von einer Woche so grundlegend geändert hatte?

Charlie fühlte sich wie ein Jongleur, der einen Ball nach dem anderen verliert. Als er die polierte Messingklinke an der massiven Eichentür des Konferenzsaals drückte, hatte er keine Ahnung, dass dies erst der Anfang war. Er hielt einen Augenblick inne, bevor er den Raum betrat, und dachte: Vielleicht will ich den Rest meines Lebens nicht so verbringen. Vielleicht ist das Leben in einer großen Kanzlei nichts für mich. Langsam öffnete er die Tür. Als er den Mann dort stehen sah, überkam ihn eine so ungute Vorahnung, wie er sie noch nie gehabt hatte.

7

EINE STUNDE LANG diskutierten sie mit Walter Comstock, dem steinreichen Geschäftsführer der Paragon-Gruppe, aber sie drehten sich nur im Kreis und erreichten nichts. Der prestigeträchtige Konferenzraum sah aus, als hätte dort ein Tornado gewütet. Überall lagen verstreute Dokumente und Aktenordner herum. Sie saßen schon über ihrer dritten Kanne Kaffee, und die Ader in Comstocks Nacken begann wieder anzuschwellen. Charlie ließ sich in seinen Sessel fallen. Er hatte die Hemdsärmel bereits aufgekrempelt und die Krawatte gelockert, als Comstock und sein Vorarbeiter Barry Kasick sich kurz entschuldigten, um sich frisch zu machen. Nancy Lockman-Kurtz sah unglaublich ruhig und entspannt aus, nicht einmal ihr Haar war in Unordnung geraten.

Mit einem aufgesetzten Lächeln fragte sie Charlie: »Warum setzen Sie ihm so hart zu? Wir sind doch auf derselben Seite.«

»Er nimmt die Geschichte einfach nicht ernst«, seufzte Charlie und fuhr sich mit den Fingern durch das Haar. »Ich habe gerade in einem Zivilprozess die andere Seite vertreten. Man vergisst leicht, dass diese einfachen klaren Fälle oft katastrophal enden können. Denken Sie an den Watergate-Skandal oder Monica Lewinsky. Comstock hat uns nicht alles erzählt.«

»Wir brauchen nicht die ganze Wahrheit zu kennen, um ihn zu vertreten. Die Beweislast muss dieser Judson tragen. Und es ist mindestens zehn Jahre her, dass er einen Gerichtssaal von innen gesehen hat. Seinetwegen mache ich mir keine Sorgen.«

Der Artikel in der Morgenzeitung hatte Charlie benommen

gemacht. Frustriert und verwirrt streckte er die Beine aus. »Wie können Sie so sicher sein, dass Judson sich mit einem bescheidenen Vergleich zufrieden gibt?«

Nancy schlug ihre langen, schlanken Beine übereinander – das war beinahe ihr Markenzeichen geworden – und lächelte: »Charlie, im juristischen Leben geht es um mehr als um Regeln. Vertrauen Sie mir.« Sie lachte.

Charlie sah sie fragend an. Im selben Augenblick schwang die zweiflügelige Eichentür auf, und Comstock kehrte zu seinem Ledersessel am Kopfende des Tisches zurück. Er zündete sich eine Camel an und war bereit für die zweite Runde. Charlie hatte den ganzen Morgen damit verbracht, sich mit den Einzelheiten des Falles vertraut zu machen. In diesem Gespräch wollte er die Fragen klären, die noch offen waren, die Strategie für die Vorverhandlung besprechen, die in wenigen Tagen anstand, und Comstock um alle Papiere und Dokumente bitten, die den Fall betrafen. Zur Strategie am Anfang einer gerichtlichen Auseinandersetzung gehörte immer der Antrag auf Einstellung des Verfahrens, mit der Begründung, dass die Sachlage eine Verhandlung überflüssig mache, weil keinen der Beteiligten irgendeine Schuld treffe. Außerdem würde er den Antrag auf ein Urteil nach Aktenlage stellen, obwohl er kaum eine Chance hatte, damit durchzukommen. Diese Taktik hatte selten Erfolg, aber sie zwang den Vertreter der Anklage, seine Klage noch besser zu begründen.

Nachdem er den ganzen Morgen die Fakten durchgesehen und die Ereignisse rekonstruiert hatte, war er zu dem Ergebnis gekommen, dass Judsons Mandanten zwar ein berechtigtes Anliegen vorbrachten, aber damit noch lange nicht bewiesen hatten, dass Comstock für den Todesfall verantwortlich war. Er dachte daran, was für eine schwere Aufgabe vor Judson lag, der allein gegen all das Geld und die geballte Macht von *Hobbes, Reimarus & Van Schank* antreten würde. Allerdings hatte Judson die Sympathien auf seiner Seite. Horace und Betty Douglas waren offensichtlich nette Leute, die in einer kleinen Stadt mit Textilindustrie arbeiteten. Sie hatten einen Sohn, Matt, der an einer leichten geistigen Behinderung litt. An der A. L. Brown High School hatte man bei ihm einen IQ von 85 gemessen. Matt hatte Fortschritte gemacht und schließlich in einer betreuten Wohngemeinschaft in Charlotte leben können. Das Projekt »Helfende Hände«, das von der Bezirksverwaltung organisiert wurde und Firmen, die Behinderte einstellten, finanziell förderte, hatte Matt einen Job bei einem Bauunternehmen vermittelt. Er erledigte einfache Aufgaben, wie zum Beispiel auf einer Baustelle Müll zu sammeln.

Schon diese Fakten machten das Ehepaar Douglas sympathisch. Der Rest der Geschichte wies einige Lücken auf. Vor zweieinhalb Jahren hatte Matt dabei geholfen, ein Gebäude aufzuräumen, das abgerissen werden sollte. Dabei stürzte er vom Dachboden durch die Decke in einen Haufen Isolationsmaterial, das man bereits von den Wänden entfernt hatte. Hier endete die Geschichte, aber ein Jahr später erkrankte Matt an Lungenkrebs. Die Douglas' glaubten, dass Comstock und die Paragon-Gruppe Matt gefährlichen Fasern und Stoffen ausgesetzt hatten, die den Krebs verursacht und ihn anderthalb Jahre später getötet hatten. Keine schlechte Ausgangsposition, dachte Charlie, aber es gab viele Lücken, die Judson noch füllen musste.

Zunächst einmal war Comstock als Eigentümer der Firma Matt Douglas vielleicht nie persönlich begegnet. Judson würde der Befehlskette nachgehen und beweisen müssen, dass man Matt befohlen hatte, gewisse Gefahren auf sich zu nehmen. Und gerade bei Bauunternehmen liegt ein gewisses Risiko in der Natur der Sache und wird stillschweigend in Kauf genommen. Außerdem würde Judson nachweisen müssen, dass diese Isolationsmaterialien oder andere Giftstoffe den Krebs ausgelöst hatten. Charlie war froh, dass nicht er diese Hürden überwinden musste. Er brauchte nur die Angriffe seines Gegner abzuwehren. Und er musste das alles seinem Mandanten erklären, ohne dass der ihm dafür den Kopf abriss.

»Ich verstehe nicht, warum ich Sie beide für den ganzen Nachmittag bezahlen muss und Sie die Sache so hinziehen.« Comstock drehte jeden Penny zweimal um, den seine Firma ausgab. Er hatte sich zwar etwas beruhigt, war aber immer noch sichtlich frustriert.

Charlie versuchte seinen Mandanten zu besänftigen. »Es ist wichtig für uns, dass wir alle Fakten kennen, damit wir genau wissen, was auf uns zukommt. Vielleicht kommt Ihnen das eine oder andere unwichtig vor, aber es könnte sein, dass es sich für unseren Fall als entscheidend herausstellt.«

»Warten Sie einen Augenblick!« Es klang mehr nach einem Befehl als nach einer Bitte. »Barry, gehen Sie mal eben in Charlies Büro und holen Sie die Akten und Mitarbeiterlisten, nach denen Ms. Lockman-Kurtz gefragt hat.«

»Bitte, nennen Sie mich Nancy, okay?« Sie lächelte, als Barry den Konferenzsaal verließ.

»Also, hier ist der Deal«, wandte sich Comstock wieder an Charlie. »Ich hab den Jungen nur ein- oder zweimal gesehen, aber Barry war der Vorarbeiter auf dem Bauplatz. Warum können Sie nicht einfach ihn verklagen? Wenn es noch schlimmer kommt, kann ich ihn feuern und behaupten, dass er an allem schuld war.«

»Ich glaube nicht, dass Sie irgendwen feuern sollten.« Charlie stand auf und schenkte sich die achte Tasse Kaffee seit dem Frühstück ein, verschüttete allerdings das meiste über seinen Anzug. »Wenn Sie jemanden feuern, geben Sie damit indirekt Ihre Schuld zu. Sie werden in diesem Verfahren namentlich erwähnt, weil das Prinzip der mittelbaren Verantwortung gilt. Als Eigentümer der Firma tragen Sie die Verantwortung für alle Handlungen und Entscheidungen der Manager, die Sie unter sich haben.«

Nancy fügte hinzu: »Wenn es um Fahrlässigkeit geht, lautet die entscheidende Frage: Wie würde man sich verhalten, wenn man dem gesunden Menschenverstand gehorcht? Und nichts, was ich gesehen habe, weist darauf hin, dass Sie sich unvernünftig verhalten haben.«

»So bin ich eben. Ein sehr vernünftiger Mensch.« Comstocks Laune schien sich etwas zu bessern.

»Das wissen wir.« Charlie hatte das Gefühl, als stünde er endlich vor dem Durchbruch. »Es gehört zu unserer Strategie, nachzuweisen, wie vernünftig Sie sind. Darum haben wir Sie um Kopien aller Dokumente gebeten, die Ihre Arbeit mit behinderten Menschen belegen. Ich habe mir Einblick in die finanzielle Lage des Ehepaars Douglas verschafft, und ich glaube, ich kann beweisen, dass es ihnen ziemlich schlecht geht. Sie haben nicht viel zum Leben, und Mr. Douglas steht kurz vor der Rente. Wir können zeigen, dass sie das Geld wirklich gebrauchen können. Was mir am meisten Sorgen macht, ist der Bauplatz, auf dem Matt gearbeitet hat. Ich …«, er verbesserte sich, »… wir brauchen alles, was Sie über das abgerissene Gebäude haben, und eine genaue Aufstellung, welche Aufgabe jeder der Arbeiter dort übernommen hat.«

»Ich werde mich persönlich darum kümmern, dass Sie alle Informationen erhalten.« Endlich ließ sich Comstock auf den Vorschlag ein.

»Meine Aufgabe ist es, Sie zu beschützen«, fuhr Charlie jetzt etwas entspannter fort. »Weil die Paragon-Gruppe ein Privatunternehmen ohne Haftungsbeschränkung ist, können Sie und Ihre Teilhaber persönlich verantwortlich gemacht werden. Sie können sich nicht hinter der Firma verstecken. Meinen Unterlagen kann ich allerdings nicht entnehmen, wer Ihre Teilhaber sind. Die müssten sich nämlich ebenfalls verantworten.«

»Ich wusste nicht, dass man stille Teilhaber verklagen kann.« Comstock hatte eindeutig etwas zu verbergen.

»Das kommt ganz drauf an«, entgegnete Charlie. »Auf jeden Fall müssen sich Ihre Anwälte auf jeden einstellen, der möglicherweise angeklagt werden könnte. Ich sage Ihnen das zu Ihrem eigenen Schutz.«

Zögernd lenkte Comstock ein. »Ich versuche, Ihnen alle Papiere so bald wie möglich zukommen zu lassen.«

Barry Kasick kehrte zurück, ohne zu wissen, dass er jederzeit seinen Job verlieren konnte, wenn Comstock der Meinung war, dass es ihm nützen würde. Den Rest des Nachmittags gingen sie mit Kasick durch, welche Erinnerungen er an diesen Tag und an Matt hatte, und sie besprachen die verschiedenen Aspekte, die man bei den Plädoyers berücksichtigen sollte. Sie diskutierten darüber, für welchen Zeitpunkt man die Zeugenaussagen ansetzen sollte und welche Strategie am besten geeignet wäre, um die arme kleine Firma vor den Drohungen des Furcht erregenden Ehepaars

Douglas und ihres skrupellosen Rechtsanwalts Judson in Schutz zu nehmen.

Henry Judson machte sich nach einem Nachmittag am High Rock Lake, unmittelbar nördlich von Salisbury gelegen, wieder auf den Heimweg. Seine Frau erlaubte ihm gelegentlich, diese Tagesausflüge zu machen, damit er segeln gehen konnte. Judson behauptete, dass diese Ausflüge ihm halfen, seine Batterien vor einer wichtigen Verhandlung wieder aufzuladen. Die Vorverhandlungen im Comstock-Zivilprozess sollten in zehn Tagen beginnen. Er zog den Zigarettenanzünder aus der Halterung, steckte sich eine Zigarre an und ließ den angenehmen Nachmittag, der hinter ihm lag, noch einmal Revue passieren.

Er bemerkte nicht, dass ihm ein burgunderroter Buick Riviera folgte. Er hatte ihn bereits am Morgen auf dem Weg zu seinem Segelboot verfolgt, etwa zur gleichen Zeit, als ein Lieferwagen der Telefongesellschaft vor seiner kleinen Kanzlei vorgefahren war. Die Männer, die als Angestellte der Telefongesellschaft verkleidet waren, hatten das Büro betreten und behauptet, dass Henry Judson ihnen den Auftrag erteilt hätte, das Modem zu überprüfen, weil es nicht richtig funktionierte. Innerhalb einer Dreiviertelstunde hatten sie sich Einblick in alle Unterlagen verschafft, die sie finden konnten.

In der Zwischenzeit wählte der Fahrer des burgunderroten Riviera eine Nummer auf seinem Handy, und einundvierzig Stockwerke über der Innenstadt von Charlotte räusperte sich Van Schank und sprach in den Hörer: »Hallo, hier ist Martin.« Er blinzelte hinter seiner kleinen runden Brille.

»Hallo, Kumpel, hier ist Slade. Er fährt jetzt zurück nach Kannapolis.« Slade war ein kleiner, schmieriger Mann, den man in einer Menschenmenge leicht übersehen konnte. Das erleichterte seine Arbeit als Privatdetektiv ungemein. Selbst mit seinem zurückgekämmten Haar und seinem geblümten Hemd, unter dem sich ein buddhaartiger Bauch wölbte, nahmen nur wenige Menschen Notiz von ihm. Er sah unglaublich normal aus und verschmolz schnell mit der Landschaft um ihn herum.

»Was hast du über unseren Freund herausgefunden?« Van Schank artikulierte jedes Wort.

»Also, mit der Telefongesellschaft habe ich noch nicht gesprochen ...« Slade begann zu kichern wie ein Schulmädchen.

»Raus damit!«, schnauzte Van Schank ihn an, der erstaunliche Ähnlichkeit mit Heinrich Himmler bekam, wenn er ärgerlich wurde.

»Okay, okay. Nun mal ganz ruhig. Er ist gegen zehn beim See angekommen und hat eine Weile geangelt. Gegen Mittag ist dann ein Wagen vorgefahren, ein Sedan DeVille, glaube ich, und dieser platinblonde Dolly-Parton-Verschnitt stieg aus und kam an Bord seines Segelboots. Sie tranken etwas zusammen, lachten und benahmen sich ein paar Minuten lang wie Teenager. Dann gingen sie unter Deck. Eine Dreiviertelstunde später kamen sie wieder hoch. Ich habe ein paar großartige Fotos von ihrem leidenschaftlichen Abschiedskuss gemacht.«

Ein finsteres Lächeln begann sich auf Van Schanks schmalen Lippen auszubreiten. »Gut. Damit haben wir eine Rückversicherung, falls er sich weigern sollte, auf einen Vergleich einzugehen. Ich glaube, seine Frau wäre sehr schockiert, wenn sie zufällig diese Fotos fände. Wann kannst du sie vorbeibringen?«

»In ein paar Tagen. Ich muss sie erst noch entwickeln.«

»Beeil dich«, verlangte Van Schank. »Wie steht es mit der anderen Sache?«

»Meine Männer arbeiten daran«, antwortete Slade, »aber er hat eine lupenreine Weste. Der Mann ist ein regelrechter Pfadfinder. Das Schlimmste, was wir über ihn herausgefunden haben, ist, dass er manchmal den Gottesdienst schwänzt, um zu arbeiten.«

»Mach weiter!«, forderte Van Schank. »Ich traue ihm nicht. Er könnte gefährlich werden, wenn ich zulasse, dass er an dem Fall dranbleibt. Er darf nicht zur Anwaltskammer rennen.«

»Ich halte die Augen offen, aber ich kann nichts versprechen«, gab Slade zurück.

»Ich will bald Ergebnisse sehen.« Van Schank knallte den Hörer aufs Telefon und rief über die Gegensprechanlage seine Sekretärin: »Wo ist Nancy?«

»In einer Besprechung mit Walter und Charlie«, entgegnete sie eilfertig.

»Sie soll hier vorbeikommen, bevor sie ihn zum Dinner ausführen. Ich möchte mit ihr sprechen.« Wieder umspielte ein düsteres Lächeln seine Lippen.

Charlie, Nancy, Walter und Barry beendeten ihre Besprechung um Viertel nach fünf. Sie beschlossen, sich frisch zu machen und sich dann im Foyer zu treffen, um essen zu fahren und dort noch einige offene Fragen zu besprechen. Charlie öffnete die massiven Eichentüren des Konferenzraums und ging den Flur zu seinem Büro hinunter. Er hatte den ganzen Tag lang versucht, seinem Mandanten die Wahrheit aus der Nase zu ziehen, und war völlig erschöpft. Es gehörte zu den schwierigen Seiten seines Berufs, Menschen, denen er helfen wollte, davon zu überzeugen, ihm gegenüber aufrichtig zu sein. Charlie wunderte sich immer wieder darüber, aber es überraschte ihn nicht.

Als er um die Ecke bog, schlug ihm jemand auf die Schulter. Charlie fühlte sich nach dieser stundenlangen Besprechung desorientiert und wich zurück.

»Oh, tut mir Leid!« Die beruhigende Stimme gehörte Samuel Baskin Reimarus. »Ich wollte Sie nicht erschrecken, Charlie.«

»Schon in Ordnung. Ich glaube, ich bin gerade etwas empfindlich, nachdem ich mich den ganzen Tag mit Walter Comstock beschäftigt habe.«

»Wie läuft's denn so?« Reimarus vermittelte einem immer das Gefühl von Sicherheit.

»Unser Mandant macht uns die Sache nicht leicht, aber ich glaube, im Großen und Ganzen läuft es ganz gut«, entgegnete Charlie, um damit zu signalisieren, dass er alles unter Kontrolle hatte.

»Das ist gut.« Reimarus nickte. »Lassen Sie uns in Jackson Browards Büro gehen. Er ist gerade auf Hawaii.« Charlie wusste, dass das nichts Gutes bedeutete. »Ich mache mir Sorgen um Sie, Charlie. Ich weiß, dass Sie der Fall Thomason ziemlich mitgenommen hat.«

Charlie fühlte sich zwar etwas gekränkt, bemühte sich aber, es sich nicht anmerken zu lassen. »Mir geht es gut. Ich weiß, ich habe heute Morgen die Nerven verloren. Ich besorge einen neuen Kaffeebecher und bezahle die Tapeten. Hey, ich werde sogar selbst tapezieren. Ich musste nur etwas Dampf ablassen.«

»Ich verstehe.« Reimarus nickte wie ein verständnisvoller Großvater. »Manchmal muss ich auch Dampf ablassen. Aber nicht so. Ich glaube, dass Sie sich im Thomason-Fall zu sehr persönlich engagiert haben. Ich mag es, wenn meine Anwälte leidenschaftlich sind, aber Sie dürfen sich nicht so hineinsteigern.«

»Ich habe mich nicht hineingesteigert.« Charlie geriet immer mehr in eine Verteidigungshaltung hinein. »Ich habe meinen Mandanten vertreten, so gut ich konnte. Ich war nur enttäuscht. Ich dachte, dass ich wenigstens einmal etwas wirklich Gutes bewirkt hätte. Ich glaubte, dass ich wirklich für Gerechtigkeit eingetreten wäre und nicht nur jede Menge Arbeitsstunden berechnet hätte.«

»Ich kenne dieses Gefühl. Ich habe mich für Sie gefreut. Aber Sie haben auch andere Mandanten und andere Fälle. Sie dürfen nicht aus dem Gleichgewicht geraten.« Reimarus merkte, dass er so nichts erreichte, und schlug einen anderen Ton an. »Ich muss Ihnen noch etwas sagen. Vielleicht wollen Sie sich setzen.«

Charlie nahm auf der braunen Ledercouch unter dem Fenster Platz. Er atmete tief durch; Reimarus' Tonfall verhieß nichts Gutes.

Reimarus zog sich einen Stuhl heran und sagte leise: »Ich weiß, dass Sie hart arbeiten und ein guter Anwalt sind, Charlie. Sie sind wertvoll für diese Kanzlei, und was ich Ihnen nun sagen werde, ändert nichts daran.«

»Ich werde kein Teilhaber«, entgegnete Charlie niedergeschlagen.

»Stimmt.« Reimarus beugte sich vor und fuhr fort: »Ich weiß, dass es schrecklich ist, Ihnen das ausgerechnet heute mitzuteilen, aber ich wollte die Sache nicht auf die lange Bank schieben. Wir haben mit dem Geld aus dem Thomason-Urteil gerechnet, damit wir abschätzen können, wie viel Profit durch Sie hereinkommt, aber ohne diesen Fall kommen Sie an Nancy nicht einmal annäherungsweise heran. Sie hat viel mehr Mandanten für uns gewonnen, die unsere Dienste andauernd benötigen. Deshalb wird in Zukunft ihr Name auf dem Briefkopf erscheinen.«

»Sie haben Recht. Ich kann gegen Ihre Entscheidung nichts einwenden.«

»Ich weiß, dass Sie schon länger hier sind als sie.« Er versuchte Charlie zu trösten. »Wenn Sie dieses Jahr hart arbeiten und ein paar solvente Mandanten für uns gewinnen, dann garantiere ich Ihnen, dass wir Sie nächstes Jahr zum Partner machen.«

»Danke.« Charlie hatte das Gefühl, dass er auf eine so großzügige Geste irgendwie reagieren musste. Aber als er daran dachte, dass das noch ein Jahr mit sechzig oder siebzig Stunden Arbeit pro Woche bedeutete, fühlte er einen Brechreiz in sich hochsteigen.

»Ich hoffe, dass Sie nicht allzu enttäuscht sind.« Reimarus und Charlie wussten genau, dass das nur eine Höflichkeitsfloskel war und dass er natürlich sehr enttäuscht war. »Bleiben Sie dran, Charlie. Ich bin stolz auf Sie.« Reimarus stand auf und verließ den Raum.

Charlie lehnte sich zurück und atmete tief durch. Er fühlte sich beklommen. Die Enttäuschung war zu groß, als dass er hätte wütend werden können. An einem einzigen Tag waren zwei seiner Träume wie Seifenblasen zerplatzt. Als er an diesem Morgen zur Arbeit gegangen war, war er auf dem Papier ein Millionär gewesen und hatte kurz davor gestanden, Teilhaber zu werden. Jetzt war er einfach einer unter vielen angestellten Anwälten, einer von vielen Fließbandarbeitern, der über seine Verhältnisse lebte. Er hatte fest mit dem Geld gerechnet, um damit ihre Autos und ihre Kreditkartenschulden abzubezahlen, die sich angesammelt hatten, seitdem Sandy aufgehört hatte zu arbeiten.

Er atmete langsam und bewusst und dachte daran, wie selbstzufrieden Nancy heute Abend beim Dinner wirken würde. Natürlich war sie zu professionell, um vor einem Mandanten irgendwelche Bemerkungen fallen zu lassen. Aber er kannte sie. Er kannte dieses süffisante kleine Lächeln, das zu sagen schien: »Ich habe gewonnen, du hast verloren.« Er freute sich nicht auf das Essen. Er wollte nach Hause gehen, um bei seiner Familie zu sein.

Sandy konnte ihn trösten. Er dachte an das zurückliegende Wochenende. Wie schön wäre es, wenn er eine kleine Hütte auf den Outer Banks kaufen könnte. Nichts Großartiges. Sie könnten sich ein Segelboot kaufen und den Intracoastal Waterway entlangsegeln. Er könnte den ganzen Stress hinter sich lassen. Vielleicht konnten sie zusammen weglaufen. Vielleicht schon bald. Vielleicht.

8

NACH EINEM ABENDESSEN in einer völlig misslungenen Atmosphäre, das sie im *Lamplighter* südlich der Innenstadt an der East Moreham Road zu sich genommen hatten, stiegen Walter Comstock, Barry Kasick und Charlie in Nancys Range Rover ein. Statt wieder in die Innenstadt und zum NationsBank-Gebäude zurückzufahren, bog Nancy nach links in den South Boulevard ein und steuerte auf das Rotlichtviertel der Stadt zu. Charlie saß mit Barry auf dem Rücksitz. Er starrte aus dem Fenster, achtete aber nicht darauf, wo sie hinfuhren. Er träumte immer noch vom Meer und dem Geräusch der Wellen, die auf den weiten Sandstränden ausliefen. Er dachte an den Geruch der salzigen Luft auf Sandys Haut. Er dachte an den Sonnenaufgang, den Kaffeeduft und das Gefühl von Sicherheit, das ihm der abgetragene Frotteebademantel an seiner Seite vermittelt hatte, als er sich an ihn gekuschelt hatte.

Der South Boulevard war noch immer belebt, weil viele Menschen jetzt von der Arbeit nach Hause zurückfuhren. Als Nancy nach rechts in die Toyola Road einbog, merkte Charlie, dass sie auf das Kolosseum zufuhren. Comstock wirkte bereits etwas beschwipst.

»War das nicht das beste verdammte Steak, das Sie je hatten?«, grölte der stiernackige Comstock, nachdem er leise gerülpst hatte.

Charlie schreckte auf. »Oh ... ja. Sicher. Natürlich essen wir immer so.«

»Walter, zum Nachtisch habe ich eine Überraschung für Sie«, schaltete Nancy sich ein.

»Ich liebe Überraschungen. Wie ist das mit Ihnen, Charlie? Mögen Sie Überraschungen?«

»Heute jedenfalls nicht.« Charlie blickte wieder auf die vorbeiziehenden Lichter. »Ich glaube, für heute habe ich genug Überraschungen gehabt.«

»Sie sind ein echter Spielverderber.« Comstock wurde immer lauter. »Der geschäftliche Teil ist vorbei. Jetzt ist es an der Zeit, sich zu entspannen. Wenn ich etwas gelernt habe, dann das, dass man sich nach einem harten Tag auf der Baustelle abreagieren muss. Sie wollen doch nicht den ganzen Dampf an Ihrer Frau ablassen, oder?«

»Ja ja, schon gut«, lenkte Charlie ein. Er hätte ihn am liebsten zum Schweigen gebracht, schien aber keinen Erfolg zu haben.

Nancy warf einen Blick über die Schulter, um Charlies Gesichtsausdruck zu ergründen. »Tut mir Leid wegen dieses Arztes, Charlie. Ich kann mir vorstellen, dass Sie enttäuscht sind.«

»Welcher Arzt?«, wollte Barry wissen, der wie ein dressierter Hund auf das Stichwort ansprang.

»Oh, haben Sie es noch nicht gehört?« Nancy kostete die Gelegenheit voll aus, den anderen von Charlies Schmerz zu berichten. »Charlie hat diesen großen Fall gewonnen. Sie haben vielleicht davon gelesen. Zehn Millionen Dollar. Dann meldete der Arzt Konkurs an und flüchtete ins Ausland. Charlie hat jeden Penny verloren.«

»O Mann, das ist hart«, sagte Comstock. »Ich habe auch schon mal den Zuschlag verloren, als es um die Sanierung einer ganzen Siedlung von historischen Gebäuden im Dilworth-Bezirk ging. Nachdem mir dieser millionenschwere Vertrag durch die Lappen gegangen ist, hab ich dafür gesorgt, dass so etwas nie wieder passiert.«

Nancy warf Comstock einen warnenden Blick zu, und er wechselte sofort das Thema. Charlie hatte versucht, die gesamte Unterhaltung zu ignorieren. Man sah deutlich, dass sie ihn überhaupt nicht interessierte.

»Wir sind da«, verkündete Nancy.

Charlie sah auf und spürte, wie ihm das Herz sank. Nancy hatte den Wagen gerade auf dem Parkplatz des *Diamond Girls Gentlemen's Club* abgestellt. Schon wieder spürte er diesen Brechreiz. Seine Gedanken rasten. Wie kam er da raus? Er war Sandy immer treu gewesen und konnte sich nicht einmal vorstellen, wie zornig und verletzt sie reagieren würde, wenn er einen Strip-Club besuchte. Er wollte nicht hineingehen, andererseits aber auch seinen Mandanten nicht kränken oder eine Szene machen. Er stellte sich vor, wie er Sandy erklärte: »Aber, Schatz, das war rein geschäftlich.« Er konnte sich keine einzige Szene ausmalen, in der diese Entschuldigung ziehen würde. Er hatte sich damit abgefunden, hin und wieder mit einem Mandanten in eine Cocktail-Bar zu gehen und zuzusehen, wie er sich betrank, aber dieser Zweig der Unterhaltungsindustrie war ihm vollkommen fremd.

In den siebziger Jahren, als die meisten dieser Etablissements entweder von sehr unkultivierten Menschen oder von Perversen besucht wurden, wurde das Geschäft mit dem nackten Fleisch in Charlotte von den Hell's Angels kontrolliert. In den späten siebziger Jahren kam es zu einem Bandenkrieg zwischen den Hell's Angels aus North Carolina und den Outlaws, einer Motorradgang aus South Carolina. Die Staatsanwälte der Regierung schöpften die neue Gesetzgebung aus, um gegen die organisierte Kriminalität vorzugehen. Fast alle Oben-ohne-Bars und Porno-Buchhandlungen wurden zu Anfang der achtziger Jahre geschlossen.

In den neunziger Jahren begann das Bankwesen in Charlotte zu boomen und belebte die Wirtschaft. Auch für den Profisport wurde die Stadt nun interessant. Und mit dem Profisport zog es auch eine neue Klasse von Kriminellen in die Stadt. In den folgenden vier Jahren vervierfachten sich die Fälle von illegalem Glücksspiel. Das Geschäft mit dem Sex blühte wieder auf. Jetzt zählten Geschäftsleute und Sportfans zu den Kunden. Die Geschäftsleute nutzten die Herrenclubs, um ihren Kunden etwas zu bieten und den Umsatz anzukurbeln. Man erhielt zum Beispiel nach dem Aufenthalt in einer Oben-ohne-Bar eine Quittung mit der Aufschrift *Diamond Freizeit und Unterhaltung Incorporated,* die man als Werbungskosten von der Steuer absetzen konnte.

Gerade das *Diamond Girls* hatte eine bewegte Geschichte. In den achtziger Jahren war es ein New-Wave-Club gewesen, wurde aber geschlossen, weil dort in großem Umfang Drogen gehandelt wurden. Das Eigentum ging dann in die Hände einer Kette über, die einige der größten und exklusivsten Herrenclubs in Atlanta, Orlando und Miami ihr Eigen nannte. Die Polizei vermutete, dass in den Hinterzimmern um Geld gespielt und mit Drogen gehandelt wurde, aber das ließ sich niemals nachweisen. Die Bundesanwälte ließen diesen Club in Ruhe, nachdem ein Polizist außerhalb seiner Dienstzeit eine der Tänzerinnen fälschlicherweise verhaftet und dann vergewaltigt und umgebracht hatte. Die Öffentlichkeit war entsetzt, und der Club hatte von staatlicher Seite nichts mehr zu befürchten. Es dauerte Monate, bis der Ruf der Polizei wieder hergestellt war.

Charlie blickte aus dem Fenster und sah die blinkenden Neonreklamen. Das kann ich Sandy nicht antun, dachte er. Das will ich ihr nicht antun. Je mehr er darüber nachdachte, desto zorniger wurde er. Als Nancy sich umwandte und ihn angrinste, explodierte er fast. Sie stiegen aus. Comstock stolperte über einen Kantstein, und Kasick konnte ihn im letzten Augenblick auffangen. Nancy warf einen Blick über die Schulter und sah, dass Charlie stehen geblieben war und auf seinem Handy eine Nummer wählte.

Sie rief ihm zu: »Hey, Partner, worauf warten Sie noch? Kommen Sie jetzt mit oder nicht?«

Charlie hätte sie am liebsten ignoriert, aber er wusste, dass sie einfach immer lauter werden und die Aufmerksamkeit auf seine peinliche Situation lenken würde. »Nein, nein. Geht rein und macht euch einen schönen Abend. Ich rufe mir ein Taxi. Ich muss morgen sehr früh raus.«

Nancy ließ sich keine Gelegenheit entgehen, um ihren Widersacher schlecht aussehen zu lassen. »Kommen Sie, Charlie. Unsere Mandanten warten. Es gehört zu unserem Job, dass sie sich wohl fühlen.« –

Comstock knuffte Kasick in die Seite. »Ich könnte etwas Trost gebrauchen. Wissen Sie, was ich meine?« Dann wandte er sich an Charlie und brüllte, so laut er konnte: »Was stimmt denn mit Ihnen nicht, mein Junge? Mögen Sie keine Mädchen oder was?« Die drei brüllten vor Lachen und klopften sich gegenseitig auf die Schultern. Der Alkohol forderte seinen Tribut.

Charlie überquerte den Parkplatz, um vor dem *McDonald's* gegenüber vom *Diamond Girls* auf sein Taxi zu warten. Während er telefonierte, versuchte er das pubertäre Gelächter hinter sich zu ignorieren.

»Hey, Junge, kommen Sie zurück!«, rief Comstock ihm hinterher. »Sie arbeiten für mich. Sie müssen tun, was ich sage. Haben Sie gehört, Junge?« Comstock wandte sich lachend zu Nancy. Als er sich wieder umdrehte, stand Charlie direkt vor ihm. Comstocks letzte Bemerkung hatte das Fass zum Überlaufen gebracht.

»Jetzt will ich Ihnen mal was sagen: Sie sind mein Mandant, das ist alles. Ich arbeite nicht für Sie und ich brauche nicht nach Ihrer Pfeife zu tanzen. Ich habe meinen Job erledigt, und ich gehe jetzt nach Hause zu meiner Frau, weil ich sie liebe. Wenn Sie es mögen, dass sich ein paar allein stehende drogensüchtige Mütter vor Ihnen im Kreis drehen, bitte schön, aber das letzte Mal, als ich mich erkundigt habe, hatten Sie auch eine Frau.« Charlie biss sich auf die Zunge. Er wusste, dass er gerade zu weit gegangen war. Als er sich umwandte und gehen wollte, packte Comstock ihn am Arm.

»So reden Sie nicht mit mir, mein Junge, so nicht! Wenn Sie noch ein Wort über mich und meine Frau sagen, dann werde ich dafür sorgen, dass die Kanzlei einen ihrer wichtigsten Mandanten verliert. Sie haben keine Ahnung, wie sehr ich meine Frau liebe. Ich will doch bloß ein bisschen Spaß haben.« Comstocks Nasenflügel flatterten erregt.

Charlie riss sich los und entgegnete: »Ihre Frau ist Ihnen egal, sonst wären Sie nicht hier. Ihnen sind alle Menschen egal. Vorhin waren Sie bereit, Barry zu opfern, um aus der Schusslinie zu geraten.«

Alle schwiegen betroffen. Charlie schüttelte den Kopf. Barry erstarrte wie ein Reh im Scheinwerferkegel. Comstocks ohnehin schon puterrotes Gesicht verfärbte sich ins Violette. Nancy versuchte ihr Lächeln zu verbergen. Das war genau die Munition, die sie brauchte.

Comstock wandte sich an Kasick. »Ich wollte Sie nicht zum Sündenbock machen. Das hat Charlie missverstanden. Ich wollte lediglich klären, wer von uns in der Schusslinie steht. Gleich nach mir haben Sie die gefährlichste Position.«

Kasick blickte Comstock zweifelnd an, schien sich aber mit dieser Erklärung zufrieden zu geben. Nancy meinte: »Gehen wir rein. Die Sahneschnittchen warten schon.« Sie hakte sich bei beiden Männern unter und schwenkte in Richtung Eingang ab. Sie drehte ihren Kopf, so dass sie Charlie in die Augen schauen konnte, und formte mit ihren Lippen lautlos drei Worte: »Sie sind erledigt.«

Als sie die Tür öffneten, konnte Charlie die hämmernden Rhythmen hören. Er machte kehrt und ging zurück zum Parkplatz. Er spürte die ersten Tropfen eines feinen Spätsommerregens auf seiner Haut.

Die Minuten schienen sich zu Stunden zu dehnen, als er in Gedanken den Vorfall noch einmal durchspielte. Er wusste, dass er zu weit gegangen war. Vielleicht war Comstock schon zu betrunken gewesen, um sich daran zu erinnern. Aber das war kaum wahrscheinlich. Er fürchtete sich davor, den Teilhabern am nächsten Morgen unter die Augen zu treten.

Als er unter den goldenen Arkaden auf das Taxi wartete, kam ihm in den Sinn, dass er möglicherweise seine moralischen Grundsätze vergessen müsste, um jemals Teilhaber zu werden. Wahrscheinlich kam Nancy so zu ihren ellenlangen Mandantenlisten. Je länger er bei der Firma blieb, desto schwerer würde es ihm fallen, seine Integrität zu bewahren.

Endlich fuhr ein orangeblaues Taxi vor. Charlie stieg ein und bat den Fahrer, ihn zum Gebäude der NationsBank zu bringen. Als sie abfuhren, legte Charlie den Kopf zurück und schloss die Augen. –

Der Duft eines Zitronenhühnchens erfüllte das Haus, als Sandy die Teller für das Abendessen vorbereitete. Im Lauf der letzten Jahre hatte sie sich daran gewöhnt, zwischen halb acht und acht zu essen. Um Viertel vor wusste sie, dass Charlie bald kommen würde. Sie konnte sich noch gut an die Zeiten erinnern, als sie beide die Karriereleiter emporkletterten und sich zum Abendbrot Tacos oder ein chinesisches Gericht vom Schnellimbiss mitnahmen. Dass sie jetzt immer erst spät aßen, war für sie kein Anlass zur Resignation. Sie freute sich für ihren Mann und wünschte sich noch mehr als er selbst, dass er vorwärts kam. Und sie wusste, dass sie dafür ein spätes Abendessen in Kauf nehmen musste.

Ashley hüpfte und tanzte im Wohnzimmer herum, als sie die Wagentür zuschlagen hörte. Sie rannte zur Tür. Als sie sich öffnete, sprang das kleine Energiebündel in Charlies Arme und fiel ihm stürmisch um den Hals. Statt sie wie gewöhnlich abzusetzen, ließ Charlie Aktentasche und Mantel fallen und drückte sie mit beiden Armen. Sogar mit geschlossenen Augen hätte Sandy gemerkt, dass irgendetwas nicht in Ordnung war.

Charlie setzte Ashley ab und sagte: »Danke, dass du mich umarmt hast. Das habe ich wirklich gebraucht.« Ashley lächelte und blickte verlegen auf ihre Schuhe, als Charlie fortfuhr: »Weißt du, wie lieb ich dich habe, meine Prinzessin?«

Sie sah auf und antwortete: »Ja, klar. Das sagst du mir doch jeden Tag. Ich hab dich auch lieb, Daddy.«

»Ich habe eine Überraschung für dich, Ashley«, sagte er. »Ich will weniger arbeiten, damit ich mehr Zeit für dich habe.«

Sie rief »Juhu« und umarmte ihn noch einmal stürmisch.

Sandy wirkte schockiert. »Das ist wahrhaftig eine Offenbarung. Wie hast du sie bekommen?«

»Auf dem Rücksitz eines Taxis.« Seine Antwort klang rätselhaft.

»Wovon sprichst du überhaupt?«

Während Sandy zu Abend aß, erzählte Charlie die ganze Geschichte vom misslungenen Dinner, dem *Diamond Girls* und seinem Wutausbruch. Sie beschlossen, die Diskussion zu vertagen, bis Ashley im Bett lag. Es gab keinen Grund, sie zu beunruhigen. Sandy besaß die erstaunliche Fähigkeit, die Ruhe zu bewahren und selbst schwierige Themen mit einem Lächeln zu diskutieren. Schon oft hatte sie ihm geholfen, einen kühlen Kopf zu bewahren und das Gleichgewicht wieder zu finden. Er neigte eigentlich nicht zu Zornausbrüchen, aber wenn er für ein gerechtes Ziel kämpfte, legte er eine Leidenschaft an den Tag, die sonst unter der Oberfläche verborgen blieb.

Nachdem sie noch eine Runde gespielt hatten, aßen sie alle noch ein Eis. Dann las Charlie Ashley ihr Lieblingsmärchen vor und brachte sie zu Bett. Sandy ging nach unten, um das Geschirr zu spülen. Charlie schaute sich seine schlafende Tochter an. Das gehörte zu seinen Lieblingsbeschäftigungen und beruhigte seine Nerven. Wenn er ihre Stupsnase und ihr Engelsgesicht anschaute, fragte er sich, wie irgendjemand einem Kind so schreckliche Dinge antun konnte, wie man sie jeden Abend in den Spätnachrichten sah. Wie konnte irgendjemand in das Gesicht eines Kindes schauen und nicht auf eine bessere Zukunft hoffen? Wie konnte irgendjemand in die friedlichen Gesichtszüge so eines kleinen Wesens blicken und nicht an Gott glauben? Sanft strich er ihr durchs Haar und dachte daran, wie sie das erste Mal »Daddy« gesagt hatte.

Von der Tür her hörte er ein Flüstern: »Hey. Was machst du da?« Er sah auf. Dort stand Sandy in ihrem Lieblingssweatshirt und ihren zerrissenen Jeans.

»Ich schau sie mir nur an. Und ich habe gerade ein kleines Gebet gesprochen. Ich brauche das für morgen.« Er zog Ashleys Bettdecke hoch und ging mit seiner Frau nach unten.

»Glaubst du wirklich, es könnte so schlimm werden?«, fragte sie ihn, während sie ihm die Schultern massierte.

»Ich weiß nicht. Nancy hat es auf mich abgesehen. Sie könnte sogar erreichen, dass man mir diesen Fall abnimmt. Auf jeden Fall habe ich bei *Hobbes, Reimarus & Van Schank* keine große Zukunft mehr.«

Sandy dachte eine Minute nach und fragte dann: »Warum willst du überhaupt dort arbeiten?«

»Wie meinst du das?« Charlie war verwirrt.

»Ich meine«, erläuterte sie und kniete sich neben Charlie auf die Couch, »es gibt doch andere Kanzleien, bei denen man nicht so hart arbeiten muss. Es gibt andere Jobs, bei denen du Menschen wie den Thomasons helfen kannst und keinen reichen, skrupellosen Kerl wie Comstock zu verteidigen brauchst.«

Charlie war immer noch nicht aus seiner Anwaltsrolle geschlüpft. »Walter Comstock hat für seinen Einsatz verschiedene Auszeichnungen erhalten.«

»Jetzt hör mal auf, ihn zu verteidigen, Herr Rechtsanwalt, du sitzt doch nicht mit ihm im Gerichtssaal. Du bist zu Hause im Wohnzimmer, bei mir!« Am Anfang ihrer Beziehung hatte es Sandy irritiert, dass Charlie seine juristische Denkweise niemals abschalten konnte. Inzwischen betrachtete sie es als eine seiner liebenswerten Marotten. »Nach dem, was du mir erzählt hast, ist er ein ziemlich zwielichtiger Typ. Ich traue dem Mann einfach nicht. Außerdem hast du meine Frage nicht beantwortet. Warum bleibst du da? Auch wenn Dr. Johnston Konkurs angemeldet hat – du hast den Fall trotzdem gewonnen. Du kannst mit deinem Namen werben, wenn du eine Privatkanzlei eröffnest.«

»Ich glaube, das liegt daran, dass ich in einem Provinznest aufgewachsen bin und Erfolg für mich bedeutet, Teilhaber in einer großen Kanzlei zu sein, einen Jaguar zu fahren und auf der Sonnenseite des Lebens zu stehen.« Charlie dachte nach. »Ich glaube, ich will damit meinem Vater heimzahlen, dass er uns in einer winzigen Wohnung in Midland sitzen gelassen hat. Schau ihn dir an, er wohnt im Silicon Valley und fliegt erster Klasse nach Tokio. Ich glaube, dass ich im Grunde immer noch versuche, seine Anerkennung zu gewinnen.«

»Dieser Mann ist nicht dein Vater. Er hat sich nicht um deine Erziehung gekümmert, er hat nichts dazu beigetragen, dass aus dir der Mann geworden ist, der du heute bist. Er hat dir bloß ein schiefes Bild vom Erfolg vermittelt und ist schuld daran, dass du arbeitest wie ein Pferd, um mit jemandem mitzuhalten, der dich im Stich gelassen hat.«

Charlie unterbrach sie: »Aber das ist genau der Grund, warum ich so hart arbeite. Er ist aus seiner kleinen Welt ausgebrochen.

Das habe ich auch immer gewollt. Er hat seinen Traum ausgelebt. Es fällt mir allerdings ziemlich schwer, einen Mann zu bewundern, den ich nicht ausstehen kann.«

Sandys Stimme wurde weicher. »Charlie, du *hast* Erfolg. Erfolg, der sich nicht in Dollar messen lässt. Er hat bloß Geld und eine Frau, die selber zu fünfzig Prozent aus Silikon besteht. Er hat keine Familie. Er hilft keinem Menschen im Kampf für Gerechtigkeit. Er hilft einem Milliardär, kleine aufstrebende Computerfirmen zu schlucken. Mach dir keine Sorgen ums Geld, Charlie. Ich will nur, dass du glücklich bist.«

»Danke«, entgegnete Charlie. »Ich weiß nicht, was ich ohne dich anfangen würde. Du findest immer die richtigen Worte.«

Charlie legte ihr die Hand auf die Schulter, und sie fuhr ihm mit den Fingern durchs Haar. So saßen sie eine Weile schweigend da. Sie hatten jetzt lange genug über dieses Thema gesprochen. Sie beugte sich über ihn und küsste ihn zart. Es erinnerte ihn an ihren allerersten Kuss auf den Stufen vor ihrem Studentenwohnheim. Sie küssten und streichelten sich wieder wie damals als Studenten. Schließlich fielen sie erschöpft in den Schlaf.

9

DER MORGEN DÄMMERTE über der Skyline von Charlotte. Vom kleinen Konferenzraum im einundvierzigsten Stock hatte man einen wunderbaren Blick. An diesem Mittwoch hatte Van Schank in aller Frühe eine Besprechung der drei Seniorpartner anberaumt. Am Abend vorher hatte er einen Anruf von Nancy erhalten und beschlossen, sofort zu handeln. Luther, ein vornehm gekleideter Schwarzer mit weißen Handschuhen, schenkte Kaffee nach. Die Kristallbecher wurden nur zu besonderen Gelegenheiten benutzt.

Der Sechs-Uhr-Verkehr begann bereits die Hauptverkehrsadern zu verstopfen, die in die Innenstadt führten, und in diesem Konferenzraum hoch über der Stadt trafen J. Garrison Hobbes III.,

Samuel B. Reimarus und Martin Van Schank Entscheidungen, die das Schicksal von vielen tausend Anwälten und Mandanten betrafen. Van Schank ergriff das Wort.

»Gentlemen, wir befinden uns in einer misslichen Lage. Einer unserer am meisten geschätzten Mandanten wurde gestern Abend nicht mit der gebotenen Höflichkeit behandelt.« Van Schanks kleine Augen glitzerten, als ihn die anderen um Einzelheiten baten.

Reimarus, ganz der vollendete Diplomat, wies Van Schank sanft zurecht: »Wenn Sie uns das Problem darstellen, bin ich sicher, dass wir es lösen können. Warum machen Sie so eine große Sache daraus und wecken mich mitten in der Nacht auf, damit ich noch vor Sonnenaufgang hier bin?«

Van Schank entgegnete: »Dieser Mandant ist für uns besonders wertvoll, und soweit es möglich ist, möchte ich jedes Aufsehen vermeiden.«

Hobbes, der direkteste der drei Seniorpartner, begann die Geduld zu verlieren: »Kommen Sie schon, Martin, wovon sprechen Sie eigentlich? Wir haben alle genug zu tun.«

»Gut«, lachte Van Schank spöttisch, »Nancy hat mir mitgeteilt, dass Mr. Harrigan Walter Comstock gestern Abend angebrüllt hat, weil sie in einen Strip-Club gehen wollten.«

Reimarus versuchte die Wogen zu glätten: »Sie wissen doch, wie Walter sich benimmt, wenn er betrunken ist. Ich bin sicher, dass das der Fall war und Charlie allmählich genug hatte. Ich werde mit ihm reden und ihn bitten, sich zu entschuldigen. Außerdem hätte ich Walter auch schon ein- oder zweimal am liebsten die Meinung gesagt.«

Van Schank nahm einen zweiten Anlauf. »Es geht hier nicht um den Streit. Es geht um den Fall. Walter macht sich Sorgen, dass Mr. Harrigan kein Verständnis für die besonderen Umstände aufbringt. Er zahlt uns viel Geld, und wir haben für ihn schon einige Eisen aus dem Feuer geholt. Comstock glaubt, und ich muss ihm Recht geben, dass es keine gute Idee ist, Mr. Harrigan als ersten Anwalt einzusetzen. Mr. Harrigan weigert sich sogar, ein Striptease-Lokal zu betreten. Glauben Sie wirklich, dass er

Walter nach besten Kräften verteidigen wird, wenn er die Paragon-Akte ein bisschen besser kennt?«

Hobbes dachte kurz nach. »Er ist ein richtiger Tugendapostel, das stimmt. Nicht mal bei seiner Siegesparty letzte Woche hat er ein Glas Champagner getrunken. Aber er würde niemals die Schweigepflicht gegenüber einem Mandanten verletzen, selbst wenn er alles über Paragon herausfinden würde.«

»Ich glaube, dass Sie dabei nicht das ganze Bild im Blick haben, Garrison.« Van Schank läutete mit einer kleinen Kristallglocke nach Luther, um sich Kaffee nachschenken zu lassen. »Mr. Harrigans ethische Grundsätze werden uns im Weg stehen, und wenn er nicht an unseren Mandanten glaubt, wird er ihn nicht mit dem gebotenen bedingungslosen Einsatz verteidigen. Harrigan war im Prozess gegen den Arzt so erfolgreich, weil er für die Wahrheit, für Gerechtigkeit und den amerikanischen *Way of Life* gekämpft hat. Wenn wir die Angelegenheit nicht sofort regeln, dann werden wir diese Diskussion immer wieder führen müssen, wenn er für die Teilhaberschaft ansteht.«

»Warten Sie einen Augenblick«, warf Reimarus ein. »Charlie ist gut. Ich habe ihm gesagt, dass er in diesem Fall die Führung übernimmt, und ihm mein Wort gegeben, dass er als unser erster Prozessanwalt in Burchettes Fußstapfen treten kann. Er ist der beste, den wir haben. Wollen Sie ihn wirklich loswerden?«

Van Schank trommelte mit den Fingern auf der gläsernen Tischplatte herum. »Glauben Sie wirklich, dass er mitspielen wird, wenn er gewisse Dinge über unseren wichtigsten Mandanten erfährt? Mit Burchette hatten wir ein ganz ähnliches Problem, und schließlich haben wir ihm zweihunderttausend für die Jacht bezahlt, die heute im Hafen von St. Augustine vor Anker liegt.«

Van Schank legte die Aktentasche aus Alligatorleder auf den Tisch und holte einen Aktenordner mit Fotos heraus. Er setzte seine Ausführungen fort. »Sie sehen, Gentlemen, dass wir zwei Fliegen mit einer Klappe schlagen, wenn wir Harrigan hinauswerfen. Erstens bewahren wir damit unser Geheimnis, und jeder Einzelne, der mit dem Fall zu tun hat, kennt es und spielt nach unseren Regeln. Damit machen wir Comstock glücklich. Nancy wird erste Anwältin, und wir können Schritt zwei im Vergleich Douglas gegen Paragon in Angriff nehmen. Mr. Harrigan war mit dieser Strategie nicht einverstanden. Nancy kann sich voll und ganz damit identifizieren. Unsere Überwachung hat ergeben, dass Mr. Judson Ehebruch begeht. Ich bin sicher, dass er seinen Mandanten in aller Freundschaft dazu raten wird, einem zufrieden stellenden Vergleich zuzustimmen.«

»Ich stimme Ihnen zu«, sagte Hobbes, als er nach den Bildern griff und die platinblonde Schönheit aufmerksam studierte, »aber wie können wir selbst einen Prozess wegen ungerechtfertigter Entlassung vermeiden?«

»Darin liegt die besondere Schönheit meines Plans. Wir teilen ihm mit, dass seine ethischen Grundsätze nicht unseren Erwartungen entsprechen. Als Mr. Harrigan herumgebrüllt hat, ist ihm die Zunge ausgerutscht. Er hat behauptet, dass Mr. Comstock die ganze Schuld auf seinen Vorarbeiter Barry Kasick abwälzen wollte. Wir vertreten den Standpunkt, dass er damit die Schweigepflicht verletzt hat, und wir drohen ihm an, ihn vor die Anwaltskammer von North Carolina zu bringen. Mr. Harrigan wird den moralischen Maßstäben nicht gerecht, die wir von unseren Anwälten erwarten.«

Hobbes lachte. »Wunderbar. Sie sind wirklich gerissen.«

Reimarus stand auf und sagte: »Da mache ich nicht mit! Ich kann Charlie nicht so behandeln. Wenn Sie beide Ihre Spielchen mit Charlie treiben wollen, will ich nichts damit zu tun haben.«

Er knallte die Tür des Konferenzzimmers hinter sich zu. Die beiden verbleibenden Seniorpartner lehnten sich zurück, nippten an ihrem Kaffee und beratschlagten, wie sie ihren Plan in die Praxis umsetzen könnten. Sie würden bis zum Ende der Vorverhandlung am Nachmittag warten müssen. Sie wollten die Bombe platzen lassen, wenn Charlie von der Vorverhandlung zurückkam, der niemals einer Hauptverhandlung folgen würde. Für Hobbes und Van Schank gehörte das alles zu einem ganz normalen Bürotag – ein Vermögen zu machen und zu verlieren, Leben zu schenken und zu zerstören, Helden und Schurken zu erschaffen. –

An diesem Morgen kam Charlie nur im Schneckentempo vorwärts, genau wie an jedem anderen Tag, an dem er versucht hatte, zeitig ins Büro zu kommen. Er konnte das Gebäude bereits von der Ampel aus sehen, aber er wusste, dass er noch zwanzig bis dreißig Minuten bis zum Parkplatz brauchen würde. Als er in seinem Blazer saß und den Rhythmus Elvis-Titel *Suspicious Minds,* der auf dem Oldie-Kanal lief, auf das Lenkrad trommelte, dachte er an das Gespräch mit Sandy gestern Abend. Warum arbeitete er so viel? Vielleicht sollte er wirklich sein Leben ändern. Die Teilhaberschaft zu verlieren hatte ihn zwar mutlos gemacht, aber er konnte sich damit abfinden. Ashley musste ja nicht unbedingt auf die Charlotte Latin gehen. Sandy konnte sie auch zu Hause unterrichten und würde es vielleicht besser machen als die öffentlichen Schulen. Vielleicht konnte er auch seine Arbeitszeit reduzieren und weiter als angestellter Anwalt arbeiten, bis er genug Geld beisammenhatte, um eine eigene Kanzlei zu eröffnen.

In dem Wirbelsturm der vergangenen Woche war Sandy sein Rettungsanker gewesen. Er begriff, dass die Woche, in der er auf dem Papier Millionär gewesen war, nichts an Sandys Wesen oder ihren Gefühlen geändert hatte. Sie liebte und unterstützte ihn, ob er nun auf der Gewinner- oder auf der Verliererseite stand. Was immer er heute auch von den Seniorpartnern hören würde – es würde ihm nichts ausmachen, solange Sandy bei ihm war.

Die Ampel schaltete auf Grün und er fuhr an. Um Viertel nach acht erreichte er seinen Parkplatz. Er sah sich um. Keine Spur von Nancy oder irgendjemand anderem. Er hatte vor, sich bis zu Comstocks Vorverhandlung in seinem Büro zu verschanzen. Vielleicht würde alles im Sande verlaufen. Er überquerte das Parkdeck in Richtung Fahrstuhl. Glücklicherweise war er immer noch allein.

Er verzichtete auf die Morgenausgabe des *Wall Street Journal* und seine vierte Tasse Kaffee. Er grüßte Selia, ging schnell zu seinem Büro und schloss die Tür hinter sich, zog seinen Mantel aus und knöpfte sein Hemd oben auf. Normalerweise wartete ein Anwalt bis nach dem Mittagessen damit, seine Krawatte zu lockern, aber heute war alles anders. Er starrte aus dem Fenster und dachte nach. Was sollte er tun? Dann dachte er an seinen Freund Brad. Er würde wissen, was zu tun war, er hatte sich oft genug aus kritischen Situationen herausgewunden.

Charlie sprintete den Flur hinunter und bog um die Ecke. Brads Büro, zwei Türen hinter dem Eckbüro im Westflügel gelegen, stand offen. Charlie spähte hinein, aber Brad war nicht da. Er schaute den Flur hinunter und vermutete, dass Brad in der Teeküche gerade irgendeinen Feinschmecker-Kaffee trank und ein Brötchen verspeiste, die Yuppie-Version eines kräftigen Frühstücks. Charlie ging um den Schreibtisch herum und ließ sich in Brads Kunstledersessel fallen.

Als er mit dem Miniatur-Poolbillard auf dem Schreibtisch herumspielte, piepste der Computer, und eine E-Mail-Nachricht erschien auf dem Bildschirm.

Instinktiv blickte Charlie auf den Monitor, ohne dass er neugierig sein wollte. Was er dort sah, versetzte ihm einen Schock, und ihm wurde schwindlig. Diese Nachricht ist für jemand anders bestimmt, dachte er. Er las sie noch ein zweites Mal. »Brad, tut mir Leid, aber wir können uns heute Abend nicht treffen. Wir können uns überhaupt nicht mehr treffen. Du bist einfach nicht mein Typ, aber wenigstens haben wir Spaß miteinander gehabt. Danke übrigens für die Informationen über Charlie. Das hat mir sehr geholfen. Gruß, Nan.« Noch ein drittes Mal las er die Nachricht. Die Sache mit dem Strip-Club war also eine Falle gewesen. Nancy wollte den Fall für sich alleine haben und Brad hatte ihr dabei geholfen. Was hatte er ihr erzählt? Charlie konnte nicht glauben, dass sein bester Freund in der Kanzlei dieser Hexe geholfen hatte, ihn zu sabotieren.

Charlie hörte ein vertrautes Pfeifen auf dem Flur und Brad spazierte herein. »Hey, Kumpel. Du siehst aus, als hätte jemand gerade dein Hündchen überfahren oder so. Was ist los?« Brad hielt einen Becher Kaffee in der Hand.

»Ich will dir sagen, was los ist.« Charlie stand auf und ging langsam auf Brad zu. »Ich habe gerade herausgefunden, wer meine wahren Freunde sind.«

Verwirrt zuckte Brad die Achseln. »Worüber redest du überhaupt? Ich verstehe nur Bahnhof. Kannst du etwas deutlicher werden?«

»Mit dem größten Vergnügen, du falsche Schlange.« Charlie kam immer näher an Brad heran. »Du bist ein verdammter Verräter. Was hast du Nancy über mich erzählt?«

»Ich habe kein Wort gesagt …«, setzte Brad an, da schlug Charlie ihm den Becher aus der Hand. »Geh und lies deine E-Mail, Judas. Nancy hat mir gestern Abend eine Falle gestellt, damit ich vor Comstock das Gesicht verliere. Was hast du ihr gesagt?«

Brad studierte mit konzentriertem Gesichtsausdruck seine Schuhe und antwortete: »Ich habe möglicherweise erwähnt, dass du ein regelrechter Pfadfinder bist, aber nur ganz nebenbei. Ich hatte nicht die Absicht, irgendetwas zu sagen, was dir schaden könnte. Sie fragte mich nur, was für ein Typ du wärst, und ich war ein bisschen beschwipst. Ich hab überhaupt nichts Schlimmes getan!«

»Doch, das hast du!«, brüllte Charlie. »Du weißt genau, wie man sich in dieser Kanzlei gegenseitig das Leben schwer macht, und dass Nancy und ich um die Teilhaberschaft gekämpft haben. Du hast zugelassen, dass sie dich verführt. Konntest du nicht mal eine Nacht alleine schlafen? Du gehörst mit Judas und allen anderen Leuten, die ihre Freunde, Gott und ihr Land verraten, in den neunten Kreis der Hölle. Viel Glück für die Zukunft!«

Charlie schob sich an Brad vorbei zur Tür. Es schockierte ihn, dass sein bester Freund weder Rückgrat noch Tiefgang hatte. Charlie stürmte in sein Büro zurück und knallte die Tür zu. Er dachte an seinen Studienfreund Chris. Chris würde nie so etwas tun. Vielleicht waren er und Brad niemals wirklich Freunde gewesen. Was ist nur mit meinem Leben los?, fragte er sich. Er fühlte sich, als ob er in einem Kartenhaus lebte, und eine unsichtbare Riesenhand zog eine Karte nach der anderen heraus.

Vor einer Woche war er ein Held und ein Millionär gewesen. Gerechtigkeit und Wahrheit hatten gesiegt, und er hatte dabei die entscheidende Rolle gespielt. Jetzt stand seine Karriere auf der

Kippe, und er konnte nicht einmal den Menschen trauen, die er für seine Freunde gehalten hatte. Mit einem Mal fühlte er sich unendlich allein. Er nahm die Paragon-Akte zur Hand und ging in Gedanken noch einmal die Anträge durch, die er nach dem Mittagessen begründen müsste. Er versuchte, nicht an Brad zu denken, aber er wurde das Gefühl nicht los, dass sich über dem Horizont ein Gewitter zusammenbraute.

Das Gerichtsgebäude von Mecklenburg County besaß weder lange dunkle Gänge noch steinerne Säulen. Es war erst vor ungefähr zehn Jahren fertig gestellt worden, und die großen Fenster ließen viel Licht herein. Das Foyer war geräumig und erstreckte sich nach oben über alle drei Etagen. Auf dem Rasen parkten einige Übertragungswagen, von denen die Journalisten live über den aktuellen Mordprozess berichteten. Irgendein Mordfall wurde immer verhandelt. Auf den Bänken im Flur saß die übliche Mischung aus Leuten, die auf eine Verhandlung wegen Trunkenheit am Steuer warteten, das Sorgerecht für ihr Kind beantragt hatten oder kleine Drogendealer waren. Hin und wieder sah man einen Obdachlosen, der im Warteraum einen Gratiskaffee ergattern wollte.

In einer Ecke des Foyers bei den Telefonzellen stand ein schmieriger Typ in einem geblümten Hemd, dem niemand Beachtung schenkte. Ganz egal, wie schlecht Slade sich anzog, er schien nie besonders aufzufallen. Er steckte sich eine Winston ohne Filter in den Mund. Mit dem Anzünden würde er warten müssen. Daran war die Flut der Antiraucher-Gesetze schuld, die in letzter Zeit verabschiedet worden war. Im Stillen verfluchte Slade all die Gesundheitsapostel und Liberalen und fummelte an seinem Feuerzeug herum.

Am anderen Ende der Telefonleitung, hoch über der Stadt, verengten sich Van Schanks Augen zu schmalen Schlitzen, und seine dünnen Lippen verzogen sich zu einem Lächeln. »Hast du die Bilder?«

»O ja«, grinste Slade. »Wahre Kunstwerke. Er wird sofort einem Vergleich zustimmen, wenn er sie sieht, besonders das, auf dem ...«

Van Schank fuhr dazwischen: »Erspar mir die unappetitlichen Details. Wenn dir so was gefällt, bitte schön. Sag mir nur, ob alles nach Plan verläuft.«

»Alles vorbereitet. Mach dir bloß nicht in die Hosen, okay?« Slade versicherte ihm: »Ich werde die Bilder übergeben, sobald er sich hier blicken lässt.«

»Du wirst ihm die Fotos doch nicht persönlich übergeben, oder?«, erkundigte sich Himmlers Zwillingsbruder.

»Natürlich nicht. Hältst du mich für bescheuert? Ich hab so was schon oft genug gemacht. Ich habe diesem Obdachlosen eine Fünf-Dollar-Flasche Rum spendiert, und er wird das für mich erledigen.«

»Da darf nichts schief gehen!«, verlangte Van Schank.

»Keine Sorge. Ich hab alles unter Kontrolle.« Slade blickte sich um, um sicherzugehen, dass er nicht beobachtet wurde. »Jetzt zu deinem Jungen, Charlie. Er ist sauberer als Meister Proper.«

»Überlass ihn mir.« Van Schank ließ ein teuflisches Kichern hören. »Bis heute Abend wird Charlie Harrigan die längste Zeit bei *Hobbes, Reimarus & Van Schank* Anwalt gewesen sein, und er wird keine guten Referenzen mitnehmen.«

»Was hast du vor?« Slade stimmte in das Gelächter ein.

»Schluss jetzt, du alter Fettsack.« Van Schank hatte keine Lust mehr auf eine Fortsetzung der Unterhaltung. Er musste Slade tolerieren, denn im Lauf ihrer langen Geschichte hatte er sich oft als sehr nützlich erwiesen, aber Van Schank konnte den Gedanken nicht ertragen, dass er von jemandem abhängig war, der so weit unter ihm stand. »Du erledigst jetzt deinen Auftrag. Und ich kümmere mich um Harrigan. Wenn du den Umschlag übergeben hast, solltest du in Urlaub fahren. Im Schließfach am Flughafen findest du genug Bargeld für ein Ticket nach Mexiko.«

Slade genoss es, seinen Chef zappeln zu lassen. »Nur, wenn du mich nett darum bittest.«

»Halt endlich die Klappe und tu, was ich sage.« Van Schank knallte den Hörer aufs Telefon.

Das laute Klicken verwirrte Slade, aber dann wandte er sich schnell seinem obdachlosen Freund zu, der auf einer der Bänke saß. Er erklärte ihm, dass er nur dem Mann auf dem Bild folgen und ihm den Umschlag übergeben müsste, wenn er allein war. Auf dem Umschlag stand nur ein einziges Wort: Vergleich! Slade hatte alle Fingerabdrücke abgewischt.

Judson würde vielleicht vermuten, wer hinter diesen Machenschaften steckte, aber er würde es niemals beweisen können. Van Schank hatte keine Angst, dass er damit zum Richter laufen würde.

Slade bemerkte Judson, sobald er mit seinen Mandanten durch die Glastür trat. Aus einiger Entfernung folgte er ihnen bis zum Zivilgericht im ersten Stock. Henry Judson begleitete seine Mandanten bis in den Gerichtssaal und ging dann zur Toilette. Slade und der Obdachlose befanden sich am anderen Ende des Flurs. Slade übergab ihm den Umschlag und zeigte ihm das Zielobjekt. Gerade als Judson sich die Hände wusch, ging die Tür auf. Der Penner sah sich um. Judson war allein. Er brüllte: »Hier, Kumpel«, und warf den Umschlag in Judsons Richtung. Dann stürzte er aus der Tür und das Treppenhaus hinunter. Henry Judson versuchte ihn zu stellen, aber sein rundlicher Körper konnte mit dem des mysteriösen Obdachlosen nicht Schritt halten.

Judson ging zurück in die Toilette und riss den Umschlag auf. Als er das erste großformatige Farbfoto von sich und der Frau sah, die nicht seine Ehefrau war, stockte ihm das Herz. Er spritzte sich kaltes Wasser ins Gesicht und sah sich die Bilder noch einmal an. Sie hatten sich nicht verändert. Ein Irrtum war ausgeschlossen, die Fotos zeigten ihn. Und dabei stand nur ein Wort: Vergleich! Er wusste, was er zu tun hatte. Judson war ein Kleinstadtanwalt. Er wusste, dass er nicht in der ersten Liga mitspielen konnte und dass er gerade seine erste und letzte Warnung erhalten hatte. Er atmete tief durch, ließ die Fotos wieder im Umschlag verschwinden und machte sich auf den Weg in den Gerichtssaal. Wenn die Anträge verlesen worden waren, würde er einen Vergleich vorschlagen. Die Eichentür zum Saal kam ihm schwer vor wie Blei. Er schluckte und schob sie langsam auf.

10

CHARLIE SASS RECHTS von Nancy Lockman-Kurtz und Walter Comstock. Er blickte zu den Klägern hinüber und sah ein älteres Ehepaar. Es war das erste Mal, dass er Horace und Betty Douglas zu Gesicht bekam. Sie wirkten nicht gerade wie geldgierige Bauernlümmel. Als Henry Judson nach vorne ging, empfand Charlie tatsächlich Mitleid mit ihnen. Judson zitterte und sah erschöpft aus. Wenn die eigentliche Verhandlung begann, würde die Firma mit zwei zusätzlichen Anwälten aufwarten, um den Prozessgegner einzuschüchtern. Vielleicht würde der Richter das Verfahren sofort einstellen und diesen beiden alten Leuten den Schmerz ersparen, dass sich das Verfahren lange hinzog.

Der Gerichtsdiener rief die relativ wenigen Zuschauer zur Ordnung. »Bitte erheben Sie sich für den Vorsitzenden, Richter Carlton W. Fitzwaring.«

»Bitte nehmen Sie Platz«, ließ sich der weißhaarige, vornehm aussehende Richter ernst, aber nicht unfreundlich vernehmen. Fitzwaring war seit zehn Jahren am Gericht von Mecklenburg County tätig, nachdem er zunächst an der juristischen Fakultät der Duke University gelehrt und dann für einige Jahre in einer großen Kanzlei in Raleigh gearbeitet hatte. Dann hatte er das Richteramt in Charlotte übernommen, um beruflich vorwärts zu kommen. Nichts wünschte er sich sehnlicher als eine Berufung an ein Bundesgericht, wo er die wirklich großen Fälle verhandeln konnte. Er wollte sich einen Namen machen, und er wollte der Prozessflut Einhalt gebieten, die dieses Land jedes Jahr überschwemmte. Er trug Zweistärkengläser und verfolgte jeden einzelnen Fall in North Carolina, in dem eine Firma verklagt wurde. Er verbrachte Stunden im Internet und recherchierte beim Informationsdienst Westlaw, welche Gesetzesreformen in den USA auf dem Weg waren und welche Schmerzensgelder die Geschworenen zuerkannten.

Für diesen Nachmittag war der Fall Douglas gegen Paragon angesetzt. Die Anhörung war Routinesache und ließ keine Überraschungen erwarten. Im Gerichtssaal befanden sich außer den

Beteiligten nur ein paar Obdachlose, die nach dem Essen in der Suppenküche hier ein kleines Mittagsschläfchen halten wollten. Charlie reichte zwei Anträge ein. Erstens beantragte er, das Verfahren einzustellen, weil hier im juristischen Sinn keine Schuld vorlag. Beide Parteien sollten das Ganze einfach als Missverständnis betrachten und wieder ihrer Wege gehen. Zweitens beantragte er ein Urteil nach Aktenlage. Der Richter sollte sich die vorliegenden Fakten ansehen, eine kleine Geldbuße verhängen und dem Angeklagten auf die Finger klopfen, um alle glücklich zu machen. Es ging nicht um eine große Sache, aber die Douglas' konnten nicht mit leeren Händen heimgehen. Charlie glaubte nicht an den Erfolg seiner beiden Anträge, aber es gehörte zur Strategie seiner Kanzlei, den Richter mit mehr Anträgen und Schreibarbeit zu überfluten, als er jemals in seinem Leben gesehen hatte.

»Mr. Harrigan, glauben Sie wirklich, dass hier keine Schuld im juristischen Sinn vorliegt?« Richter Fitzwaring hatte für diese Anhörungen nur Verachtung übrig, weil hier selten Punkte von entscheidender Bedeutung besprochen wurden.

»Euer Ehren, Sie kennen die Prozessflut, die unser Rechtssystem überlastet. In unserer Gesellschaft ist man schnell mit einer Klage bei der Hand, wenn irgendjemandem irgendetwas nicht passt. Jemand verklagt ein Schnellrestaurant, weil er heißen Kaffee verschüttet und sich daran verbrüht hat, oder einen Zigarettenhersteller, nachdem er vierzig Jahre lang geraucht hat. Mein Mandant ist Geschäftsmann und hat einen guten Ruf in dieser Stadt. Es tut mir Leid, dass die Eheleute Douglas ihren Sohn verloren haben, aber solche Tragödien geschehen jeden Tag.« Charlie konnte seinen eigenen Worten nicht glauben, und am liebsten hätte er sie zurückgenommen, als er Mr. Douglas' Gesichtsausdruck sah.

»Mr. Judson, Mr. Harrington behauptet, dass Ihre Klage lediglich einer wohlhabenden Firma Tausende von Dollar aus der Tasche ziehen soll. Ist das Ihre Absicht, Sir?« Der strenge Gesichtsausdruck des Richters schien für die Verteidigung zu sprechen.

Judson stand auf und spürte, wie seine Knie weich wurden. »Euer Ehren, wir glauben, dass Matthew Douglas Arbeiten verrichten musste, bei denen er karzinogenen Stoffen ausgesetzt wurde, die seinen Lungenkrebs verursachten. Wir sind der Meinung, dass die Paragon-Gruppe verantwortlich für die Ergreifung geeigneter Sicherheitsmaßnahmen ist, wenn sie ein Programm zur Förderung von Menschen wie Matt unterhält, die eine leichte Behinderung haben. Es geht uns nicht um Geld, Euer Ehren. Sie wissen aber so gut wie ich, dass in einem Zivilprozess keine Freiheitsstrafe, sondern nur eine Geldbuße verhängt werden kann.«

»Ich benötige von Ihnen keine Vorlesung über Zivilrecht, Mr. Judson«, bemerkte der Richter mit scharfer Stimme. »Ist das alles, was Sie zu sagen haben?«

Beide Anwälte nickten und hofften darauf, dass ihre kurzen schriftlichen Anträge überzeugend genug formuliert waren. Der Richter wirkte heute besonders launisch.

»Ich möchte zu Protokoll geben, dass meiner Meinung nach heute viel zu viele Anwälte einen Prozess anstreben, um sich daran zu bereichern. Ich habe die Versicherungsgesellschaften und Firmen satt, die sich mit diesen Beutelschneidern auf einen Vergleich einlassen. Meiner Meinung nach brauchen wir neue Gesetze, die dieses Verhalten unterbinden.« Der Richter sprach nicht zu den Anwesenden, sondern führte schon einmal einen Werbefeldzug, um die nächste Stufe der Karriereleiter zu erklimmen. Vielleicht hörte ihm ja trotzdem irgendjemand zu. »Trotzdem glaube ich nicht, dass Sie Ihren Standpunkt hinreichend deutlich bewiesen haben, Mr. Harrigan. Ich lehne beide Anträge ab und setze eine Frist von einhundertzwanzig Tagen für die genaue Untersuchung des Sachverhalts. Wegen der Ferien wird die Verhandlung für die letzte Februarwoche angesetzt. Noch irgendwelche Fragen? Gut.«

Der Richter schlug mit dem Hammer auf den Tisch und erklärte die Sitzung für geschlossen. Charlie vermied es, den Douglas' in die Augen zu sehen. Nancy lächelte und blinzelte Henry Judson zu. Er würde mit seinen Mandanten jetzt wohl einen kleinen Konferenzraum aufsuchen und auf sie einreden, sich auf einen

Vergleich einzulassen. Walter Comstock folgte Charlie den Flur hinunter und drängte ihn gegen das große Fenster, von dem man auf den Rasen vor dem Gerichtsgebäude sah.

»Besser haben Sie es nicht hingekriegt?«, schnaubte Comstock.

»Hören Sie mal zu. Vielleicht sind Sie schuldig. Ich weiß es nicht, und es ist mir auch egal. Ein Jugendlicher ist tot, und er hat für Ihre Firma gearbeitet. Ganz egal, wie lächerlich der Gedanke an eine Verhandlung auch ist – kein Richter wird ein Verfahren einstellen, wenn es einen Toten gibt. Darauf hätten Sie sich gefasst machen müssen.« Charlie wandte sich von ihm ab, während Comstock noch auf ihn einredete.

»Mir gefällt Ihre Haltung nicht. Sie sind mein Anwalt. In diesem Ton können Sie nicht mit mir reden!« Comstock hatte angefangen zu brüllen.

»Na und?« Charlie drehte sich noch einmal um und streckte die Hände in die Luft. »Verklagen Sie mich. Das ist mir egal.« Auf dem Flur herrschte tödliche Stille; man hörte nur das Klacken von Charlies Absätzen auf den Fliesen.

Charlie ließ sich Zeit, um in sein Büro im Elfenbeinturm zurückzukehren. Er schlenderte durch die Overstreet Mall, bummelte von Schaufenster zu Schaufenster, beobachtete Mütter, die ihren Kindern hinterherjagten, und versuchte, seinen Mandanten gedanklich einzuordnen. Irgendwie bekam man Walter Comstock nicht zu fassen. Beim Gedanken daran bekam er eine Gänsehaut. Wenn er in zehn Jahren irgendetwas gelernt hatte, dann das, dass Augen nicht lügen. In den Augen der Kläger hatte er weder Feindschaft noch Gier gelesen, nur Schmerz und Trauer. Er sah die vielen Jahre harter Arbeit und entbehrungsreichen Lebens, und er sah Menschen, die von einem System eingeschüchtert wurden, das ihnen völlig fremd und nicht freundlich gesinnt war.

Comstock hatte zornige Augen. Sie blickten immer zornig. Irgendetwas an Comstocks Augen erinnerte Charlie an Dr. Owen Johnston, es waren reiche Augen, die sich niemals zufrieden gaben. Trotzige Augen, die etwas verbargen. Sie erregten Verdacht. Wie um alles in der Welt konnte er diesen Mann verteidigen? Charlie machte bei einem Starbucks-Kiosk Halt und kaufte einen schwarzen Kaffee. Auf einer überdachten Fußgängerbrücke, die zwei Hochhäuser miteinander verband, legte er eine Pause ein und blickte auf die Autos auf der College Street. Wie hatte er sich im Gerichtssaal erheben und im Angesicht Gottes behaupten können, dass dieses nette alte Ehepaar keinen berechtigten Anspruch hatte? Hatte er wirklich gesagt, dass niemanden eine Schuld im juristischen Sinn traf und dass dieses Ehepaar nur auf Geld aus war? Seine Gedanken rasten im Kreis herum, und er spürte tatsächlich Schmerzen in der Herzgegend. Die Last des ganzen juristischen Berufsstandes schien schwer auf seinen Schultern zu ruhen.

Er lehnte sich gegen die Scheibe und schlürfte langsam seinen Kaffee. Keiner der Kompagnons hatte ihn auf seine Begegnung mit Comstock angesprochen, und nach dem Zusammenstoß im Gericht wusste er, dass sie die Angelegenheit nicht unter den Teppich kehren würden.

Mit einem Mal konnte er verstehen, wie sich Damokles gefühlt haben musste, als er ständig vom Tod bedroht wurde. Auch seine Karriere hing nur noch an einem seidenen Faden.

Er stürzte den restlichen Kaffee hinunter und starrte auf den leeren Becherboden. Mit einem gezielten Wurf beförderte er den Pappbecher in den Abfallkorb und machte sich auf den Weg zurück zu *Hobbes, Reimarus & Van Schank*. Überall in den Geschäften wimmelte es von Menschen, aber er fühlte sich unsagbar allein.

Einsamkeit war an sich schon schlimm genug, aber inmitten einer Menschenmenge allein zu sein war noch schlimmer. Als er das NationsBank-Gebäude betrat, hielt er instinktiv Ausschau nach dem nächsten Ausgang. Falls es ihn überkommen sollte und er einfach davonrannte, wollte er wenigstens den schnellsten Weg wissen. Plötzlich stieg ein vertrautes Gefühl in ihm hoch, er erinnerte sich daran, wie er einmal beim Baseballspielen ein Fenster im Nachbarhaus eingeworfen hatte. Als er den langen Weg in seinen eigenen Garten zurückgerannt war und daran gedacht hatte, dass seine Mutter schrecklich ärgerlich werden würde, hatte er sich kaum anders gefühlt als jetzt.

Charlie beobachtete, wie die Zahlen auf der Fahrstuhlanzeige umsprangen. Er musterte sich in den verspiegelten Fahrstuhltüren. Die Person, die ihn aus dem Spiegel anstarrte, war nicht derselbe Mensch, der von der Universität abgegangen war, um die Welt zu retten. Er sah einen blassen und zynischen Workaholic, der nicht mehr genau wusste, wofür er sich eigentlich abrackerte. Der Fahrstuhl kam im neununddreißigsten Stock an und die Türen öffneten sich. Er schritt durch den imposanten Eingang unter den goldenen Lettern hindurch und nahm kurz die unglaubliche Aussicht durch das Panoramafenster wahr.

Selia begrüßte ihn: »Guten Tag, Mr. Harrigan. Mr. Hobbes wartet auf Sie.«

Charlie nickte. Er bekam kein Wort heraus, weil ihm ein dicker Klumpen im Hals saß. Er stieg die Wendeltreppe im Foyer bis ins einundvierzigste Stockwerk hoch und ging auf die südwestliche Ecke zu. Gerade als er an die Tür klopfen wollte, teilte ihm die Sekretärin von J. Garrison Hobbes III. mit, dass er direkt hineingehen könne. Zögernd drehte Charlie den Türknauf aus Messing und betrat das Büro.

»Charlie, kommen Sie herein und setzen Sie sich. Möchten Sie einen Kaffee?« Hobbes wirkte erstaunlich aufgeräumt.

»Nein, danke. Ich habe mein Limit von sieben Tassen heute bereits erreicht. Meine Nieren würden sich bedanken.« Charlies schwacher Versuch, einen Scherz zu machen, verpuffte völlig.

»Charlie, es gibt da eine ernste Sache, über die wir reden müssen.« Hobbes stand auf, ging um den Schreibtisch herum und lehnte sich dagegen. Jetzt stand er Charlie, der auf der Ledercouch saß, direkt gegenüber.

»Ein Mandant hat sich über Sie beschwert.«

»Hören Sie«, Charlie wollte vermeiden, dass Hobbes das Pflaster langsamer und schmerzhafter entfernte als unbedingt notwendig, »ich weiß, dass Comstock mit Ihnen geredet hat, und ich bin sicher, dass er nichts Gutes gesagt hat …«

Hobbes unterbrach ihn mitten im Satz und fuhr fort: »Dieser

Mandant hat sich nicht nur darüber beschwert, dass Sie ihn unhöflich behandelt und sich in sein Privatleben eingemischt haben, sondern auch, dass Sie die Schweigepflicht missachtet haben.«

»Wie bitte?« Charlie sprang auf. Diese Anschuldigung war ungeheuerlich.

»Ich fürchte, ich muss diesen Vorfall der Anwaltskammer melden«, bemerkte Hobbes und schüttelte den Kopf.

»Ich habe Barry lediglich mitgeteilt, dass Comstock bereit war, ihn als Sündenbock hinzustellen. Sie gehören beide zu unseren Mandanten. Das fällt nicht unter die Schweigepflicht«, protestierte Charlie.

»Comstock bezahlt die Rechnungen. Als Kasick den Raum verließ, glaubte Walter, dass er mit seinen Anwälten allein war, also vertraulich mit ihnen reden konnte. Es handelte sich um eine besondere Situation innerhalb dieser Besprechung. Sie könnten Ihre Zulassung verlieren, Charlie.« Charlie ließ sich wieder auf die Couch fallen. »Ich habe mich mit meinen Kompagnons Ihretwegen gestritten. Ich habe nicht das Bedürfnis, Ihnen die Chance zu nehmen, weiter als Anwalt zu praktizieren. Sie haben einen Fehler gemacht. Wir werden Sie nicht bei der Anwaltskammer melden, aber ab sofort sind Sie nicht mehr bei *Hobbes, Reimarus & Van Schank* angestellt.«

Charlie atmete durch, stand auf und fragte: »Ist das alles?«

»Wie wäre es mit einem ›Dankesehr‹?« Hobbes gab dem Messer, das er seinem Opfer in die Eingeweide gestoßen hatte, eine letzte Drehung.

»Danke sehr, Sir, dass Sie mich nicht bei der Anwaltskammer anzeigen. Ich gehe jetzt und räume mein Büro.« Er ließ den Kopf hängen und ging zur Tür. Er war ein geschlagener Mann.

Sofort griff Hobbes zum Telefonhörer und rief Van Schank an. In allen Einzelheiten erzählte er, wie Harrigans Kündigung abgelaufen war. Van Schank musste grinsen, als er von Harrigans Mitleid erregendem »Dankesehr« hörte. Dann rief er Comstock an, dessen Laune sich schlagartig hob, als er hörte, dass Charlie ihn nicht weiter verteidigen würde. Bald würden sie noch mehr Druck auf Henry Judson ausüben und für einen Vergleich sorgen, so dass dieser Fall endgültig zu den Akten gelegt werden konnte. Dann konnten sie sich wieder ihrem eigentlichen Geschäft, nämlich dem Geldverdienen, zuwenden.

Charlie füllte einen Pappkarton mit dem, was er in seinen Schubladen aufbewahrte. Alle Bilder von seiner Frau und seinem Kind nahm er einzeln in die Hand und schaute sie noch einmal an. Als er sah, wie Ashley von einem Säugling zu seiner kleinen Prinzessin herangewachsen war, fragte er sich, wie er für seine Familie sorgen sollte. Er betrachtete Sandys Hochzeitsporträt und hatte das Gefühl, dass er sie völlig enttäuscht hatte. Wenn er nach Hause kam, würde er seiner Frau als Versager entgegentreten, nicht als erfolgreicher Anwalt. Was würde sie von ihm denken?
Erstaunlicherweise hatte er in diesen zehn Jahren nur wenige persönliche Habseligkeiten in diesem Büro angesammelt. Er nahm seine Zeugnisse und Diplome von der Wand und verstaute sie im Karton. Die Paragon-Akte warf er in den Papierkorb. Jemand würde sie schon herausfischen, bevor der Müll ausgeleert wurde. Er sah noch ein letztes Mal aus dem Fenster. Nur acht Tage zuvor hatte er hier gestanden und seinen Sieg ausgekostet. Er zog seinen Mantel an, nahm den Karton unter den Arm und schaltete das Licht aus.
Brad sah ihn auf dem Flur auf sich zukommen. »Hey, ich habe gerade gehört, was Hobbes mit dir gemacht hat. Wegen der Anwaltskammer kannst du aber froh sein.« Brad versuchte ihn aufzumuntern und den Anschein eines reuigen Sünders zu erwecken, aber es hatte keinen Zweck.
Charlie blickte zu Boden, schob sich an Brad vorbei und drückte ihn dabei gegen eine Säulenattrappe, die ein kunstvolles Blumenarrangement trug. Brad schaute seinem Freund hinterher. Viele seiner ehemaligen Kollegen steckten den Kopf aus der Tür, sprachen ihm ihr Mitgefühl aus und gaben ihm gute Wünsche mit auf den Weg. Charlie versuchte, seine Schritte unauffällig zu beschleunigen. Am Empfangstresen verabschiedete sich Selia sehr höflich von ihm: »Ich werde Sie vermissen. Sie sind einer von den Netten.« Aber auch das kam ein bisschen spät.

Charlie fuhr mit dem Fahrstuhl nach unten und ging durch die große Vorhalle zu den Fahrstühlen hinüber, die in die Tiefgaragen führten. Er fuhr in das dritte Kellergeschoss und suchte seinen grünen Blazer. Den Pappkarton warf er auf den Rücksitz, dann stieg er ein und drehte den Schlüssel. Zuerst steuerte er seinen Wagen auf der College Road nach Norden, aber einen Block weiter wendete er und fuhr wieder nach Süden. Er kreuzte die Providence Road und hielt sich weiter Richtung Süden. Er war noch nicht bereit, Sandy mit den schlechten Neuigkeiten unter die Augen zu treten.

Charlie schlängelte sich durch die Straßen südlich der Innenstadt bis hin zum East Boulevard im Dilworth-Bezirk. Irgendetwas zog ihn zum *Bar and Grill*, einem Yuppie-Lokal am East Boulevard gegenüber einer New-Age-Buchhandlung. Er parkte hinter der Bar, blieb aber noch sitzen. Warum war er eigentlich hier?

Mehr als zehn Jahre hatte er es geschafft, trocken zu bleiben und keinen einzigen Tropfen zu trinken, aber jetzt schien ihm ein guter Zeitpunkt zu sein, sein altes Hobby wieder zu beleben. Er wollte sich nicht betrinken, sondern nur den Schmerz ein wenig betäuben.

Er setzte sich auf einen der Barhocker und begann mit einem einfachen Cuba Libre, von den Yuppies als Cola-Rum bezeichnet. Mit langsamen Bewegungen führte er das Glas zum Mund. Der Alkohol rann seine Kehle hinunter wie Feuer und er bekam einen Hustenanfall. Ganz ähnlich war ihm zumute gewesen, als er im ersten Semester zum ersten Mal Wodka probiert hatte. Mit dem zweiten Schluck hatte er weniger Probleme, nachdem der Husten abgeklungen war. In sieben Minuten hatte er den Cuba Libre geleert. Danach bestellte er sich einen etwas stärkeren Drink, einen Seven and Seven.

Als er sich etwa zwanzig Minuten in der Bar aufgehalten hatte, bemerkte er ein Paar lange Beine in einem kurzen schwarzen Lederrock neben sich. Die dazugehörige Frau war jung und attraktiv, vielleicht war sie Rechtsanwaltsgehilfin oder eine kleine Bankangestellte. Sie war mindestens fünf Jahre jünger als er. Er wandte seine Aufmerksamkeit wieder seinem halb leeren Glas zu, während sie versuchte, mit ihm ins Gespräch zu kommen.

»Ich habe Sie hier noch nie gesehen.« Die nette junge Frau trank gerade einen Erdbeer-Daiquiri.

»Ich bin nicht oft hier. Ich will hier nur meine Sorgen ertränken.« Er versuchte, ihr die kalte Schulter zu zeigen, aber er konnte kaum verhehlen, dass er ihre Aufmerksamkeit genoss. Sie schmeichelte ihm. Und gerade jetzt konnte er ein paar Streicheleinheiten gebrauchen.

»Das tut mir Leid«, gurrte sie. »Was ist passiert?«

»Ich möchte nicht darüber reden, wenn es Ihnen nichts ausmacht.« Sie ignorierte es anscheinend völlig, dass er abweisend zu wirken versuchte.

»Warten Sie einen Augenblick. Sie kommen mir bekannt vor. Sind Sie auf die Wake Forest gegangen?«

Charlie schüttelte den Kopf.

»Lassen Sie mich nachdenken. Ich habe Sie vor kurzem gesehen.« Plötzlich fiel es ihr ein, sie packte Charlie am Arm und schreckte ihn auf. »Sie waren in der Zeitung. Sie haben diesen Abtreibungsarzt verklagt.« Charlie hob sein Glas. »Das bin ich. Der weiße Ritter, der gegen die Ungerechtigkeit kämpft, wenn sie ihm über den Weg läuft.«

Sie kicherte. »Er hat die Niederlage verdient. Hat man ihn schon gefunden?«

»Noch nicht. Wahrscheinlich treibt er sich in der Karibik herum. Ich bezweifle, dass die Behörden ihn jemals finden werden.«

Wieder fasste sie nach seinem Arm und sagte: »Das tut mir Leid. Hey, Sie haben ganz schön Muskeln.«

Charlie hielt seine linke Hand hoch. »Und einen Goldring habe ich auch.«

Sie lachte und schlug ihm auf den Oberschenkel. »Seien Sie nicht albern, wir unterhalten uns doch nur. Es ist doch nichts dabei, neue Freundschaften zu schließen.«

Er glaubte nicht, dass Sandy dem zustimmen würde, entgegnete aber nur: »Vermutlich nicht.«

Sie plauderten über ihre Jobs und die Zeit auf dem College. Sie war tatsächlich eine Rechtsanwaltsgehilfin, die immer noch dem Partyleben zu Collegezeiten hinterherjagte und nicht erwachsen werden wollte. Irgendetwas an ihrer sorglosen hedonistischen Haltung zog ihn an, besonders, weil er jetzt kurz vor seinen besten Jahren stand und gerade seine Stellung verloren hatte. Andauernd warf sie ihr rotes Haar über die Schultern und schlug die Beine übereinander. Sie saß sehr dicht neben Charlie und schmiegte sich an ihn. Die Medizin hatte geholfen. Der Alkohol und das Mädchen hatten seinen Schmerz gelindert, aber zwischen zwei Drinks sah er auf einmal klar.

Neun leere Gläser standen vor ihm auf dem Tresen, und mindestens fünf davon gehörten ihm. Er begriff, dass dieser Flirt gefährlich werden konnte und dass er jetzt gehen musste.

Charlie zog dreißig Dollar aus seiner Brieftasche und legte sie auf den Tresen. Dann stand er auf.

»Hören Sie, es war nett, Sie kennen zu lernen, aber jetzt muss ich gehen.« Er musste wegrennen, sich in die Arme seiner Frau werfen und hoffen, dass sie den Duft des Moschusparfüms nicht bemerkte. Er musste in die Realität zurückfinden.

Das Mädchen auf dem Barhocker drehte sich zu Charlie herum und griff in ihre Geldbörse. Sie zog eine Visitenkarte heraus und versenkte sie in Charlies Hemdtasche. Dann tätschelte sie ihm die Brust. »Rufen Sie mal an.«

Charlie lächelte und machte sich auf den Weg. Sobald er die Tür hinter sich zugezogen hatte, langte er in die Tasche, zog die Karte heraus und las sie. Brandi Langston, Rechtsanwaltsgehilfin. Er zerknüllte sie und warf sie in einen Abfalleimer. Dann versetzte er dem Abfalleimer noch einen Fußtritt. Er stieg in seinen Blazer und versuchte abzuschätzen, ob er noch in der Lage war zu fahren. Er fühlte sich eigentlich nicht betrunken, nur sein Magen fing an zu rebellieren.

Er ließ den Motor an und machte sich auf den Weg nach Hause. Er dachte an seine wunderschöne Frau. Wie hatte er nur mit diesem Mädchen flirten können? Er dachte an den Strand und an ihren langen Spaziergang, bei dem sie sich an den Händen gehalten hatten. Er besaß alles, was er wollte. Vergiss das Mädchen, dachte er, aber das ging nicht so einfach. Ihr Parfüm duftete überwältigend. Er bewegte sich in gefährlicher Nähe zu einer Grenzlinie, der er niemals hätte nahe kommen sollen. Er dachte an seine Stellung – oder besser daran, dass er keine Stellung mehr besaß. Er dachte daran, dass er wieder getrunken hatte. Zehn Jahre ohne Alkohol waren einfach den Bach hinuntergegangen. Je mehr er nachdachte, desto heftiger rebellierte sein Magen. Er hielt am Straßengraben an, stieg aus und hielt sich den Bauch. Er musste sich übergeben; sein Fastfood-Mittagessen und der größte Teil des Alkohols landeten im Graben.

Was für ein Bild! Der große Charlie Harrigan stand im Straßengraben, roch nach Alkohol und Parfüm und war über und über von Erbrochenem bedeckt. Innerhalb von ein paar Tagen hatte er die Teilhaberschaft und seine Stellung verloren. Er war nicht nur von sich selbst enttäuscht, sondern er hatte auch Sandy enttäuscht. Charlie lehnte sich gegen den Blazer und atmete tief durch. Er beschloss, nach Hause zu fahren, Sandy unter die Augen zu treten und ihr alles zu erzählen. Natürlich würde sie sich aufregen, aber sie würden das Problem in den Griff bekommen. Jetzt brauchte er sie mehr als alles andere.

11

DIE NACHT HATTE SICH bereits über Charlotte in North Carolina gesenkt, als Charlie durch Myers Park fuhr. Das Bild dieses alten, ehrwürdigen Viertels wurde von einem breiten Boulevard geprägt, der von großen Eichen gesäumt wurde. Ihre Kronen beschatteten die Straße wie ein großer Sonnenschirm. Darum wirkte das Viertel düsterer, als es eigentlich war. Nur in Charlies Chevy Blazer war es noch finsterer als draußen auf der Straße. Als er in sein Viertel einbog, tat es ihm Leid, dass er so spät nach Hause kam. Allerdings würde sich Sandy keine Sorgen machen, weil sie daran gewöhnt war, dass er so lange arbeitete. Jetzt hatten sie alle

Zeit der Welt, denn sein Terminkalender hatte bis auf weiteres keine Eintragungen.

Als Charlie auf das Haus zufuhr, fiel ihm auf, dass drinnen Licht brannte. Dann blickte er etwas genauer hin und bemerkte, dass der Seiteneingang zur Küche offen stand. Das war etwas ungewöhnlich, aber vermutlich hatte Sandy ihn versehentlich offen gelassen. Er stellte den Wagen ab und legte sich im Geist zurecht, wie er anfangen sollte, wenn er Sandy von den Ereignissen dieses Tages erzählte. Irgendwie war Comstock an allem schuld. Er hatte ein wunderbares Leben geführt, bis er zum ersten Mal den Namen Walter Comstock gehört hatte. Charlie griff nach seinem Mantel und seiner Aktentasche, ließ aber den Pappkarton im Auto liegen.

Er betrat die Küche und rief: »Hallo« – aber niemand antwortete ihm. Normalerweise wartete Sandy in der Küche auf ihn, obwohl sie meistens vorgab, dass sie dort sowieso zu tun hatte. Dann rief er nach Ashley, und wieder kam keine Antwort. Charlie warf Mantel und Aktentasche auf den Küchentisch und sah sich um. Eine kleine Tüte mit Lebensmitteln lag auf dem Küchenboden; ein Teil des Inhalts war herausgefallen und lag verstreut auf den Fliesen herum. Vielleicht waren die beiden oben. Vielleicht hatte Ashley beim Spielen die Tüte umgestoßen, und Sandy hatte sie ins Badezimmer gebracht, um sie sauber zu machen.

Er betrat das Wohnzimmer und bemerkte, dass der Fernseher und der Videorecorder verschwunden waren. Er rannte die Treppe hoch. Verzweifelt schrie er nach seiner Frau und seiner Tochter. Keine Antwort. Er nahm immer zwei Stufen auf einmal und bemerkte, dass ein paar Bilder zerschmettert auf dem Fußboden lagen. Der Boden war voller Flecken. Er lief ins Schlafzimmer und stürzte durch die Tür.

Das Bett war über und über mit Blut bedeckt, das ganze Zimmer verwüstet. Alle Fächer und Schubladen der Frisierkommode standen offen und waren durchwühlt worden, und die Nachttischlampe war kaputt. Langsam ging er um das Bett herum. Er erstarrte, als er den leblosen Körper seiner Frau sah. Seine Glieder gehorchten ihm nicht mehr, er konnte sich nicht bewegen. Ungläubig starrte er vor sich hin. Das konnte nicht wahr sein. Er musste wohl träumen. Er fiel auf die Knie und umarmte seine Frau. Plötzlich fing er an zu weinen und zu schreien. Er strich ihr über ihr wunderschönes Haar, das jetzt mit Blutklumpen verklebt war. Er zog ihren Körper dicht an sich heran und stieß einen Schrei aus.

Dann überfiel ihn ein neuer, jäher Schreck. In panischer Angst rief er nach Ashley, rannte in ihr Zimmer und sah ihren kleinen Körper zusammengekrümmt auf dem Bett liegen. Auch sie war über und über mit Blut bedeckt. Er fasste sie an. Sie atmete noch. Er rannte wieder ins Schlafzimmer, um zu telefonieren, aber die Leitung war aus der Wand gerissen und ebenfalls blutverschmiert. Mit Ashley in seinen Armen lief er nach unten und riss sein Handy aus der Manteltasche.

Nach sechs Minuten war der erste Streifenwagen eingetroffen. Bald danach fuhr der Rettungswagen vor, und im Vorgarten blinkten blaue und rote Lichter. Viele Schaulustige drängten sich auf dem Bürgersteig zusammen und versuchten einen Blick durch die Fenster zu erhaschen, als ob es dort etwas zu sehen gäbe. Die Sanitäter schoben Ashleys Trage sofort in den Rettungswagen, und Charlie, der hin- und hergerissen war und nicht wusste, was er tun sollte, begleitete sie zum Mercy Hospital. Die ganze Fahrt über hielt er ihre kleine Hand an seiner Wange und begann wieder zu weinen. Er versuchte zu beten. Zum ersten Mal seit langer Zeit bat er Gott, einzugreifen und seine Familie wieder herzustellen. Die Fahrt zum Krankenhaus dauerte nur acht Minuten, aber ihm schien es wie eine Ewigkeit. Als er aus dem Fenster blickte, begriff er, dass seine Welt in Scherben lag.

Rex Armstrong war ein altgedienter Kommissar im Morddezernat von Charlotte. Er war stämmig, zeigte die ersten Anzeichen einer Glatze und hatte einen Schnurrbart, der ihm den Spitznamen »Walross« eingetragen hatte. Er war innerhalb der Polizei dafür bekannt, dass er sich unglaublich schlecht kleidete. Polyesterjacken und -krawatten gehörten zur Grundausstattung seiner Garderobe, und im Allgemeinen wiesen sie auch noch Kaffee-

und Doughnutflecken auf. Trotz seiner äußeren Erscheinung war er mit Leib und Seele Polizist und setzte sich leidenschaftlich für Gerechtigkeit ein. Nichts konnte ihn davon abhalten.

Armstrong hatte den Polizisten überführt, der außerhalb seiner Dienstzeit die Striptease-Tänzerin im *Diamond Girls* umgebracht hatte. Mit der Untersuchung machte er sich bei der Polizeitruppe nicht gerade beliebt, aber als er die Mauer des Schweigens durchbrochen hatte, brachte ihm das von allen Seiten Respekt ein. Als er den Polizisten schließlich verhaftete, mussten auch noch zwei andere Cops vorzeitig ihren Hut nehmen, weil sie von dem Vorfall gewusst, ihn aber nicht gemeldet hatten. Er war nicht sehr beliebt und wandte eine schwerfällige Taktik an, aber genau das machte seinen Erfolg aus.

Er betrat Harrigans Haus durch den Haupteingang und zog sich seine Latexhandschuhe über. Dann packte er einen jungen Polizisten am Ärmel und zog ihn zu sich heran. »Schicken Sie die Kameraleute weg! Sofort!« Er gab dem jungen Mann einen Schubs in die Richtung, wo die Journalisten standen. Dann untersuchte er das Haus. Langsam arbeitete er sich vor und versuchte herauszufinden, was eigentlich geschehen war. Er stieg die Treppe hoch und untersuchte die Bilder auf dem Flur. An der Tür zum Schlafzimmer hielt er inne und schob sich ein Bonbon in den Mund.

»Was für ein Chaos«, sagte er, ohne sich an jemand Bestimmten zu richten. »Wo ist der Ehemann?«

Angela DeMarco, die Spurensicherungsexpertin, entgegnete: »Ich glaube, dass er mit seiner Tochter zum Krankenhaus gefahren ist. Sie war noch am Leben, als die Polizei eintraf.«

Armstrong erwiderte ärgerlich: »Wollen Sie damit sagen, dass er den Tatort verlassen hat? Sie …«, er zeigte auf einen uniformierten Polizisten, »fahren sofort mit Blaulicht zum Krankenhaus. Wenn Sie den Mann gefunden haben, weichen Sie ihm nicht von der Seite. Halten Sie seine Hand, wenn er zur Toilette geht. Er ist im Moment unser Hauptverdächtiger.« Der Cop gehorchte augenblicklich und lief den Flur entlang zur Tür.

Die Spurensicherungsexpertin bemerkte: »Es sieht so aus, als ob er – wer immer es auch war – versucht hätte, sie mit dem

Telefonkabel zu erdrosseln. Hier sehen Sie die Würgemale, aber anscheinend hat er es nicht geschafft. Deshalb hat er zur Nachttischlampe gegriffen und hat sie damit erschlagen. Der Tod scheint dann augenblicklich eingetreten zu sein.«

Rex blickte sich um. »Irgendwelche Anzeichen für ein Sexualverbrechen?«

»Es sieht so aus, als sei sie vergewaltigt worden. Hier sieht es vollkommen chaotisch aus. Ich persönlich glaube nicht, dass ihr Mann als Täter in Frage kommt.«

»Was ist mit der Tochter?« Armstrong sammelte die Bruchstücke der Lampe auf, nachdem man sie fotografiert hatte.

»Da muss ich mich erst beim Arzt erkundigen. Als ich das letzte Mal angerufen habe, wurde sie noch operiert.« Angela DeMarco wandte sich wieder der Leiche zu.

»Gibt es schon Zeugen?«, fragte Armstrong und strich sein Haar zurück, um die kahle Stelle zu bedecken.

»Einer alten Frau ist ein großes Auto älteren Baujahrs aufgefallen; sie sah es kurz nach Einbruch der Dunkelheit mit hoher Geschwindigkeit durch das Viertel fahren. Sie hat bei uns angerufen, um sich über ›diese verrückten Kinder‹ und ihre Fahrweise zu beschweren. Wir haben bereits alle Streifenwagen alarmiert, nach einem großen Wagen mit Jugendlichen Ausschau zu halten, die wild durch die Gegend fahren. Geben Sie mir jetzt ein bisschen Zeit, die Leiche für den Gerichtsmediziner fertig zu machen.«

»Gut.« Armstrong zog eine Grimasse. »Wir treffen uns dann unten.«

Das Leben in Charlotte war im Lauf der letzten Jahre gefährlicher geworden. Früher waren die Motorradgangs in den ärmeren Vierteln geblieben. Dann begannen jamaikanische Drogendealer-Ringe und andere Kriminelle die Stadt mit automatischen Waffen zu überfluten, und überall in der Stadt breitete sich die Gewalt aus. Charlotte lag genau zwischen New York und Miami und eignete sich deshalb als Drogenumschlagplatz. Gegen Ende der achtziger Jahre stieg die Mordquote in Charlotte um sechzig Prozent, und seitdem zählte die Stadt zu den zehn gefährlichsten der USA.

Armstrong gehörte zur alten Schule und glaubte, dass die meisten Mordopfer ihren Mörder persönlich kannten. Meistens handelte es sich um ihren Lebensgefährten oder ihren Ehepartner. Seine Untersuchungsmethode war einfach. Er fing mit den engsten Bekannten und Verwandten an und arbeitete sich dann nach und nach zu Außenstehenden vor. Er stieg in seinen weißen Chevrolet Caprice und machte sich auf den Weg zum Mercy Hospital, um seinen Hauptverdächtigen unter die Lupe zu nehmen.

Charlie saß im Wartezimmer vor der Intensivstation, den Kopf in den Händen vergraben. Zum ersten Mal seit anderthalb Stunden konnte er durchatmen. Seltsam, aber er hatte nicht geweint, seit er das Krankenhaus betreten hatte. Er stand immer noch unter Schock. Wenn er nur nicht in diese Bar gegangen wäre, wäre er vielleicht rechtzeitig zu Hause gewesen und hätte seine Familie retten können. Vielleicht hätte der Mörder nicht einmal das Haus betreten, wenn er da gewesen wäre. All diese »Wenns« rasten ihm im Kopf herum. Aber die Tatsache blieb, dass kein »Wenn« jetzt noch etwas an der Situation ändern konnte. Die Chance war vertan, und die Frau, die er geliebt hatte, war nun für immer aus seinem Leben verschwunden. Vor vierzig Minuten hatte der behandelnde Arzt mit ihm über seine Tochter gesprochen.

Eine Krankenschwester bog um die Ecke. »Mr. Harrigan, möchten Sie ihre blutigen Sachen ausziehen? Ich kann Ihnen Krankenhauskleidung besorgen.«

Charlie blickte an sich herunter. Er hatte ganz vergessen, dass sein Hemd vorne mit Blut getränkt war. »Nein danke, es geht schon. Haben Sie etwas Neues von Dr. Stuart gehört?«

»Ich werde mich erkundigen.« Die Krankenschwester verschwand um die Ecke.

Das Wartezimmer war von einer fast unheimlichen Ruhe erfüllt, so als wäre er um Mitternacht in ein Museum eingebrochen. Es gab keine schreienden Kinder, Sirenen oder umherschwirrenden Ärzte. Alles wirkte antiseptisch, kalt und abweisend. Auf einem Stuhl im Flur saß ein Polizist in Uniform. Er hatte kein einziges Wort mit Charlie gewechselt und war ihm kaum aufgefallen. Auf der anderen Seite des Flurs konnte er die Schwestern kichern hören, als sie sich darüber unterhielten, mit welchen »fürchterlichen Typen« sie am vorigen Abend ausgegangen waren. Merken diese Leute denn nicht, dass andere Menschen leiden, während sie lachen und sich amüsieren?, dachte Charlie. Dann zählte er wieder die schwarzen und weißen Fliesen auf dem Fußboden.

Zum ersten Mal in seinem Leben war er hilflos. Er konnte absolut nichts tun, um seine Situation zu ändern oder seiner Tochter zu helfen. Als sie sich zum ersten Mal das Knie aufgeschlagen hatte, hatte er sie auf den Arm genommen und ins Badezimmer getragen. Dann hatte er ihr das größte Pflaster, das er finden konnte, auf die Wunde geklebt. Er hatte sie ganz nah zu sich herangezogen und sie auf das verletzte Knie geküsst. Daddy konnte alles wieder gutmachen. Als sie einmal im Krippenspiel ihre eine kleine Zeile vergessen hatte und weinend von der Bühne gerannt war, brauchte er sie nur im Arm zu halten und nach der Kirche ein Eis mit ihr zu essen, und schon war alles wieder gut gewesen. Jetzt hatte er keine Möglichkeit mehr, irgendetwas für sie zu tun. Das Schicksal seiner Tochter lag in den Händen eines Arztes und einiger Krankenschwestern.

Er stand auf und ging hin und her. Am Getränkeautomaten in der Ecke ließ er seine Verzweiflung aus. Er versetzte ihm immer Fußtritte, aber der Automat wich nicht zurück. Er humpelte mit seinem schmerzenden Fuß zurück zu seiner Couch und fühlte sich nicht nur hilflos und verzweifelt, sondern auch noch dumm.

Ein dunkelhaariger Mann mit grauen Schläfen kam um die Ecke. »Mr. Harrigan?« Der Mann ließ seinen Blick durch das leere Wartezimmer schweifen und schloss dann, dass dieser Mann wohl der Vater sein musste. »Würden Sie mich bitte in den Raum dort drüben begleiten?«

Charlie hatte kein gutes Gefühl. Eine gute Nachricht verkündete ein Arzt immer im Wartezimmer, eine schlechte dagegen in einem privaten Sprechzimmer. Wenn jemand einen Nervenzusammenbruch erlitt, würde niemand anders etwas davon mitbekommen. Auch mit den Thomasons war er in einem solchen Zimmer gewesen wie dem, das er gerade betrat. Es war ein düsteres Zimmer, der Tisch in der Mitte und die Stühle, die um ihn herum standen, nahmen fast den gesamten Raum ein. Charlie fielen die unzähligen Packungen Papiertaschentücher auf, die auf dem Tisch herumlagen, und er registrierte jedes einzelne Bücherregal.

»Mr. Harrigan«, begann der Arzt, »es tut mir wirklich Leid, aber ich habe schlechte Nachrichten. Es fällt mir schwer, Ihnen das zu sagen. Wir haben eine Dreiviertelstunde lang versucht, Ihrer Tochter das Leben zu retten. Ihre Atmung war schon sehr schwach, als sie hier eingeliefert wurde. Sie hatte zu viele innere Verletzungen. Wir haben sie nicht retten können.«

Charlie begann wieder zu weinen. Allmählich begriff er, dass all dies wirklich passiert war. Seine Familie war nicht mehr da. Er wusste nicht, was er sagen oder was er tun sollte, und fragte einfach: »Was ist mit meiner Frau? Sie war schwanger, wissen Sie.«

Der Arzt legte vorsichtig seinen Arm um Charlies Schultern. »Es tut mir Leid, Mr. Harrigan, können Sie sich denn nicht mehr daran erinnern, was geschehen ist? Die Polizei sagt, dass Ihre Frau bereits tot war, als sie eintraf. Ich fürchte, dass der Fötus keine Überlebenschancen hat. Ihre Frau war bereits seit einiger Zeit tot.«

Charlie fuhr auf und schüttelte den Arm des Arztes ab. Er brüllte: »Warum nennt ihr Ärzte das einen Fötus? Es ist ein Baby, okay? Sein Herz schlägt. Ich habe es auf dem Ultraschallbild gesehen. Dieser Fötus ist menschlicher als Sie.« Charlie sank auf seinen Stuhl zurück und begann zu schluchzen, als ob ihm dieser Gefühlsausbruch alle Kraft geraubt hätte.

Der Arzt nahm es nicht persönlich. Dr. Stuart hatte schon öfter, als ihm lieb war, in diesem Zimmer gesessen. »Es tut mir Leid. Sie haben Recht. Bitte verzeihen Sie. Ich werde Sie ein paar Minuten allein lassen. Soll ich Ihnen einen Krankenhausseelsorger rufen?«

Vor Charlies Augen verschwamm alles. Alles war so schnell gegangen. Es war ein Albtraum, und er versuchte ohne Erfolg, seine Gedanken zu ordnen. Dann erinnerte er sich an den Seelsorger, dem er begegnet war, als Maggie Thomason starb, und der offenbar gerade sein Studium abgeschlossen hatte. Er antwortete: »Nein. Mit frommen Phrasen kann ich jetzt nichts anfangen. Vielleicht später.« Er wusste, dass er auch später nicht mit dem Seelsorger sprechen würde, aber er wollte das Gesicht wahren.

Nachdem er eine Viertelstunde allein im Zimmer gesessen hatte – ihm kam es vor wie eine Ewigkeit –, klopfte es an der Tür. Eine Krankenschwester betrat das Zimmer und fragte Charlie, ob er seine Frau und seine Tochter noch einmal sehen wollte. Man hatte die beiden gewaschen, so gut es ging, aber sie sahen fremd aus. Ihre Gesichter waren voller Wunden und Beulen. Als er von ihnen Abschied genommen hatte, ging er zur Tür. Eine andere Schwester fasste ihn sacht am Ellenbogen und bat ihn, ihr in ein anderes Sprechzimmer zu folgen.

Er hatte jegliche Orientierung verloren, und so gehorchte er einfach, weil er nicht wusste, was er sonst hätte tun können. Nachdem ihm die Schwester ihr Beileid ausgesprochen hatte, fragte sie ihn, wie er über eine Organspende dächte.

Charlie starrte sie ungläubig an. »Müssen wir ausgerechnet jetzt darüber sprechen?«

»Ja, das müssen wir jetzt tun, wenn wir anderen damit helfen wollen«, erklärte sie ihm.

»Lassen Sie mich eine Minute nachdenken.« Charlie seufzte und dachte nach. Was würde Sandy tun? Er kannte sie gut. Sie würde wollen, dass ihr Tod anderen Menschen half. Sie machte sich immer Gedanken um andere Menschen, ihre Gefühle und ihre Sorgen, und dachte nur selten an sich. »Ja, natürlich. Ich glaube, meine Frau wäre damit sehr glücklich. Gibt es irgendeine Möglichkeit herauszufinden, wer die gespendeten Organe bekommt? Eines Tages möchte ich es vielleicht wissen.«

»Kein Problem«, antwortete die Schwester. »Das machen wir jeden Tag. Vielen Dank für Ihre Hilfe. Sie wären überrascht, wenn Sie wüssten, wie viele Menschen nicht bereit zu einer Organspende sind. Ich glaube, das liegt daran, dass man zu so einer Zeit nicht klar denken kann.«

»Ich kann nicht schwören, dass ich gerade klar denken kann. Ich will nur Sandy glücklich machen.«

Die Schwester stand auf und strich ihm sanft über den Rücken. »Da ist noch jemand, der Sie sehen möchte.«

»Keine Seelsorger«, fuhr Charlie auf.

»Keine Sorge. Dr. Stuart hat mich angewiesen, sie Ihnen vom Leib zu halten.« Sie schenkte ihm ein kleines Lächeln und ging.

Herein kam ein stämmiger Mann mit dem Anflug einer Glatze, einem Schnurrbart und einem Polizeiabzeichen, das an einer abgetragenen Polyesterjacke befestigt war. »Mr. Harrigan, macht es Ihnen etwas aus, wenn ich Ihnen ein paar Fragen stelle? Ich bin Detective Rex Armstrong.«

»Nein, in Ordnung.« Charlie zuckte die Achseln. »Ich weiß jetzt sowieso nicht, wo ich hingehen soll.«

»Sie haben die Polizei verständigt, nicht?«, wollte Armstrong wissen.

»Ja.« Charlie rieb sich die Schläfen und versuchte sich daran zu erinnern, was an diesem Abend passiert war. Alles war so schnell gegangen und doch schien es um Lichtjahre entfernt. »Ich bin irgendwann nach acht nach Hause gekommen und habe sie gefunden.«

»Wo waren Sie davor?« Armstrong kritzelte auf einem kleinen Notizblock herum.

»Nachdem ich gefeuert wurde, bin ich noch im *Bar and Grill* am East Boulevard gewesen.«

Armstrong schöpfte Verdacht und fragte nach: »Kann das irgendjemand bestätigen?«

»Ja, ich habe an der Bar eine Frau kennen gelernt. Irgendwo habe ich ihre Karte.« Charlie suchte in seinen Taschen herum. Plötzlich fiel ihm ein, dass er sich nicht mehr erinnern konnte, wo er seinen Mantel gelassen hatte. »Außerdem habe ich dem Sohn des Barkeepers geholfen, durchs College zu kommen.«

»Gut. Das kann ich später überprüfen. Und jetzt zu …«

Charlie fuhr den untersetzten Cop an: »Wollen Sie mich etwa verhören? Warum sind Sie nicht da draußen, um den Mörder zu schnappen? Meine Familie ist tot, Sie Idiot!«

»Darum kümmern sich andere. Ich muss mit Ihnen reden. Jetzt beruhigen Sie sich.«

»Erzählen Sie mir nicht, ich soll mich beruhigen! Ich habe gerade das Liebste verloren, was ich im Leben hatte. Ich habe keinen Grund mehr, warum ich noch am Leben bleiben sollte, und Sie glauben, ich bin der Täter! Verschwinden Sie!« Charlie hämmerte mit seinen Fäusten auf den Tisch und starrte den Polizisten an.

»Tut mir Leid. Ich wollte Sie nicht aufregen. Ich versichere Ihnen, dass es sich hier um eine reine Routinemaßnahme handelt«, versuchte Armstrong einzulenken. »Sie sind doch Anwalt, nicht? Manchmal müssen Sie doch auch unangenehme Fragen stellen, um jemandem zu helfen. Ich mache dasselbe. Warum erzählen Sie mir nicht einfach, woran Sie sich erinnern können?«

Charlie beruhigte sich etwas und erzählte, wie er die beiden gefunden hatte. Er konnte sich nicht sehr gut an diesen Abend erinnern, und das sah verdächtig aus. Als Charlie die Visitenkarte der Frau nicht vorzeigen konnte, weckte das Armstrongs Interesse, aber er ließ sich nichts anmerken. Charlie konnte sich nicht einmal daran erinnern, dass er die Karte weggeworfen hatte. Armstrong fragte Charlie, ob er sich mit Sandy gut verstanden hätte. Charlie antwortete, dass sie die perfekte Ehe geführt hätten. Armstrong wollte wissen, wie er seinen Job verloren hatte und ob er öfters trank. Denn wer entlassen wurde, neigte danach oft zur Gewalt gegen seinen Ehepartner. Als Charlie von seinen Gefühlen überwältigt wurde und nicht mehr mit harten Fakten dienen konnte, gab Armstrong auf. Er händigte Charlie seine Karte aus und sagte ihm, er würde sich wieder melden.

Als Armstrong gegangen war, schaute Charlie auf seine Uhr. Getrocknete Blutflecken machten das Zifferblatt unleserlich. Er kratzte sie ab, es war fünf nach halb eins. Fast vier Stunden hatte er im Krankenhaus zugebracht. Er konnte nicht glauben, dass es so lange gedauert hatte. Er öffnete die Tür, verließ das Zimmer und die Intensivstation. Im Flur fuhr er sich mit den Fingern durchs Haar und blickte sich nach beiden Seiten um. Wie komme ich hier raus? Und wo gehe ich jetzt hin?, dachte er ratlos.

Er entdeckte eine Herrentoilette, ging hinein und wusch sich sein Gesicht mit warmem Wasser. Er blickte in den Spiegel und fragte sein Spiegelbild: Was soll ich jetzt tun? Ich habe keinen Ort, an den ich gehen könnte. Charlie fiel auf die Knie und weinte. Er spritzte sich noch mehr Wasser ins Gesicht und wusste, dass er diesen Ort verlassen musste. Er ging durch den Eingang der Notaufnahme hinaus. Dann fiel ihm ein, dass sein Wagen bei ihm zu Hause vor der Tür stand. Deshalb machte er sich zu Fuß auf den Weg durch die Nacht.

12

Ein dumpfer Knall weckte Charlie aus seinem unruhigen Schlaf. Am Donnerstag war er in den frühen Morgenstunden nach Hause gekommen. Weil er nicht gewusst hatte, was er tun sollte, hatte er sich erschöpft auf den Rücksitz seines Blazers fallen lassen, der in der Einfahrt stand, und war eingeschlafen. Immer wieder war er aufgewacht – der kalte Schweiß stand ihm auf der Stirn, er musste erbrechen und hatte Albträume. Erst als es schon hell zu werden begann, war er in tiefen, wenn auch kurzen Schlaf gefallen. Als er wach wurde, wusste er zunächst nicht, wo er sich befand. Im Schein der ersten Sonnenstrahlen versuchte er sich einzureden, dass alles nur ein Traum gewesen war. Er war davon aufgewacht, dass jemand eine Autotür zugeschlagen hatte.

Am Straßenrand parkten Streifenwagen, und ein großer Lieferwagen fuhr in die Einfahrt und kam neben ihm zum Stehen. Als Charlie aus seinem Chevy Blazer herauskletterte, blickte er an sich herunter und sah sein zerknittertes weißes Hemd, das von Blutflecken übersät war. Es war doch kein Traum gewesen; dieser Albdruck war Wirklichkeit.

Ein uniformierter Polizeibeamter packte Charlie am Arm. »Wo wollen Sie denn hin, Mister?«

»Ich heiße Harrigan. Ich wohne hier. Die Menschen, die hier gestern Abend umgebracht wurden, waren meine Frau und meine

Tochter. Wenn Sie also nichts dagegen haben, würde ich jetzt gerne in mein Haus gehen und dieses blutige Hemd ausziehen.« Er versuchte sich an dem Beamten vorbeizudrücken, aber der stellte sich ihm wieder in den Weg.

»Dieses Hemd werden wir brauchen, es ist ein Beweisstück.« Der Polizist wirkte entschlossen, und er kam nicht an ihm vorbei.

Charlie trat einen Schritt vor, packte ihn an der Schulter und sagte drohend: »Wissen Sie, was Sie brauchen, Sie armselige kleine …«

»Entschuldigen Sie, gibt es ein Problem, Officer Pendleton?« Detective Armstrong stellte sich zwischen die beiden Männer. »Pendleton, stellen Sie bitte alles sicher, was Sie in Mr. Harrigans Wagen finden.«

»Wunderbar, wollen Sie mir etwa noch mehr Fragen stellen?« Charlie verschränkte die Arme und starrte den schlecht angezogenen Mann an.

»Nein, nein. Ich wollte Sie wieder in Ihr Haus lassen. Halten Sie sich nur vom ersten Stock, der Treppe und dem Seiteneingang fern. Hier findet eine Untersuchung statt, und vergessen Sie nicht, dass ich immer in der Nähe bin. Keine Tricks also.«

»Danke, Inspektor. Ihr Glaube an die Menschheit macht mir Mut.«

Charlie griff aus alter Gewohnheit nach der Zeitung, die vor dem Haus lag, und ging hinein. Als er sie auf den Küchentisch warf, fiel sie auseinander. Beim zweiten Blick auf die Titelseite stockte ihm das Herz. Unten rechts erkannte er sein Bild. Zum vierten Mal innerhalb von neun Tagen war sein Bild auf der Titelseite zu sehen. Hatte er noch nicht genug gelitten? Mussten denn alle Leute von seinem Elend erfahren?

Der Artikel berichtete in knappen Worten über seine Beteiligung am Thomason-Fall, sagte aber nichts über Walter Comstock. Danach gab der Reporter einen sehr detaillierten Bericht über den Einbruch, den Raub und den tätlichen Angriff auf seine Familie. Charlie las immer weiter, ohne selbst zu wissen, warum. Er las, dass der Ehemann noch immer unter Verdacht stand, und zwar nur deshalb, weil die Polizei noch keine anderen

Spuren hatte. Charlie knallte die Zeitung zurück auf den Tisch und ging zum Kühlschrank. Aus alter Gewohnheit stellte er den kleinen Fernseher an, der auf einer Ecke der Arbeitsfläche stand, und schaltete auf die Morgennachrichten. Er holte sich etwas Orangensaft aus dem Kühlschrank und schaute dann zum Fernseher hinüber. Auf dem winzigen Zehn-Zentimeter-Bildschirm sah Charlie die Fassade seines Hauses. Offenbar war der Bericht letzte Nacht gedreht worden. Ein Reporter stand im Vorgarten und spekulierte darüber, warum der Ehemann wohl solch eine grausige Tat begangen hatte. Charlie packte das Fernsehgerät und schleuderte es durch die Küche. Mit einem lauten Knall zerplatzte es an der gegenüberliegenden Wand. Dann brach er auf dem Fußboden zusammen, legte den Kopf auf die Knie und weinte.

Er liebte sie mehr als sein eigenes Leben. Niemals hätte er solch ein Blutbad anrichten können. Eher würde er sich selbst umbringen, als seiner Familie Schaden zuzufügen. Er lehnte sich mit dem Rücken gegen den Geschirrspüler und grübelte, stundenlang, wie es ihm vorkam. Er dachte an Sandy. Aus irgendeinem Grund konnte er die schönen Erinnerungen nicht heraufbeschwören. Er erinnerte sich, wie sie ihn vor einigen Monaten angefahren hatte, weil er herumgetrödelt hatte, obwohl sie auf eine Party gehen wollten. Und als er sich dann beeilt hatte und fertig war, hatte er noch eine halbe Stunde herumsitzen und warten müssen, bis sie sich fertig angezogen hatte. Es war ein dummer Streit gewesen, vor allem im Rückblick. Natürlich hatte es seinen Stolz verletzt, als seine Frau ihn wie ein Kind zurechtgewiesen hatte. Aber jetzt brauchte er tatsächlich jemanden, der ihm sagte, was zu tun war.

Er erinnerte sich an ihren ersten Streit nach ihrer Hochzeit. Nach der Rückkehr von ihrer Hochzeitsreise wollte Charlie am Samstagmorgen wie gewohnt eine Runde Golf spielen gehen. Sie hatten ja eine Woche zusammen verbracht, und Charlie hatte vermutet, dass es Sandy nichts ausmachen würde. Aber sie regte sich doch auf, dass sie ihren ersten Samstag als Ehepaar in der gemeinsamen Wohnung nicht gemeinsam verbrachten. Sie schloss sich im Badezimmer ein und weinte stundenlang. Als sie endlich wieder herauskam, war so viel Zeit vergangen, dass Charlie es leicht geschafft hätte, inzwischen zum Golfplatz zu fahren, neun Löcher zu spielen und wieder zurückzukommen. Warum war er so dumm gewesen, ihr je von der Seite weichen zu wollen? Warum hatte er nicht seine Stellung aufgegeben und mehr Zeit mit seiner Familie verbracht? Der Schmerz überwältigte ihn; Charlie drehte sich auf die Seite und weinte wieder. Er versuchte Erinnerungen heraufzubeschwören, die ihm keine Schuldgefühle einflößten. Das Bild des Rotschopfs in der Bar ging ihm immer wieder im Kopf herum, obwohl er dagegen ankämpfte.

Horace Douglas trat auf die Veranda seines kleinen weißen Hauses hinaus. Er liebte diese stillen Augenblicke am Morgen, wenn er sich in seinem abgetragenen blauen Bademantel mit einer Tasse dampfendem Kaffee und der Morgenzeitung auf die Verandaschaukel setzte. Wenn er sich über die Probleme in der Welt informiert hatte, griff er zu seiner Bibel, um dort Trost und Hoffnung zu finden. Vor vielen Jahren hatte er einen Prediger, der mit Vorliebe über das Höllenfeuer predigte, sagen hören, dass man die Bibel immer neben der Zeitung liegen haben sollte, damit man wusste, wenn das Ende gekommen war. Horace war zu dem Schluss gekommen, dass dieser Prediger etwas über das Ziel hinausgeschossen hatte. Entweder war man bereit, wenn das Ende kam, oder man war es nicht. Die Schlagzeilen zu lesen würde dann auch nicht mehr helfen. Trotzdem war er bei dieser Gewohnheit geblieben.

An diesem Donnerstagmorgen griff er zur Zeitung und erkannte das Bild unten auf der Seite. Der Anwalt, der behauptet hatte, niemanden treffe irgendeine Schuld an Matthews Tod, und es sei lächerlich, daraus einen Fall zu konstruieren, hatte seine Familie bei einem schrecklichen Verbrechen verloren. Der Mann tat Horace Leid; vielleicht konnte er jetzt verstehen, wie ihm selbst zumute gewesen war, als er Matt verloren hatte. Der Artikel deutete an, dass Harrigan selbst in das Verbrechen verwickelt war, und der Journalist spekulierte darüber, dass er nach seiner

Entlassung bei *Hobbes, Reimarus & Van Schank* möglicherweise durchgedreht sei. Horace sah sich das Foto genauer an. Harrigans Augen blickten ehrlich. Er konnte so etwas Schreckliches nicht getan haben. Und normalerweise irrte sich Horace nicht, wenn er einen Menschen beurteilte.

Allerdings glaubte er, dass sie mit ihrem ersten Anwalt einen Fehler gemacht hatten. Henry Judson stammte aus dem Ort und hatte keinen schlechten Ruf. Aber nach der Anhörung hatten sie sich in Judsons Büro getroffen, und der wohlbeleibte Anwalt hatte sie mehrere Male gedrängt, sich auf einen Vergleich einzulassen. Er hatte sich noch eine Davidoff angezündet, und der Rauch war in Schwaden um seinen Kopf herumgewirbelt, als er ihnen erklärt hatte, dass ein langes und schwieriges Verfahren vor ihnen lag. Er hatte versucht, sie mit dem Geld und Einfluss ihrer Prozessgegner einzuschüchtern. Er hatte sogar angedeutet, dass *Hobbes, Reimarus & Van Schank* sich für schmutzige Tricks nicht zu schade wären, dass sie aber viel zu geschickt wären, um sich dabei erwischen zu lassen. Immerhin boten sie ihnen zweihunderttausend Dollar an. Sie waren bereit, die Schadensersatzsumme zu bezahlen, die Judson gefordert hatte, aber Horace hatte sich standhaft geweigert.

Dieser Mann hatte mit seiner Familie sein ganzes Leben am Rande der Armut verbracht. Er hatte jede Woche dreißig Überstunden gemacht, nur damit er Matt in einem der besten privaten Wohnheime der Vereinigten Staaten unterbringen konnte. Auf das Geld kam es ihm wirklich nicht an. Er wollte eine öffentliche Verhandlung. Er wollte, dass sich die Paragon-Gruppe öffentlich dafür entschuldigte, dass sie ihren Sohn schlechter behandelt hatte, als es einem Menschen zukam. Aber Geld war die einzige Sprache, die diese Kerle verstanden, und Horace wollte sich an der großen Summe, die er forderte, nicht bereichern, sondern die Firma damit bestrafen. Er sagte unverblümt zu Judson, dass es in der Hölle einen besonderen Ort für Menschen gäbe, die sich an dem Leiden anderer Menschen bereichert hätten. Horace machte nur selten den Mund auf, aber wenn, dann wusste er, wie er die Aufmerksamkeit auf sich ziehen konnte.

Als er das Foto dieses jungen Anwalts anstarrte, glaubte Horace zunächst, dass der Mann vielleicht nur das bekam, was er verdiente. Dann ging ihm plötzlich der eigenartige Gedanke durch den Kopf, dass man Harrigan vertrauen konnte. Er konnte jedenfalls nicht darauf vertrauen, dass Judson seine Sache voller Eifer verfechten würde. Horace legte die Zeitung weg und griff zu seiner Bibel. Er blätterte in den Sprüchen. Ein Vers sprang ihm in die Augen: »Freue dich nicht über den Fall deines Feindes, und dein Herz sei nicht froh über sein Unglück.« Sofort bat er Gott, ihm die arroganten Gedanken zu vergeben, die er gegenüber Mr. Harrigan gehegt hatte. Als er betete, spürte er, dass Mitleid für Harrigan sein Herz durchflutete. Und plötzlich durchfuhr ihn eine Eingebung wie ein Blitz.

Er stand auf und suchte Betty, und genau in diesem Augenblick schoss die zarte kleine Frau aus der Tür heraus. Sie packte ihren Mann am Kragen und sagte: »Ich glaube, wir sollten uns von Mr. Judson trennen. Beim Beten hatte ich gerade den starken Eindruck, dass er im Grunde nicht unsere Interessen vertritt. Irgendetwas stimmt nicht mit ihm, aber ich weiß nicht, was es ist.«

Horace trank noch einen Schluck Kaffee und entgegnete: »Ich bin völlig deiner Meinung. Vor einer Minute habe ich genau das Gleiche gedacht. Er wollte sich allzu schnell auf einen Vergleich einlassen, und immerhin bezahlen wir ihn. Er sollte nach unseren Wünschen handeln.«

Verzweifelt fragte Betty: »Aber was sollen wir tun? Ich kenne keinen anderen Anwalt.«

»Ich schon.« Horace lächelte und hielt die Zeitung hoch.

Betty war schockiert. »Er vertritt Paragon. Dieser Mann wollte, dass das Verfahren eingestellt wird. Er kann uns nicht helfen.«

»Der Mensch, um den es in diesem Artikel geht, ist nicht der, den wir gestern im Gericht gesehen haben.« Horace schaffte es mit seiner Zuversicht immer, seine Frau zu beruhigen. »Ich glaube nicht, dass er es wirklich so gemeint hat, wie er es gesagt hat. Er hat nur seine Arbeit getan, und ich glaube nicht, dass es ihm gefallen hat. Kannst du dich daran erinnern, was er nach der Anhörung auf dem Flur zu Comstock gesagt hat? Er wollte Walter

Comstock und die Paragon-Gruppe nicht mehr vertreten. Außerdem musst du mal diesen Artikel hier lesen.«

Betty las, wie Harrigan seine Stellung und seine Familie verloren hatte, und dass er in dem Abtreibungsprozess gekämpft und gewonnen hatte. Horace überzeugte sie, dass Harrigan für die Schwachen und Benachteiligten kämpfte und dass er bei der Anhörung gestern nicht mit dem Herzen dabei gewesen war. Er hatte seine Stellung und seine Familie verloren. Er brauchte jemanden. Er brauchte *sie*. Jetzt konnte er besser verstehen, was sie durchmachen mussten. Sicherlich würde Harrigan diesen Fall zu seinem eigenen machen, und in der Zwischenzeit würden sie ihm helfen und ihm von der Hoffnung erzählen, die sie trug.

Die beiden zogen sich an und fuhren dann zu Henry Judsons Kanzlei, um ihn zu feuern. Als sie ihm erzählt hatten, warum sie gekommen waren, wirkte er erleichtert. Er war nicht im Geringsten ärgerlich. Immer wieder schüttelte er ihnen die Hand. Er brachte wortreiche Entschuldigungen dafür vor, dass er sich nicht richtig um den Fall habe kümmern können, und erklärte ihnen, dass ihm andere wichtige Fälle dazwischengekommen seien. Als die beiden gegangen waren, schloss Judson die oberste Schublade der Kommode auf, die hinter ihm an der Wand stand, und zog einen Umschlag heraus. Er steckte die Fotos in den Reißwolf und sagte: »Auf Nimmerwiedersehen, *Hobbes, Reimarus & Van Schank*. Ich hoffe, ihr werdet in der Hölle schmoren.«

Rex Armstrong tigerte auf dem gekachelten Boden vor den metallenen Aktenschränken hin und her. Die ganze Nacht hatte er nicht geschlafen. Es war keine leichte Arbeit, die Nachbarn zu befragen, gerade in den späten Nacht- und den frühen Morgenstunden, wenn der durchschnittliche Amerikaner am liebsten im Bett lag. Das war eben seine Berufung – die Ruhigen zu bedrängen und die Bedrängten zu beruhigen. Er griff in die Tasche seiner Polyesterjacke und förderte eine Schachtel Zigaretten zutage.

»Tun Sie das nicht!«, fuhr ihn Melinda Powell an. Sie war Stellvertretende Bezirksstaatsanwältin, sehr feminin, aber auch sehr streng und bestimmt. Jetzt bewegte sich der Polizist auf ihrem Terrain, und obwohl sie gerade erst dreißig geworden war, hatte sie sich schnell einen Namen als Assistentin gemacht, die nicht mit sich spaßen ließ und sich auch gegenüber den härtesten Cops behaupten konnte. Und das musste sie auch.

Die juristische Fakultät der Campbell University im Tiefland von North Carolina genoss nicht so viel Prestige wie die der anderen Universitäten. Normalerweise lud man zunächst Absolventen von Duke, Chapel Hill und Wake Forest zu Vorstellungsgesprächen ein, und erst wenn all diese die Stelle abgelehnt hatten, zog ein Arbeitgeber einen Campbell-Absolventen in Erwägung. Eigentlich war das ungerecht, überlegte sie, denn in Campbell gab es sehr gute Professoren, und die Uni hatte einige hervorragende Juristen hervorgebracht, die gelernt hatten zu kooperieren und sich gegenseitig zu helfen, im Gegensatz zu den drei großen Unis, die den Konkurrenzkampf nur noch anheizten.

Melinda Powell war tagsüber zur Uni gegangen und hatte fast jeden Abend in einer Dorfkneipe gekellnert. Sie hatte sich das Rauchen angewöhnt, um ihre Nerven zu beruhigen. Es war aber eine schlechte Gewohnheit, und sobald sie ihr Abschlusszeugnis in der Tasche hatte, warf sie die Zigaretten weg, ohne einen weiteren Gedanken daran zu verschwenden. In dieser Hinsicht war sie stark. Sie hatte auch gelernt, die Avancen betrunkener Fernfahrer und Vertreter abzuwehren, die in ihr Territorium eingedrungen waren. Vielleicht hatte sie sich deshalb den Ruf erkämpft, gegenüber Sexualstraftätern und Männern, die ihre Frauen vergewaltigt hatten, eine harte Linie zu verfolgen. Sie zeigte keine Gnade und ließ sich nur auf einen Vergleich ein, wenn sie wusste, dass sie nicht alle Fakten kannte. Nachdem sie es vier Jahre hintereinander geschafft hatte, im Vergleich zu ihren Kollegen den höchsten Prozentsatz aller Sexualstraftaten zur Anklage zu bringen, wurde sie zu den Kapitalverbrechen versetzt und war mit ihren dreißig Jahren die jüngste Assistentin, die in dieser Abteilung je Dienst getan hatte.

»Mir gefällt die Sache nicht.« Melinda Powell blätterte die Akte bereits zum fünften Mal durch. »Sie haben weder Zeugen noch ein richtiges Motiv. Dem Ehemann können Sie nichts anhängen. Warum halten Sie sich nicht zurück und warten, bis wir den Obduktionsbefund haben?«

Armstrong protestierte: »Wenn er erst mal ein paar Tage im Gefängnis verbracht hat, wird er schon gestehen, da bin ich sicher. In solchen Fällen ist es fast immer der Ehepartner gewesen. Wenn das Opfer gewürgt wurde, deutet das fast immer darauf hin, dass es seinen Mörder persönlich kannte.«

»Aber Sie haben mir noch kein Motiv geliefert, warum er Frau und Tochter hätte umbringen sollen.« Sie sah ihn an wie eine Lehrerin, die von einem Schüler eine stichhaltige Erklärung für nicht gemachte Hausaufgaben erwartet. »Sie waren doch gerade aus einem schönen Urlaub zurückgekehrt, den sie alle genossen hatten. Folgen Sie Harrigan ein paar Tage und sehen Sie, was dabei herauskommt. Vielleicht rufe ich ihn einfach an und versuche irgendetwas herauszufinden.«

Armstrong versuchte noch einmal, den Macho herauszukehren, was ihm im Lauf der Unterhaltung immer weniger gelungen war: »Ich gebe Ihnen achtundvierzig Stunden, und wenn Sie dann immer noch nichts vorzuweisen haben, rede ich mit Ihrem Chef. Ich bin sicher, Guy Streebeck wird sich irrsinnig freuen, wenn er hört, dass seine Assistentin sich weigert, den Hauptverdächtigen in einem Mordfall verhaften zu lassen.« Er stürmte aus dem Zimmer und schlug die Tür hinter sich zu.

Melinda Powell lehnte sich zurück und dachte schmunzelnd: »Tu, was du nicht lassen kannst, Columbo.«

Guy Streebeck war ein beliebter Bezirksstaatsanwalt, der zur Wiederwahl anstand. Zwanzig Jahre hatte er bereits in dieser Stellung gearbeitet. Ein Grund für seine Beliebtheit lag darin, dass er sich immer auf die Seite der Polizei schlug und sie bedingungslos unterstützte. Das führte im Stadtrat zu vielen Kämpfen und Streitereien, aber ihm hatte es nicht geschadet, im Gegenteil. Er zählte viele Polizisten zu seinen Freunden, und einer davon war Rex Armstrong. Er ließ Armstrong weitgehend freie Hand, seinem Instinkt zu folgen, und in den meisten Fällen hatte sich das als richtig erwiesen.

Melinda Powell überflog noch einmal den Artikel, um sicherzugehen, dass sie nichts übersehen hatte. Vor einer Woche war sie Harrigan begegnet, und die Leidenschaft, die er im Gerichtssaal an den Tag gelegt hatte, hatte sie beeindruckt. Wenn jemand sich so leidenschaftlich für eine gerechte Sache einsetzte, konnte er nicht ein so ungeheuerliches Verbrechen begehen. Nach der Verlesung des Urteils hatte Charlie seine Mandanten wie jeder gute Anwalt umarmt, aber in seinen Augen hatten Tränen gestanden, als ob er denselben Schmerz und dieselbe Erleichterung verspürte wie die Thomasons. Auf der Stelle fasste sie den Entschluss, dass sie in dieser Sache gegen Armstrong arbeiten würde, aber sie musste sehr behutsam vorgehen. Sie machte sich eine Notiz, dass sie Charlie anrufen und ihn befragen würde, bevor Armstrong ihn in seine unförmigen Finger bekam.

Sie schloss die dünne Akte über Charlie Harrigan und schlug die doppelt so dicke über Dr. Owen Johnston auf. Das FBI hatte herausgefunden, dass eine größere Summe von der Innenstadtfiliale der First Union National Bank auf ein Konto einer Bank in Nassau überwiesen worden war. Nachdem man etwas Druck ausgeübt hatte, hatten die Banker auf den Bahamas die Unterlagen herausgegeben. Aus ihnen ging hervor, dass zwei Wochen später der Rest von Johnstons Vermögen bei einer deutschen Bank in Panama gelandet war. Dort verlor sich die Spur. Melinda Powell hatte seine Frau verhört, die Johnston zurückgelassen hatte, aber das führte zu nichts. Sie hatte mit jedem Angestellten in Johnstons Praxis geredet, ausgenommen die letzte Krankenschwester, die Johnston eingestellt hatte und die seltsamerweise am selben Tag wie Johnston verschwunden war.

Nachdem Melinda Powell die Mitbewohnerin dieser Krankenschwester befragt hatte, bat sie das FBI, ihr Telefon abzuhören. Innerhalb von zehn Tagen hatte sie den Mitschnitt eines Telefongesprächs in der Hand, in dem die junge blonde Krankenschwester berichtete, dass sie eine wunderbare Zeit genoss, obwohl ihr »Mann« ein bisschen alt war. Im Hintergrund konnte man das Signalhorn eines Schiffs, Meeresrauschen und Menschen hören, die sich in verschiedenen Sprachen unterhielten. Offensichtlich hatte die Krankenschwester aus einer Telefonzelle angerufen, die sich in einem Badeort mit vielen Touristen befand, aber das grenzte die Suche kaum ein. Das FBI versuchte Melinda Powell davon zu überzeugen, dass es wichtigere Dinge zu tun hatte, aber sie wollte sich nicht so einfach geschlagen geben. Sie war eine Kämpfernatur.

13

NACHDEM DIE POLIZEI grünes Licht gegeben hatte, verbrachte Charlie einige Stunden damit, das Haus so gründlich wie möglich zu putzen und aufzuräumen. Er hatte seine Mutter und seinen Stiefvater angerufen. Seine Mutter würde bald kommen, aber sein Stiefvater musste wahrscheinlich zu einem Softballspiel oder hatte etwas anderes Wichtiges zu erledigen. Bei der Sekretärin seines Vaters hinterließ er eine Nachricht. Sie versicherte ihm, dass er sich melden würde. Charlie nahm an, dass seine Nachricht in Form eines rosafarbenen Notizzettels auf der rechten Ecke seines Schreibtisches landen würde, als einer unter vielen anderen, die dort säuberlich abgelegt wurden. Sandys Eltern wollten ihre Gemeinde in den Bergen von Old Fort heute Abend zu einem spontanen Gebetstreffen zusammenrufen und sich danach auf den Weg machen.

Zwischen Putzen und Telefonanrufen blieb Charlie kaum Zeit zum Nachdenken. Er hatte gar nicht gewusst, wie viele kleine Pflichten jemand zu erledigen hat, wenn er einen geliebten Menschen verliert. Offenbar war es nicht genug, dass sein Herz gebrochen war, er musste auch noch wie ein Manager organisatorische Aufgaben erledigen, Versicherungsgesellschaften anrufen, ein geeignetes Beerdigungsinstitut finden und Reporter abwimmeln, die eine saftige Story witterten. Der Versicherungsvertreter würde noch einmal zurückrufen. Charlie kümmerte das nicht. Es gab wichtigere Dinge, wie zum Beispiel verzweifelt nach einem einzigen guten Grund zu suchen, warum er morgen aufwachen sollte.

Charlie versuchte, etwas Normalität in sein Leben zu bringen. Er duschte und rasierte sich, zog ein gestärktes Hemd und einen Anzug an und ging dann mit seiner Aktentasche aus dem Haus. Es war drei Uhr nachmittags; er wusste nicht, wo er hingehen sollte, aber er musste aus dem Haus hinaus. Ihm kam es vor, als ob es dort spukte. Ständig stellte er sich vor, dass seine Frau in ihrem Bademantel um die Ecke bog oder seine Tochter die Treppe hinunterhüpfte. Er musste hinausgehen, sonst konnte er jeden Augenblick verrückt werden.

Charlie stieg in seinen Chevrolet Blazer und fuhr die Providence Road in südlicher Richtung entlang. Er wusste selbst nicht, warum er zu seiner alten Arbeitsstelle fuhr. Er wollte etwas Vertrautes, irgendetwas, das ihm das Gefühl von Geborgenheit gab. Zehn Jahre lang war er diese Strecke jeden Tag gefahren. Irgendwie tröstete ihn das. In den letzten zehn Stunden hatte er mit viel zu vielen Menschen geredet, und keinen von ihnen hatte er gekannt. Jeder wollte etwas von ihm. Einer wollte ihn verhören, ein anderer eine Blutprobe, der nächste eine Organspende. Nichts wünschte er sich sehnlicher als ein vertrautes Gesicht, einen Menschen, der nichts von ihm wollte, denn Charlie hatte nichts mehr zu geben. Natürlich konnte er nicht ins Büro gehen, dort war er nicht mehr willkommen.

Nachmittags herrschte auf der Providence Road kaum Verkehr, und er war bald in der Innenstadt angelangt. Plötzlich sah er Sonnys Restaurant. Er parkte seinen Wagen auf dem mit Kies bestreuten Parkplatz neben der Reinigung. Als er den Motor abstellte, wurde ihm klar, dass er ohne seine Familie und ohne die Kanzlei keinen einzigen Freund in dieser Stadt hatte. Was das betraf, konnte er Kim Il Sook genauso gut als seinen besten Freund betrachten. Diese Erkenntnis traf ihn wie ein Schlag. Er war ganz allein auf dieser Welt. Charlie brauchte ein paar Minuten, bis er sich beruhigt hatte und aus dem Wagen steigen konnte.

Er ging ins Restaurant. Kein einziger Gast hielt sich dort auf. Ein koreanisches Mädchen wischte die Tische ab, und aus der Jukebox tönte *Love Me Tender*. Charlie setzte sich auf einen Barhocker am Tresen. Die Koreanerin brachte ihm Wasser und wandte sich dann wieder ihren Pflichten zu. Entweder sprach sie kein Englisch oder sie war sehr schüchtern, denn sie sah nur auf den Fußboden und entfernte sich sofort wieder, nachdem Charlie sie begrüßt hatte.

Schließlich öffnete sich die Tür zum Kühlraum. »Oh, sehr kalt. Sehr kalt.« Sonny rieb sich die Arme und versuchte seinen Blutkreislauf wieder in Bewegung zu bringen. »Charlie, mein Freund. Wie geht es Ihnen? Ich habe Sie vermisst in den letzten Tagen.« Dann sah er Charlies Augen. Sie wirkten leer und leblos.

»Mir geht es nicht gut, Sonny.« Charlie vergrub den Kopf in seinen Händen. »Ich habe gestern Abend meine Familie verloren.«

Ohne ein Wort zu sagen, nahm Sonny seine Schürze ab, schenkte zwei Tassen Kaffee ein und kam hinter dem Tresen hervor, um sich neben Charlie hinzusetzen. Lange saßen sie schweigend beisammen. Sie schlürften ihren Kaffee und starrten in ihre Tassen. Je länger sie starrten, desto schwärzer erschien ihnen der Kaffee. Beide Männer hatten in ihrem Leben die Dunkelheit kennen gelernt, aber Sonny sagte nichts und wartete darauf, dass Charlie das Schweigen brechen würde.

Immer noch schwiegen die beiden Männer, auf Elvis folgte Patsy Cline, auf Patsy Cline folgte Phil Collins. Über eine Stunde war die Jukebox das Einzige, was man im Restaurant hören konnte. Fast eine Kanne Kaffee tranken die beiden Männer. Schließlich seufzte Charlie: »Ich weiß nicht was ich tun soll oder was ich fühlen soll. Ich fühle mich verloren.«

»Sie *sind* verloren.« Sonny blickte ihn kurz aus den Augenwinkeln an und senkte dann sofort wieder den Blick. »Ihre Reise durch die Wüste hat gerade begonnen. Es ist kein leichter Weg … aber man lernt zu überleben.«

Verwirrt blickte Charlie den einzigen Freund an, den er auf der Welt noch hatte. »Sie sind wirklich ein kleiner Sonnenschein, oder? Was um alles in der Welt meinen Sie? Meine Reise hat gerade erst begonnen?«

»Wissen Sie, wie ich nach Amerika kam?« Charlie schüttelte den Kopf. Auf einmal begriff er, dass er über Sonny kaum etwas wusste, von seinem kulinarischen Talent einmal abgesehen. »Ich war in Korea, als der Krieg begann.« Charlie nickte, um Sonny damit zum Weitersprechen zu ermutigen.

»Am 4. Januar 1951 fiel Seoul an die Kommunisten. Meine Familie lebte in Wonju, eine Stadt nicht weit vom achtunddreißigsten Breitengrad. Vierhunderttausend nordkoreanische Soldaten durchbrachen die Front der Vereinten Nationen und bezwangen die zweihunderttausend Soldaten der Alliierten. Sie vernichteten alles, was auf ihrem Weg lag. Sie gingen von Haus zu Haus. Als wir von unserem Haus aus Gewehrfeuer hörten, schob mich mein Vater hinten in den Kleiderschrank und versuchte meine beiden älteren Schwestern und meine Mutter zu verstecken, als Soldaten die Tür eintraten. Sie zerrten meine Familie nach draußen. Ich kroch zum Fenster und sah hinaus. Die Soldaten stellten meine Eltern vor dem Haus auf und erschossen sie. Ich habe meine Schwestern nie wieder gesehen. Sie schrien, als die Soldaten sie wegzerrten. Ich kann mir nur vorstellen, was für schreckliche Dinge sie mit ihnen angestellt haben. Aber ich weiß, dass sie einen langsamen Tod starben, vielleicht lebten sie viele Tage oder sogar Jahre in der Sklaverei.«

Charlie lauschte Sonnys Erzählung. Es war nicht zu glauben. Er hatte keine Ahnung davon gehabt, dass Sonny so etwas Schreckliches durchgemacht hatte. Wie Charlie liefen jetzt auch ihm Tränen über die Wangen. Charlie ging mit einem Mal auf, dass vielleicht jeder Mensch eine schreckliche Geschichte zu erzählen hat; wir nehmen uns nur nicht die Zeit, es herauszufinden.

»Was haben Sie dann getan?«, fragte Charlie.

»Ich rannte zurück in den Kleiderschrank.« Sonny wischte sich über die Augen und stand auf, um noch einen Kaffee aufzubrühen. »Ich muss viele Stunden im Schrank verbracht haben. Als ich schließlich rauskam, war die Stadt fast leer, viele Häuser brannten. Ein paar Kinder saßen an der Straße und weinten. Ich bin nur gerannt. Nach Süden, weil ich wusste, dass die Amerikaner im Süden waren.«

»Wie alt waren Sie da?«, fragte Charlie. Zum ersten Mal seit vielen Tagen dachte er nicht an sich selbst, und er fühlte sich tatsächlich besser. Sein Verstand war beschäftigt, und die quälenden Gefühle von Schuld und Verzweiflung, die die ganze Zeit in seinem Kopf herumgekreist waren, waren verschwunden.

Sonny dachte nach. »Ich war sechs.«

»Warum um alles in der Welt sind Sie immer noch Christ? Haben Sie nicht Gott die Schuld gegeben?«, fragte Charlie beinah aggressiv.

»Nein. Ich habe Buddha die Schuld gegeben.« Sonny lächelte, weil Charlie etwas verlegen wirkte.

Charlie wusste nicht, wie er reagieren sollte. »Oh, tut mir Leid, Sonny. Ich hatte gedacht, Sie wären Christ. Sie tragen ein Kreuz um den Hals, und auf dem kleinen Tisch dort drüben liegt eine Bibel, deshalb habe ich einfach angenommen …«

Sonny lächelte Charlie noch einmal zu. »Heute bin ich ein Christ … aber ich bin nicht immer einer gewesen. Meine Familie war buddhistisch. Erst viele Jahre später bin ich Christ geworden. Lange Zeit lebte ich mit anderen Kindern auf der Straße. Wir bettelten, und oft gaben uns Amerikaner etwas zu essen. Schließlich wurde ich in ein buddhistisches Waisenhaus gebracht. Sie sagten mir, dass ich nach der Lehre Buddhas, dem ›Goldenen Weg‹, leben sollte. Vielleicht würde ich dann nicht dasselbe erleben wie meine Eltern.«

»Das verstehe ich nicht«, entgegnete Charlie.

»Die Buddhisten haben uns erzählt, dass Korea für seine Sünden bestraft wurde. Weil wir die Amerikaner in unsere Kultur hereingelassen hatten, bestrafte uns Buddha nun. Sie überzeugten mich davon, dass meine Familie ihr Schicksal verdient hätte, dass aber Buddha auf mich heruntergelächelt und mich erwählt hatte, damit ich dabei half, Korea zu reinigen.«

Charlie unterbrach Sonny. »Haben Sie ihnen das denn geglaubt?«

»Ich wusste doch nichts. Sie gaben mir zu essen und ein Dach über dem Kopf. Es sah so aus, als ob Buddha mich beschützte. Aber ich war nicht glücklich. Ich versuchte, mit allem und jedem im Frieden zu leben, aber ich kam mir falsch vor, weil ich solchen

Zorn in meinem Herzen trug. Wissen Sie, wir Asiaten reden nicht gern über unsere Gefühle.«

»Niemand hält Sie jetzt davon ab.« Charlie musste tatsächlich lächeln.

»Ich habe angefangen zu suchen und alle großen Religionen studiert. Eines Tages saß ich irgendwo in Seoul auf einer Parkbank. Das war Jahre nach dem Krieg. Mein Kopf war geschoren, ich war barfuß und trug ein orangefarbenes Gewand. Dieser alte Mann sah, wie ich im Neuen Testament las. Er war ein Missionar und fragte mich, ob ich die Geschichte verstand. Ich frage ihn: ›Warum musste dieser Mann sterben?‹, und er erklärte es mir. Dann fragte ich ihn, warum meine Eltern sterben mussten. Sechs Monate lang traf ich mich einmal in der Woche mit ihm und seiner Frau. Die Mönche bestraften mich, weil ich mich mit den beiden traf, aber weil sie so nett zu mir waren, ging ich weiter zu ihnen. Schließlich verließ ich das Waisenhaus; der Missionar und seine Frau adoptierten mich und nahmen mich mit, als sie nach Amerika zurückgingen.«

»Warten Sie einen Augenblick!« Wieder unterbrach ihn Charlie. »Was haben sie zu Ihnen gesagt? Warum musste Ihre Familie sterben?«

»Sie haben nichts gesagt.« Sonny wusste, dass diese rätselhafte Antwort Charlie frustrieren musste, aber es gab keine andere Möglichkeit.

»Wie bitte?«

»Sie haben mir nur gesagt, dass der Mann, der gestorben war, mir helfen könnte, mit dem Schmerz zu leben, wenn ich ihn kennen lernen würde.« Sonny stand auf und ging in die Küche. Bald würden die Gäste anrücken, um hier zu Abend zu essen.

Charlie fragte verzweifelt: »Wie lautet die Antwort also? Wie kann ich mit meinem Schmerz umgehen?«

»Wie ich gesagt habe, Sie sind noch am Anfang Ihrer Reise.« Sonny klopfte ihm auf die Schulter. »Sie sind noch nicht bereit für die Antwort.«

»Sehen Sie, Sonny, es tut mir wirklich Leid wegen Ihrer Familie. Wenn irgendjemand verstehen kann, was ich gerade durchmache, dann Sie. Aber ehrlich gesagt haben Sie mir nicht geholfen.« Frustriert drehte sich Charlie auf seinem Hocker und wollte gehen.

»Charlie, ich bin immer hier. Kommen Sie vorbei, wann immer Sie möchten, und ich werde Sie auf Ihrer Reise begleiten. Gott sei mit Ihnen.« Sonny winkte zum Abschied und beugte sich dann wieder vor, um seine Hühnchen zu marinieren.

»Danke, Sonny.« Charlie blickte den Koch leicht verwirrt an und flüsterte so, dass es niemand hören konnte: »Wofür auch immer.«

Er stieß die Glastür weiter auf als notwendig. Gott sei mit Ihnen, dachte er. Gott hätte gestern bei mir sein sollen. Er hätte gestern bei meiner Familie sein sollen. Warum hatte Sandy denn so viel gebetet? Das hatte offenbar nichts geholfen. Vielleicht beteten die Mörder zu Satan, vielleicht hatten sie eine Direktverbindung. Das war das erste und einzige Mal in seinem Leben, dass er Gott wirklich gebraucht hätte, und gerade jetzt ließ er sich nicht blicken. Charlie hatte die Traurigkeit satt. Er war kein passiver Typ, er weigerte sich, nur dazusitzen und im Selbstmitleid zu ertrinken. Es war einfacher, wütend zu werden.

Vielleicht hatte Gott die Koreaner für irgendetwas bestraft. Vielleicht bestrafte Gott ihn. Charlie hatte seit seiner Schulzeit nicht mehr ernsthaft über Gott nachgedacht, Weihnachten und Ostern ausgenommen, aber er war kein schlechter Mensch und ging fast jeden Sonntag zur Kirche. Warum wollte Gott ihn bestrafen? Was hatte er Gott denn getan? Warum ließ sich Gott gerade an dem Tag nicht blicken, an dem er ihn am nötigsten gebraucht hätte?

Martin Van Schank holte eine Flasche Brandy aus der Privatbar in seinem Büro. Am Tisch saßen Walter Comstock und Nancy Lockman-Kurtz. J. Garrison Hobbes III. war gerade auf dem Weg zu ihnen, um mitzufeiern. Man klopfte sich gegenseitig auf die Schultern und lachte anzüglich. Es gab Anlass zum Feiern, weil der Fall jetzt offenbar in trockenen Tüchern war und Comstock gerade einen neuen Vertrag abgeschlossen hatte.

Das Sanierungsprogramm in der Innenstadt von Charlotte war in vollem Gang. Neue Firmen zogen in die Stadt und die Armen wurden hinausgetrieben. Durch Comstocks Beziehungen hatte die Paragon-Gruppe den Zuschlag für den Bau von Regierungsgebäuden bekommen, die auf dem Grundstück eines alten Warenhauses an der North Tryon Street errichtet werden sollten. Die guten Bürger von North Carolina würden das Projekt aus eigener Tasche bezahlen, eine Summe von fast zwanzig Millionen Dollar. Die Paragon-Gruppe selbst würde schätzungsweise zwei Millionen Dollar an dem Projekt verdienen, und *Hobbes, Reimarus & Van Schank* stünden mindestens vierhundertfünfzigtausend Dollar an Honoraren zu. Also waren alle glücklich.

Comstock hatte nichts dagegen, Honorare für Vertragsabschlüsse zu zahlen. Das gehörte zu seinem Deal mit der Kanzlei, aber er weigerte sich, für irgendwelche Prozesskosten aufzukommen. Sie waren übereingekommen, dass die Firma alle Ausgaben tragen würde, die notwendig wären, um einen Vergleich zustande zu bringen. Die anderen Seniorpartner wussten nichts von diesem Deal, vor allem deswegen, weil ihre ethischen Grundsätze so etwas nicht erlaubt hätten. Ein Anwalt vertritt seinen Mandanten vor Gericht und sollte sich davor hüten, seine geschäftlichen Interessen mit denen seines Mandanten allzu eng zu verflechten. Aber Comstock und Van Schank verband weitaus mehr als nur das.

»Ich hätte zu gern das Gesicht des Jungen gesehen, als Sie ihn gefeuert haben – das wäre bestimmt das Highlight des Tages für mich gewesen«, sagte Comstock, der von allen Anwesenden am schlechtesten gekleidet war, und lehnte sich in seinem Sessel zurück.

Hobbes lächelte. Das Licht spiegelte sich auf seiner Glatze. »Sein Blick war wirklich unbezahlbar, als er glaubte, dass man ihm die Zulassung entziehen würde, weil er mit Ihnen aneinander geraten war.«

Sie lachten alle vier. Dann fragte Comstock: »Hätten Sie ihm wirklich die Zulassung entziehen können?«

Hobbes antwortete: »Wohl kaum, aber er bewegte sich gefährlich nahe an der Grenze, und wenn wir es darauf angelegt hätten, hätten wir ihn eine Zeit lang suspendieren können.«

Comstock erwiderte: »Das wäre wirklich das Tüpfelchen auf dem i gewesen.«

Bis zu diesem Zeitpunkt war Nancy stumme Zuschauerin gewesen und hatte sich damit begnügt, ihren Fuß an Van Schanks Bein zu reiben. Jetzt schaltete sie sich ins Gespräch ein und fragte: »Wann findet dieser neue Deal also statt?«

Van Schank warf ihr einen Blick zu, der besagen sollte: ›Das geht dich nichts an‹, aber laut sagte er: »Der Vertrag ist noch nicht unterzeichnet, aber ich weiß aus zuverlässigen Quellen, dass die Stadt uns den Auftrag geben will. Dann müssen wir nur noch alle Beteiligten unter einen Hut bringen, und schon sind wir wieder im Geschäft.«

Statt sich damit zufrieden zu geben, fragte Nancy weiter: »Es gibt da etwas, das ich nicht verstehe. Als ich den Fall Douglas gegen Paragon vorbereitet habe, bin ich immer wieder auf Hinweise von Teilhabern gestoßen, Teilhaber mit beschränkter Haftung, Teilhaber mit einer besonderen rechtlichen Stellung und sogar auf heimliche Teilhaber. Das Komische ist, dass ich in den Paragon-Akten absolut keine Hinweise darauf finde.«

Hobbes und Van Schank warfen sich einen Blick zu, während Comstock sich noch einen Brandy einschenkte. Hobbes antwortete: »Einige unserer besonders geschätzten Mandanten werden ausschließlich von den Teilhabern betreut, und ihre Akten geraten weder Sekretärinnen noch den Anwaltsgehilfinnen jemals in die Finger. Wenn Sie erst offiziell zur Teilhaberin ernannt sind, zeigen wir Ihnen, wo wir diese Akten aufbewahren, aber im Augenblick sollten Sie sich darüber keine Sorgen machen.«

Comstock wechselte abrupt das Thema. »Was ist, wenn diese Bauernlümmel sich einen neuen Anwalt nehmen? Judson haben wir gekauft. Wie können Sie sicherstellen, dass dieser Fall nicht zur Verhandlung kommt?«

Van Schank lächelte und entgegnete: »Ich habe einige unserer angestellten Anwälte über die neuesten Entwicklungen informiert, die unseren Freund Henry Judson betreffen. Er hat ihnen versprochen, dass er in Kontakt bleiben und uns helfen würde, wenn er irgendetwas hört. Außerdem werden meine Anwälte das Ehepaar Douglas ein paar Tage lang beschatten, um zu sehen, ob sie sich an einen anderen Anwalt wenden, und den werden wir dann bearbeiten.«

Nancy hatte in diesem Gespräch völlig die Orientierung verloren und versuchte witzig zu sein. »Wieso eigentlich den? Was ist, wenn sie eine Anwältin engagieren?«

Van Schank nahm seine kleine runde Brille ab und lächelte. »Das macht meine Aufgabe nur noch einfacher, nicht wahr?«

Nancy war beleidigt, aber sie hatte nicht die Absicht, es sich anmerken zu lassen. Sie wollte zu dieser Männerrunde gehören, und das bedeutete, dass sie über frauenfeindliche Witze lachte und sie nicht persönlich nahm. Alle drei Männer lachten aus vollem Herzen über diesen Scherz auf Kosten von Nancys Geschlechtsgenossinnen. Sie beschlossen, ihre Besprechung an einen Ort zu verlegen, wo sie Steaks essen und sich noch ein paar Drinks genehmigen konnten. Dann würden sie auch in allen Einzelheiten planen, wie sie ihren nächsten Millionendeal einfädeln würden.

14

DIE ALTE GRAUE KIRCHE platzte aus allen Nähten. Dicht an dicht saßen schwarz und dunkelblau gekleidete Menschen. Charlie hatte mit seiner Mutter und seinen Schwiegereltern in der ersten Reihe Platz genommen und dachte daran, dass es eine Million Orte gab, an denen er jetzt lieber wäre. Was ihn wirklich überraschte, war, dass sich so viele Menschen in dieser Baptistengemeinde eingefunden hatten. Er hatte keine Ahnung gehabt, dass seine Frau so vielen Menschen wichtig war. Wo waren sie alle gewesen, als sie und Ashley noch am Leben waren? Er warf einen kurzen Blick über seine Schulter, um zu sehen, ob er einige von ihnen erkennen könnte.

Er wollte von seiner Frau und seiner Tochter Abschied nehmen, aber er fühlte sich von der großen Trauergemeinde beobachtet. Das Einzige, was schlimmer war, als während einer Beerdigung in der ersten Reihe zu sitzen, war die Totenwache am Abend zuvor. Diese Tradition hatten die Südstaatler von den Iren übernommen. An vielen Orten handelte es sich dabei um eine Mischung aus einer Trauerfeier und einer Cocktailparty. Einige Gäste standen herum, aßen etwas und unterhielten sich über die Wettervorhersage, während andere sich in einer Schlange anstellten, um den Hinterbliebenen ihr Beileid auszusprechen. Die Trauernden mussten dabei mehrere Stunden lang stehen, es sei denn, sie waren über sechzig. Dann durften sie sitzen, während alle Arten von wohlmeinenden Menschen ihr Beileid aussprachen und ihr Bestes versuchten, die Angehörigen zu trösten, obwohl es keinen Trost gab.

Charlie selbst hatte kaum etwas von dem wahrgenommen, was die Trauergäste ihm sagten. Er wollte es auch nicht wirklich. Stattdessen dachte er an die lange Schlange der Gratulanten bei ihrer Hochzeit. Es war eine kleine Feier in der alten Episkopalkirche in der Franklin Street in Chapel Hill gewesen, einer kleinen Kirche mit einer sehr persönlichen Atmosphäre und einem Edelholzfußboden. Sie waren beide gerade vom College abgegangen und hatten nicht viel Geld gehabt, und deshalb hatten sie sich für eine einfache Zeremonie entschieden, abgesehen von der enormen Anzahl Kerzen. Sandy hatte darauf bestanden, dass die Kirche nur von Kerzen erleuchtet werden sollte, und ihr warmer Schein hatte eine wunderbare Atmosphäre geschaffen. Natürlich hatten diese Extrawünsche die Frau, die sie mit der Ausrichtung der Feier beauftragt hatten, ziemlich geärgert.

Diese übergewichtige Person, die offenbar zu viel Zeit hatte, wurde bezahlt, um die Feier zu organisieren, aber sie führte sich eher wie eine Despotin auf. Als es an der Zeit war, dass die Gratulanten sich in eine Schlange einreihten, um dem Paar zu gratulieren, zwang sie einen von Charlies Freunden wahrhaftig dazu, sich wieder ganz hinten anzustellen, weil er sich »vorgedrängelt« hatte. Da platzte Charlie der Kragen. Er lief zur Band und fragte, ob sie einen Calypso spielen könnten. Sie stimmten *The Girl of Ipanema* an. Dann kam Charlie auf einmal mit einem Besen aus der Putzkammer und rief: »Limbo!« Alle schrien und lachten durcheinander, und die arme Hochzeitsausrichterin versuchte verzweifelt, die Ordnung in der Warteschlange aufrechtzuerhalten. Als sie Charlie wegen seiner improvisierten Einlage anfuhr, stellte er sie vor die Alternative, sich entweder still aus dem Staub zu machen oder auf ihr Honorar zu verzichten. Sandy war das etwas peinlich, aber im Geheimen genoss sie Charlies Streich. Niemals hätte sie vor allen Leuten zugegeben, dass sie seine Spontaneität schätzte, aber in Wirklichkeit gehörte sie zu den Eigenschaften, die sie zu ihm hinzogen.

Dieser Hochzeitsempfang war ein großer Erfolg gewesen. Sogar Sandys äußerst konservativen Eltern tanzten einmal unter dem Besen hindurch. Nach dem Empfang stieg das frisch getraute Paar in Charlies zerbeulten alten Toyota und verbrachte die Nacht im Hilton-Hotel im Zentrum von Durham. Sie waren so hungrig, dass sie sich eine Pizza bestellten. Dann schauten sie *Jeopardy* im Fernsehen an. Am nächsten Morgen hatte Charlie am Flughafen Raleigh-Durham eine große Überraschung für sie. Sie flogen zu den Bermudas. Keiner von ihnen war jemals im Ausland gewesen, und Charlie hatte für diesen Augenblick jahrelang jeden Cent gespart. Achthundert Kilometer von der Küste North Carolinas entfernt lagen sie am weißen Sandstrand in der Sonne.

Gerade sagte der Pastor etwas, das Charlie aufhorchen ließ. Mit einem Mal war er wieder zurück in Charlotte, auf der Beerdigung seiner Familie. Keine Sonne, kein weißer Sandstrand, keine Frau – nur Schmerz. Der Pastor sprach gerade darüber, dass Gottes Wege höher seien als unsere. Charlie dachte: Wenn das höher ist, dann will ich nicht wissen, wie die niedrigen aussehen. Er versuchte der Predigt zu folgen, aber seine Gedanken schweiften immer wieder zu seiner Frau und seiner Tochter ab. Verzweifelt versuchte er sich daran zu erinnern, wie Sandy und Ashley ausgesehen hatten. Er konzentrierte sich darauf, sich ihr Gesicht vorzustellen, aber das Bild verschwamm vor seinen Augen. Er griff sich an die Brust. Warum konnte er sich nicht an ihr Gesicht erinnern? Er hatte schreckliche Angst, dass er sie vergessen würde. Er versuchte sich Ashley vorzustellen. In Gedanken sah er ein kleines dunkelhaariges Mädchen, das im Garten an der Schaukel herumsprang, aber ihre großen grünen Augen sah er nicht. Er atmete langsam und tief ein. Er musste aus diesem Tal herausfinden.

Charlie achtete nicht auf die anderen Trauergäste. Unter dem großen Kirchenfenster auf der linken Seite, das den Guten Hirten darstellte, saßen Horace und Betty Douglas und beteten inständig. In der letzten Reihe saß Slade und behielt das Ehepaar im Auge. Er hatte sich für die Beerdigung tatsächlich einen Mantel übergezogen und eine Krawatte umgebunden. Das hatte nichts mit Respekt zu tun, er wollte einfach nicht auffallen. Zwei seiner Freunde saßen draußen in einem Auto; sie würden dem Ehepaar Douglas nachher unauffällig folgen.

Ziemlich weit vorn im rechten Seitenschiff saß Melinda Powell. Sie war gekommen, weil Charlie ein Kollege war, aber auch, weil sie Rex Armstrong im Auge behalten wollte. Armstrong stand ganz hinten und merkte sich, wer zur Trauerfeier erschienen war. Er wollte sichergehen, dass Charlie nicht heimlich die Stadt verließ. In der vorletzten Reihe auf der rechten Seite saß Brad Connelly. Er wollte seinen Freund sehen, mit ihm sprechen und die zerbrochene Freundschaft wieder kitten, aber damit würde er noch bis zum nächsten Tag warten müssen. Er hatte begriffen, dass Nancy Lockman-Kurtz ihn benutzt hatte, und fühlte sich schrecklich. Er konnte nicht wissen, dass Charlies Schicksal bei *Hobbes, Reimarus & Van Schank* so oder so besiegelt gewesen war, ob er nun etwas dazu beigetragen hatte oder nicht.

Als die Trauergäste zu den schwarzen Limousinen zurückströmten, begann der erste kalte Herbstregen zu fallen. Sie fuhren in einem Korso zurück, jeder Wagen hatte die Scheinwerfer angestellt, und Charlie dachte darüber nach, wie absurd diese Tradition eigentlich war. Warum machte man so seltsame Dinge, wenn jemand gestorben war? Warum wartete man, bis ein Mensch tot war, bevor man ihm zeigte, wie viel man sich aus ihm gemacht hatte? Er sah, wie die Autos an den Straßenrand heranfuhren, um ihn vorbeizulassen, und dachte: Meine Familie ist tot. Ich habe alle Zeit der Welt. Diese Menschen brauchten ihn nicht vorbeizulassen, er war nicht in Eile. Charlie lauschte wieder auf den Regen, der gegen die Autoscheiben klatschte. Mittlerweile goss es wie aus Kübeln, und der Himmel selbst schien mit den kleinen, ohnmächtigen Menschen hier auf der Erde zu trauern.

Nach der Beerdigung füllte sich das Haus der Harrigans mit Verwandten. Charlies Mutter, die Verwandten von Sandy und eine Reihe von Cousins und Cousinen machten sich im Erdgeschoss zu schaffen und stellten die Gerichte hin, die Freunde vorbeigebracht hatten. Aufläufe jeder Form und Geschmacksrichtung standen auf dem Tisch: Hühnchen, Makkaroni, Brokkoli und Süßkartoffeln. Irgendwie gehörten Aufläufe zum klassischen Leichenschmaus. Charlie ging nach oben, um sich abzutrocknen; er war am Grab klatschnass geworden. Den anderen erlaubte er nicht, die Treppe hochzugehen, weil hier noch alles voller Blutflecken war.

Er war derjenige gewesen, der die misshandelten Körper entdeckt hatte, und er wollte nicht, dass irgendjemand anders in allen Einzelheiten erfuhr, wie gewaltsam seine Frau und seine Tochter zu Tode gekommen waren. Er schlang ein Handtuch um seinen Nacken und setzte sich auf das Bett. Er nahm ein Bild zur Hand, das die drei beim Picknick zeigte. Das Bild war wunderschön, aber irgendetwas stimmte nicht ganz. Sandy hatte in Wirklichkeit schöner ausgesehen als auf diesem Bild; eine Kamera konnte das Funkeln in ihren Augen nicht richtig einfangen. Jedes Mal, wenn sie sich wieder gesehen hatten, nachdem sie eine Zeit lang getrennt gewesen waren, hatten ihre Augen so geglänzt wie beim ersten Mal, als sie sich auf dem Football-Feld begegnet waren. Kein Foto konnte dem gerecht werden. Er stellte das Bild wieder hin und ging nach unten.

In der Küche bereiteten seine Schwiegermutter Barbara Davis und seine Schwägerin Caroline Warfield das Essen zu. Sie waren ganz in ihre Arbeit vertieft, während sein Neffe und seine Nichte

Cartoons betrachteten. Ihm kam das alles sehr surrealistisch vor. Alle Menschen in diesem Raum gingen ganz alltäglichen Tätigkeiten nach; niemand wagte über das zu sprechen, was alle beschäftigte. Schließlich brach jemand das Eis, als Charlie sich einen Eistee einschenkte.

»Die Trauerfeier war sehr schön.« Caroline versuchte zu lächeln. »Sandy hätte die Musik gefallen.«

»O ja«, stimmte Barbara zu. »Ich finde, der Pastor hat wunderbar gesprochen. Es war so erbaulich.«

Charlie fand es schwierig, die Trauerfeier einer kritischen Betrachtung zu unterziehen, und wusste nicht, was er darauf sagen sollte. »Ich glaube, ihr hätte die Musik besser gefallen, wenn sie noch am Leben gewesen wäre.«

Mit einem Mal lag eine angespannte Stimmung in der Luft. Ein paar Augenblicke lang wagte niemand zu sprechen. Schließlich sagte Caroline: »Charlie, wir meinen damit doch nicht, dass wir gerne dahin gegangen sind. Niemandem fällt so eine Trauerfeier leicht. Der Pastor muss der Familie Hoffnung vermitteln, und ich glaube, das hat er getan.«

Barbara war der gleichen Meinung. »Ja, Charlie, es ist schon so, wie der Pastor gesagt hat: Wir wissen aber, dass denen, die Gott lieben, alle Dinge zum Besten dienen.«

»Also hat Gott das getan!?« Charlie ereiferte sich. »Ist es das, was ihr mir sagen wollt? Gott hat meine Frau für irgendein höheres Ziel umgebracht?«

»Wenn du ein Christ bist, Charlie, dann musst du glauben, dass Gott die Fäden in der Hand hält und dass ihm dein Wohlergehen am Herzen liegt.« Barbara hätte es besser wissen müssen. Mit einem Rechtsanwalt über Gott zu diskutieren führte zu nichts, aber es war schon zu spät. Als die Stimmen allmählich lauter wurden, kam Jim Davis seiner Frau zu Hilfe.

»Wenn Gott wirklich alles unter Kontrolle hat, dann ist er brutal und grausam. Wenn er ein gütiger Gott ist, dann hat er wohl einen Tag lang nicht auf meine Familie aufgepasst«, argumentierte Charlie. »Beides zusammen geht nicht.«

»Charlie, wenn wir das Gute aus Gottes Hand empfangen,

dann müssen wir auch das Schwere aus seiner Hand akzeptieren«, schaltete Jim sich ein.

»Ich verstehe euch nicht. Ist Gott gut oder schlecht? Wollt ihr mir tatsächlich erzählen, dass wir absolut ohnmächtig sind? Dass Gott eine Art kosmischer Schachgroßmeister ist, der willkürlich einen Bauern schlägt und vom Feld nimmt?« Charlie wurde immer verzweifelter.

»Ich habe gedacht, du wärst ein Christ, mein Sohn.« Jim versuchte das Gespräch wieder auf Charlie zu lenken.

»Offensichtlich nicht dieselbe Art von Christ wie du. Ein liebevoller Gott würde nicht absichtlich so etwas tun. Entweder ist er nicht allmächtig oder er ist kein gütiger Gott. Und ich glaube, keine der beiden Möglichkeiten sagt mir sonderlich zu.« Charlie hatte von dieser Unterhaltung die Nase voll.

Caroline versuchte Charlie zu trösten. »Vielleicht hat Gott sie so sehr geliebt, dass er sie bei sich im Himmel haben wollte. Schließlich konnte niemand etwas Schlechtes über Sandy sagen. Vielleicht war einfach ihre Zeit gekommen.« Mit Charlies Argumentation konnte Caroline bei weitem nicht mithalten.

»Er hat sie so sehr geliebt, dass er sie zu sich genommen hat, ja?«, knurrte Charlie. »Ich vermute, das bedeutet, dass Gott mich so sehr hasst, dass er mein Leben zerstört hat.«

»Charlie«, entgegnete Barbara, »du musst die großen Zusammenhänge sehen. Er hat einen Plan mit dir. Denen, die Gott lieben …«

Charlie unterbrach sie: »Wenn ich noch einmal höre, dass jemand diesen Vers gegen mich verwendet, dann werde ich einen von euch an der Wand zerquetschen. Wisst ihr, wie oft ich das bei der Totenwache und am Grab gehört habe? Wie soll es uns zum Besten dienen? Was ist überhaupt mein Bestes? Warum will Gott so plötzlich, dass mir alles zum Besten dient? Ich habe Gott nichts getan. Ich habe alle Gebote gehalten. Und bitte schön, ich habe schon vor Jahren mit dem Trinken aufgehört. Kein Anwalt in der Stadt hat festere moralische Grundsätze als ich. Was will er denn noch von mir?«

Der Rest der Familie sah ihn schweigend und erschrocken an.

Drei Tage lang war Charlie allein gewesen und hatte mit niemandem über Sandy oder Ashley geredet. Nun, da er zum ersten Mal wieder mit Menschen zusammen war, die er kannte, explodierte er. Schließlich war es wieder Caroline, die das verlegene Schweigen brach.

»Charlie, du bist nicht der Einzige, der hier leidet. Es tut uns allen weh. Es tut mir Leid, wenn Gott dir im Augenblick nicht hilft, aber das liegt nur an dir. Mich tröstet es, wenn ich weiß, dass Gott alles unter Kontrolle hat.«

»Es tut mir Leid, dass ich laut geworden bin. Ich will nur ein paar Antworten. Wie könnt ihr das also erklären? Von allen Häusern in dieser Straße hat irgendein Fremder ausgerechnet mein Haus ausgesucht, meine Frau vergewaltigt und umgebracht und meine Tochter erwürgt. Wo bleibt Gott bei alldem?«

»Ich glaube nicht, dass Gott uns darauf eine Antwort gibt«, sagte Jim in versöhnlichem Ton.

»Und was hat es dann für einen Sinn, an ihn zu glauben? Wo ist er, wenn man ihn am meisten braucht?« Charlie streckte hilflos die Hände hoch und ging zum Seiteneingang hinaus. Er stieg in seinen Blazer und fuhr zurück in die Stadt, ohne zu wissen, wo er eigentlich hin wollte.

Das Telefon auf dem unordentlichen Schreibtisch klingelte. Rex Armstrong drückte seine Zigarette im Aschenbecher aus und griff zum Hörer.

»Armstrong am Apparat«, brummte er in den Hörer. »Was gibt's Neues?«

»Er ist wieder unterwegs. Wir sind vier Autos hinter ihm.« Bryan Paxton, Ermittler in Zivilkleidung, hatte mit seinem Partner Kevin Schmidt vier Stunden lang in einem unauffälligen Oldsmobile gegenüber von Charlies Haus geparkt.

»Vielleicht besucht er jetzt seine Freundin.« Armstrong liebte es, seine Ermittler immer neu anzustacheln.

»Wovon reden Sie?«, fragte Paxton.

»Ich habe den Namen des rothaarigen Mädchens herausgefunden. Der Barkeeper vom *East Boulevard Bar and Grill* hat ihn mir gesagt. Sie ist dort anscheinend Stammgast und gibt vielen Männern ihre Visitenkarte. Ich werde sie schon aufspüren. Wenn die kleine Miss Powell ein Motiv haben will, werde ich ihr ein Motiv liefern.«

»Was glauben Sie also, Boss?« Paxton sprach in sein Mobiltelefon, während er vorsichtig um die Ecke bog. Harrigan sollte keinen Verdacht schöpfen.

»Ich glaube, dass unser Mann eine Geliebte hat, die von ihm verlangt hat, seine Frau aus dem Weg zu räumen. Sie wollten zusammen durchbrennen. Plötzlich verliert er seinen Job, also treffen sie sich und sprechen den Plan noch einmal durch. Sie entschließen sich, die ganze Familie umzubringen und es wie einen Raubüberfall aussehen zu lassen. Darum fehlen auch nur zwei Gegenstände. Harrigan hatte keine Zeit mehr.« Armstrong war stolz darauf, den Fall so rekonstruiert zu haben.

»Warum dann aber die ganze Gewalt? Warum hat er sie nicht einfach erschossen?« Paxton war von dieser Theorie nicht ganz überzeugt, konnte aber keine Alternativen anbieten.

»Vielleicht hat er geglaubt, es wäre leicht, sie umzubringen, aber als er anfing, sie zu würgen, merkte er, dass er es so nicht schaffte, und hat deshalb zur Lampe gegriffen.«

»Was ist mit der Vergewaltigung?«

»Keine Ahnung, Paxton. Manche Ehepaare sind einfach so. Muss ich für uns beide die Denkarbeit übernehmen? Ihr Jungs und die kleine Powell lebt in einer Traumwelt, in der die Guten immer gut und die Schlechten immer schlecht sind. Ich will euch was sagen: Ich habe gelernt, dass jeder Mensch sich zur Gewalt hinreißen lässt, wenn man ihn nur weit genug treibt!«

Nach dieser kurzen Lektion in Sachen Gewalt versuchte Paxton sich zu beruhigen und sich wie ein Erwachsener und nicht wie ein Zweitklässler zu benehmen, den man gerade ausgeschimpft hatte. »Also, was liegt als Nächstes an?«

Armstrong antwortete: »Ihr bleibt an Harrington dran. Ich werde das Mädchen aufspüren, sobald ich mich mit Harrigans Versicherungsgesellschaft und seiner Bank in Verbindung gesetzt habe. Ich habe beschlossen, alle seine Konten und Versicherungspolicen sperren zu lassen, nur für den Fall, dass er versucht, mit seinem Mädchen abzuhauen.«

»Okay«, stimmte Paxton halbherzig zu. »Wir melden uns später.«

»Gut. Ihr dürft ihn aber auf keinen Fall verlieren!«, befahl Armstrong.

15

Zum siebten Mal hob Charlie die Flasche Smirnoff-Wodka hoch. Er sah sich das rote Etikett und die glasklare Flüssigkeit genau an. Er riss die Plastikhülse ab und schraubte den Deckel auf. Er wollte die Flasche nicht an die Lippen setzen, aber irgendwie konnte er seinen Arm nicht mehr anhalten, nachdem er ihn einmal in Bewegung gesetzt hatte. Aus einer Laune heraus hatte er den Schnapsladen betreten, nachdem er sich bei *Domino's* eine Pizza mit Peperoni und einer Extraportion Käse geholt hatte. Er hatte keinen Appetit, zwang sich aber, etwas zu essen. Die letzten sechs Tage hatte er von viel zu fettem Fastfood und Fertiggerichten aus dem China-Imbiss gelebt. Sein Magen begann dagegen zu rebellieren; irgendwie war er zu den Methoden seiner Studentenzeit zurückgekehrt, was das Thema Stressbewältigung betraf.

An dem Abend, als er erfahren hatte, dass sein Vater nicht zu seiner Abschlussfeier erscheinen würde, weil er auf Geschäftsreise in Hongkong war, hatte er sich betrunken und war als Schnapsleiche im Botanischen Garten auf dem Campus geendet. Das war das erste und einzige Mal gewesen, dass er wieder zur Flasche griff, nachdem er Sandy kennen gelernt hatte. Mit allem, was er in seinem Leben getan hatte, schien er seinen abwesenden Vater beeindrucken zu wollen. Der Mann, der ihm den Namen Harrigan gegeben hatte, hatte ihm auch seinen Ehrgeiz und seinen Hang zum Perfektionismus vererbt, konnte ihm aber nicht die Liebe und Unterstützung bieten, die er eigentlich gebraucht hätte. Charlie hatte seine Sauftour in der Open-Air-Bar *He's Not Here* begonnen und sich dann bis zum *Hector's* heruntergearbeitet. Er war mit dem schlimmsten Kater seines Lebens aufgewacht. Jetzt flüsterte ihm derselbe kleine Dämon, der ihn damals verführt hatte, ins Ohr, dass er doch seinen Kummer ersäufen und sich so das Leben leichter machen sollte.

Er setzte die Flasche an die Lippen, aber im selben Moment, als er den Wodka im Mund hatte, spuckte er ihn wieder aus auf den Wohnzimmerteppich. In diesem Augenblick wünschte er sich nichts sehnlicher als einen Drink. Er glaubte, dass er nur Trost finden könnte, wenn er sich mit Alkohol betäubte, aber er konnte doch nicht alles einreißen, was Sandy ihm geholfen hatte aufzubauen. Wenn er nachher aufwachte und der Nebel des Vergessens sich wieder lüftete, stünde er immer noch genau der gleichen Situation gegenüber. Nichts hätte sich verändert. Er war so lange trocken geblieben. Er wusste genau, dass er jetzt nicht anfangen durfte zu trinken, denn diesem einen Schluck würde eine endlose Kette von weiteren folgen. Wenn er jetzt wieder schwach wurde, dann wäre das das letzte Mal. Er würde nicht mehr aufhören, bis ihn der Alkohol umgebracht hatte. So konnte er nicht mit einem Problem umgehen, egal, wie groß es war. Er schraubte den Deckel wieder auf die Flasche und stellte sie zurück auf den Kaminsims aus Eichenholz. Dort würde er sie stehen lassen, als allerletzte Zuflucht, falls er das einmal nötig hätte.

Charlie blickte sich im Haus um. Sandy wäre an die Decke gegangen, wenn sie dieses Chaos gesehen hätte. Die Post von fünf Tagen lag im Wohnzimmer herum, außerdem ein paar Pizzakartons und Styroporbehälter mit den Resten chinesischer Gerichte, die bereits unappetitlich rochen. In der Küche sah es nicht besser aus. Die Zeitungen der letzten fünf Tage lagen verstreut auf dem Fußboden herum. Halb leere Gläser und Kaffeebecher standen auf der Arbeitsfläche und dem Küchentisch. Im Flur standen überall Schuhe herum, und die Treppe war von oben bis unten mit irgendwelchen Kleidungsstücken bedeckt. Er versuchte sich so wenig wie möglich im ersten Stock aufzuhalten, deshalb hatte er seine Kleidung auf den Stufen aufgestapelt. Er hatte versucht, auf der Couch zu schlafen, aber das war fast unmöglich.

Er saß auf der Steinplatte vor dem Kamin und entschloss sich, die Post durchzusehen. Schließlich ging das Leben weiter, versuchte er sich lustlos zu überzeugen. Nicht nur das Leben selbst, auch die Routineaufgaben gingen weiter. Hatten die Kreditkartenfirmen denn nicht verstanden, dass seine Frau gerade gestorben war und er nicht in der Stimmung war, jetzt Rechnungen zu bezahlen? Offenbar nicht, die Rechnungen und täglichen Pflichten drängten und mahnten, obwohl Charlie sich dagegen wehrte.

Er sah sich seinen VISA-Kontoauszug an, er war 3.784 Dollar im Rückstand. Mit seiner MasterCard sah es nicht viel besser aus. Die Stromrechnung belief sich auf etwa zweihundert Dollar, die Telefonrechnung lag noch um ein Drittel höher. Schließlich griff er nach der Rechnung des Beerdigungsunternehmers Hartley Brothers' Funeral Home. Sie hatten wahrhaftig keine Zeit verschwendet. Die Gesamtkosten für die Trauerfeier, die Beerdigung und die zwei Särge beliefen sich auf 10.684 Dollar und 32 Cent. Sie hätten diese Summe wenigstens abrunden können, aber das wäre wohl zu menschlich gewesen. Im letzten Abschnitt ihres Schreibens entschuldigten sich die Gebrüder Hartlcy dafür, dass sie sich mit der Rechnung an ihn persönlich wandten, aber leider hätte die Lebensversicherung sich geweigert zu zahlen. Charlie war irritiert und begann die restliche Post durchzusehen.

Schließlich stieß er auf einen Brief seiner Versicherung. Die Polizei hatte sie über die laufenden Ermittlungen informiert und sie gebeten, bis auf weiteres keine Versicherungsprämien auszuzahlen. Die Gesellschaft entschuldigte sich mit höflichen Worten für alle Unannehmlichkeiten. Von der NationsBank und der Wachovia Bank hatte er ähnliche Briefe erhalten. Charlies gesamtes Guthaben war eingefroren. Nur seinen letzten Gehaltsscheck von *Hobbes, Reimarus & Van Schank* konnte er noch einlösen, aber das würde die Schuldenspirale nicht aufhalten. Er hatte keine Arbeit und kam nicht an seine Ersparnisse heran, und es gab keine Möglichkeit, wie er seine explodierenden Schulden in den Griff bekommen konnte.

Als er auf dem Fußboden saß und die Wodkaflasche anstarrte, begriff Charlie, dass es für ihn nur noch einen Weg gab, aus dieser Situation herauszukommen – nämlich, seine Unschuld zu beweisen. Irgendwie musste er die wahren Mörder finden. Heute Abend konnte er das nicht mehr in Angriff nehmen. Erst morgen früh konnte er etwas ausrichten. Aber er konnte keine weitere Nacht mehr in diesem Geisterhaus verbringen. Wo er auch hinblickte, sah er Gespenster. Er hörte Stimmen, die »Daddy« oder »Schatz« riefen, aber wenn er genau hinsah, war niemand dort. Er bildete sich ein, Ashley hätte ihn vom Bett aus gerufen: »Daddy, ich möchte ein Glas Wasser haben.« Es waren die kleinen Dinge, die ihm im Gedächtnis haften geblieben waren. Er erinnerte sich an den kleinen Streit mit Sandy wegen dieser hässlichen gelben Vase auf dem Esszimmertisch, die ihre verrückte Tante Sophia ihr geschenkt hatte. Warum musste er gerade daran denken? Es gab so viele schöne Erinnerungen, aber er schaffte es nicht, sie heraufzubeschwören.

Frustriert lief Charlie nach oben und holte sich einen Kleidersack. Er warf ein paar Anzüge, Hemden, Krawatten und etwas Waschzeug hinein. Er wollte eine Weile in einem Hotel wohnen. Es musste ein billiges Hotel sein, in dem man auch Bargeld akzeptierte. Sein Blick fiel auf das Foto auf seinem Nachttisch: er, Sandy und Ashley im Ferienpark Carowinds. Im Hintergrund konnte man eine Achterbahn für Kinder sehen. Es war Ashleys erste und letzte Achterbahnfahrt gewesen. Am Ende dieses Tages war sie auf dem Weg zum Auto in seinen Armen eingeschlafen. Es war ein vollkommener Tag gewesen. Er steckte das Bild in den Kleidersack, rannte die Treppe hinunter und zur Tür hinaus.

Er setzte sich in seinen Blazer und fing wieder an zu weinen. Er war unrasiert, seine Augen sahen rot und geschwollen aus. Er nahm sich vor, in den nächsten Tagen nicht mehr zu weinen. Er hatte etwas zu erledigen, und wenn er Amateurdetektiv spielte, würde ihn das vielleicht etwas ablenken. Er wischte sich mit dem Ärmel über die Augen und startete den Motor. Kurz hinter der Grenze zu South Carolina lagen an der Interstate 77 ein paar billige Motels. Dort wollte er hin. Er bemerkte nicht, dass ein schwarzes Oldsmobile, das unten an der Straße geparkt hatte, hinter ihm herfuhr. –

Das Apartment lag im sechsten Stock. Von hier genoss man einen herrlichen Ausblick über einen der vielen Häfen, die es am Lake Norman gab. Die Grundstücke am größten künstlichen See in North Carolina waren immer teurer geworden, seit die Yuppies entdeckt hatten, dass man hier gut wohnen konnte, wenn man dem rasanten Bevölkerungswachstum in der Stadt entgehen wollte. Melinda Powell lebte gern in Davidson, das man um das presbyterianische College herum gebaut hatte, das der Stadt den Namen gab. Hier konnte sie alle Vorteile des Kleinstadtlebens genießen und war trotzdem nur dreißig Autominuten von ihrem Büro entfernt, außer zur Stoßzeit, wenn sie mehr als dreimal so lange brauchte.

An diesem stillen und ruhigen See fühlte man sich am Feierabend fast wie im Urlaub. Hier fand sie Zuflucht, nachdem sie sich während eines langen Arbeitstages mit Drogendealern herumgeschlagen hatte, mit Familienvätern, die ihre Frauen misshandelten, und jungen Männern, die ihre Freundin umgebracht hatten, ganz zu schweigen von der politischen Landschaft, in der es nur so von Haien wimmelte, die darauf warteten, ihre Opfer zu zerfleischen. Das schlimmste Verbrechen, von dem man in Davidson in den letzten fünf Jahren zu berichten wusste, war von einigen Studenten begangen worden, die sich einen Scherz erlaubt und den Briefkasten vor dem Postamt entfernt hatten. Für die Bevölkerung war es ein Skandal und ein traumatisches Erlebnis, und schließlich wurden zwei der besten Studenten vom Davidson College verwiesen und sogar verhaftet. Das war Aufregung genug für sie gewesen.

Nachdem sie dem letzten Segelboot auf dem See mit den Augen gefolgt war, blätterte sie noch einmal die Akte auf ihrem Schoß durch. Im Haus der Harrigans hatte man die Fingerabdrücke von mindestens drei Personen nicht identifizieren können. Möglicherweise stammten sie von Besuchern oder Familienmitgliedern. Dass das Erdgeschoss von den Verbrechern überhaupt nicht angerührt worden war, gab ihr zu denken. Für Armstrong war das ein Beweis, dass Charlie mit dem fehlenden Fernseher und Videorecorder einen Einbruch vortäuschen wollte. Aus irgendeinem Grund hatte er dann keine Zeit mehr gehabt, auch den Rest des Hauses zu verwüsten.

Melinda war keineswegs davon überzeugt, dass Charlie der Schuldige war. Es ergab einfach keinen Sinn. Ihre Freunde und Bekannten hatten nichts von Eheproblemen gewusst. Die beiden waren sogar gerade von einem romantischen Wochenende in Nags Head zurückgekehrt. Armstrong glaubte, dass Charlie durchgedreht war, nachdem er seine Stellung verloren hatte. Wie ein Berserker hatte er das Haus verwüstet, was zwar das Chaos erklärte, aber nicht alle Fragen beantwortete. Warum hätte er zunächst versuchen sollen, seine Frau zu erwürgen, und sie dann mit der Lampe zu erschlagen? Charlie war größer als sie und athletisch gebaut; er hätte sie mit Leichtigkeit überwältigt. Warum war das Telefonkabel aus der Wand gerissen? Vielleicht hatte sie nach dem Angriff versucht, nach dem Telefon zu greifen, und der Mörder hatte einen Wutanfall bekommen. Vielleicht hatte sie in den Geschlechtsverkehr eingewilligt, um ihr Leben zu retten.

Trotz all dieser offenen Fragen verlangte Guy Streebeck von Melinda, Charlie Harrigan vor das Schwurgericht zu stellen. Er war sein Hauptverdächtiger, und Streebeck brauchte eine Verurteilung. Seine Wiederwahl stand in einem Jahr an, und der Bezirksstaatsanwalt konnte es sich nicht leisten, einen Mörder frei herumlaufen zu lassen. Als Melinda darauf hinwies, dass vielleicht ein Serienkiller, der zuletzt in Atlanta gemordet hatte, weiter nach Norden gezogen war, wollte Streebeck nichts davon hören. Er brauchte eine schnelle Verurteilung, um im Wahlkampf gut dazustehen.

Streebeck konnte sich nicht mehr auf seine konservative Wählerschaft verlassen, seit die Drogenkriminalität in erschreckendem Ausmaß zugenommen hatte und zwei Polizisten in einer Sozialsiedlung ums Leben gekommen waren. Viele seiner ehemaligen Wähler hielten ihn nun für zu lasch. Daher hielt er es für das Beste, Harrigan erst einmal vor Gericht zu stellen; wenn man die wirklichen Täter später fand, konnte man ihn immer noch freilassen. Das Urteil würde die Schlagzeilen für ein paar Tage beherrschen, und das war alles, was er brauchte. Rex Armstrong zählte zu seinen glühendsten Anhängern und verfolgte deshalb im Augenblick keine anderen Spuren. Er machte sich die Strategie des Bezirksstaatsanwalts zu Eigen und verspürte keine Gewissensbisse, einen möglicherweise unschuldigen Mann zu verfolgen.

Die Akte enthielt einige Zeugenaussagen, die Charlie als einen jähzornigen Mann darstellten. Er hatte in der Küche seiner alten Firma einen Kaffeebecher an die Wand geworfen. Nach Armstrongs Aussage hatte er seinen besten Freund an dem Tag, als er entlassen wurde, gegen die Wand gedrückt. Einer der Seniorpartner, Van Schank, hatte einige wenig schmeichelhafte Episoden aus seinem Berufsleben erzählt, die schließlich zu seiner Entlassung geführt hatten, darunter auch eine lautstarke Auseinandersetzung mit einem Mandanten. Charlie Harrigan wurde als ein Mann porträtiert, der seine Gefühle nicht unter Kontrolle hatte.

Melinda fand, dass dieser Fall gewaltig stank. Viel zu viele offene Fragen, und der Bezirksstaatsanwalt stützte sich viel zu sehr auf die Aussagen von Augenzeugen, die von einzelnen, nicht zusammenhängenden Ereignissen berichteten. Es war nicht schwer, in einem Gerichtssaal solche Charakterschilderungen unverhältnismäßig aufzublasen. Man musste lediglich die fünf schwärzesten Momente im Leben eines Menschen herausgreifen und ein paar leidenschaftliche Eigenschaftswörter einstreuen, und schon hatte man ein Monster erschaffen. Hin und wieder hatte sie dasselbe gemacht, wenn ihre Beweise nicht ausreichten, aber da hatte sie auch genau gewusst, dass der Betreffende schuldig gewesen war. Latrell »Ice Daddy« Herman war ein skrupelloser Drogendealer gewesen, der Zwölfjährige eingesetzt hatte, um Crack zu verkaufen. Einen der Jungen hatte man erschossen aufgefunden, und auf der Straße erzählte man sich, dass er in die eigene Tasche gewirtschaftet hatte. Gegen Latrell lagen nur Indizienbeweise vor, so dass man erhebliche Zweifel geltend machen konnte. Melinda aber malte das Bild eines Sklaventreibers, eines Monsters, der die Kinder im Viertel verführte, und die Geschworenen ließen ihn nicht davonkommen, auch wenn er bei diesem besonderen Verbrechen möglicherweise nicht die Finger im Spiel gehabt hatte. Das Urteil traf ganz bestimmt keinen Unschuldigen.

Diese Taktik funktionierte fast immer, aber sie war nicht bereit, sie gegen Charlie einzusetzen. Sie hatte beschlossen, der Sache selbst nachzugehen. Sie würde mit der kleinen alten Lady gegenüber beginnen, die nachweislich ein »großes altes blaues Auto voller Jugendlicher« gesehen hatte, »die ihr Radio auf volle Lautstärke gedreht hatten«. Sie musste schnell arbeiten, wenn sie Charlie Harrigan entlasten wollte. Irgendjemand musste doch an diesem Abend irgendetwas gesehen haben. Sie beschloss, die Nachbarn noch einmal zu befragen, um so möglicherweise noch eine bessere Beschreibung des Autos zu erhalten. In diesem Viertel wohnten viele Yuppies, und ein Modell älteren Baujahrs musste unter diesen ganzen ausländischen Limousinen und Sportwagen einfach auffallen.

Melinda machte sich einige Notizen und schloss die Akte. Für einen Samstagabend hatte sie lange genug gearbeitet. Sie versuchte sich zu entspannen, goss sich einen heißen Kakao auf und legte ihren Lieblingsfilm mit Humphrey Bogart ein, *Casablanca*. Weil sich zurzeit keine realistische Möglichkeit auf eine Romanze in ihrem Leben auftat, musste sie sich eben mit Ingrid Bergmans schwerer Entscheidung zwischen Paul Henried und Humphrey Bogart zufrieden geben. Als die Bergman in Ricks *Café American* wieder in Bogarts Leben trat, lag sie schon erschöpft auf der Couch und schlief.

Nach einer ruhelosen Nacht auf einer durchgelegenen Matratze und einem ultradünnen Kopfkissen im *Palmetto Motel* an der Interstate wachte Charlie früh am Morgen auf. Er duschte und rasierte sich. Er nahm sich ein gestärktes Hemd, eine Krawatte und einen Anzug aus dem Schrank und zog sich an. Er hatte beschlossen, zur Kirche zu gehen und Gott noch eine Chance zu geben. Er hatte so viele Fragen. Wie konnte Gott diese Situation noch zum Guten wenden? War Gott wirklich so selbstsüchtig, dass er ihm Ashley wegnahm, weil er sie so lieb hatte? Musste ein Christ alles aus Gottes Hand akzeptieren, ohne nachzufragen, blind und mechanisch wie ein Roboter?

Je mehr Fragen er stellte, desto weniger Antworten fand er.

Charlie stützte sich auf das Waschbecken und starrte in den Spiegel. Er hatte Ringe unter den Augen und eine tiefe Furche zwischen den Augenbrauen; er sah aus wie ein alter Mann. Seine Augen waren rot und brannten. Sein Magen knurrte. Seine letzte anständige Mahlzeit lag schon Tage zurück. Im *Shoney's*, das genau auf der Grenze zwischen North und South Carolina lag, verschlang er ein reichhaltiges Frühstück – Schinken, Eier, Haferflocken mit Zucker und Butter und ein paar Brötchen. Er fühlte sich fast wieder wie ein menschliches Wesen.

Als er sich wieder auf den Weg machte, erwärmte die Morgensonne den Innenraum seines Blazers. Es war ein friedlicher Sonntagmorgen. In den letzten Monaten war er nicht zur Kirche gegangen, weil er so viel zu tun gehabt hatte, aber jetzt freute er sich auf das vertraute Gefühl und den Trost, den er in dem Gottesdienst zu finden hoffte. Er dachte an die kleine weiße Dorfkirche in Midland, in die ihn seine Mutter immer mitgenommen hatte. Die Holzdielen und -bänke hatten es einem kleinen Jungen nicht gerade leicht gemacht, dort einzuschlafen, aber irgendwie hatte er es immer geschafft.

Von Zeit zu Zeit war der Pastor laut geworden, aber niemand hatte an seiner Aufrichtigkeit gezweifelt. Er gehörte nicht zu denen, die andauernd über das Höllenfeuer predigten, aber er war davon überzeugt, dass die zeitgenössische Kultur und ein großer Teil der zeitgenössischen Kirche sich auf Kompromisse mit den einzigartigen Wahrheiten des Evangeliums eingelassen hatten, um sie mit populären Weltanschauungen und der gefallenen Natur des Menschen in Einklang zu bringen. Die Wahrheit war für ihn etwas Einfaches. Es war nicht leicht, nach ihr zu leben, aber sie war so einfach, dass jeder sie verstehen konnte. Es gab nur wenige echte Christen, die meisten hielten sich als Zuschauer im Hintergrund. Charlie hatte den alten Pfingstprediger immer noch deutlich vor Augen, wie er sich mit seinem Taschentuch den Schweiß und die Tränen abgewischt hatte. In seinen Augen wäre Charlie wohl ein Sünder gewesen, aber er hätte ihn das nie fühlen lassen.

Charlie verließ die Interstate 77 und bog auf die 385 ein.

Gleich hinter der Abfahrt erhob sich ein großes Gebäude mit gewaltigen Glasfronten auf einem leeren Feld. Diese beeindruckende Kathedrale beherbergte eine der am schnellsten wachsenden Kirchen in Charlotte. Die *Solid Rock Church* war eine dieser unabhängigen charismatischen Gemeinden, die jetzt überall an die Stelle der alten Pfingstgemeinden getreten waren. Um halb zehn Uhr morgens war der Parkplatz schon fast überfüllt. Als er die Tür seines Blazers zuschlug, hörte er bereits die Musik. In Charlies Ohren klang es ein bisschen wie die Konzerte, die er zu Studentenzeiten besucht hatte.

Charlie schlüpfte zum Haupteingang hinein und setzte sich in die letzte Reihe. Er versuchte, keine Aufmerksamkeit auf sich zu ziehen. Er wollte nicht, dass ihn die Menschen mitleidig anblickten, er suchte lediglich nach Antworten. Der Gottesdienst war laut und unruhig, es ging zu wie bei einer Parteiversammlung. Nach einer Dreiviertelstunde Musik stand endlich der Pastor auf, um seine Predigt zu halten. An diesem Morgen befand sich Charlie in einem Stadium der Trauer, in dem er bereit war, mit Gott zu verhandeln. Wenn Gott ihm heute eine Antwort gab, dann würde er nach einem Grund suchen, sein Leben wieder in die Hand zu nehmen. Bis zu diesem Punkt hatte Charlie noch nicht ernsthaft erwogen, Selbstmord zu begehen, aber er hatte darüber nachgedacht, ob er nicht den Rest seines Leben im Bademantel auf der Couch verbringen und wie ein Zombie von früh bis spät Gameshows im Fernsehen anschauen sollte.

Billy Rae Higgins, der Pastor, stand auf der Kanzel. Er trug einen eleganten Zweireiher, der eine erstaunliche Ähnlichkeit mit den Tausend-Dollar-Armani-Anzügen von Van Schank aufwies. Sein Haar hatte er in einer Tolle zurückgekämmt und er trug eine getönte Brille. Dieser Mann sah aus wie eine Mischung aus einem Anwalt und einem Gebrauchtwagenhändler. Irgendetwas an den getönten Gläsern störte Charlie. Jim Jones hat bei seinen Predigten auch eine getönte Brille getragen, oder?, dachte er. Der Prediger feuerte aus allen Rohren.

Reverend Billy, wie ihn seine Herde liebevoll bezeichnete, verkündete kühn: »Dies ist das Gnadenjahr des Herrn.« Die

Menschenmenge brach in spontanen Applaus aus und rief: »Amen! Halleluja!«

Er fuhr fort: »In Lukas 4 verkündigte Jesus der Gemeinde, dass dies das Gnadenjahr des Herrn ist. Wenn ihr auf Gottes Seite steht, dann schenkt euch Gott seine Gnade. Ich werde oft kritisiert, weil ich einen Lexus fahre und einen teuren Anzug trage, aber Gott hat mir diese Dinge geschenkt. Ich habe Gott treu gedient, seit ich siebzehn war und meine erste Predigt hielt, und auf jedem Schritt meiner Reise hat Gott mir seine Gnade geschenkt. Lukas sagt uns auch, dass Gott ein guter Gott ist und gute Gaben austeilt. Wenn schon unsere irdischen Väter, die böse sind, ihren Kindern gute Gaben geben, wie viel mehr dann unser himmlischer Vater, der gut ist. Er hat noch viel bessere Gaben für uns, so sagt uns Lukas. Meine Brüder und Schwestern, ich bin der lebende Beweis! Halleluja!«

Wieder brach die Gemeinde in Jubelrufe und Applaus aus. Charlie rechnete jeden Augenblick mit einer La-Ola-Welle. Er dachte: Wenn Gott wie mein Vater ist, dann erklärt das einiges. Ich vermute, jetzt bin ich zum zweiten Mal im Stich gelassen worden. Mit dieser Analogie konnte Charlie nichts anfangen, aber er hörte dem Redner weiter zu und wartete auf ein Wort des Zuspruchs oder der Ermutigung.

Reverend Billy zog ein Taschentuch hervor und wischte sich die Stirn ab. Jetzt fuhr er fort: »Einige von euch haben nicht die leiseste Ahnung, wovon ich spreche. Ich sehe es in euren Augen. Ihr seht mich an, als ob ich Chinesisch spräche oder so etwas. Einige von euch haben keinen Glauben. Ihr gleicht meinen Kritikern, die mich auch nicht verstehen.

Gott hat mir gezeigt, was dieser Abschnitt aus dem Lukasevangelium bedeutet. Mein ganzes Leben lang hat er mir seine Gnade gezeigt. Ich bin niemals krank gewesen. Einmal hatte ich einen kleinen Schnupfen, als ich im Glauben wankte, aber Gott hat mir gesunde Kinder geschenkt, eine Frau, die immer noch gut aussieht, und Segnungen, die ihr euch nicht vorstellen könnt. Einige von euch beten um Heilung, aber ihr seid immer noch krank, weil es in eurem Leben Sünde gibt. Einige von euch stecken in Schulden, weil ihr der Kirche nichts gespendet habt. Wenn ihr Gott euer Geld gebt, wird er es euch zurückgeben! Wenn ihr krank seid, schafft die Sünde aus eurem Leben! Wenn ihr nicht wisst, wie ihr diesen Monat hinter euch bringen sollt, habt mehr Glauben! Jesus sagt, dass ihr nichts habt, weil ihr ihn nicht darum bittet. Ich sage euch: Bittet Gott, und er wird den Himmel öffnen und Gesundheit und Segen auf euch herabregnen lassen.« Der Applaus mündete in ein spontan angestimmtes Anbetungslied. Ein alter Mann lief den Mittelgang hinauf. Einige Frauen fingen vorne an zu tanzen.

Charlie saß vollkommen perplex auf seinem Platz. Gott hatte ihm all das wegen seiner Sünde angetan! Welcher Sünde? Er hatte mit dem Mädchen in der Kneipe geflirtet, er mochte den Duft ihres Parfüms und hatte sich ein paar Minuten lang vorgestellt, wie es wäre, ihr ganz nah zu sein. Aber das war auch schon alles. Er hatte ein bisschen zu viel getrunken, aber er hatte auch gerade seine Stellung verloren. Konnte Gott das nicht verstehen? Natürlich war er nicht der vollkommene Christ, aber er war kein Sünder. Er hatte seinen Job in erster Linie deshalb verloren, weil er nicht mit in den Strip-Club kommen wollte. Wenn überhaupt, war er *wegen* seiner moralischen Grundsätze gefeuert worden.

Charlie fühlte sich nach der Predigt elender als je zuvor. Er war zur Kirche gegangen, weil er nach einer Antwort auf sein Leid suchte, und hatte entdeckt, dass er selbst sein Leid verschuldet hatte. Entweder hatte er nicht genug geglaubt oder er hatte zu viel gesündigt. Jedenfalls war Gott so zornig geworden, dass er deswegen Charlies Familie zerstört hatte. Charlie konnte damit leben, dass er nicht Teilhaber geworden war, sogar damit, dass man ihn entlassen hatte, aber ohne seine Familie konnte er nicht leben. Während des Schlussgebets schlich er sich aus der Kirche zurück in seine erbarmungswürdige Existenz. Er dachte an die Worte von Reverend Billy Rae Higgins: »Ihr habt nichts, weil ihr nicht darum bittet.« Nun saß er in seinem Blazer auf dem Parkplatz und bat Gott um Antworten. Aber Gott schwieg.

16

Zimmer 27 im *Palmetto Motel* sah aus, als hätte eine Bombe eingeschlagen. Die Laken lagen zusammengeknüllt auf dem Bett. Alle Handtücher und Waschlappen waren auf dem Boden verstreut. Die Stühle waren umgeworfen und die Gideon-Bibel lag im Mülleimer. Die Vorhänge waren dicht zugezogen und die Tür mit einer Kette gesichert. Charlie lag in Trainingshosen zusammengekrümmt auf der durchgelegenen Matratze. Er hatte keine Lust, sich zu bewegen. Jede Bewegung verschlimmerte die Schmerzen, und vom Licht bekam er Kopfschmerzen. Er wollte einfach so lange still liegen bleiben wie möglich.

Plötzlich klopfte jemand laut an die Tür. »Zimmerservice«, rief es von draußen. Charlie versuchte die Aufforderung zu ignorieren, aber er hörte, wie das Zimmermädchen nach dem richtigen Schlüssel suchte. Die Tür öffnete sich, wurde aber schnell von der Sicherheitskette blockiert. »Guten Tag, Zimmerservice, kann ich hereinkommen?«

Charlie warf das Kissen auf den Boden und ging zur Tür. »Ich habe die Kette vorgelegt, falls Sie das nicht gemerkt haben. Jetzt verschwinden Sie! Ich versuche zu schlafen. Wie wär's, wenn Sie einen andern Gast belästigen?«

Er knallte die Tür zu und hörte durch die dünne Wandverkleidung, wie jemand auf der anderen Seite leise weinte. Er zog sich ein Hemd über die nackte Brust, schloss die Tür auf und ging zum Zimmer 28. Die Tür stand offen, und eine junge schwarze Frau saß schluchzend auf dem Bett. Möglicherweise war sie jünger als sie aussah. Das harte Leben hatte auf ihrem Gesicht seine Spuren hinterlassen. Charlie trat leise durch die Tür.

»Ma'am?«, grüßte er sie zögernd und etwas verlegen. »Es tut mir sehr Leid, dass ich Sie gerade angeschrien habe. Ich ... äh ... ich bin ... ich mache gerade eine schwere Zeit durch. In der letzten Zeit sind viele Dinge passiert ...«

Seine Entschuldigung wurde abrupt unterbrochen, als sich die Tränen des Zimmermädchens in Ärger verwandelten. »Was wissen Sie schon von schweren Zeiten? Mein Dreizehnjähriger versucht gerade, in eine Gang aufgenommen zu werden. Ich habe zwei Stellen angenommen, damit ich ihm Kleidung und Essen kaufen kann. Sein Daddy sitzt wegen einer Drogengeschichte im Gefängnis. Und mein Junge steht in Yorkmont an der Ecke der Nations Ford Road und verkauft jedem eine Schusswaffe, der ihm hundert Dollar in die Hand drückt. Und er frisst dem Bandenchef aus der Hand. Der nennt ihn Little Maxie. Ich kann es mir nicht leisten, meinem Jungen Schuhe zu kaufen, aber dieser Aasgeier hat ihm für einhundertzwanzig Dollar diese Michael-Jordan-Schuhe gekauft.« Sie sank auf dem Bett in sich zusammen und brach wieder in Tränen aus.

»Das tut mit wirklich Leid.« Charlie war unsicher, wie er reagieren und was er als Nächstes tun sollte. Er setzte sich neben sie auf das Bett, ohne sie jedoch zu berühren oder anzusehen. »Ich weiß, wie es ist, wenn man seine Familie verliert.«

Sie blickte ihn an, als wollte sie ihn auffordern weiterzuerzählen.

»Meine Frau und meine Tochter wurden umgebracht. Die Polizei will mir die Schuld in die Schuhe schieben. Andere Verdächtige gibt es nicht. Ich habe meinen besten Freund und meine Stellung verloren, und ich stecke bis über beide Ohren in Schulden.«

»Sie sind der aus der Zeitung. Jetzt erkenne ich Sie. Ich habe von Ihnen gelesen.« Ihr Blick wurde eine Spur freundlicher. »Niemand könnte das tun, was man Ihnen vorwirft.«

»Leider ist die Polizei nicht Ihrer Meinung. Ehrlich gesagt glaube ich nicht, dass sie nach jemand anderem suchen.« Ihm kam es so komisch vor, dieser Frau seine Geschichte zu erzählen, dass er erst einmal aufstehen und ein paar Schritte umhergehen musste.

»Ich habe mich auch schon gefragt, warum die Polizisten hier sind. Zwei von ihnen sitzen seit heute Morgen in dem großen schwarzen Wagen. Sie waren schon vor Sonnenaufgang hier, als ich gekommen bin.« Charlie spähte durch den Vorhang und sah einen der Männer im Wagen sitzen. Der andere ging gerade über die Straße, um sich bei *Krispy Kreme Doughnuts* etwas zu essen zu holen.

»Das hat mir gerade noch gefehlt.« Er ruderte aufgeregt mit den Händen in der Luft. »Vielleicht bin ich ein Sünder. Vielleicht bestraft mich Gott für meine Sünden. Sie könnten mich genauso gut ins Gefängnis werfen. Im Grunde bin ich schon ein Gefangener in meinem persönlichen Kerker.«

»Gott bestraft niemanden.« Ihre Augen, die voller Mitleid geblickt hatten, wurden jetzt wieder ärgerlich. »Was reden Sie da? Gott ist der Einzige, der zu mir gestanden hat. Ich habe mich nie darauf verlassen können, dass mein Mann bei mir bleibt, aber Gott lässt mich nie im Stich. Warum reden Sie so einen Unsinn?«

»Und das ergibt für Sie einen Sinn?« Charlie ließ jetzt nicht mehr sein Gefühl sprechen, sondern kehrte den Anwalt heraus, der einen Zeugen in den Schwitzkasten nahm. »Wenn ich der Predigt glauben kann, die ich gestern gehört habe, dann lässt Gott zu, dass Ihr Sohn zu einer Bande gehört, weil Sie nicht genug beten. Wenn Ihr Mann kein Drogendealer wäre, dann würde Gott vielleicht Ihre Familie beschützen.«

»Ich weiß nicht, wo Sie zur Kirche gehen, aber ich bete jedenfalls andauernd. Ich bete, wenn ich hier die Zimmer putze oder wenn ich im Restaurant bediene. Gott hat mich und meine Familie beschützt. Das Gefängnis war das Einzige, was meinen Mann davor bewahrt hat, erschossen zu werden. Er schuldete Big Daddy Jake Geld, das er gestohlen hatte. Die Cops hielten ihn an, weil er zu schnell gefahren war, und nahmen ihn mit, gerade als Big Daddy ihn den South Boulevard herunter verfolgte. Ich verstehe auch nicht immer, welchen Sinn das alles hat, aber ich weiß, dass Gott die Fäden in der Hand hält.« Sie stand auf und machte sich wieder an die Arbeit.

»Wie können Sie sich da so sicher sein?«, fragte Charlie.

Mit einem Achselzucken sagte sie: »Ich weiß es nicht, ich bin es einfach.«

Bevor er sich umdrehte, um zu gehen, gab er ihr noch seine Visitenkarte. »Ich heiße Charlie Harrigan. Es tut mir wirklich Leid, dass ich Sie vorhin angebrüllt habe. Und es hat mir gut getan, mit Ihnen zu reden. Seit Tagen habe ich mich mit niemandem mehr richtig unterhalten. Wenn Sie jemals einen Anwalt brauchen sollten, rufen Sie mich unter meiner Handynummer an. Ich arbeite nicht mehr für die Kanzlei, aber wenn ich irgendetwas für Sie tun kann, zögern Sie bitte nicht, sich zu melden.«

Sie lächelte ihn an und wischte sich die Augen. »Danke, Mr. Harrigan. Ich bin Daisy Maxwell. Vielleicht können Sie mir einmal mit dem Jungen helfen. Ich werde für Sie beten. Aber das reicht nicht. Sie können nicht einfach in Ihrem Zimmer auf dem Bett liegen und sich selbst bemitleiden. Da macht Gott nicht mit.«

»Danke«, entgegnete Charlie und ging zur Tür hinaus. Er lehnte sich auf das Eisengeländer und blickte hinunter auf die Interstate. Dort unten stand das Oldsmobile. Er ging die Treppe hinab und direkt auf den Wagen der verdeckten Ermittler zu. »Hört mal. Falls ihr mich verlieren solltet, nachdem ich mich geduscht und rasiert habe – ich fahre jetzt zurück zu meinem Haus und suche dann systematisch in jedem Pfandleihhaus nach meinem Fernseher und meinem Videorecorder. Ich fange in meiner Umgebung an und arbeite mich dann nach draußen vor. Wahrscheinlich werde ich in *Sonny's Teriyaki Grill* zu Mittag essen, und dann komme ich wieder hierher zurück, um zu übernachten. Am Dienstagmorgen werde ich vermutlich dem Bezirksstaatsanwalt einen Besuch abstatten, um mich über den Stand der Ermittlung zu informieren.« Er gab ihnen seine Visitenkarte und sagte: »Hier ist meine Handynummer, für den Fall, dass ihr mich verliert. Fröhliche Jagd.«

Charlie lächelte und lief wieder zum Zimmer 27 hoch. Bryan Paxton schlug mit der Hand auf das Steuerrad. Kevin Schmidt rief Armstrong an, um ihren Boss darüber zu informieren, dass ihre Deckung aufgeflogen war. Sie warteten zwanzig Minuten, bis das nächste Team eintraf, und machten sich dann auf den Weg zu einer weiteren Besprechung, wo sie darüber diskutierten, dass es gar nichts gebracht hatte, Harrigan das Wochenende über zu observieren. Es gab keine Frau mit roten Haaren. Kein Geld. Er hatte mit niemandem gesprochen. Paxton und Schmidt waren zu dem Schluss gekommen, dass sie einen Unschuldigen verfolgten, aber Armstrong warnte sie davor, Harrigan aus dem Kreis der Verdächtigen auszuschließen, weil sie dann ihre Dienstmarken verlieren würden. Paxton schlug vor, dass sie sich aufteilten. Er selbst würde Harrigan auf den Fersen bleiben, und Schmidt sollte ebenfalls die Pfandhäuser durchkämmen. Wenn man sie feuerte, dann wenigstens, weil sie das Richtige taten.

Melina Powell hielt mit ihrem roten Mercedes-Cabrio vor der Tankstelle Ecke Providence und Sardis Road. Den ganzen Tag hatte sie damit zugebracht, von Tür zu Tür zu gehen und Charlies Nachbarn zu befragen. Dass jemand ermordet und ausgeraubt wurde, war zwar in Charlotte schon vorgekommen, aber noch niemals in diesem malerischen Viertel, das von der Mittel- und Oberschicht bewohnt wurde. Dieser Mord sorgte für Entsetzen, weil die Menschen hier, die sich als ehrbare Bürger von Charlotte sahen, meinten, dass Kriminalität in diesem Teil der Stadt nichts zu suchen hätte. Um die Wahrheit zu sagen, wollte die Mehrheit nur allzu gerne glauben, dass Charlie der Täter war. Wenn er unschuldig war, dann müsste in Zukunft jeder mit einem Überfall rechnen. Wenn Charlie schuldig war, dann handelte es sich um einen Einzelfall, und alle konnten sich wieder in Sicherheit wiegen. Die Zeitungen und lokalen Radiosender kritisierten, dass die polizeiliche Untersuchung nur schleppend vorankam.

Die Stellvertretende Bezirksstaatsanwältin beschloss, die Sache selbst in die Hand zu nehmen, wusste aber genau, dass der Bezirksstaatsanwalt ihren Alleingang nicht billigen würde. Deshalb rief sie Guy Streebeck an und klagte über Frauenbeschwerden. Er wollte keine Einzelheiten wissen und stellte keine Fragen. Er riet ihr, sich etwas Ruhe zu gönnen und sich so lange freizunehmen, wie sie wollte. Sie begann frühmorgens mit ihrer Befragung, weil sie hoffte, mögliche Zeugen anzutreffen, noch bevor sie sich auf den Weg zur Arbeit gemacht hatten. Es überraschte sie, dass sie bei der Hälfte der Häuser mit dieser Taktik keinen Erfolg hatte. Viele Bewohner gaben ihre Kinder bereits morgens um sieben in der Kindertagesstätte ab und kamen erst um sechs oder sieben Uhr abends wieder nach Hause. Die arme Sandy Harrigan war ganz allein, dachte sie. Sie hatte überhaupt keine Chance. Vielleicht waren ihr die Täter vom

Lebensmittelgeschäft oder von der Tankstelle aus gefolgt, ohne dass es jemand gemerkt hatte.

Gilda Wurtzner, die neugierige Nachbarin der Harrigans, die im Haus gegenüber wohnte, war allerdings zu Hause. Sie war eine gebrechliche ältere Dame, die mit Vorliebe in ihrem Schaukelstuhl auf der Veranda saß und genau beobachtete, was in der Nachbarschaft vorging. Dem Polizeibericht nach erinnerte sie sich an einen großen dunkelblauen Wagen älteren Baujahrs, aus dem man laute Radiomusik hörte. Sie hatte versucht, sich bei der Polizei zu beschweren, war aber in der Warteschleife gelandet. Melinda wirkte auf sie weniger einschüchternd und viel geduldiger als die Polizisten. Mitten in der Unterhaltung fiel Gilda ein, dass die Musik laut und aufdringlich gewesen war, wie in dem mexikanischen Restaurant, in das ihre Kinder sie manchmal ausführten. Mexikanische Musik war für dieses Viertel sicherlich nicht typisch.

Melinda dankte Gilda für die Informationen und sagte, dass sie sich jetzt wieder auf den Weg machen müsse. Endlich hatte sie einen Durchbruch geschafft. Sie hatte Sandys Quittungen durchgesehen und herausgefunden, dass sie an dem Tag, an dem sie umgebracht wurde, gegen sechs Uhr an der Tankstelle Ecke Providence und Sardis Road getankt hatte. Melinda fuhr zur Tankstelle, passierte die Glastüren und stellte sich hinter einer Kundin an, die Zigaretten kaufte. Hinter dem Schalter stand ein mit einer roten Weste bekleideter Teenager, der von außergewöhnlich schwerer Akne geplagt war.

»Willkommen bei *Gas-n-Go*. Was kann ich für Sie tun?« Er wirkte nicht sehr überzeugend in seinem Bemühen, die Kunden zuvorkommend zu bedienen.

»Ich bin die Stellvertretende Bezirksstaatsanwältin Melinda Powell. Kann ich Ihnen ein paar Fragen stellen?« Ihr Titel klang so gewaltig, dass ihr nur wenige Menschen diese Bitte jemals abgeschlagen hatten. Sie legte ihren Dienstausweis auf den Tresen.

Kyle Lightner erzählte ihr, dass er an Werktagen zwischen sechzehn und dreiundzwanzig Uhr hier arbeitete. Er studierte im ersten Jahr am Central Piedmont Community College und finanzierte sich mit diesem Job. Offenbar hatte er auch an dem Abend hier gearbeitet, an dem Sandy Harrigan umgebracht worden war.

»Können Sie sich daran erinnern, ob Sie diese Frau an diesem Abend hier gesehen haben?« Melinda hielt ein Bild von Sandy hoch. Kyle schüttelte nur den Kopf.

»Oder einen älteren blauen Wagen? Vielleicht ein paar Jungen, die spanisch gesprochen haben?« Melinda hielt den Atem an, als Kyle mit den Augen rollte, während er sich das Gehirn zermarterte.

»Ja. Da waren ein paar Jungens hier, die Bier kaufen wollten.« Als er sah, wie die Frau lächelte, schwoll ihm die Brust vor Stolz. Um sie noch mehr zu beeindrucken, schlug er einen vertraulicheren Ton an, als sei er selbst an der Untersuchung beteiligt: »Der Junge war offensichtlich noch nicht einundzwanzig, obwohl das in seinem Ausweis stand. Deshalb musste ich den Ausweis einziehen. Wir sollen die dann bei der Polizei abgeben. Ich glaube, der Junge hat mich auf Spanisch verflucht …«

»Wo ist der Ausweis?«, fragte Melinda in scharfem Ton zurück und legte dabei alle Höflichkeit ab.

Kyle grinste verlegen. »Komme ich in Schwierigkeiten, wenn ich Ihnen etwas sage?«

Melinda versuchte geduldig zu sein und stemmte die Hände in die Hüften. »Das hängt davon ab. Wenn Sie mir Informationen liefern, die uns weiterhelfen, dann könnte ich eventuell vergessen, wie Sie an diese Informationen gekommen sind. Wenn Sie aber meine Zeit verschwenden, könnte ich Sie auf der Stelle verhaften lassen, weil Sie die Ermittlungen behindern.«

»Okay, okay. Er liegt im Büro bei den anderen gefälschten Ausweisen. Wir sollen sie eigentlich bei der Polizei abgeben. Aber ein paar von uns behalten sie hier und verkaufen sie an Schüler, um ein paar Dollar extra zu verdienen. Diese reichen Kids hier in der Nachbarschaft zahlen jeden Preis, um an Fusel zu kommen.«

»Nun holen Sie ihn schon!«, befahl sie.

Mehr denn je fühlte er sich wie ein Erstsemester und versuchte seine Ehre zu retten, indem er sich wichtig machte. »Ich darf meinen Posten nicht verlassen. Es könnte ja einer wegfahren, ohne zu bezahlen.«

Melinda sah ihm direkt in die Augen und erwiderte sanft: »Sehen Sie diese Dienstmarke? Wenn jemand wegfährt, ohne zu bezahlen, dann notiere ich mir die Autonummer und sorge persönlich dafür, dass er in der Gaskammer landet! Verstanden?«

Natürlich wurde in North Carolina schon lange nicht mehr die Gaskammer benutzt, aber das brauchte Kyle ja nicht zu wissen. Die Macht des Gesetzes hatte ihn dermaßen eingeschüchtert, dass er auf seinem Bauch über Glasscherben gerobbt wäre, um ihr den gefälschten Ausweis zu holen. Nach dieser Erfahrung würde Kyle ein sehr kooperativer Zeuge sein, wenn es zu einer Verhandlung käme. Der Ausweis war auf den Namen Manuel Noriega ausgestellt, aber Kyle bestätigte, dass das Bild tatsächlich den Jungen zeigte, der nach einem Bier gefragt hatte. Das Foto war also offensichtlich echt.

Sie lächelte in sich hinein, als sie zu ihrem Wagen zurückging. Endlich hatte sie eine heiße Spur, und sie wurde von zwei unabhängigen Zeugen gestützt. Wenn Armstrong etwas sorgfältiger gearbeitet und nicht nur auf seine Gefühle gehört hätte, wäre er schon vor einer Woche auf diese Verbindung gestoßen. Sie ließ ihre Hand über die Motorhaube gleiten und hob das erste gelbe Herbstblatt auf, das hier gelandet war. Der Sommer war jetzt vorüber und der Winter kündigte sich an. Sie hoffte darauf, bald noch ein paar Antworten zu finden. Sie hatte jetzt ein Gesicht – alles was ihr noch fehlte, war der dazugehörige Name.

Horace Douglas saß völlig ratlos in seinem zerbeulten Pick-up-Truck. Drei Stunden lang hatte er Charlie Harrigans Haus gesucht. In diesen Teil von Charlotte kam er nicht oft, aber er besaß im Allgemeinen ein gutes Orientierungsvermögen. Hinter ihm hupten einige Autofahrer ungeduldig, als er die Straßenschilder las. Er stand gerade an der Kreuzung von Providence Road und Providence Road West und wusste nicht, welche Richtung er einschlagen sollte. Er fragte sich, wer diese Straßen damals geplant hatte. Er war die Providence Road hinuntergefahren und fand sich auf einmal, ohne links oder rechts abzubiegen, auf der Third Road wieder. Er kehrte um und passierte erst die Kreuzung Queens Road und Queens Road West, dann die Kreuzung Sharon Road und Sharon Lane. Er kam zu dem Schluss, dass mit den Stadtmenschen irgendetwas passierte, wenn sie eine Krawatte anlegten, es schnitt nämlich das Gehirn von der Sauerstoffzufuhr ab. In den Anfangsjahren hatte man die Straßen von Charlotte so geplant, wie man sie gerade brauchte, ohne auf das Gesamtbild zu achten. Deshalb konnte es vorkommen, dass eine Straße sich irgendwo selbst kreuzte oder eine Straße drei verschiedene Namen trug, je nachdem, in welchem Stadtteil man sich befand.

Jetzt hatte er sich gründlich verfahren und wendete. Horace kramte ein 25-Cent-Stück aus der Hosentasche. Kopf für rechts, Zahl für links. Er bog nach links in die Providence Road in Richtung Sardis Road ein. Der Geschäftsmann hinter ihm brüllte ihm etwas aus dem Fenster zu und hupte wie ein aufgebrachter Teenager. Horace lachte nur, als er sah, wie der Mann sich nicht besser als ein Jugendlicher aufführte. Zu guter Letzt fand er die Straße, die im Telefonbuch als Charlie Harrigans Adresse angegeben war. Er staunte über die großen Häuser in Myers Park, zwei- oder dreimal so groß wie sein eigenes kleines Häuschen. Er war zu alt, um deswegen Neid zu empfinden, aber er fragte sich schon, ob die Bewohner wirklich zu schätzen wussten, dass sie einen so hohen Lebensstandard genossen. Er begann ein altes Erweckungslied zu pfeifen: *I've got a mansion just over the hilltop ...*

Schließlich fuhr er an der richtigen Hausnummer vorbei. Er fuhr in die Einfahrt und parkte hinter einem schwarzen Porsche. Ein Mann in einem dunkelblauen Zweireiher stand an der Haustür und kritzelte gerade eine Nachricht. Horace stieg aus seinem Truck. Er trug ausgeblichene Jeans und ein Karohemd mit einigen Ölflecken, die von den Reparaturen am Truck stammten.

»Entschuldigen Sie«, sagte Horace, um den Mann auf sich aufmerksam zu machen. »Ist Mr. Harrigan zu Hause?«

»Warum wollen Sie das wissen?«

»Ich brauche einen Anwalt. Mein Name ist Horace Douglas, und Sie sind ...?«

»Brad Connelly.« Er streckte ihm die Hand hin. »Ich habe früher mit Charlie zusammengearbeitet. Nach der Beerdigung habe ich ihn nicht mehr finden können.«

»Es ist eine schreckliche Tragödie.« Horace steckte die Hände in die Taschen.

»Er hat es nicht getan, wissen Sie«, entgegnete Brad.

»Das glaube ich auch. Darum wollte ich mit ihm reden. Ihre Kanzlei vertritt den Mann, der meinen Sohn getötet hat. Weil Charlie jetzt nicht mehr für Sie arbeitet, will ich, dass er uns vertritt. Ich glaube, er versteht jetzt, was es bedeutet, ein Kind zu verlieren.«

»Sie sind der, der Walter Comstock verklagt hat!« Brad war erstaunt. »Wissen Sie, ich will auch, dass dieser Mann bekommt, was er verdient. Wenn jemand das erreichen kann, dann Charlie.«

»Darum will ich ihn engagieren. Ich glaube nicht, dass er wirklich an Comstocks Unschuld geglaubt hat, aber wenn er an meine Sache glaubt, dann wird er sich einen harten Kampf mit dieser Firma liefern.«

»Sie wissen, dass sie sechs Anwälte haben, die daran arbeiten, dass dieser Fall eingestellt wird?«

»Sind Sie einer von ihnen?«

»Nein«, erwiderte Brad, »das ist nicht mein Gebiet. Ich beschäftige mich mit Immobiliensachen, das ist leichter.«

»Ich muss bald weiterfahren. Wissen Sie, wo ich Mr. Harrigan finden kann?«

»Es gibt noch einen Ort, an dem ich nicht gesucht habe.« Brad sah auf seine Uhr. Essenszeit. Charlie könnte vielleicht in seinem Lieblingsimbiss sein. »Wenn Sie mir folgen wollen, können Sie das gerne tun. Ich fahre langsam, damit Ihre Rostlaube nicht auseinander fällt.«

Horace musste lachen. Dieser Anwalt war harmlos. »Wenn Ihr Spielzeugauto mir im Weg ist, werde ich einfach drüberfahren.«

Der Porsche und der Pick-up fuhren Richtung Innenstadt. Der Feierabendverkehr kam ihnen entgegen. Auf dem Kiesparkplatz vor *Sonny's Teriyaki Grill* hielten sie an. Brad konnte sehen, wie Charlie am Tresen saß und sich mit Sonny unterhielt. Er war sechs Stunden lang unterwegs gewesen und hatte vierzig Pfandhäuser besucht, ohne von seinen Geräten auch nur eine Spur zu entdecken. Er hatte gar nicht gewusst, dass es in Charlotte so viele Pfandhäuser gab.

Als Sonny Charlie noch eine Tasse Kaffee einschenkte, hörte er die Türglocke läuten und sah Brad und Horace miteinander hereinkommen.

Er blickte Charlie an und sagte: »Mein Freund, es sieht so aus, als bekämen Sie Besuch.«

17

Sonny's Teriyaki Grill platzte aus allen Nähten. Überall saßen Buchhalter und Anwälte, die sich ein schnelles Mittagessen gönnten, bevor sie wieder in ihre Büros zurückkehrten, um dort noch einige Stunden fiebriger Aktivität an den Tag zu legen. Charlie fühlte sich in dieser Atmosphäre zu Hause. Er trug einen einfachen Anzug, und außer Sonny wusste niemand, wer er war. Diese Anonymität tröstete ihn. In den letzten zwei Wochen war sein ganzes Leben in den Zeitungen breitgetreten worden. Sein Sieg gegen Johnston, die Bankrotterklärung des Arztes und sein Verschwinden, der Tod seiner schwangeren Frau und seiner Tochter, die Beerdigung und die laufende Untersuchung, jeder einzelne Aspekt seines Lebens. Die Medien hatten ihn bereits verurteilt, obwohl es keinerlei Beweise gab. Attraktive Köpfe teilten mit einem künstlichen Lächeln ihren Zuschauern mit, dass Charlie in diesem Mordfall der einzige Verdächtige sei.

Schließlich hatte er einen Platz gefunden, an dem er allein sein konnte, und dann betraten Horace Douglas und Brad Connelly den Schnellimbiss. Am liebsten hätte er sie ignoriert, aber er wusste, dass das nicht ging. Also setzten sie sich an einen kleinen runden Tisch mit Blick zur Straße. Vorher hatten dort ein paar Steueranwälte gesessen, die über die neuen Steuergesetze diskutierten, die der Kongress verabschiedet hatte. Sonnys Tochter kam an ihren Tisch und nahm ihre Bestellung auf. Zwei Kaffee ohne Milch, ein überbackener Toast und ein Stück Kokosnusskuchen für Brad waren ihr ganzes Mittagessen.

Horace Douglas brach das Eis. »Mr. Harrigan, es tut mir wirklich Leid, was ich über Ihre Familie gehört habe. Ich habe Mitleid mit Ihnen, aber ich glaube, ich kann nicht einmal annäherungsweise begreifen, welchen Verlust und welche Schmerzen Sie empfinden müssen.«

Charlie fiel vor Erstaunen die Kinnlade herunter. Er verschluckte sich fast an seinem Bissen, sah Horace an und erwiderte: »Danke. Und das meine ich ernst. Sie sind der Erste, der sagt, dass er nicht verstehen kann, was ich durchmache. Ich meine, ich weiß, dass Sie Ihren Sohn verloren haben. Es tut mir wirklich Leid, was ich vor Gericht gesagt habe; ich habe nur versucht, meine Arbeit zu tun.« Horace nickte einfach, um damit auszudrücken, dass er Charlies Position verstand. »Ich bin sicher, Sie haben einen schrecklichen Verlust erlitten. Aber ich bin dankbar, dass Sie nicht behaupten, Sie könnten verstehen, wie es ist, wenn man eines Tages nach Hause kommt und entdeckt, dass seine ganze Welt in Scherben liegt, seine Familie umgebracht und einem alles genommen wurde, was einem teuer war.«

»Ich würde nie wagen, so etwas zu behaupten. Sie sind in einer ganz anderen Lage als ich. Mr. Harrigan, Charlie, genau deshalb bin ich zu Ihnen gekommen. Ich möchte mit Ihnen darüber sprechen, ob …«, begann Horace, aber Charlie unterbrach ihn.

»Wenn Sie nicht wollen, dass von dieser Unterhaltung etwas nach außen dringt, dann sagen Sie vor diesem Clown hier besser kein einziges Wort. Er wird es im Internet veröffentlichen. Wahrscheinlich hat er sogar eine eigene Homepage: www.Judas.com.«

Endlich hatte Brad seinen Mut zusammengenommen und machte den Mund auf. »Hey, Charlie, vielleicht sollten wir zwei erst einmal miteinander sprechen. Dann gehe ich, und ihr beiden könnt euch unterhalten. Hätten Sie etwas dagegen, Mr. Douglas?« Horace war damit einverstanden und ging zur Jukebox hinüber, um zu sehen, ob es auch die *Platters* oder die *Everly Brothers* gab, nicht nur diese ohrenbetäubende Musik, die gerade spielte.

»Mach es kurz!«, raunzte Charlie Brad an und wandte seine ganze Aufmerksamkeit wieder seinem überbackenen Toast zu, im Augenblick dem allerwichtigsten Gegenstand in seinem Leben.

»Okay. Was ich dir jetzt sage, ist die reine Wahrheit. Es ist mir gleich, ob du mir glaubst oder nicht, aber ich muss es dir sagen.« Brad klang, als ob er es ehrlich meinte, aber andererseits wirkte er auch auf jedes Mädchen, das er aufgabelte, immer völlig aufrichtig. »Nancy wollte mich, und ich habe es genossen. Aus irgendeinem unerfindlichen Grund habe ich sie attraktiv gefunden. In letzter Zeit spielte sie nicht mehr die Unnahbare.«

Charlie sah auf und hob eine Augenbraue. Brad merkte schnell, dass er kaum mehr zuhörte. »Was ich eigentlich sagen wollte: Ich war betrunken und habe nicht gemerkt, dass sie mich benutzt hat. Ich habe ihr nur erklärt, dass unsere Stärken manchmal unsere größten Schwächen sind. Du bist so ein Pfadfinder-Typ. Du machst keine Kompromisse, du bist ein Idealist, und du bist jedenfalls nicht aus niederen Beweggründen Anwalt geworden, im Gegenteil. Du willst Menschen helfen, du würdest niemals das Recht beugen oder deine Wertmaßstäbe herunterschrauben. Das hat sie begriffen und dir eine Falle gestellt. Davon habe ich nichts gewusst. Es tut mir wirklich Leid, Mann. Ohne dich ist es einfach nicht wie früher, und es tut mir Leid, dass ich meinen Teil dazu beigetragen habe.«

Charlie seufzte.

»Sieh mal, alles andere hat sie gemacht. Sie ist zu diesem Strip-Club gefahren, um dich zu provozieren. Wenn du mit hineingegangen wärst, hätte sie Sandy davon erzählt, da bin ich sicher. Sie wollte unbedingt, dass du diesen Fall loswirst, aber da war sie nicht die Einzige. In letzter Zeit ist sie laufend in Van Schanks Büro gewesen. Ich habe gerüchteweise gehört, dass er erster Anwalt wird, wenn der Comstock-Fall zur Verhandlung kommt.« Brad versuchte verzweifelt, diese etwas einseitige Unterhaltung nicht abbrechen zu lassen.

»Ich weiß, dass du mir vielleicht nicht verzeihen kannst, aber ich *bin* dein Freund. Ich weiß, dass ich als dein Freund eine ziemlich armselige Figur gemacht habe, aber ich will es wirklich wieder gutmachen.« Schließlich gab er es auf, stand auf und ging zur Tür. Er sah noch einmal zurück, aber Charlie studierte immer noch seinen überbackenen Toast. Brad stieß die Tür auf und ging nach draußen.

Horace gab Charlie ein paar Augenblicke Zeit, um über das Gespräch nachzudenken, und kam dann behutsam zu seinem Thema. »Ich werde nicht viel Zeit brauchen. Ich glaube nicht, dass Sie Ihre Frau umgebracht haben, und ich glaube auch nicht, dass Sie Ihren Auftritt im Gericht genossen haben. Ich glaube, dass Sie eigentlich der Meinung sind, dass unser Fall gehört werden sollte. Ich habe gelesen, wie Sie den Prozess gegen den Abtreibungsarzt gewonnen haben, und wir wollen, dass Sie uns vertreten. Ich habe diesen Windhund Henry Judson gefeuert.«

»Warum?« Charlies Neugier war erwacht.

»Er war nur auf einen Vergleich aus. Er drängte ihn uns förmlich auf.« Horace war sichtlich frustriert. »Ich mache mir nichts aus dem Geld. Geld kann unseren Matt niemals ersetzen. Ich will, dass Walter Comstock bestraft wird. Sie sind der Einzige, der das schaffen kann. Sie wissen, wie er arbeitet, und ich vermute, Sie mögen ihn auch nicht mehr als ich.«

Charlie fühlte sich, als ob dieser alte Mann seine Gedanken lesen könnte. Wie konnte er wissen, dass er Comstock hasste?

»Ich will nicht herablassend klingen, aber vielleicht haben Sie nichts gegen einen väterlichen Ratschlag. Ich habe im Laufe meines Lebens schon einiges gelernt.« Charlie nickte. »Die Heilung wird dann beginnen, wenn Sie damit aufhören, in sich hineinzublicken und nach einer Antwort zu suchen. In einer Hinsicht weiß ich, was in Ihnen vorgeht. Sie verstehen nicht, warum Gott das alles zulässt – heute stellen Sie ihn infrage, morgen zweifeln Sie an ihm. Sie wollen eine Antwort auf all ihre Fragen, aber es gibt keine Antworten. Sie kommen aus diesen Zweifeln nur heraus, wenn Sie anderen helfen und außerhalb von sich selbst nach Antworten suchen. Seit Matt tot ist, arbeite ich ehrenamtlich in einem Heim für geistig behinderte Kinder. Ich schiebe ihre Rollstühle und rede mit den Eltern. Ich weiß, was sie durchmachen. ›Gott, warum kann mein Kind nicht normal sein? Warum kann er nicht Baseball spielen? Warum kann sie nicht ein ganz normales Mädchen sein?‹ Dadurch, dass ich ihnen helfe, hilft Gott mir.«

Charlie standen die Tränen in den Augen, aber er zwang sich, sie zurückzuhalten. »Erzählen Sie mir von Matt.«

Horace zog eine Serviette aus dem Metallbehälter neben dem Salz-und-Pfeffer-Ständer. »Matt litt an einer leichten geistigen Behinderung. Im Grunde bedeutete das einfach, dass er sehr langsam lernte. Er machte seinen Schulabschluss mit zwanzig. Aber er machte Fortschritte. Darum haben wir ihn auch nach Charlotte in dieses Heim gebracht. Hier hatte er das Gefühl, unabhängig zu sein und etwas erreicht zu haben. Er konnte beim Einkaufen den Betrag richtig abzählen. Er konnte mit dem Bus fahren und einen Job annehmen, wenn es um körperliche Arbeit ging. Er liebte es, mit mir im Schuppen zu basteln, und deshalb haben wir ihm eine Stelle auf dem Bau gesucht. Wenn sie irgendwo etwas fertig bekommen hatten, fuhren wir immer zusammen durch die Stadt, und er zeigte mir alles, was er gebaut hatte. Er war so stolz, dass man ihn jetzt als Erwachsenen betrachtete. Seiner Meinung nach hatte *er* diese Gebäude errichtet und niemand anders. Er war immer freundlich und nachsichtig. Er hatte immer ein Lächeln auf den Lippen, und wenn er vor dem Schlafengehen sein Gebet sprach, dann betete er immer auch für die, die ihn tagsüber geärgert und aufgezogen hatten. Er bat Gott, alle Menschen nett zu machen. Alle sollten verstehen, dass Gott jeden Menschen liebt.«

Beide Männer wischten sich verstohlen die Augen und blickten sich um. Es war ihnen peinlich, in der Öffentlichkeit ihre Gefühle zu zeigen. Charlie fragte zögernd: »Wie ist er gestorben?«

»Lungenkrebs.« Ein Anflug von Zorn überschattete Horaces trauriges Gesicht. »Innerhalb von sechs Monaten war er tot. Die letzten beiden Monate wohnte er bei uns zu Hause. Er hatte keine Kraft mehr, nach draußen zu gehen. Einmal arbeitete er mit seinen Kollegen in einer alten Mühle, die zu einem Apartmenthaus mit Büroräumen umgebaut werden sollte. Der Fußboden war an einer Stelle schon aufgebrochen worden. Genau an dieser Stelle stolperte er, durchbrach die dünne Schicht aus altem Isolationsmaterial und landete im Erdgeschoss. Ihm war nichts weiter passiert, aber er war über und über mit diesem Zeug bedeckt. Ich vermute, dass es sich um Asbest oder so was gehandelt hat. Darum hat es ihn auch so schnell umgebracht.«

»Wenn es Asbest war und Comstock nicht die notwendigen Sicherheitsmaßnahmen ergriffen hatte, dann braucht man seine grauen Zellen gar nicht zu bemühen, um diesen Fall zu gewinnen. Ich frage mich, warum sich Judson mit dem erstbesten Vergleich zufrieden gegeben hat«, meinte Charlie und kratzte sich am Kinn.

»Ich glaube, er hat nicht viel Erfahrung mit Prozessen. Wahrscheinlich hat er Angst; Ihre Kanzlei hat Hunderte von Anwälten.«

Charlie spürte eine leichte Anspannung. »Es ist nicht meine Kanzlei. Aber Sie haben Recht, allein in Charlotte haben sie vierhundert Anwälte.« Er zögerte und trank einen großen Schluck Wasser. »Sie sollten die Paragon-Gruppe verklagen und ihr ganzes Vermögen als Schmerzensgeld verlangen. Aber ich glaube, ich bin nicht der richtige Mann dafür. Zurzeit kann ich einfach nicht effektiv arbeiten. Ich kann nicht klar denken. Es tut mir aufrichtig Leid. Bitte nehmen Sie es mir nicht übel.«

Sie blieben noch eine Weile schweigend beieinander sitzen. Als die Stille peinlich zu werden begann, stand Horace auf und sagte: »Bitte denken Sie noch einmal darüber nach. Ich kenne sonst niemanden, an den ich mich wenden könnte, und ich glaube, Sie brauchen mich ebenso sehr wie ich Sie.« Als der grauhaarige Horace mit hängendem Kopf den Imbiss verließ, sah Charlie ihm erstaunt nach. Er beobachtete, wie er in seinen alten Pick-up einstieg, dessen Stoßstangen von Beulen und Rostflecken übersät waren. Er konnte nicht wissen, dass Horace Gott darum bat, Charlie Trost zu schenken und ihn dazu zu bewegen, seine Meinung zu ändern. Charlie blieb wie angeleimt auf seinem Stuhl sitzen und starrte aus dem Fenster, bis alle Geschäftsleute in ihre Büros zurückgekehrt waren und er wieder alleine war.

Im Club war es schummrig. Dicker Zigarrenrauch hing in der Luft. Der *Hunter's Club* war der älteste private Country-Club in der Stadt. Obwohl Schwarzen die Mitgliedschaft theoretisch nicht verwehrt wurde, schien jedes einzelne Mitglied weiß, protestantisch und äußerst wohlhabend zu sein. Der Sechunddreißig-Loch-Golfplatz war von Arnold Palmer entworfen worden. Er zog sich um das Clubhaus herum, das an das Schloss eines mittelalterlichen Feudalherren erinnerte. Das Billardzimmer konnte man für private Besprechungen reservieren, und Martin Van Schank wickelte hier gern seine Geschäfte ab. Hier trank er Brandy, rauchte kubanische Zigarren, die er auf illegalen Kanälen erhalten hatte, und spielte Pool.

Der Raum war mit dunklem Mahagoni getäfelt, und Regale voller Erstausgaben und wertvoller antiquarischer Bücher säumten drei der Wände. An der vierten Wand konnte man die ausgestopften Köpfe wilder Tiere bewundern, die von den Clubmitgliedern zur Strecke gebracht worden waren. Eine Reihe von Zwölf- und Vierzehnendern und sogar ein paar Bisons zeugten von dem heißblütigen Wesen, das man an den Tag legen musste, um in diesen Club aufgenommen zu werden. Die einzigen Frauen, die diese Räume betreten durften, waren Kellnerinnen. Man hatte sie geschmackvoll in Miniröcke und Smokingjacken eingekleidet. Eine dieser Kellnerinnen legte die Billardkugeln wieder in die Ausgangsposition, damit Van Schank, Comstock und der dritte stille Teilhaber noch eine Runde Cutthroat (Halsabschneiden) spielen konnten, für die drei ein nicht ganz unpassender Zeitvertreib.

Es war nicht nur im höchsten Grad unethisch, sondern sogar illegal, wenn Anwälte mit ihren Mandanten zusammen Geschäfte machten. Van Schank wurde lediglich in einem einzigen Vertrag namentlich erwähnt, der in einem Schließfach verborgen lag. In allen anderen Dokumenten und Verträgen bezeichnete man ihn lediglich als stillen Teilhaber. Dem dritten Partner war gleichermaßen an Vertraulichkeit gelegen, weil er wusste, dass er alles verlieren würde, wenn diese Geschäftsbeziehungen jemals aufgedeckt würden.

Als die Kellnerin gegangen war, kamen die Männer zum geschäftlichen Teil. Van Schank zog langsam seinen Queue zurück, stieß und versenkte zwei der halben Kugeln. Beim Cutthroat ging es darum, so viele Kugeln des Gegners zu versenken wie möglich und seine eigenen so lange wie möglich auf dem Billardtisch zu behalten. Die Angebote der Konkurrenz zu unterbieten und ihre Gegner unschädlich zu machen war das Geheimnis ihres Erfolgs.

»Die Stadt wird den Bebauungsplan ändern und für die Graham Street weitere Apartments und Privatwohnungen genehmigen. Die Stadträte wollen die kriminellen Elemente aus der Innenstadt vertreiben und glauben, dass man nur genügend Yuppies im nordöstlichen Bezirk hinter dem Discovery Place und dem I-Max-Theater ansiedeln muss, damit private Wachgesellschaften dann die Asozialen aus der Stadt hinausfegen.« Damit erzählte der dritte Teilhaber vertrauliche Einzelheiten aus der letzten nichtöffentlichen Stadtratssitzung.

»Wie kannst du dir da so sicher sein?«, fragte Van Schank. Der Teilhaber nahm einen Schluck Whisky. »Habe ich schon jemals falsch gelegen? Im Stadtrat sitzen doch nur Roboter. Sie haben genug andere Probleme am Hals und vertrauen mir, wenn ich ihnen eine Lösung vorschlage. Ich sehe nur ein einziges Problem. Es muss so aussehen, als wäre alles mit rechten Dingen zugegangen.«

Van Schank war der Kopf dieser unheiligen Dreieinigkeit. Einer hatte die Muskeln, ein anderer die Beziehungen, aber es war Van Schank, dessen Hirn ihre Pläne entsprangen. Und er machte sich Sorgen. »Ich glaube, wir sollten uns eine Zeit lang nicht treffen. Wir dürfen in der Öffentlichkeit nicht mehr gemeinsam auftreten. Gut, dass wir Henry Judson losgeworden sind. Dieser Prozess hätte bewirkt, dass die Paragon-Gruppe im Rampenlicht steht. In Zukunft sollten wir nur noch über Handy miteinander in Verbindung treten. Das ist sicherer.«

Comstock zog an seiner Zigarre und fragte: »Wie hoch liegt denn bis jetzt das niedrigste Angebot? Wie weit wird es mich zurückwerfen?«

»Was kümmert dich das?«, grinste der dritte Teilhaber höhnisch. »Wie hoch es auch immer liegen mag, du zahlst ja nicht den ganzen Betrag. Die Gebrüder Thompson haben angeboten, für acht Komma vier Millionen die Häuser innerhalb von sechs Monaten hochzuziehen.«

»Ich kann nicht in sechs Monaten die alten Warenlager abreißen und neue Apartmenthäuser bauen«, beschwerte sich Comstock.

»Idiot!«, herrschte sein Partner ihn an. »Hast du es denn immer noch nicht verstanden? Wir verdienen auf beiden Seiten. Wenn wir den Zeitrahmen und das Budget sprengen, stecken wir einfach den Rest in die Tasche. Das Geld, das wir gespart haben, um das überzogene Konto auszugleichen, wirft genügend Zinsen ab.«

Comstock schleuderte seinen Queue auf den grünen Filz und baute sich vor seinem Partner auf, Auge in Auge. Er brüllte: »Nenn mich nicht noch einmal einen Idioten! Ich habe dir das Leben gerettet. Ich hätte dich da drüben im Dschungel sterben lassen sollen.«

Die beiden schnaubten sich an, bis Van Schank dazwischentrat, um mit seinem Queue die weiße Kugel zu stoßen. »Gentlemen, muss das wirklich jedes Mal sein? Walter, geh und hol dir einen Drink, damit du dich wieder beruhigst.«

»Ich bin derjenige, der am meisten in der Öffentlichkeit steht. Ich habe am meisten zu verlieren.«

»Das kann ich verstehen, aber es wird nichts passieren.« Van Schank hatte gerade fünf Kugeln hintereinander versenkt. »Wenn ihr zwei euch um eure Aufgaben kümmert, sorge ich dafür, dass der Rest auch klappt. Wir verdienen gut an den billigen Arbeitskräften. Einer meiner Jungs in unserem Büro in Atlanta hat mir gerade erzählt, dass in Dalton in Georgia eine Teppichweberei schließt. Wir haben einen Lastwagen gemietet, um die Illegalen hierher zu bringen. Die arbeiten für einhundert Dollar die Woche. Wir sparen mehrere tausend Dollar an Gehältern und werden sie woanders investieren. Dann fälschen wir eine Gehaltsliste, so dass wir einen Verlust ausweisen können. Voilà! Ich schätze, dass wir damit auf die Schnelle zwei oder drei Millionen Dollar machen können. Der Kapitalismus ist eine wunderbare Sache!« Er versenkte die letzte Kugel seines Gegners und lachte. »Bum! Und du bist tot.«

18

DER MORGENHIMMEL WAR GRAU und Regen lag in der Luft. Charlie wurde den Gedanken nicht los, dass der Himmel ihm mit der Perspektive drohte, dass jeden Augenblick die Sintflut über ihn hereinbrechen konnte. Es schien ihm einer dieser miesen Streiche zu sein, auf die man bei Gott gefasst sein musste. Natürlich war Gott in Wirklichkeit wahrscheinlich nicht so kleinkariert und rachsüchtig, wie Charlie es sich im Moment vorstellte, aber irgendwie passte es zu dem, was er in den letzten Wochen erlebt hatte.

Zum ersten Mal seit einigen Tagen entschloss sich Charlie, keinen Anzug anzuziehen. Ein normales Leben zu führen und nicht von seinem gewohnten Tagesablauf abzuweichen, hatte ihm überhaupt keinen Trost gebracht. Ganz ihm Gegenteil, der Anschein von Normalität ließ ihn sich nur noch trauriger und erbärmlicher fühlen. Heute trug er Blue Jeans, halbhohe Schnürstiefel, ein Flanellhemd und eine blaue Windjacke. Er hatte die Pfandleihen in den östlichen Stadtteilen bereits durchgekämmt und nahm sich jetzt diejenigen im Fourth Ward im Westen der Stadt vor. In den nördlichen und südlichen Vierteln lohnte sich die Suche seiner Ansicht nach weniger, deshalb konnten sie warten.

Er fuhr durch Straßen, die er nie zuvor gesehen hatte. Zehn Jahre lebte er nun schon in dieser Stadt und war noch nie in diesen Vierteln gewesen. Aus reiner Neugier fuhr er zur Kreuzung Nations Ford Road und Yorkmont Road hinab. Beide Straßen hatte die Putzfrau im *Palmetto Motel* erwähnt. An der nordwestlichen Ecke gab es ein Geschäft, in dem man Alkohol kaufen konnte. An der nordöstlichen Ecke gab es eine Tankstelle. Dort liefen einige ältere Schwarze herum, die ihre Flaschen in braune Papiertüten eingewickelt hatten. An der südöstlichen Ecke rauchten zwei verlebt aussehende Frauen, eine Weiße und eine Schwarze, ihre Zigaretten. An der südwestlichen Ecke schließlich stand ein unbewohntes Gebäude. Die Fenster waren mit Sperrholzplatten vernagelt und die Haustür aus den Angeln gerissen.

Drei junge Schwarze saßen auf den Stufen und hörten Musik.

Charlie vermutete, dass einer von ihnen Little Maxie war, Daisy Maxwells Sohn. Warum sind sie wohl nicht in der Schule, fragte er sich. Er wendete, um sich die drei genauer anzusehen, aber damit erreichte er nur, dass sich die beiden Frauen einen Augenblick lang Hoffnungen machten, auf die Schnelle zwanzig Dollar zu verdienen. Er entschloss sich, an der Tankstelle zu parken. Dort kaufte er einen abgestandenen Kaffee und ein paar altbackene Doughnuts. Er behielt die drei Jungen im Auge, während er bezahlte. Und tatsächlich beobachtete er, wie ein zerbeulter Grand Prix mit getönten Fensterscheiben auf dem Parkplatz anhielt. Einer der Jungen rannte zum Wagen und nahm irgendetwas vom Fahrer entgegen. Dann schoss er die Treppenstufen hoch und kehrte nach ein paar Minuten mit einer Aktentasche zurück, die er dem Fahrer aushändigte, der sich daraufhin so schnell wie möglich aus dem Staub machte. Zweifellos würde Charlie heute Abend von einem weiteren Mord im Drogenmilieu hören.

Wie schrecklich, dachte Charlie. Diese arme Frau hatte zwei Jobs. Sie sah ihren Sohn kaum, und sie konnte wenig tun, um zu verhindern, dass er endgültig auf die schiefe Bahn geriet. Er wartete noch ein paar Minuten und sah zwei weitere Autos auf dem Parkplatz anhalten. Zu diesen Autos brachten die Jungen nur zwei kleine braune Tüten. Charlie nahm an, dass sie Drogen enthielten. Perfekt, ein kleines Geschäft für Schusswaffen und Drogen mit angeschlossenem Bordell. Was für eine Welt.

Es dauerte nicht lange, bis Charlie fand, wonach er suchte. Im *Big K Pawn*, der vierten Pfandleihe in einem lateinamerikanischen Viertel, ging er einen Gang hinunter, in dem gebrauchte Videorecorder aufgebaut waren, als sein Blick auf einen Sony-Recorder fiel, der seinem eigenen verblüffend ähnlich war. Auf dem Display erkannte er die Kratzer wieder, die Ashley mit ihrem Spielzeugauto verursacht hatte. Als peinlich genauer Perfektionist hatte er die Versicherungspapiere mitgebracht und zog sie nun aus seiner Hosentasche hervor. Sie enthielten die Seriennummern all seiner Elektronikgeräte. Die Nummer stimmte.

Er nahm den Videorecorder aus dem Regal und begann nach dem Fernseher zu suchen, aber ohne Erfolg. Dann ging er zum

Tresen. Eine fettleibige Frau mit geblümtem Kleid und Haarnetz saß auf einem winzigen Hocker, der unglaublich stabil gebaut sein musste, um ihr Gewicht auszuhalten. Sie polierte gerade eine doppelläufige Flinte. Er setzte den Videorecorder auf dem Tresen ab und holte ein paar Geldscheine und eine seiner Visitenkarten von *Hobbes, Reimarus & Van Schank* heraus.

»Ich bin Anwalt und arbeite gerade an einem Fall.« Dann legte er einen Zwanzig-Dollar-Schein auf den Tresen und fragte: »Führen Sie in diesem Computer da Buch darüber, wer Ihnen was verkauft hat?«

Dass er Anwalt war, beeindruckte sie überhaupt nicht. »Haben Sie schon einmal vom Recht auf Schutz der Privatsphäre gehört? Sie können diesen armseligen Zwanzig-Dollar-Schein behalten.«

Charlie entgegnete verwirrt: »Dieses Gesetz bezieht sich auf das Privatleben, nicht darauf, womit man seinen Lebensunterhalt verdient.«

»Und wie ist es mit dem Recht, eine Schusswaffe zu tragen?«, knurrte sie ihn an.

»Ich sehe schon, dass Sie sich für diese Regelung stark machen.« Frustriert fuhr er fort: »Sehen Sie, ich habe Grund zu der Annahme, dass dieser Videorecorder gestohlen wurde, und ich muss herausfinden, wer Ihnen den verkauft hat.«

»Jetzt hören Sie mir mal zu, mein Junge.« Sie stand auf, und er sah, dass sie wenigstens zehn Zentimeter größer war als er selbst. »Sie haben die Wahl. Entweder kaufen Sie diesen verdammten Videorecorder oder Sie verlassen dieses Geschäft in einem Krankenwagen. Mein Laden ist sauber, und Anwälte haben hier nichts zu suchen. Verstanden?«

»Gut. Wie viel?« Er besaß nur noch ein Bündel Zwanzig-Dollar-Scheine.

»Vierhundert.« Sie ließ sich auf den Hocker zurückfallen, der zwar ächzte, aber nicht nachgab.

»Das ist Wucher.« Er schlug mit der Faust auf den Tresen, dass es wackelte. »Ein neuer kostet nicht so viel.«

»Haben Sie schon mal was von Angebot und Nachfrage gehört?«

»Ich habe keine vierhundert Dollar.« Er versuchte, an ihr Mitgefühl zu appellieren.

»Und wie viel haben Sie?«, lächelte sie.

Charlie zählte zweihundertvierundsiebzig Dollar und siebenundachtzig Cent auf den Tresen. Das war alles Geld, was ihm noch zur Verfügung stand. Alles andere hatten die Banken und Versicherungsgesellschaften eingefroren.

»Bitte schön. Sind Sie jetzt glücklich?«

»Ja. Heute Abend leisten wir uns ein Steak.« Sie steckte sich die Scheine in ihren BH und wandte sich wieder ihrer Flinte zu, um sie fertig zu reinigen. »Machen Sie sich einen schönen Tag, und kommen Sie bald wieder. Wir haben auch noch einige Golfschläger. Ich mache Ihnen einen guten Preis.«

Charlie ignorierte das hämische Lachen und ging zu seinem Blazer zurück. Er versuchte, Armstrong telefonisch zu erreichen, aber es meldete sich niemand. Er entschloss sich, zurück in die Innenstadt zum Polizeipräsidium zu fahren. Von der Trade Street aus fuhr er in die Tiefgarage ein. Als Charlie das Gebäude betrat, sprach ihn der Polizist an, der ihn den ganzen Tag beschattet hatte. Bryan Paxton begleitete ihn in einen Konferenzraum, protokollierte seine Aussage und nahm den Videorecorder als Beweisstück entgegen. Nach einer vierstündigen Wartezeit hielten Paxton und Kevin Schmidt endlich ein Schreiben in den Händen, das sie dazu berechtigte, Einblick in die computergeführte Buchhaltung der Pfandleihe zu nehmen.

Charlie saß auf dem Rücksitz, als sie zum Pfandleihhaus zurückfuhren. Es war ein seltsames Gefühl, durch das Drahtgitter zu blicken, das die Vorder- und die Rücksitze voneinander trennte. Zunächst sträubte sich die beleibte Frau dagegen, eine Aussage zu machen, aber schließlich gab sie sich geschlagen. Innerhalb von fünf Minuten erfuhren die Polizisten, dass ein gewisser Umberto Callabro vor elf Tagen den Videorecorder für fünfzig Dollar versetzt hatte. Sie notierten sich seine Adresse. Der Apartmentblock lag ganz in der Nähe, in einer Seitenstraße, die in den West Boulevard mündete. Eine ältere Frau, der einige Kleinkinder um die Beine herumkrabbelten, öffnete ihnen die

Tür. Callabro war nicht zu Hause. Er saß bereits wegen Ladendiebstahls im Gefängnis.

Die drei Männer fuhren zurück zum Polizeipräsidium und von dort aus zum Bezirksgefängnis von Mecklenburg County. Umberto Callabro wartete auf die Anklageerhebung wegen Ladendiebstahls. Er hatte CDs im Wert von etwa einhundert Dollar in einem Geschäft in der Eastland Mall entwendet. Der Zweiundzwanzigjährige war ein kleiner Dieb, der auch gelegentlich als Buchmacher bei Hahnenkämpfen arbeitete und unter den Lateinamerikanern in seinem Viertel als Hehler bekannt war. Er weigerte sich, irgendwelche Fragen zu beantworten. Schließlich teilte ihm Paxton mit, dass sie die Anklage möglicherweise fallen lassen würden, wenn er ihnen erklärte, wie er an den Videorecorder gekommen war. Callabro war einverstanden. Endlich hatte Charlie Harrigan etwas in der Hand.

Das Telefon klingelte um halb zwölf Uhr nachts und riss Melinda Powell aus ihrem tiefen Schlaf. Sie hatte auf der Couch noch über einigen Papieren gesessen, bis Erschöpfung und Müdigkeit sie überwältigten. Das Telefon schreckte sie aus ihren friedlichen Träumen auf, und als sie erwachte, wusste sie einen Augenblick lang nicht, wo sie war. Der Polizist am anderen Ende der Leitung erklärte ihr, dass sie jemanden verhaftet hatten, der vermutlich im Besitz interessanter Informationen war, aber er wollte einen Deal, bevor er auch nur ein Wort sagte. Schnell zog sie sich ihren Pyjama aus und streifte ein Kostüm mit einem Minimum an Knöpfen über, das sie immer auf einem Bügel an der Schranktür hängen ließ, extra für Fälle wie diesen, wenn es einmal schnell gehen musste.

Jose Florez war siebzehn. Sein Vater war ein Ausländer, der sich illegal im Land aufhielt. Er arbeitete auf verschiedenen Farmen in Mecklenburg County, und wenn er einmal zu Hause war, dann betrank er sich meistens und verprügelte seine Familie. Immer mehr Kinder dieser Ausländer ohne Aufenthaltserlaubnis brachen die Schule ab und nahmen irgendwelche Jobs zum Mindestlohn an. Viele von ihnen schlossen sich einer Gang an, weil diese Banden Spaß, Gesellschaft und Schutz versprachen. Die Diablos oder Teufel waren eine gewalttätige mexikanische Bande, die erst vor kurzem in Erscheinung getreten war. Die jamaikanischen Gangs hatten sich darauf spezialisiert, Kokain aus Miami auf dem Weg nach New York oder Memphis durch Charlotte zu schleusen. Die Spezialität der Diablos waren Heroin und Eigentumsdelikte.

Ihr Aufnahmeritual bestand aus zwei Teilen. Zuerst kam der Spießrutenlauf. Der Bewerber musste zwischen allen Bandenmitgliedern hindurchlaufen, während sie ihn schlugen und traten. Wenn er das durchhielt, ohne zu weinen oder sie zu bitten aufzuhören, bewies er damit, dass er hart genug war, um ein Mitglied der Bande zu werden. Der zweite Teil war gefährlicher. Der Kandidat musste beweisen, dass er den Mut hatte, das Gesetz zu übertreten. Ihm standen zwei Möglichkeiten offen. Entweder konnte er einen Gegner der Gang angreifen – das endete im Allgemeinen mit einer Schießerei aus dem Auto – oder er konnte sich an eine richtige Frau heranmachen. Mit anderen Worten: Er wählte zufällig irgendeine Frau aus, vergewaltigte sie und stellte so seine »Männlichkeit« unter Beweis.

Jose Florez wollte zu dieser Bande gehören, weil er wegen seines Akzentes und deshalb, weil er keinen englischen Text entziffern konnte, dauernd gehänselt wurde. Als er die Schule abbrach, entschloss er sich, es der ganzen Welt heimzuzahlen. Eigentlich wollte er Marianne Hurst gar nicht vergewaltigen. Nach ein paar Dosen Bier parkten die drei Jugendlichen den alten blauen Dodge und schlenderten durch die Eastland Mall. Es gab keinen bestimmten Grund, warum sie sich Marianne heraussuchten. Sie folgten ihr nach Hause. Jose schlich ihr vom Parkplatz aus einiger Entfernung hinterher, und in dem Moment, als sie ihre Wohnungstür öffnete, stürzte er die Treppe hinauf und schob sie in ihr Apartment. Er hielt ihr ein Messer an den Hals und zwang sie, ins Schlafzimmer zu gehen. Als er sie auf das Bett stieß, bemerkte er nicht, dass sie nach einem Kästchen auf ihrem Nachttisch griff.

Marianne drückte den Alarmknopf und ein schrilles Heulen

erfüllte die Luft. Jose geriet in Panik und verpasste ihr ein blaues Auge. Dann stürzte er zur Tür hinaus und sah, wie ein alter blauer Dodge gerade ausparkte und davonfuhr. Ein übergewichtiger Wachmann einer privaten Firma reagierte auf den Alarm und verfolgte Jose in einem kleinen Golfcart. Er holte Jose ein, der es nicht über den zweieinhalb Meter hohen Zaun geschafft hatte. Die Polizei war innerhalb von sechs Minuten am Tatort.

Das erschrockene, aber dankbare Opfer konnte Jose Florez identifizieren; dann brachte man die Frau ins Krankenhaus, um ihren Kopf röntgen zu lassen. Die Polizisten verhafteten Jose augenblicklich wegen versuchter Vergewaltigung und Körperverletzung, und dann teilte Jose ihnen mit, dass er im Besitz von interessanten Informationen sei. Er hatte allerdings genug amerikanische Serien gesehen, um zu wissen, dass er nach dem Bezirksstaatsanwalt fragen musste, um ihm einen Deal anzubieten. Jetzt saß dieser siebzehnjährige Junge ganz stoisch im Vernehmungszimmer, rauchte eine Zigarette und versuchte sich nicht anmerken zu lassen, wie viel Angst er hatte. Er wartete nun schon anderthalb Stunden auf den Bezirksstaatsanwalt, und dies war seine dritte Zigarette. Die Tür ging auf und Melinda Powell betrat ruhig und zuversichtlich den Raubtierkäfig.

»Ich habe gehört, Sie haben uns etwas zu sagen.« Sie zog den Stuhl unter dem Tisch hervor und setzte sich dem Jugendlichen, der fast eine Frau vergewaltigt hätte, gegenüber.

»Sie sind der Bezirksstaatsanwalt?«, brummte er.

»Ich bin die Stellvertretende Bezirksstaatsanwältin.« Sie gab ihm ihre Karte. Ohne hinzusehen warf er sie auf den Boden.

»Ich will den Bezirksstaatsanwalt. Ich rede nicht mit einer Frau.« Er verschränkte die Arme und ließ den Stuhl auf den hinteren Beinen kippeln.

Melinda stand langsam auf und ging zu Jose hinüber. Mit einer schnellen Bewegung schnappte sie nach der Stuhllehne, so dass er fast das Gleichgewicht verloren hätte, und flüsterte ihm ins Ohr: »Du hältst dich für einen richtigen Mann, was? Du bist so männlich, dass du unschuldige Frauen vergewaltigst, um dir zu beweisen, wie toll du bist! Warte nur, bis ich dich ins Gefängnis werfen lasse! Da gibt es einen Haufen Männer, die seit fünfzehn Jahren keine Frau mehr gesehen haben. Ich kenne da zwei, Bubba und Duke, die deinen schlanken Körper und deine glatte dunkle Haut lieben werden. Du bist mir völlig egal, und ich würde nicht eine Sekunde unruhig schlafen, weil ich dich den Wölfen vorgeworfen habe. Der Bezirksstaatsanwalt will nicht mit dir reden. Ich bin der letzte Mensch, der dir noch zuhört, und du hast fünf Sekunden Zeit, um dich zu entscheiden. Entweder machst du jetzt den Mund auf, oder du kriegst genau das, was du dieser Frau antun wolltest, nur dass sich keiner darum kümmern wird, was mit dir passiert.«

Sie konnte genauso gut bluffen wie die Männer, die im Büro des Bezirksstaatsanwalts arbeiteten.

Jose stand der Schweiß auf der Stirn, und er zitterte sichtlich, als die beiden vorderen Beine des Stuhls mit einem Knall wieder auf dem Fußboden landeten. In dem kleinen Zimmer hallte das Echo von den Wänden. »Okay. Ich werde reden«, gab er sich geschlagen. »Aber schicken Sie mich nicht ins Gefängnis.«

»Dafür kann ich nicht garantieren.« Melinda unterdrückte ein Lachen. Sie sah sich eigentlich nicht als »eiserne Lady«, konnte aber problemlos in diese Rolle hineinschlüpfen. »Das hängt davon ab, ob du mir etwas Interessantes erzählst oder nicht.«

Dem Straßenkind rollte eine Träne über die Wange. »Ich wollte ihr gar nichts tun, aber das war die Aufnahmeprüfung für die Bande. Mein Freund ist vor kurzem Mitglied bei den Diablos geworden. Ich wollte nur so sein wie er.«

Melinda nickte, um ihm zu signalisieren, dass er weiterreden sollte.

»Jedenfalls ... vor ein paar Tagen kommt er an und zeigt mir die Zeitung. Sagt, dass er jetzt berühmt ist. Gibt richtig an damit. Die Frau von dem Rechtsanwalt, die umgebracht worden ist. Er wollte sie bloß nehmen wie die anderen Jungs in der Gang. Sie haben versucht, ein paar Dosen Bier zu kaufen, und dann haben sie sie gesehen. Sie sind ihr bis zu ihrem Haus gefolgt. Er ist hinter ihr hergegangen nach drinnen und hat sie mit einem Messer bedroht und gezwungen, nach oben zu gehen. Das Kind hat er weggeschickt, aber dann hat sich die Frau gewehrt. Er wollte sie erwürgen, aber schließlich hat er ihr den Kopf eingeschlagen. Die Kleine hat er auch umgebracht, weil sie ihn gesehen hat. So ist er Mitglied bei den Diablos geworden.«

»Hat dein Freund auch einen Namen?« Melinda versuchte ruhig zu bleiben.

»Was kriege ich dafür?« Jose verschränkte die Arme und spürte, dass er jetzt in der Lage war, einen Handel abzuschließen. Sie dachte eine Sekunde nach. »Ich will, dass du mit diesen Banden nichts mehr zu tun hast. Du bist erst siebzehn, also kann ich dich noch nach dem Jugendstrafrecht verurteilen. Ich könnte dich in dieses Lager in den Bergen schicken und deine Akte versiegeln. Wenn du ein Jahr dort abgesessen hast, wird deine Akte gelöscht und du hast wieder eine weiße Weste. Der Haken bei der Sache ist, dass du mir den Namen geben und vor Gericht aussagen musst. Außerdem musst du mir versprechen, dich für immer von Banden fernzuhalten.«

»Klingt cool.« Jose atmete vor Erleichterung tief durch. »Enrique Alvarez.«

19

MANCHMAL MAHLEN SOGAR die Mühlen der Justiz erstaunlich schnell. Enrique Alvarez war sechzehn Jahre alt und saß mit seinem Pflichtverteidiger Delbert Watkins in einem Besprechungszimmer, nachdem er den Tag mit Betrunkenen, Drogensüchtigen und Männern, die ihre Frauen verprügelt hatten, im Bezirksgefängnis verbracht hatte. Wie die Polizei das Apartment, in dem Alvarez lebte, noch vor dem Morgengrauen gestürmt hatte, war an sich schon spektakulär gewesen. Guy Streebeck hatte gezielte Informationen an die Presse durchsickern lassen und die Erstürmung der Wohnung generalstabsmäßig geplant, um sich einen Platz im Rampenlicht zu sichern. Alle Lokalsender würden in den Nachrichten heute Abend zuerst die Meldung bringen, dass im ungelösten Mordfall Sandy Harrigan ein Verdächtiger verhaftet worden war. Zwanzig Streifenwagen mit blinkendem Blaulicht umstellten das Gebäude. Kameras filmten die gesamte Aktion.

Bryan Paxton und Kevin Schmidt trugen schwarze Windjacken mit der leuchtend gelben Aufschrift »Polizei«. Darunter trugen sie kugelsichere Westen. Zweimal klopften sie energisch an die Tür und riefen: »Polizei! Wir haben einen Haftbefehl!« Noch bevor Juanita Alvarez' betrunkener Freund von der Couch aufstehen konnte, hatten die Polizisten die dünne Holztür bereits eingeschlagen. Die Scheinwerfer, die auf die Gewehre montiert waren, zerschnitten die Finsternis und bewirkten, dass alle in Panik gerieten. Die Cops zwangen Ms. Alvarez und ihren Freund, sich hinzulegen. Kleine Kinder schrien auf Spanisch, und die Polizisten brauchten nur fünfzehn Sekunden, bis sie Enriques Zimmer gefunden hatten. Sie rissen ihn aus dem Tiefschlaf, und als er zu sich kam, wurde er von dem Scheinwerferlicht der drei Gewehre geblendet, die auf ihn gerichtet waren.

Es sah ein bisschen übertrieben aus, als zehn bewaffnete Polizisten in voller Kampfausrüstung einen Sechzehnjährigen zum Streifenwagen eskortierten. Aber es sorgte für Aufsehen. Guy Streebeck und Rex Armstrong hielten eine Pressekonferenz ab, bei der sie sich gegenseitig auf die Schulter klopften, weil sie in diesem ungelösten Mordfall so schnell den mutmaßlichen Täter verhaften konnten. Streebeck gab vor, dass er dank seiner intuitiven Ermittlungstechnik von Anfang an gewusst habe, dass die Täter im Umfeld der Straßenbanden zu suchen seien. Charlie wurde entlastet, ohne jede Entschuldigung, ohne das Eingeständnis, etwas falsch gemacht zu haben. Danach teilte Streebeck den Journalisten mit, dass während seiner Amtszeit als Bezirksstaatsanwalt die Kriminalität zurückgegangen sei und dass er eine Sondereinheit zusammenstellen werde, die gegen die Straßenbanden in Charlotte eingesetzt werden solle.

Zum Schluss erklärte Streebeck noch, dass Enrique Alvarez nicht nach dem Jugendstrafrecht verurteilt werden würde und dass man die Todesstrafe beantragen werde. Er beteuerte, dass ihn nichts davon abhalten werde, Alvarez die volle Härte des Gesetzes spüren zu lassen. Danach sprach Armstrong und erläuterte den genauen Hergang der Verhaftung. Er dankte den Fahndern und Polizisten, die so hart dafür gearbeitet hatten, den Verbrecher zur Strecke zu bringen. Niemand würde jemals erfahren, dass es Charlie Harrigan und Melinda Powell gewesen waren, die die Vorarbeit geleistet und diesen Erfolg erst möglich gemacht hatten.

Delbert Watkins hatte den undankbaren Beruf eines Pflichtverteidigers. Nachdem er von der juristischen Fakultät der Universität von East Carolina abgegangen war, hatte er acht Monate in einem Schuhladen gearbeitet, um sein Studentendarlehen abzuzahlen. Es gab zu viele Anwälte; der Markt war ohnehin schon übersättigt. Er war ein drittklassiger Anwalt, der eine zweitklassige Universität besucht hatte. Er wirkte weichlich und sah eher aus wie ein Buchhalter. Er trug Anzüge von der Stange und Polyesterkrawatten und fuhr immer noch seinen Honda Civic. Die schlecht bezahlte Stellung im öffentlichen Dienst hatte er nur angenommen, weil er irgendetwas tun wollte, was seiner Ausbildung entsprach.

Er hasste seinen Job, und er verachtete die Menschen, die er vor Gericht vertrat. Sie waren für ihn der Abschaum der Menschheit. Sie spritzten sich Drogen, sie schlugen Frau und Kinder zusammen, obwohl sie behaupteten, sie zu lieben, und sie brachten sich aus vollkommen banalen Gründen gegenseitig um. Er wollte, dass sie ins Gefängnis kamen. Er würde sich sehr viel sicherer fühlen, wenn jeder seiner Mandanten hinter Gittern säße oder zwei Meter unter der Erde läge. Aber er war immer noch praktizierender Anwalt. Wenn er noch ein paar Jahre durchhielt, würde er sich für einen Posten im Büro des Bezirksstaatsanwalts bewerben, wenn dort etwas frei wurde. Seine Verteidigungsstrategie war einfach. Er plädierte auf mildernde Umstände und sah zu, dass seine Mandanten nur ein paar Jahre absitzen mussten. Er weigerte sich, nach fünf Uhr zu arbeiten, und versuchte erst gar nicht, sich einen Einblick in das Leben seiner Mandanten zu verschaffen, weil das ja doch niemanden interessierte.

Jetzt saß er Enrique Alvarez gegenüber und konnte kaum glauben, dass dieses Milchgesicht zwei Menschen umgebracht hatte. Alvarez zeigte keine Gefühlsregung und blickte teilnahmslos in die Leere. Die schmutzig-weißen Wände wirkten bedrückend. Der metallene Konferenztisch und die Stühle waren die einzigen Farbtupfer in diesem Raum. An einen dieser Stühle hatte man Enrique mit Handschellen gefesselt. Vor Jahren hatte man einen Festgenommenen einmal an einen Holzstuhl gefesselt. Er hatte ein Bein abgerissen und damit seinen Anwalt ohne ersichtlichen Grund angegriffen. Delbert hatte davon gehört und war ein bisschen nervös, aber er versuchte ganz bewusst, ruhig und gleichmäßig zu atmen.

»Enrique, ich glaube nicht, dass ich viel für dich tun kann.« Delbert schluckte. »Wenn du auf Totschlag und Einbruchdiebstahl plädierst, wirst du vielleicht zehn oder zwanzig Jahre absitzen, aber jedenfalls wirst du nicht sterben.«

»Ich will nicht ins Gefängnis, Mann.« Enrique blickte seinen Anwalt an. »Ich hab nichts getan. Ihr habt den Falschen erwischt, du Schwein.«

»Jetzt hör mir mal zu. Ich bin dein Anwalt. Das bedeutet, dass ich auf deiner Seite stehe. Mir gefällt es genauso wenig wie dir, aber der Bezirksstaatsanwalt hat zwei Zeugen, die gegen dich ausgesagt haben. Du hast vor deinem Freund Jose damit angegeben, dass du die Frau des Anwalts umgebracht hast. Zwei Diablos sind gestern verhaftet worden, und sie werden dich verpfeifen, damit sie mit einer kleinen Strafe davonkommen. Die Hehlerin, der du den Videorecorder verkauft hast, ist bereit, gegen dich auszusagen. Alle sind hinter dir her. Du lässt dich besser auf diesen Deal ein.« Delbert ließ sich wieder auf seinen Stuhl sinken und fuhr sich mit den Fingern durch die Locken.

»Ich kann nicht ins Gefängnis, Mann.« In Enriques Stimme schwang eine Spur Verzweiflung mit. »Ich stell mich verrückt oder so was.« Er wackelte wie ein Hühnchen mit dem Kopf und fing an zu heulen wie ein Hund.

»Halt den Mund!«, fuhr Watkins ihn an und hoffte inständig, dass ihn dieser Mandant nicht angreifen würde. »Damit wirst du kaum durchkommen. Wir sind hier nicht im Fernsehen. Das ist das wirkliche Leben! Warum lässt du dich nicht auf den Deal ein? Die Geschworenen werden dich festnageln.«

»Sehen Sie, Mann. Da waren fünf Leute im Auto. Ich, Tino, Kiki, Juan und Jorge. Jeder von denen könnte es gewesen sein. Ich war's nicht.« Er versuchte unschuldig und verletzlich auszusehen. Eine Sekunde lang hatte er damit fast Erfolg. Er konnte sehr überzeugend wirken, wenn er den harmlosen, missverstandenen Straßenjungen mimte. Watkins erwischte sich bei dem Gedanken, dass er mit diesem Jungen nur gewinnen konnte. Dieser Fall konnte ihn ins Rampenlicht katapultieren. Für einen Anwalt ist jede Art von Publicity hilfreich, denn es wird immer Menschen auf beiden Seiten des Gesetzes geben. Man macht eher ein Vermögen, wenn man einem skrupellosen Menschen hilft, sich aus einer Sache herauszuwinden, als wenn man einem Unschuldigen hilft, seine Unschuld zu beweisen.

Delbert gab auf. »Also, wenn es zu einer Verhandlung kommt, kannst du dich meiner Ansicht nach gleich beerdigen lassen. Aber wenn du drauf bestehst, bitte. Dann nehme ich dich ins Kreuzverhör, und du kannst deine traurige Geschichte erzählen. Dein Wort steht gegen ihres. Ich sag dir eins: Wenn du es schaffst, während der ganzen Verhandlung diese Unschuldsmiene aufzusetzen, hast du vielleicht eine Chance. Aber versprechen kann ich nichts.«

»Ich riskier's.«

Charlie wachte an diesem Tag erst gegen Mittag in seinem kleinen Motelzimmer auf. Daisy Maxwell brachte ihm einen Kaffee und ein paar Doughnuts. Er schleckte gerade die Sahnecreme aus einem der Doughnuts heraus und stellte sich dabei lebhaft vor, wie seine Arterien verkalkten, als die Nachrichtensprecherin im Fernsehen die Meldung brachte, dass es im Fall Harrigan Neuigkeiten gebe. Er blickte gespannt auf den Bildschirm und sah, wie eine selbstbewusste Reporterin vor einem heruntergekommenen Hochhaus in der Rozelles Ferry Road stand und ihr Eine-Million-Dollar-Lächeln aufsetzte.

»Ich stehe hier vor den Windsor Court Apartments, wo die Polizei noch vor dem Morgengrauen den sechzehnjährigen

Enrique Alvarez verhaftet hat, der jetzt im Bezirksgefängnis sitzt. Ihm werden die bisher ungeklärten Morde an Sandy und Ashley Harrigan zur Last gelegt. Der Bezirksstaatsanwalt hat uns versichert, dass Alvarez nicht nach dem Jugendrecht bestraft wird und dass man die Todesstrafe beantragen wird. Mrs. Alvarez, die Mutter des Verdächtigen, hat sich geweigert, uns ein Interview zu geben, und Charlie Harrigan stand für einen Kommentar nicht zur Verfügung.«

Er fing tatsächlich an zu lachen. Er hatte seine Gefühle nicht unter Kontrolle, ließ sich auf das Bett fallen und lachte. Zum Schluss hatte doch noch die Gerechtigkeit gesiegt. Das war die erste gute Nachricht seit drei Wochen. Es tat ihm gut, wieder lächeln zu können. Er beschloss, sich auf den Fall einzulassen. Nach dem Zähneputzen zog er seine Jeans und seinen cremefarbenen Lieblingspullover an. Er schnürte seine halbhohen Stiefel und wollte gerade das Zimmer verlassen, um zum Büro des Bezirksstaatsanwalts zu gehen, als er hörte, wie die selbstbewusste Reporterin ihren Bericht fortsetzte.

»Wir wurden gebeten, eine Ankündigung zu machen. Reverend Billy Rae Higgins wird heute Abend eine Gebetswache bei Kerzenlicht abhalten, um dazu beizutragen, die Gewalt in unserer Stadt einzudämmen. Reverend Billy, warum tun Sie so etwas?«

Der Prediger räusperte sich und spielte mit der kleinen Goldkette, die seine Krawatte an ihrem Platz hielt. »Unsere Stadt hat ein Gewaltproblem. Die entsetzlichen Sünden, die in Charlotte begangen werden, haben Gottes Strafgericht auf uns herabgerufen. Deshalb wollen wir beten und Buße tun, um dieser Gewalt ein Ende zu machen. Ich möchte hier auch bekannt geben, dass wir Spenden entgegennehmen, um der Familie Harrigan aus ihrer Notlage herauszuhelfen. Stellen Sie Ihre Schecks einfach auf *Reverend Billy Ministries* aus, und ich werde persönlich dafür Sorge tragen, dass das Geld dort ankommt, wo es hingehört.«

»Ich danke Ihnen, Reverend Billy. Wir werden unsere Zuschauer über den Prozess auf dem Laufenden halten, also bleiben Sie mit uns in Verbindung. Zurück zu dir ins Studio, Susan.« Sie lächelte und neigte den Kopf.

Es gab nur eins, was ihm heute die Freude hätte verderben können, und Reverend Billy Rae Higgins hatte es fertig gebracht. Charlie starrte den Prediger mit seiner Löwenmähne und der getönten Brille an und wurde fuchsteufelswild. Er hatte diese Leute nicht um Hilfe gebeten und er wollte ihr Geld nicht. Nach dem Evangelium des Billy Rae war Charlie ein Sünder, auf jeden Fall aber ein untreuer Christ. Er ging zum Fernseher und versetzte dem kleinen Tisch, auf dem das Neunzehn-Zoll-Gerät stand, einen Fußtritt. Er begann zu schwanken und fiel schließlich um. Das Kabel riss aus der Wand und der Fernseher krachte auf den Boden. Die Bildröhre platzte und überall stoben Funken heraus. Zu viel Fernsehen ist sowieso ungesund, dachte Charlie und ging zur Tür hinaus.

Eine halbe Stunde später fuhr Charlie in ein Parkhaus an der Fourth Street ein. Es war voll belegt, aber schließlich fand Charlie im fünften Geschoss noch einen freien Parkplatz. Er stieg aus seinem Blazer und genoss die herrliche Aussicht auf die Skyline. Als er noch zur Schule gegangen war, waren seine Freunde und er hin und wieder in die Innenstadt gefahren und hatten oben auf dem Dach eines dieser Parkhäuser geparkt, wenn sie mit ihren Freundinnen ausgingen. Damals hatte es nur fünf oder sechs Hochhäuser gegeben. Jetzt schossen sie wie Pilze aus dem Boden. Charlie blickte zum höchsten Wolkenkratzer hinüber, dem Gebäude der NationsBank. Es überragte die anderen Hochhäuser bei weitem. Früher hatte er dort im neununddreißigsten Stock oft am Fenster gestanden und auf die Welt geblickt, die sich unter seinen Füßen ausbreitete. Dann hatte er oft das Gefühl gehabt, dass ihn die Probleme dieser Plebejer dort unten gar nicht berührten. Er hatte davon geträumt, immer höher hinauszukommen. Jetzt war er der König der Plebejer.

Es war ein verführerischer Traum gewesen, der damals sein ganzes Leben durchdrungen hatte und von dem er nicht genug bekommen konnte. Jetzt kam ihm das unglaublich oberflächlich und flach vor. Seine Träume heute waren eher praktischer Natur. Wenn er die Uhr doch nur um drei Wochen zurückdrehen könnte, dann hätte er mehr Zeit mit seiner Familie verbracht. Er hätte sich von Walter Comstock ferngehalten, als Reimarus ihm diesen lächerlichen Kuhhandel vorgeschlagen hatte. Vielleicht hätte er gekündigt und eine eigene Kanzlei eröffnet. Wenn er da gewesen wäre, wäre es anders gekommen. Vielleicht wären sie dann heute nicht …

Der kalte Septemberwind strich ihm übers Gesicht. Er verschränkte die Arme und machte sich auf den Weg nach unten. Dann ging er über die Straße und betrat das große dreieckige Gebäude der Stadtverwaltung, das aus rosa Granit erbaut worden war. Der Stadtrat gab der modernen Architektur eindeutig den Vorzug gegenüber konventionelleren Stilen. Von der Pforte aus rief er Melinda Powells Sekretärin an, die ihn sofort nach oben bat.

Das Büro war sehr viel kleiner, als sein altes gewesen war. An der Wand hinter dem Schreibtisch stand eine Reihe von Aktenschränken aus Metall. Metallregale, gefüllt mit Fachbüchern und Ordnern, reichten bis zur Decke. Vor dem Schreibtisch standen zwei Besucherstühle aus Holz. Einem Stellvertretenden Bezirksstaatsanwalt standen offenbar keine eindrucksvollen Möbel zu. Das Büro war sachlich und funktional, aber keineswegs elegant eingerichtet.

»Bitte kommen Sie herein, Charlie.« Melinda stand auf und deutete auf einen der unbequem aussehenden Besucherstühle. »Ich habe versucht, Sie zu erreichen, aber Ihr Telefonanschluss scheint nicht in Ordnung zu sein.«

Er faltete die Hände und sah aus dem Fenster auf das Gebäude der NationsBank. »Ich habe mich etwas bedeckt gehalten. Ich bin seit Wochen nicht zu Hause gewesen und habe keine Rechnungen bezahlt. Wahrscheinlich haben sie mein Telefon abgeschaltet. Ich gebe Ihnen die Nummer von meinem Handy, das funktioniert auf jeden Fall. Jetzt sind meine Konten ja auch nicht mehr eingefroren. Jedenfalls will ich Ihnen helfen. Mit dem Alvarez-Fall, meine ich. Ich weiß, dass ich offiziell nicht in Erscheinung treten darf, aber ich will wenigstens das Gefühl haben, dass ich meinen Beitrag zu seiner Verurteilung leiste.«

»Das haben Sie doch schon!« Melinda versuchte dem jungen

Mann Mut zuzusprechen, der so aussah, als hätte er sich verirrt und wollte wieder auf den richtigen Weg zurückfinden. »Sie haben den Videorecorder gefunden und einen verlässlichen Zeugen aufgetrieben. Callabro bekommt eine milde Strafe, drei Jahre auf Bewährung, weil er gegen Alvarez aussagt. Damit hat er uns außerordentlich geholfen.«

»Ja, natürlich, das ist wunderbar. Aber ich möchte an dem Fall beteiligt sein. Selbst wenn Sie nur jemanden brauchen, um kleinere Nachforschungen anzustellen, oder vielleicht einen Zuhörer, dem Sie Ihr Plädoyer vortragen. Ihre Dienststelle hätte beinah mein Leben zerstört. Ich glaube, Sie sind mir etwas schuldig.«

Sie rollte verzweifelt mit den Augen. »Erstens waren das Guy und Armstrong, die so hinter Ihnen her waren. Wahrscheinlich haben sie zu viele Filme im Nachtprogramm gesehen. Sie wollten so schnell wie möglich jemanden verhaften, und für Guy gehörte das einfach zum Wahlkampf. Können Sie sich an die Handelsvertreterin aus Oregon erinnern, die im Hilton-Hotel von hinten erschossen wurde, als sie hier an einer Konferenz teilnahm? So etwas war am University Place noch nie geschehen. Es war auch eine Aufnahmeprüfung für eine Straßengang, das Opfer wurde ganz zufällig ausgewählt. Seitdem veranstaltet kaum noch eine Firma ihre Kongresse in Charlotte, die Stadt büßte Einnahmen ein, und Guy hätte fast seine Stellung verloren. Sie wollen keine Gangs hier in der Stadt. Ehrlich gesagt haben die sich gewünscht, dass Sie der Mörder wären.«

»Herzlichen Dank. Genau das, was ich hören wollte.« Charlie runzelte die Stirn.

»Und zweitens: Würden Sie mich bitte ausreden lassen?« Sie wirkte etwas frustriert, schien aber auch Mitgefühl mit ihm zu empfinden. »Ich habe niemals geglaubt, dass Sie so etwas getan haben. Ich habe Sie im Gericht gesehen. Sie stellen ihre moralischen Grundsätze nicht einfach nur zur Schau, Sie glauben wirklich daran und leben danach. Ich habe Tag und Nacht dafür gekämpft, Ihren Namen reinzuwaschen. Von Guy werden Sie wahrscheinlich nie eine Entschuldigung hören. Bitte nehmen Sie meine an.«

Charlie ließ sich auf den Stuhl fallen und wäre am liebsten in ein Mauseloch gekrochen. »Es tut mir Leid, das habe ich nicht gewusst. Im Augenblick habe ich meine Gefühle nicht richtig unter Kontrolle. Bitte verzeihen Sie mir.«

»Ist schon okay. Ich habe täglich mit Menschen zu tun, die Schreckliches durchgemacht haben. Im Unterschied zu einigen Leuten, die hier arbeiten«, sagte sie und nickte mit dem Kopf in Richtung des Büros gegenüber, »will ich nicht nur die Karriereleiter erklimmen. Ich fühle mit den Opfern, und wenn es geht, versuche ich ihnen zu helfen. Zu Ihrem Angebot: Ich glaube, ich hätte etwas Arbeit für Sie. Und weil Sie immer noch arbeitslos sind, vermute ich, dass Sie genug Zeit haben.«

Charlie grinste verlegen, um anzudeuten, dass sie mit ihrer Vermutung Recht hatte.

Die Stellvertretende Bezirksstaatsanwältin erklärte ihm dann, was sie im Fall Alvarez unternehmen wollten. Sie planten, ihn mit Anklagepunkten förmlich zu überhäufen, um sicherzugehen, dass wenigstens etwas hängen blieb. Mord in zwei Fällen in Tateinheit mit sexueller Nötigung und Einbruchdiebstahl. Diese Aufzählung sollte die Geschworenen einfach durch die Schwere der Verbrechen beeindrucken. Melinda hatte Streebeck überzeugen wollen, Anklage wegen dreifachen Mordes zu erheben, weil Sandy schwanger gewesen war, aber er hatte ihr den weisen Ratschlag gegeben, aus diesem Fall keine politische Kundgebung zu machen. Ihren Kampf gegen die Abtreibung sollte sie an anderer Stelle führen, hatte er ihr geraten.

Melinda wollte in der Verhandlung Charlie Harrigan als ersten Zeugen aufrufen. Der trauernde Ehemann und Vater würde ein Bild abgeben, das kein Verteidiger schönreden und kein Geschworener vergessen konnte. Sie glaubte, dass sie sogar mit ihm als einzigem Zeugen gewinnen könnte, aber darauf wollte sie sich nicht verlassen. Sie musste zunächst das Mitgefühl der Geschworenen wecken. Dann wollte sie der Frage nachgehen, wer den Videorecorder und den Fernseher von Alvarez gekauft hatte. Der Fernseher war zwar noch nicht aufgetaucht, aber das war auch nicht notwendig. Tino und Kiki waren wegen einiger kleinerer Vergehen verhaftet worden, aber sie war bereit, die Anklage fallen zu lassen, wenn sie gegen ihren Freund aussagten. Die beiden anderen Komplizen waren verschwunden. Wahrscheinlich hielten sie sich illegal im Land auf und waren nach Atlanta oder Richmond geflüchtet. Wahrscheinlich würden sie sich eine neue Bande suchen und da weitermachen, wo sie hier aufgehört hatten.

Der wichtigste Zeuge war Jose Florez. Er sollte als Letzter in den Zeugenstand gerufen werden, und er würde bei den Geschworenen einen nachhaltigen Eindruck hinterlassen. In derselben Nacht, in der Enrique bei den Diablos aufgenommen wurde, hatten sie bei einer Tankstelle ein paar Dosen Bier geklaut. Dann hatten sie sich hinter den Laden gestellt und das Bier neben einem Müllcontainer ausgetrunken. Alvarez hatte im Müll herumgewühlt und eine Ausgabe des *Charlotte Observer* zutage gefördert. Er hatte sie hochgehalten und damit angegeben, berühmt und ein richtiger Mann zu sein. Dann hatte er Jose überredet, auch bei der Bande mitzumachen. Den Spießrutenlauf hatte dieser über sich ergehen lassen, ohne mit der Wimper zu zucken. Aber bevor er die junge Frau angriff, musste er sich erst Mut antrinken. Jetzt hatte er Angst vor dem Gefängnis, und er war absolut überzeugt davon, dass die Bezirksstaatsanwältin die beste Freundin war, die er auf der Welt hatte. Sie hatte ihm eine Einzelzelle und einen Fernsehapparat verschafft. Sie ließ ihm Pizza bringen, um ihn bei Laune zu halten, während er darauf wartete, seine Aussage zu machen.

Die Beweisführung der Anklage würde höchstens drei Tage in Anspruch nehmen. Viele Staatsanwälte machten den Fehler, sich in Einzelheiten und gerichtsmedizinischen Details zu verlieren, mit denen der durchschnittliche Geschworene nichts anfangen konnte. Geschwindigkeit und Rhythmus waren der Schlüssel zum Erfolg. Sie musste nur eine plausible Geschichte erzählen und jemandem die Schuld zuweisen. Wahrscheinlich würde es etwa sechs schwarze und sechs weiße Geschworene geben. Die Geschichte würden sie wohl kennen, sie brauchten nur jemanden, dem sie die Schuld zuweisen könnten. Sie würde ihnen Alvarez auf dem Silbertablett präsentieren.

20

DIE FOURTH STREET war eine Einbahnstraße, die östlich vom Bezirksgericht in nördlicher Richtung in die Innenstadt hineinführte. Wer jetzt noch im Stau stand, würde es nicht mehr bis neun Uhr an seinen Schreibtisch schaffen. Auf der Third Street westlich vom Gerichtsgebäude, die aus der Stadt herausführte, war es ruhig. Die Übertragungswagen der Radio- und Fernsehsender hatten auf der Straße geparkt und blockierten die rechte Spur. Auf dem Rasen vor dem Gerichtsgebäude lagen überall Kabel herum. Kameras waren in Position gebracht worden, und die Reporter und Reporterinnen warfen einen letzten prüfenden Blick in den Taschenspiegel. Jedes Mal, wenn ein Streifenwagen unter dem überdachten Zugang vorfuhr, breitete sich ein paar Sekunden lang ehrfürchtiges Schweigen aus, bis man merkte, dass es immer noch nichts Neues gab.

Der eigentliche Prozess sollte erst in einigen Monaten stattfinden. Die Anhörung heute würde nichts Neues ergeben und war allein auf Publikumswirksamkeit ausgerichtet. Man würde eine Reihe von erwarteten, aber völlig nutzlosen Anträgen hören: Einstellung des Verfahrens, Änderung der Anklagepunkte, Freilassung gegen Kaution und die Verringerung dieser Kaution – und keiner von ihnen hatte Aussicht auf Erfolg. Kein Richter würde einem mutmaßlichen Doppelmörder gegenüber, bei dem dazu noch Fluchtgefahr bestand, Milde walten lassen, denn das wäre schlicht und einfach politischer Selbstmord. Außerdem haben auch Richter Familien, und sie wollen genauso wenig wie irgendjemand anders, dass ein Mörder frei auf der Straße umherläuft.

Das Parkhaus war voll belegt, und deshalb hatte Charlie sein Auto am *Adam's Mark Hotel* unmittelbar südlich vom Marshall Park abgestellt. Wenn er abgeschleppt werden sollte, dann war das zuständige Polizeirevier wenigstens zu Fuß zu erreichen. Darum machte er sich keine Sorgen. Von Morehead aus durchquerte er den Marshall Park. Sein schwarzer Anzug, das blaue Hemd und die rote Krawatte bewirkten, dass er sich wieder annähernd normal fühlte. Vor ein paar Wochen erst hatte er mit dieser Krawatte, die ihm Glück für den kommenden Prozess bringen sollte, hier in diesem Gerichtssaal gestanden. Das saftige Grün des Rasens und die goldenen, orangefarbenen und burgunderroten Blätter an den Bäumen übten eine beruhigende Wirkung auf ihn aus. Am Morgen war es frisch gewesen, aber jetzt wärmten ihn die Sonnenstrahlen. Er fühlte sich gut, sogar fast normal. Dies war sein erster Lichtblick auf seinem Weg durch den Hades.

Er wusste, dass jetzt lediglich eine Anhörung bevorstand, die nicht länger als eine Viertelstunde dauern würde. Er lachte, als er das Heer von Reportern auf dem Rasen stehen sah, die alle das Gleiche sagten. Für ihn war es der Tag, an dem Gott damit beginnen würde, seine Gerechtigkeit walten zu lassen. Selbst der Himmel war seiner Meinung. Der strahlende Sonnenschein ließ die letzten trüben und nebligen Tage vergessen. Vielleicht würde Gott jetzt endlich etwas für ihn tun. Charlie hätte es gern gesehen, wenn in North Carolina der Galgen noch in Gebrauch gewesen wäre. Die tödliche Injektion war eine viel zu milde Strafe für solche Gewaltverbrecher. Jetzt ging er sogar mit federnden Schritten. Vor dem Gericht nahm er immer zwei Stufen auf einmal.

Im Foyer herrschte reger Betrieb. Auf den Bänken saß die übliche Mischung: Landstreicher, verschuldete Familienväter, Paare, die auf das Scheidungsurteil warteten, und kleine Drogendealer. Anwaltsgehilfinnen rauchten die letzte Zigarette draußen vor der Tür, bevor sie drinnen den ganzen Tag damit verbringen mussten, alte Akten zu durchforsten. Die Sicherheitskräfte eskortierten die Reporter in den zweiten Stock, wo die Strafsachen verhandelt wurden, und Charlie ging hinter ihnen her.

Der Gerichtssaal war nüchtern und modern. Die Galerie war mit einfachen Klappstühlen ausgestattet. Die beiden Tische vorne waren in natürlichen Holztönen gehalten und fügten sich damit in die minimalistische Raumausstattung ein. Die Geschworenen saßen in zwei Reihen in einem abgegrenzten Bereich zur Rechten, und vorne erhob sich ein dreistufiges Podium. Die ersten beiden Reihen gehörten den Gerichtsdienern und Stenographen, die letzte Reihe aber war für den Richter reserviert, der zur Rechten von der amerikanischen Flagge, zur Linken von der Flagge des

Staates North Carolina flankiert wurde. Dieser Saal flößte einem nicht dieselbe Ehrfurcht ein wie das Bundesgericht in der East Trade Street, aber auf seine Weise beeindruckte er doch. In diesem leeren, minimalistischen Raum gab es keinen Ort, an dem man sich verstecken konnte. Die klare, gerade Linienführung ließ den Saal größer erscheinen, als er eigentlich war.

Charlie stand vor der zweiflügeligen Tür und blickte sich in der Menge um. Jeder Platz war besetzt. Glücklicherweise mussten die Kameraleute draußen auf dem Rasen warten, aber die Reporter saßen in der letzten Reihe, hielten ihr Handy in der Hand und balancierten ihren Laptop auf den Knien. Er entdeckt Melinda Powell am Tisch in der rechten Ecke. Als sie ihren Blick über die Menge schweifen ließ, begegneten ihre Augen denen Charlies. Sie winkte ihn zu sich heran. Sein Magen rebellierte. Er hatte das Frühstück an diesem Morgen ausgelassen, weil er befürchtet hatte, es nicht bei sich behalten zu können. Nach all dem Warten und der Unsicherheit war nun der Gerichtstag gekommen. Melinda deutete auf eine Stuhlreihe gleich hinter der Anklagebank.

»Ich habe mit dem Richter abgemacht, dass Sie hier sitzen können.« Sie sprach leise. »Wie kommen Sie zurecht?«

»Ich bin bereit. Ich will, dass Sie diesen Jungen ins Gefängnis werfen. Ich werde die Parade anführen, wenn er in die Todeszelle marschiert.«

»Bis dahin ist es noch ein weiter Weg. Guy hat mich angewiesen, mich mit Mord zweiten Grades und einer lebenslangen Freiheitsstrafe zufrieden zu geben, falls das Urteil so ausfallen sollte. Also machen Sie sich nicht zu große Hoffnungen.« Sie versuchte ihn zu beruhigen. »Ich weiß, was Sie wollen. Aber bleiben Sie ruhig. Vergessen Sie nicht, dass ich hier die Staatsanwältin bin. Sie sind ein Zeuge und immer noch zugelassener Anwalt, wenn auch im Augenblick ohne Beschäftigung. Halten Sie sich im Hintergrund. Wir können uns keine Fehler leisten.«

Charlie holte tief Luft und hielt sich am Stuhl fest, als er entgegnete: »Okay, es ist nur so ... das hier ist wichtig. Mir bleibt nur noch die Gerechtigkeit. Der einzige Lichtblick in meinem trostlosen Leben ist, dass der Schuldige bekommt, was er verdient. Sie sind meine einzige Hoffnung, Melinda.«

»Danke, Charlie.« Sie verdrehte die Augen. »Ich stehe wohl noch nicht genug unter Druck mit all den Kameras, meinem Chef, der mir im Nacken sitzt, und einem gewalttätigen Mörder, der vielleicht Freunde hat, die sich an mir rächen wollen. Wenn ich jetzt noch weiß, dass Sie die letzte Hoffnung, die Ihnen geblieben ist, auf diese Verhandlung setzen, dann ist das genau der Druck, der mir noch gefehlt hat.«

»Es tut mir Leid.« Charlie spürte, dass es ihr ebenso ernst war wie ihm. »Für einen Anwalt habe ich mich in der letzten Zeit nicht sehr klar ausdrücken können. Was ich sagen will, ist, dass das Ganze für mich irgendeinen Sinn ergeben muss, damit ich wieder Entschlüsse fassen kann, und damit ich weiß, dass es irgendwo einen Gott gibt.«

»Ich kann Sie verstehen, Charlie. Glauben Sie mir, ich weiß, wie wichtig der Prozess für die Opfer ist. Ich habe schon schlimmere Verbrecher mit weniger Beweisen verurteilt. Machen Sie sich keine Sorgen. Der Fall wird sich noch wochenlang hinziehen, also investieren Sie nicht zu viel in die Vorverhandlung.« Sie zog einen gelben Notizblock aus ihrer Aktentasche und ging zum siebten Mal innerhalb der letzten beiden Stunden ihre Aufzeichnungen durch.

Delbert Watkins stand vor den Kameras, räusperte sich und genoss die Viertelstunde, die er im Rampenlicht stand. Er trug eine Khakihose, einen blauen Blazer und eine Krawatte in undefinierbaren Schlammtönen. Nur einem Pflichtverteidiger konnte man es zutrauen, sich vor einer wichtigen Verhandlung so nachlässig zu kleiden. Die Reporter suchten verzweifelt nach irgendetwas, worüber sie berichten konnten, und umschwärmten ihn wie Haie einen Brocken rohes Fleisch. Watkins genoss das sichtlich. Er wollte diese Gelegenheit zu einem Karrieresprung ausnutzen; vielleicht half es ihm dabei, bald eine eigene Kanzlei zu eröffnen.

Vor den aufgebauten Kameras brachte er nur nichts sagende Floskeln zustande. Er sprach mutig über das verfassungsmäßige

Recht jedes einzelnen Bürgers auf eine gute Verteidigung. Er distanzierte sich von der Gewalttat, berief sich darauf, dem Ruf der Verfassung gefolgt zu sein und für das Wohl des Volkes zu wirken, und erinnerte daran, dass sein Mandant bis zum Urteil als unschuldig zu gelten habe. Er klang wie jemand, der als Teenager zu viele Folgen von *L. A. Law* gesehen hatte. Er ließ kein einziges juristisches Klischee aus, aber er verstand sich zu verkaufen. Nachher würde er nach Hause gehen, die Nachrichten sehen und dann in den Gelben Seiten inserieren: »Ehemaliger Pflichtverteidiger, bekannt aus dem Fernsehen ...«

Delbert hielt inne, um seine Gedanken zu sammeln. Dann spielte er vor seinem Publikum den engagierten Anwalt: »Mein Mandant wurde zu Unrecht angeklagt. Sie haben den falschen Mann verhaftet. Im Auto saßen noch vier andere Jugendliche, einer von ihnen ist der wahre Mörder. Es gibt keinen Augenzeugen, der meinen Mandanten am Tatort gesehen hat.« Und schließlich spielte er die Rassenkarte aus: »Mein Mandant muss gegen Vorurteile ankämpfen. Wer nur gebrochen Englisch spricht, wird durch ein unfaires Rechtssystem geschleust, das er nicht versteht.« Natürlich wusste er, dass er den Fall verlieren würde, aber es hörte sich gut an. Er ließ die Kameras hinter sich und begann schon einmal von seiner eigenen Kanzlei zu träumen.

»Nehmen Sie Platz!« Der Hammer sauste nieder. Richterin Lorna Jefferson dachte viel zu praktisch, um zu warten, bis alle aufgestanden waren, nachdem sie den Raum betreten hatte. Die Zuschauer hatten sich kaum von ihren Sitzen erhoben, als sie sich bereits wieder setzen sollten. Diese schwarze Frau mittleren Alters mit der schwarzen Hornbrille stand in dem Ruf, nicht mit sich spaßen zu lassen. Sie legte die Gesetze sehr streng aus und sprach immer das härteste Urteil, das die Richtlinien des Staates zuließen. Die Polizei konnte sie nicht leiden, weil sie kleinlich auf die Einhaltung aller Regeln bestand und es mit den individuellen Rechten sehr ernst nahm. Sie wollte Gerechtigkeit, aber sie wollte um keinen Preis in einem Polizeistaat leben, in dem sich die Polizei über Bürgerrechte hinwegsetzte.

Als Dreizehnjährige hatte sie ihren Vater einmal zum Schnellimbiss bei Woolworth begleitet. Als man ihnen die Bedienung verweigerte, begann der allererste Sitzstreik. Lorna war mit Helden groß geworden, die die Bürgerrechte verteidigten, aber auch bereit waren, sie zu missachten, um für die Gleichberechtigung zu kämpfen. Nachdem sie als Angehörige einer Minderheit zunächst ein Stipendium für die Wake Forest University, dann für die Wake Forest School of Law erhalten hatte, schwor sie sich, mit aller Macht gegen Rassismus und Ungerechtigkeit – egal, ob liberaler oder konservativer Spielart – anzukämpfen. Sie hatte etwas gegen Weiße, die meinten, Wake Forest hätte den akademischen Standard heruntergeschraubt, um sie aufzunehmen, und sie hatte etwas gegen Schwarze, die ihr vorwarfen, ihr eigenes Volk zu verleugnen und eigentlich weiß sein zu wollen.

Als ein junger Schwarzer sie einmal vertraulich mit »Schwester« angesprochen hatte, war sie an die Decke gegangen. Er wurde nicht nur zu einer Art Jugendlager verurteilt, um dort seinen Schulabschluss zu machen, sondern musste außerdem wegen Missachtung des Gerichts zweihundert Stunden gemeinnützige Arbeit in einem Drogenrehabilitationszentrum ableisten. Als dem weißen Bezirksstaatsanwalt deswegen ein Grinsen herausrutschte, verurteilte sie ihn ebenfalls wegen Missachtung des Gerichts. Er verbrachte eine Nacht im Gefängnis und musste vor der Anwaltskammer von North Carolina erscheinen, bevor er wieder als Anwalt tätig werden durfte.

Staatsanwälte und Verteidiger fürchteten sie gleichermaßen. Nur die Menschen draußen im Land liebten sie, und ihnen allein fühlte sie sich verpflichtet. Viele glaubten, dass sie eine gute Kandidatin für den Bundesgerichtshof wäre, aber sie zeigte niemals die geringste Neigung, Charlotte zu verlassen. Sie hatte keine Lust, Schreibtischbetrüger und Steuerhinterzieher zu verurteilen, sie wollte das Leben des durchschnittlichen Bürgers verbessern. Für Lorna Jefferson war die Verfassung ein höchst persönliches und praktisches Dokument. In ihrem Büro hatte sie links neben ihrem Diplom die Erklärung der Bürgerrechte und rechts eine Abschrift der Zehn Gebote aufgehängt.

»Ms. Powell.« Die Richterin legte ihren Bleistift nieder und setzte die Brille ab. »Jetzt sind Sie dran. Die Anklageschrift liegt mir vor. Haben Sie noch irgendetwas Neues hinzuzufügen?«

»Euer Ehren.« Melinda erhob sich in ihrem maßgeschneiderten roten Kostüm. Sie weigerte sich, Hosenanzüge zu tragen, die wie Männerkleidung geschnitten waren. Sie wollte feminin aussehen, anders als ihre feministischen Geschlechtsgenossinnen, die dunkle Farben und gerade Linien bevorzugten. Sie stützte sich mit ihren Fingern auf der Tischplatte ab. »Nur dies. Das Volk wünscht, dass Sie jede Art von Kaution ablehnen. Es handelt sich hier um ein Kapitalverbrechen, und es besteht beträchtliche Fluchtgefahr. Der Angeklagte geht weder zur Schule noch zur Arbeit. Wir glauben, dass es vom Gericht nicht zu verantworten wäre, dieses Risiko einzugehen.«

»Sie müssen mir nicht erzählen, was Verantwortung bedeutet. Ich habe zwei Töchter großgezogen, die beide Anwältinnen sind. Ich habe vierzig Stunden pro Woche in einer Tabakfabrik gearbeitet und nach Feierabend Jura studiert. Ich weiß alles über Verantwortung. Ich brauche nur die Fakten. Ist das alles, Ms. Powell?« Sie räusperte sich, und ihr Gesicht zeigte weder Frustration noch Ärger; sie hatte lediglich die Tatsachen festgestellt.

Melinda nickte und setzte sich wieder hin, bemüht, keinen Lärm zu machen oder anderweitig die Aufmerksamkeit auf sich zu ziehen.

»Mr. Watkins«, die Richterin drehte sich blitzschnell auf ihrem Ledersessel herum, »bitte erheben Sie sich.« Watkins erschrak und sprang auf. Einige Reporter grinsten; es sah zu komisch aus, wie sein ganzer Körper aufgeregt schwabbelte. »Ich höre, Sie haben Ihren Fall bereits vor den Kameras verhandelt.«

Watkins wollte gerade ansetzen: »Also eigentlich, Euer Ehren ...«, als ihm die Richterin schon wieder ins Wort fiel.

»Ich bin noch nicht fertig.« Man hätte eine Stecknadel fallen hören können, als sich alle Augen auf Watkins richteten, um zu sehen, ob er zu widersprechen wagte. Die Richterin ließ ihn noch einige Sekunden warten, bevor sie weitersprach. »Da, wo ich herkomme, betrachtet man es als unzulässige Beeinflussung der Geschworenen, wenn man vor laufenden Kameras Stellung nimmt. Liegt es tatsächlich in Ihrer Absicht, die Gedanken der potenziellen Geschworenen in eine bestimmte Richtung zu lenken, wenn sie heute Abend die Nachrichten schauen?« Wieder räusperte sie sich.

Watkins schluckte und wusste offenbar nicht, ob er jetzt etwas sagen durfte oder nicht. Als sie weiterhin schwieg, begann er leise zu erklären: »Eigentlich, Euer Ehren, habe ich nur ein paar Fragen auf dem Weg ins Gericht beantwortet. Ich bin durch die Ansammlung von Reportern einfach nicht durchgekommen. Die einzige Möglichkeit, dass sie mich durchließen, bestand darin, auf ihre Fragen zu antworten.«

Richterin Jefferson blickte über seinen Kopf hinweg in die Zuschauergalerie. »Alle Reporter müssen mir jetzt bitte einen Gefallen tun. Wenn Delbert Watkins das nächste Mal in Ihre Nähe kommt, gehen Sie ihm bitte aus dem Weg, damit er den Gerichtssaal betreten kann, ohne behindert zu werden.« Die Zuschauer versuchten ihr Gelächter zu unterdrücken, weil sie wussten, dass die Richterin sie sonst hinauswerfen und später mit den Gerichtsdienern darüber lachen würde. »Also, Mr. Watkins, keine der beteiligten Seiten darf mit den Medien sprechen. Über die Ermittlungen ist bereits genug berichtet worden. Wir wollen den Prozess auf diesen Gerichtssaal beschränken.«

Sie machte eine Pause und wartete auf ein bestätigendes Nicken von beiden Seiten. »Okay, Mr. Watkins, Sie haben das Wort.«

Er blätterte in seinen Papieren und versuchte seine Fassung wiederzugewinnen, die er nach der ersten Salve ziemlich schnell verloren hatte. »Ich stelle den Antrag, das Verfahren einzustellen. Ich würde gerne …«

»Abgelehnt. Nächster Antrag.« Sie nahm ihren Stift und trug ein Häkchen in ihre Akte ein.

»Euer Ehren, seine Mutter braucht ihn zu Hause. Sie lebt von Sozialhilfe, und er nimmt Gelegenheitsjobs an, um sie zu unterstützen.«

»Was für Jobs?«

Er blätterte hektisch seine Notizen und Aktenordner durch.

»Abgelehnt. Wenn es so wichtig wäre, müssten Sie es nicht erst nachgucken. Nächster Antrag.«

»Wir wären dankbar, Euer Ehren, wenn Sie die Kaution auf zehntausend Dollar reduzieren könnten. Seine Mutter könnte die fünf Prozent Zinsen für einen Kredit aufbringen. Enrique wird zu Hause wirklich gebraucht.«

»Lebt seine Mutter nicht in wilder Ehe mit einem Mann zusammen? Hm ... mm.«

»In gewisser Hinsicht ...«

»Abgelehnt. Eine nicht eheliche Lebensgemeinschaft ist keine geeignete Umgebung für einen jungen Mann, um ihm moralische Werte zu vermitteln. Ich lasse keine Kaution zu. Nehmen Sie jetzt wieder Platz.« Sie setzte ihre Brille wieder auf und fuhr mit dem Stift die Akte auf und ab, als ob sie nach irgendetwas suchte. »Wenn das alle Anträge für die Vorverhandlung sind, setze ich den ersten Verhandlungstermin auf den 1. Dezember fest, und ich merke mir in meinem Kalender zwei Wochen dafür vor. Gibt Ihnen das genügend Zeit, Ms. Powell?«

»Ja, Ma'am«, bestätigte Melinda. Sie hatte begriffen, dass die Kritik vorhin nicht persönlich gemeint gewesen war und nur zeigen sollte, dass die Richterin unparteiisch war.

»Mr. Watkins?« Die Richterin blickte ihn unverwandt an.

Watkins hatte schon den Kopf geschüttelt, noch bevor sie ihn anblickte.

»Wenn das alles ist, was Sie heute vor Gericht vorbringen wollten, dann erheben Sie ...«

Ihr Hammer schwebte noch mitten in der Luft, als die zweiflügelige Tür aufschwang. Ein langhaariger Lateinamerikaner in einem olivgrünen Anzug kam den Gang herunter und wühlte in seiner Aktentasche, wobei er alle möglichen Geräusche von sich gab. »Euer Ehren, Euer Ehren. Wenn Sie bitte ...«

»Junger Mann«, fuhr ihn die Richterin zornig an, »wenn Sie hier hereinplatzen und die Verhandlung stören, werden Sie sich gleich wünschen, dass stattdessen hier eine Atombombe explodiert wäre.«

Der Mann stand vorsichtig abwartend hinter der Anklagebank, während ihn alle neugierig anstarrten. »Ich verteidige den Angeklagten, Euer Ehren. Darf ich näher treten?« Sie winkte ihn zu sich heran und wies die anderen Anwälte an, sitzen zu bleiben. Die Reporter sahen sich erstaunt an. In der Anhörung vor der eigentlichen Verhandlung erwartete man keine Überraschungen, die meisten Anwälte konnten diese Aufgabe im Schlaf bewältigen. Man sah die Richterin und den jungen Mann miteinander gestikulieren und erhitzt Argumente austauschen. Schließlich nickte die Richterin und wies dem Mann einen Platz links von Alvarez an.

»Bitte schön«, sagte sie mit einer unbestimmten Geste. »Stellen Sie sich vor und lassen Sie uns Ihren Antrag hören.«

»Euer Ehren. Ich heiße Hector Calderone. Ich arbeite für die *Free Legal Clinic*, die Mandanten, die sich keinen Rechtsbeistand leisten können, einen Anwalt zur Verfügung stellt. Enrique Alvarez gehört zu meinen Mandanten, ich habe ihn bereits einmal in einem Drogenprozess verteidigt. Ich bitte darum, dass das Verfahren eingestellt wird, weil die Rechte meines Mandanten verletzt wurden. Als er gefragt wurde, ob er einen Anwalt möchte, hätten Sie sich mit mir in Verbindung setzen müssen und ihm nicht einfach einen Pflichtverteidiger zuweisen dürfen.«

Ein Raunen ging durch den Gerichtssaal. Sofort sauste der Hammer nieder und brachte die Zuschauer zum Schweigen. Sandys Angehörige, die Davis', sahen einander ungläubig an. Alvarez hatte die neuesten Entwicklungen völlig verwirrt; er blickte hilflos zwischen seinen beiden Anwälten hin und her. Charlie stand der Mund offen – er musste sich zwingen, sitzen zu bleiben. Melinda wirkte anfänglich wie betäubt, fand aber schnell die Fassung wieder und sprang auf.

»Euer Ehren, der Staat beantragt eine Vertagung. Bitte.« Sie versuchte ihre Verzweiflung zu verbergen, aber das war unmöglich.

»Wir werden keine Vertagung brauchen, Ms. Powell.« Die Richterin spielte mit ihrem Hammer herum und blickte in die Runde. Sie sprach langsam und bewusst. »Mr. Calderone, ich weiß Ihre Arbeit für die Bedürftigen und die Opfer, die damit verbunden sind, sehr zu schätzen. Ich muss Ihnen allerdings sagen, dass wir die Dinge in diesem Gerichtssaal anders handhaben. Wenn ich Sie noch einmal wieder sehe, dann benehmen Sie sich bitte. Ich schätze es gar nicht, wenn Sie diesen Gerichtssaal hier in einen Zirkus verwandeln. Was die neuen Informationen betrifft, muss ich Ihnen allerdings Recht geben. Mr. Alvarez' Rechte wurden bei seiner Verhaftung verletzt, und deshalb, junger Mann, sind Sie frei zu gehen, wohin Sie möchten. Ich will Ihnen aber eine Ermahnung mit auf den Weg geben. Gott hat beschlossen, Ihnen noch eine zweite Chance zu geben. Verspielen Sie sie nicht. Suchen Sie sich einen Job. Gehen Sie zur Schule und kehren Sie dem Bandenleben den Rücken. Ich werde ein Auge auf Sie haben, und wenn ich Sie in diesem Gerichtssaal jemals wiedersehe, dann wird es Ihnen Leid tun. Die Verhandlung ist geschlossen.« Der Hammer sauste nieder.

21

IM GERICHTSSAAL herrschte Chaos. Richterin Lorna Jefferson stürmte die Stufen hinunter und zur Tür hinter dem Richtertisch hinaus, die zu ihren privaten Arbeitsräumen führte. Die Reporter begannen hektisch Nummern auf ihren Handys zu wählen und hasteten aus dem Gerichtssaal, um zu ihren Kameras zu kommen. Jim Davis stand einfach da und rief: »Ihr könnt den Mörder meiner Tochter nicht freilassen! Das ist verrückt!« Der Stellvertretende Sheriff versuchte ihn zu beruhigen und zurückzuhalten.

Barbara Davis und Caroline Warfield umarmten sich und weinten laut. Delbert Watkins war schwindlig. Seine große Viertelstunde war vorbei. Er steckte die Hände in die Hosentaschen, lehnte sich gegen den Tisch und beobachtete, wie Alvarez von seinem alten und neuen Anwalt aus dem Saal geleitet wurde. Melinda Powell war einer Hysterie nahe. Sie holte sich vom Protokollführer das Verhandlungsprotokoll und bahnte sich einen

Weg durch die Menschen zu den Arbeitsräumen der Richterin. Sie klopfte laut an die Tür, aber niemand antwortete.

Innerhalb von dreißig Sekunden war der Gerichtssaal leer. Diese sensationelle Nachricht musste sofort in Umlauf gebracht werden. Die Stenographinnen hatten ihre Aktentaschen wieder eingeräumt, als sei es ein ganz gewöhnlicher Tag. Der Gerichtsdiener sicherte die Türen, die zum Besprechungszimmer der Geschworenen, zum Büro der Richterin und zum Wartebereich führten. Charlie fühlte sich auf der ganzen Linie geschlagen. Er war wieder allein. Keine Gerechtigkeit. Keine Hoffnung. Keine Antworten. Er saß immer noch auf der Bank unmittelbar vor der Anklagebank und hinter dem Tisch der Anklage. Er hatte sich mit den Ellenbogen auf den Knien abgestützt und vergrub den Kopf in den Händen. Verzweifelt fuhr er sich mit den Fingern durch die Haare. Schlimmer konnte sein Leben nicht mehr werden.

Charlie stand unter Schock. Der Mörder, der seine Frau und seine Tochter umgebracht hatte, hatte gerade den Gerichtssaal als freier Mann verlassen. Gegen ihn lagen mehr Beweise vor als damals gegen O. J. Simpson, und trotzdem kam er wegen eines Verfahrensfehlers davon. Als ihn die Polizisten noch vor dem Morgengrauen verhaftet hatten, hatten sie nicht darauf geachtet, dass man Alvarez bereits ein Jahr zuvor mit zwei Tüten Heroin erwischt hatte. Offenbar hatte er sie für Pepe Hernandez, den Freund seiner Mutter, aufbewahrt. Als Pepe von der Verhaftung erfahren hatte, hatte er ihnen den Anwalt von der *Free Legal Clinic* geschickt, der ihn schon einige Male bei irgendwelchen Drogengeschichten vertreten hatte.

Hector Calderone war ein brillanter Anwalt, der sein Examen als Jahrgangsbester an der juristischen Fakultät der Universität von Virginia abgelegt hatte. Er war nach Charlotte gezogen, um einem seiner großen Vorbilder und Helden nahe zu sein, nämlich Sidney Weinstein, einer Legende der Bürgerrechtsbewegung der 60er Jahre, der sich für alle Benachteiligten einsetzte. Seine Organisation vertrat die Unterprivilegierten und Entrechteten, die von der Demokratie der reichen weißen Konzerne unterdrückt wurden. Für sie war jeder Polizist ein Verbrecher, und jeder

Richter steckte voller Vorurteile. Hector hatte es fertig gebracht, dass Alvarez mit einer symbolischen Strafe davongekommen war, und weil er minderjährig war, wurde seine Akte versiegelt. Die Polizei konnte also nichts davon wissen, und Alvarez konnte sich mit seinen sechzehn Jahren nicht daran erinnern, dass er schon einmal einen Anwalt gehabt hatte. Wieder einmal hatte Calderone die tyrannische Macht des Feindes gebrochen, und er würde heute Abend mit Weinstein ein Bier trinken gehen, um das Ereignis zu feiern.

Charlie war völlig durcheinander. Wie viel konnte ein Mensch ertragen, ohne daran zu zerbrechen? Es war einfach nicht fair. Die Schlechten kamen davon und die Guten wurden bestraft. Er stand ganz langsam auf; ihm war schwindelig und ihm wurde wieder schlecht. Seit sechs Tagen hatte er nicht mehr erbrochen, und endlich hatte er einmal das Gefühl gehabt, alles wieder in den Griff zu bekommen. Und jetzt das. Er ging hinüber zum Pult des Staatsanwaltes. Melinda versuchte immer noch, die Richterin zu sprechen. Sie hatte ihren Platz in solcher Eile verlassen, dass ihre Papiere immer noch offen auf dem Tisch lagen. Charlie blätterte die Alvarez-Akte Seite für Seite durch.

Auf der rechten Seite befand sich eine Namensliste. Jeder, der die Akte durchgesehen hatte, hatte dort unterschrieben und vermerkt, welche Maßnahmen er veranlasst hatte. Auf der linken Seite war der Fall in chronologischer Reihenfolge dargestellt, unten die Verhaftung und oben die Ablehnung auf Watkins' Anträge. Charlie stieß auf eine interessante Seite. Alvarez und seine Mutter hielten sich illegal im Land auf. Sein Vater hatte sie vor sechs Jahren über die Grenze gebracht und war dann als Saisonarbeiter im ganzen Land herumgekommen. Er hatte Orangen in Florida gepflückt, in Georgia in einer Teppichfabrik gearbeitet, in South Carolina Pfirsiche und Tabak geerntet und schließlich in Charlotte auf dem Bau gearbeitet. Hier war er auch gestorben.

Sofort begann Charlie wieder wie ein Anwalt zu denken. Wenn Hector Calderone das herausbekam, würde er die Bundespolizei einschalten. Die Einwanderungsbehörde würde die Familie Alvarez des Landes verweisen, bevor Melinda auch nur die

Chance hätte, in Berufung zu gehen. Ihm blieb nur eine Möglichkeit, und sein Plan musste auf Anhieb klappen. Er war fest entschlossen, für Gerechtigkeit zu sorgen. Er riss einen gelben Zettel von Melindas Notizblock ab und nahm ihren Stift zur Hand. Er schrieb die Adresse der Familie Alvarez aus der Akte ab. Dann sah er sich im Saal um. Die beiden Protokollanten unterhielten sich über Football am College und bemerkten nicht einmal, dass Charlie noch da war. Er faltete den gelben Zettel zusammen und steckte ihn in die Manteltasche. Dann verließ er den Gerichtssaal und ging die Treppe hinunter.

Er verließ das Gericht durch den Hinterausgang und überquerte die Third Street in Richtung Marshall Park. Der Himmel hatte sich in der Zwischenzeit zugezogen. Es war bald Mittag, aber es sah aus, als ob schon der Abend dämmerte. Schließlich kam er bei seinem Blazer an. Unter dem Scheibenwischer klemmte ein Strafzettel über fünfzig Dollar wegen Falschparkens. Er zerknüllte den Strafzettel und warf ihn zu Boden. Dann ließ er die Reifen quietschen und steuerte den Wagen auf die Morehead Road. Fast hätte er dabei einen VW gerammt. Vor dem Gebäude der NationsBank stellte er den Wagen im Halteverbot ab und ging hinein zum Geldautomaten. Dort zog er sich das erlaubte Maximum von zweihundert Dollar. Als er zum Blazer zurückkehrte, griff er sich den zweiten Strafzettel und warf ihn ebenfalls fort. Dann fuhr er wieder los und bog verbotenerweise nach links in die Trade Street ein.

Nancy Lockman-Kurtz stopfte sich die Bluse wieder in den Rock, als Martin Van Schank ihnen einen Champagner-Cocktail mixte. Sie hatten kurz über Comstocks letztes erfolgreiches Angebot gesprochen und für Nachschub an billigen Arbeitskräften aus Dalton in Georgia gesorgt. Van Schank liebte Nancy nicht, aber im Augenblick brauchte er sie, und wegen ihrer Beziehung sah er sich gezwungen, sie in seine geschäftlichen Aktivitäten mit Comstock wenigstens teilweise einzuweihen. In welchem Ausmaß er in diese Geschäfte verwickelt war, verriet er ihr allerdings nicht. Sie hatte noch nie etwas auf ethische Grundsätze gegeben

– das machte sie zu einer erfolgreichen Anwältin –, aber sie hatte auch noch nie ganz bewusst das Gesetz gebrochen. Nach den heutigen Ereignissen würde sie eine Kriminelle sein.

Sie war bereit gewesen, gewisse Risiken auf sich zu nehmen, um an die Spitze zu kommen. In zwei Wochen würde es eine offizielle Feier geben, in der man sie als neue Teilhaberin willkommen heißen würde – die jüngste Teilhaberin in der Geschichte von *Hobbes, Reimarus & Van Schank*. Es hatte sie viel gekostet, diese Position zu erreichen. Sie hatte mit zwei anderen Anwälten und mindestens einem wichtigen Mandanten geschlafen. Schließlich war ihr der Gedanke gekommen, dass es gewisse Etablissements gab, die dieselben Dienste anboten. Man konnte sie dem Mandanten dann unter der Rubrik »Verschiedenes« in Rechnung stellen. Sie glaubte, dass Martin Van Schank anders war. Er machte sich wirklich etwas aus ihr. Die Beziehung versprach ihnen beiden Vorteile. Von Zeit zu Zeit fuhren sie gemeinsam in die Ferien nach Cozumel oder Belize, und er versprach ihr immer wieder, dass er sich scheiden lassen würde, aber irgendetwas kam immer dazwischen. Sie hatte Zeit. Ihre eigene Scheidung würde noch mindestens zwei Jahre auf sich warten lassen. Im Augenblick ging das Geschäft vor. Denn genau das war der Anwaltsberuf für Nancy – ein Geschäft. Man konnte ungeheuer viel Geld damit verdienen, und darin war sie sehr gut. Der Einzige, der es noch besser konnte, war offenbar Van Schank selbst.

Van Schank fuhr sich durchs Haar, bis es wieder perfekt saß, und zog die Hosenträger über seine Schultern. Er sah aus dem Fenster und dachte nach.

»Woran denkst du?«, erkundigte sie sich.

Er drehte sich langsam auf dem Absatz um und betrachtete sie aus den Augenwinkeln. »Ich frage mich nur, wieweit ich dir vertrauen kann. Wenn du Teilhaberin bist, dann wirst du auch Zugang zu ... sehr vertraulichen Informationen bekommen.«

Sie zog die Beine an und setzte sich gerade hin. »Martin, aus dir mache ich mir mehr als aus irgendeinem anderen Menschen. Du kannst mir vertrauen.«

»Ja, schon. Aber in den letzten Jahren hattest du eine ganze

Reihe dieser vertrauensvollen Beziehungen. Vertraust du ihnen ebenso sehr, wie du mir vertraust?« Mit diesen kleinen Spitzen konnte er ihre Beziehung unter Kontrolle behalten.

»Da ging es ums Geschäft, und bei uns geht es um Romantik.« Sie versuchte zu schmollen, aber es funktionierte nicht. Sie war zu kaltherzig, um sich von der Wahrheit verletzen zu lassen.

»Ich brauche Leute, denen ich blind vertrauen kann. Es würde mir gar nicht gefallen, wenn ich dich vernichten müsste, weil du mich betrogen hast.« In seinem scherzhaften Ton schwang eine unheimliche Drohung mit.

»Also, wenn du einen Plan hast und jemanden brauchst, der dir dabei hilft, mache ich mit. Ich habe mich schon immer in der Grauzone bewegt, mit so etwas kannst du mich nicht schockieren.« Ihre Augen leuchteten, und er wusste, dass sie auf seiner Seite stand.

»Seit Burchette gegangen ist, fehlt mir ein Prozessanwalt, der mich voll und ganz unterstützt. Er hat eine große Lücke hinterlassen, und das nicht nur wegen seiner Körperfülle. Seine äußere Erscheinung war nicht gerade einnehmend, aber er war ein Genie, was illegale Geschäfte anging. Hobbes, Reimarus und ich halten unsere Transaktionen aus gutem Grund fein säuberlich voneinander getrennt. Ich habe ein paar Mandanten, von denen sie gerade mal den Namen wissen. Oliver Burchette war mein Vertrauter und hat meinen Namen aus dem Licht der Öffentlichkeit gehalten. Dieser aufrechte Pfadfinder Charlie hätte niemals als Teilhaber getaugt. Dazu ist er viel zu ehrlich. Verstehst du, das Gesetz ist nicht in Stein gemeißelt. Es wurde von Menschen verfasst, die dauernd ihre Meinung ändern. Die Prohibition ist nur ein Beispiel dafür. Gestern war es illegal, Alkohol zu trinken, und heute ist es völlig in Ordnung. Ich brauche jemanden, der bereit ist, auf diesem Gebiet Risiken auf sich zu nehmen.« Er machte eine Pause und trank einen Schluck.

»Hast du schon von dem Jugendlichen gehört, der Charlies Frau umgebracht hat? Den haben sie wegen eines Verfahrensfehlers laufen lassen.« Sie musste tatsächlich grinsen, als sie das sagte.

»Armer Kerl.« Van Schank atmete aus. »Es lohnt sich einfach nicht, auf dem rechten Weg zu bleiben. Recht und Gesetz funktionieren einfach nicht so, der Rechtsstaat ist eine Farce. Aber ...« Er legte einen Finger an sein Kinn und ging zum Fenster zurück. »... aber wir können das zu unserem Vorteil ausnutzen. Wenn du mir treu bleibst, dann mache ich dich so reich, dass es deine wildesten Träume übersteigt. Ruf deine Sekretärin an und lass dir von ihr die Akte Paragon/Graham Street hochbringen. Ich zeig dir dann, was ich meine.«

Sie tanzte im Büro umher wie eine Cheerleaderin und war sich überhaupt nicht bewusst, dass sie gerade eine unheilige Allianz eingegangen war. Irgendetwas war mit ihr geschehen, als sie an der Duke University studierte. Im ersten Semester war sie eine unbeugsame Feministin gewesen, die sich für das Jurastudium entschieden hatte, weil sie damit zur Chancengleichheit zwischen Männern und Frauen beitragen konnte und hoffte, auf diesem Weg alle Arten von sexueller Belästigung ein für alle Mal auszumerzen. Dann bot ihr ein Student aus dem Abschlussjahrgang die Fragen für die Abschlussklausur in ihrem Kurs über Testamente und Grundbesitz an, die sie im Frühlingssemester schreiben würden. Der Wettbewerb unter den Studenten war so scharf, dass sie zugriff. Zwei ihrer Kommilitonen wurden drogensüchtig, und ein weiterer versuchte Selbstmord zu begehen. Jeder versuchte dem anderen das Leben schwer zu machen, und dieser Student aus dem letzten Semester versorgte sie mit den Prüfungsantworten und verlangte dafür eine Beziehung. Sie war sowieso eine sehr gute Studentin, aber mit dieser zusätzlichen Hilfestellung wurde sie zur Nummer eins. Ab Beginn ihres zweiten Studienjahres arbeitete sie sogar in der Redaktion des Studentenblattes *Law Review* mit. Sie hatte sehr schnell gelernt, dass ihr Geschlecht ihre Karriere nicht unbedingt behindern musste, sondern dass sie es auch als Waffe einsetzen konnte.

Als die Sonne unterging, blies ein kalter Wind durch die Stadt. Die Wolken zogen sich zusammen. In dieser Nacht würde man an dem pechschwarzen Himmel keine Sterne sehen können. Charlie schmiegte sich noch fester in seinen dunklen Trenchcoat. Die Autoheizung lief bereits auf der höchsten Stufe, aber in seinem Blazer wurde es nicht warm. Die Scheibenwischer schoben die Regentropfen zur Seite, so dass er wenigstens freie Sicht hatte. Er stand auf einem Parkplatz vor dem kleinen Lebensmittelgeschäft an der Ecke Yorkmont und Nations Ford Road. Gegenüber befand sich ein leer stehendes Gebäude. Charlie drehte am Senderknopf seines Radios, bis er einen Musiksender gefunden hatte, der gerade einen Blues spielte. Er wartete, bis die Sonne ganz untergegangen war, damit ihm die Dunkelheit Schutz bieten konnte. Der Nieselregen wurde stärker, und Charlie befürchtete, dass es auffallen könnte, wenn er in seinem Wagen herumsaß. Er beschloss, einmal um den Block zu fahren und auf Polizisten oder zufällige Passanten zu achten. Er grub seine Fingernägel in den Plastiküberzug des Lenkrads und hinterließ kleine halbmondförmige Kerben, als ihm Enrique Alvarez wieder durch den Kopf ging. Dieser Verbrecher hatte seine Frau und seine Tochter umgebracht – nur, um Mitglied einer Straßenbande zu werden. Er hatte seine Frau vergewaltigt. Er hatte Charlies irdisches Paradies in ein paar kurzen Augenblicken zerstört. Sie waren Sandy von der Tankstelle nach Hause gefolgt. Dann war er aus dem Auto gesprungen und hatte sie vermutlich ins Haus gestoßen, als sie die Seitentür zur Küche aufgeschlossen hatte.

Charlie fuhr um den Block herum. Sein Herz raste, als in der Ferne der Donner grollte. Die Prostituierten, Betrunkenen und Obdachlosen hatten sich alle von der Straße verzogen. Als er das leer stehende Haus zum dritten Mal passierte, öffnete sich die Tür, und zwei kleine schwarze Jungen lehnten sich gegen den Türrahmen. Er bog vor dem Gegenverkehr nach links ein und kam in der Parkbucht zum Stehen. Der hoch gewachsene, schmale Junge rannte auf ihn zu.

»Bist du Little Maxie?« Charlie versuchte, seiner Stimme einen harten Klang zu geben, aber in Wirklichkeit machten ihm diese Kinder Angst.

Der Junge schüttelte den Kopf und rannte die Stufen hoch. Jetzt kam der kleinere der beiden auf ihn zu. Ein niedlicher kleiner Junge, der seinen weichen Kern unter einer harten Schale verbarg. Eigentlich sollte so ein Junge zu Hause sitzen und mit seiner Wasserpistole spielen. Aber er hatte sich in die Welt der Erwachsenen verirrt und spielte mit echten Schusswaffen herum. Charlie holte Luft und zog einen Geldschein aus der Tasche. Das Porträt von Benjamin Franklin nahm sich auf der neuen Banknote fast grotesk aus. Er gab sie dem Jungen, der weder lächelte noch ein einziges Wort sagte.

Ein Blitz durchzuckte die Dunkelheit und Charlie schreckte auf. Durch das Rückfenster prüfte er, ob Polizisten oder Zeugen in der Nähe waren, aber er war allein. Als er sich wieder zum Seitenfenster drehte, stand Little Maxie da, und Charlie erschrak aufs Neue. Er war völlig durchnässt, sein weißes T-Shirt klebte an seinem mageren Körper und er hielt eine kleine Tasche in der Hand. Charlie drückte auf den silbernen Knopf für den elektrischen Fensterheber, um das Wagenfenster zu öffnen. Der Junge schob die Tasche hindurch und rannte in das Haus zurück. Charlie trat das Gaspedal durch, so dass der nasse Kies nach allen Seiten wegspritzte. Er raste die Nations Ford Road bis zur Interstate 85 hinunter. Mit halsbrecherischer Geschwindigkeit fuhr er ohne bestimmtes Ziel Richtung Süden.

Sein Adrenalinspiegel stieg, während der Regen sich zu einer wahren Sturzflut auswuchs. An der Woodlawn Avenue bog er ab und fuhr in die Waschstraße hinter der Texaco-Tankstelle. Sie bot ihm Schutz vor dem Regen und neugierigen Blicken. Die Tasche platzierte er auf seinem Schoß. Er öffnete sie langsam, als ob sie eine Bombe enthielte. Das bläulich schimmernde Metall gehörte zu einem einfachen Revolver mit 38er Kaliber. Die Waffe war schwerer, als er gedacht hatte. Im Fernsehen fuchtelten die Schauspieler damit immer mühelos herum, aber in Wirklichkeit war sie nicht so einfach zu handhaben. Neben der Waffe lag eine Schachtel Black-Talon-Patronen. Die letzte Bundesstaatsanwältin hatte diese Munition mit hohler Spitze verbieten lassen, weil sie die Welt davon überzeugen konnte, dass es sicherere Patronen auf dem Markt gab. Er lud den Revolver mit sechs Patronen und wartete.

Er zog seine Brieftasche aus Alligatorleder aus der Gesäßtasche und blätterte die Fotos durch. Sandy sah großartig aus. Ihre Augen leuchteten, und ihr Lächeln überwältigte ihn. Sie ließ sich nicht gern fotografieren, und deshalb besaß Charlie nur relativ wenige Bilder von ihr. Das Bild, das er gerade vor sich hatte, hatten sie in ihren Flitterwochen in einem dieser Fotoautomaten am Strand aufgenommen, bei denen man vier Schnappschüsse für einen Dollar bekommt. Es war nun sein wertvollster Besitz. Aber trotzdem wirkte ein Bild so flach und leblos. Sie war seine beste Freundin gewesen, und jetzt war er allein. Ein Donnerschlag erschütterte das Autodach, und er blätterte zum nächsten Foto.

Es zeigte Ashley, wie sie zum ersten Mal auf einem Pferd ritt. Zuerst hatte sie etwas Angst gehabt, aber nachdem das Tier einmal im Kreis herumgetrottet war, hatte sie zu lachen begonnen. In ihrem Gesicht spiegelten sich die Unschuld und vollkommene Schönheit eines Engels. Charlie rannen die Tränen übers Gesicht. Er wischte sich das Gesicht mit dem Ärmel ab, aber es wurde sofort wieder feucht. Nie wieder würde er sie in den Schlaf wiegen. Nie wieder würde sie ihm in die Arme springen, wenn er nach einem harten Arbeitstag nach Hause kam. Nie wieder würde ihr Lächeln alles Schwarze und Hässliche auslöschen, das es auf dieser Welt gab.

22

Den ganzen Abend schüttete es wie aus Eimern. Charlie fuhr durch Pfützen und Bäche, die sich auf der Straße gebildet hatten. Die Himmel hatten ihre Schleusen geöffnet und ihren Zorn auf die Erde ausgeschüttet. Charlie schlängelte sich durch die Nebenstraßen und erreichte schließlich sein Ziel, die Windsor Court Apartments. Er parkte hinter dem Gebäudekomplex. Am Zaun, der schon fast in sich zusammenfiel, lag Müll, den die Bewohner dort entsorgt hatten. Er steckte den Revolver in den Gürtel und stieg aus seinem Wagen.

Eine Sekunde später war er bis auf die Haut durchnässt. Die Kälte ließ ihn frösteln, und seine Schuhe versanken tief im Schlamm. Hin und wieder erhellten zuckende Blitze die undurchdringliche Finsternis. Die Dunkelheit und der Regen kamen ihm gerade recht. Er war sicher, dass in einem solch furchtbaren Sturm niemand aus dem Fenster blicken würde. Er war schon einmal hier vorbeigefahren, als es noch nicht so heftig geregnet hatte. Vorhin waren hier überall Kinder herumgelaufen, Schwarze und Latinos, und deshalb war er jetzt für den Regen dankbar. Zumindest die Naturgewalten schienen auf seiner Seite zu stehen.

Er hatte alles sorgfältig durchdacht. Er konnte sich auf posttraumatischen Stress berufen. Kein Geschworenengericht würde ihn verurteilen. Schließlich würde die Welt nicht um Enrique Alvarez trauern. Wahrscheinlich würde sie seinen Tod sogar feiern. Niemand würde ihn vermissen. Sein Leben war nicht viel wert, wenn man es mit den Möglichkeiten verglich, die in Ashley gesteckt hatten, oder mit Sandys liebevoller Art. Natürlich war es Charlie egal, wenn man ihn ins Gefängnis steckte. Er hatte keinen Grund anzunehmen, dass sein Leben jetzt noch irgendeinen Sinn hätte. Gott hatte ihm das Beste genommen was er hatte, und er hatte nichts zu verlieren.

Als Charlie über den zerfallenen Zaun kletterte, klopfte sein Herz. Er suchte nach dem Apartment G6. Als er es gefunden hatte, schlich er um das Haus herum. Er hatte seine Wut nicht mehr unter Kontrolle. Das Apartment G6 lag im Erdgeschoss. Charlie warf einen Blick durch das Fenster. Ein Latino mit entblößtem Oberkörper und einer Drachentätowierung auf der Schulter hielt in der einen Hand einen Baseballschläger, in der anderen eine Flasche Bier. Charlie beobachtete ihn genau. Das musste der Freund der Mutter sein, Pepe Hernandez. Gerade leerte er mit einem letzten Zug die Flasche und schmetterte sie dann durch das ganze Zimmer. Er brüllte etwas auf Spanisch.

Charlie beugte sich vorsichtig vor, um besser sehen zu können. Enrique Alvarez lag zusammengerollt auf der Couch. Der Freund der Mutter umfasste den Baseballschläger mit beiden Händen und ließ ihn mit voller Kraft auf Enriques Brustkasten niedersausen.

Seine Mutter schrie und umklammerte ihren Freund, der sie an die Wand stiess. Ein Spiegel zerbrach. Charlie fasste seinen Revolver noch fester und spannte den Abzug. Er blickte durchs Fenster und war völlig verwirrt. Sicher, er hasste diesen Jungen, aber eine Sekunde lang empfand er so etwas wie Mitleid für ihn. Enrique nahm seine ganze Kraft zusammen und sprang von der Couch auf, um den Freund seiner Mutter anzugreifen. Die Schreie konnte man in diesem Unwetter nicht hören. Der Baseballschläger traf Enrique am Kiefer. Seine Mutter blutete, kam aber wieder auf die Beine und flüchtete ins Schlafzimmer. Offenbar kam so etwas in diesem Haushalt häufiger vor.

Der Regen wusch die Tränen von Charlies Gesicht ab. Er konnte so etwas einfach nicht tun. Er liess den Abzug wieder los und merkte auf einmal, wie jemand an seinem Trenchcoat zog. Wie der Blitz drehte er sich um und brachte sein Gegenüber damit zu Fall. Er zielte mit dem 38er auf ihn, und erst dann sah er, wen er vor sich hatte. Der kleine Junge konnte nicht älter als sechs oder sieben sein. Er schrie immer wieder: »Bitte nicht schiessen!« Charlie brach auf dem Boden zusammen. Er stöhnte und seufzte: »Es tut mit Leid, es tut mir Leid!« Das meinte er ganz aufrichtig, aber der kleine schwarze Junge glaubte ihm nicht. Er rannte um sein Leben. Charlie stützete sich im Schlamm auf und schrie zu Gott. Er war kein Mörder. Er empfand nur Schmerz. Er brauchte Hilfe. Langsam stand er auf und liess den Regen den Schlamm von seinem Gesicht waschen.

Auf einmal übertönte ein Schuss das Donnergrollen. Das Echo wanderte zwischen den Wänden des Gebäudekomplexes hin und her. Charlie schaute noch einmal ins Fenster hinein. Er konnte nur die Mutter sehen, die eine kleinkalibrige Pistole in der Hand hielt. Überall begannen Hunde zu bellen, und Menschen spähten durch die Haustür. Lichter gingen an, und auf einmal stand Charlie nicht mehr allein im Dunkeln. Er steckte den Revolver zurück in den Gürtel und rannte auf den Zaun zu. Er stolperte und fiel auf seiner Flucht zweimal in den Schlamm. Er quetschte sich durch den kaputten Zaun und holte sich einen Kratzer im Gesicht, als er einen alten Nagel streifte. Er flüchtete zum Wylie-See in

Richtung Süden, um die Waffe loszuwerden. Zum ersten Mal kam ihm in den Sinn, wie nahe er daran gewesen war, einem Menschen das Leben zu nehmen. Ihm wurde wieder übel.

Der Sturm zog in dieser Nacht über den Atlantik ab. Lichtstrahlen durchbrachen die Wolken und ließen das nasse Pflaster schimmern. Allmählich ging der Herbst in den Winter über, und rotes, orangefarbenes und gelbes Laub bedeckte den Boden. Charlie war auf der Couch eingeschlafen. Er war in panischer Aufregung und Verwirrung in sein Haus zurückgekehrt, nachdem er den Schuss in den Windsor Court Apartments gehört hatte. Er hatte sich vollkommen leer gefühlt. Erschöpft und voller Angst war er in einen tiefen Schlaf gefallen. Als die Sonne durch das Fenster schien, wurde er wach. Langsam setzte er sich auf und streckte sich.

Er war von Kopf bis Fuß mit Schlamm bedeckt. Der Dreck war an seinem zerknitterten Trenchcoat, seinen Giorgio-Schuhen, seinem Armani-Anzug und seinem Seidenhemd angetrocknet. Auch auf dem elfenbeinfarbenen Couchbezug hatte der Schmutz Flecken hinterlassen, die man wahrscheinlich nie wieder wegbekommen würde. Aus der Küche holte er sich einen großen Müllbeutel und ließ seine Kleidung für alle Fälle darin verschwinden. Er sah sich die Couch an. Sandy wäre an die Decke gegangen, wenn sie hätte sehen können, welche Unordnung er in ihrem *Schöner-Wohnen*-Heim angerichtet hatte. Er ging unter die Dusche und dachte, dass es an der Zeit wäre, einige Dinge zu regeln. Er würde mit dem Wohnzimmer anfangen, dann die offenen Rechnungen bezahlen, und zum Schluss würde er ein Reinigungsunternehmen beauftragen, die Schlammflecken aus der Couch und die Blutflecken aus dem Teppich zu entfernen.

Das Wasser strömte über seinen ganzen Körper. Es wusch den Schlamm und das angetrocknete Blut ab. Er schaute in den kleinen Rasierspiegel an der Wand und rasierte sich zum ersten Mal seit zwei Wochen. Die Stoppeln hatten zu jucken begonnen. Das war der Grund, warum er sich nie einen Bart hatte wachsen lassen; die Phase, in der es juckte, hatte er nie bis zum Ende ausgehalten. Als er auf den Vorleger stieg, war ein neuer Mensch aus ihm geworden. Das Wasser hatte ihn gereinigt und irgendwie alles Böse abgewaschen, das ihn noch am Tag zuvor so fest im Griff gehabt hatte. Er schaute nach oben. Wer auch immer ihn davon abgehalten hatte, diese Grenze zu überschreiten, nach der es keine Rückkehr mehr gab – er war ihm oder ihr dankbar. Vielleicht hatte Sandy ein Auge auf ihn gehabt, vielleicht steckte sogar Gott dahinter. An diesem Punkt war es schwierig herauszufinden, wer auf ihn aufpasste und sich um ihn sorgte und wer nicht. Er wusste lediglich, dass er Dankbarkeit empfand.

Er schaltete den kleinen Fernseher im Badezimmer an. Die Morgennachrichten liefen gerade und er sah eine Liveübertragung von einem Schauplatz, der ihm sehr vertraut war. Charlie drehte die Lautstärke auf, während er sich die Zähne putzte. Die Reporterin lächelte in die Kamera und versuchte, bedrückt auszusehen und ehrliche Anteilnahme auszustrahlen, aber der Versuch misslang.

»Susan, die Polizei hat mir mitgeteilt, dass eine häusliche Auseinandersetzung in der letzten Nacht zu einem Mord hier in den Windsor Court Apartments geführt hat.«

»Einen Augenblick, Kim. Wohnt hier nicht der junge Mann, den man wegen der Morde an den Harrigans angeklagt hat?«

»Richtig, Susan«, erwiderte sie und warf ihr Haar zurück. Sie hatten die Fragen einstudiert, wirkten aber unglaublich spontan. »Gestern Nachmittag wurde Enrique Alvarez wegen eines Verfahrensfehlers freigelassen. Heute Morgen liegt er im Koma und wird im Krankenhaus wegen einiger Knochenbrüche behandelt, und der Freund seiner Mutter ist tot.«

»Kim, gibt es irgendwelche Hinweise darauf, dass ein Verwandter der Mordopfer sich rächen wollte, nachdem man die Anklage gegen Alvarez fallen gelassen hat?«

»Also, Susan, die Polizei will sich im Augenblick nicht dazu äußern. Aber der Fall Harrigan wurde erst nach drei Wochen aufgeklärt, und jetzt ist der mutmaßliche Mörder auf freiem Fuß. Ich vermute, dass das Drama noch nicht vorüber ist. Zurück zu dir ins Studio, Susan.«

Charlie schaltete den Fernseher aus und beschloss, dass es das Beste sei, der Polizei zuvorzukommen. Er würde zur Bezirksstaatsanwaltschaft gehen und noch ein paar andere Sachen erledigen. Er musste sein Leben jetzt einfach in den Griff bekommen. Er musste wieder anfangen zu leben, auch wenn der Verlust seiner Familie immer noch schmerzte. Er musste irgendwie mit seinem Schmerz und seinen Schuldgefühlen fertig werden und einen Weg finden, wie er weiterleben konnte.

Er zog sich legere Kleidung an, Jeans und einen Wollpullover. Es war noch zu warm für eine Jacke, aber die brütende Sommerhitze war vorüber und die Zeit der frischen, klaren Herbsttage angebrochen. Es war ein perfekter Tag, um Football zu spielen. Er hatte unzählige Herbstnachmittage wie diesen damit verbracht, nach der Schule mit seinem Freund Chris Lemont Football zu spielen. Als Charlie und Sandy angefangen hatten miteinander auszugehen, war Sandy regelmäßig mitgekommen und hatte von der Seitenlinie aus zugeschaut, wenn sie Feierabend in der Grafikabteilung des Zeitungsgebäudes hatte. Er schnappte sich die Autoschlüssel und seine Brieftasche. Auf dem Boden bemerkte er eine kleine violette Haarspange. Ashley hatte sie getragen, als er sie das letzte Mal gesehen hatte. Er steckte die Spange in die Tasche. Er dachte an ihr Lächeln und daran, wie sie immer »T« gesagt hatte statt »K« – »Tomm, Papa!« Er lächelte und dachte sich: Ich werde das schaffen; ich mache einfach einen Schritt nach dem anderen, und dann schaffe ich es.

Auf Melindas Schreibtisch häuften sich Gesetzestexte, Gerichtsakten und die Berichte des Obersten Gerichtshofs. Überall waren die Stellen aufgeschlagen, in denen es um die Rechte des Angeklagten ging. Die Alvarez-Akte lag aufgeschlagen auf einem Klapptisch, den sie immer dann benutzte, wenn ein einzelner Schreibtisch nicht mehr ausreichte. Eine Sekretärin, die sich in dem engen Büro kaum noch umdrehen konnte, und ein Protokollführer, der für die Stellvertretende Bezirksstaatsanwältin schwärmte, durchforsteten eine Vielzahl von alten Fällen, um einen Grund für die Wiederaufnahme des Verfahrens zu finden.

Enrique Alvarez war ein freier Mann, und man konnte ihn nur dann noch einmal vor Gericht stellen, wenn die Polizei neue Beweise fand, die noch nicht vorgelegen hatten, als Watkins Alvarez vertrat.

Das ganze Beweismaterial, das man zusammengetragen hatte, während man Alvarez' Rechte verletzt hatte, weil man ihm nicht seinen ersten Rechtsanwalt zur Seite gestellt hatte, wirkte jetzt wie pures Gift. Nichts davon konnte jetzt noch vor Gericht verwendet werden. Weil sie nichts fanden, was ihnen irgendwie helfen konnte, entschloss sich Melinda Powell aufzugeben. Sie schickte ihre Mitarbeiter hinaus. Die ganze Nacht hatte sie keinen Schlaf gefunden, und in welche Richtung sie auch Nachforschungen anstellte, immer landete sie in einer Sackgasse. Es gab keine Möglichkeit, Alvarez mit juristischen Mitteln beizukommen.

Vieles war in der letzten Zeit schief gegangen. Zuerst hatte sich Dr. Owen Johnston mit seiner zwanzigjährigen Krankenschwester aus dem Staub gemacht und sonnte sich an irgendeinem ausländischen Strand. Und jetzt spazierte ein kaltblütiger Mörder wie eine königliche Hoheit aus dem Gerichtssaal. Recht und Gerechtigkeit hatten in Charlotte viele Schläge einstecken müssen. Streebeck und die anderen Stellvertretenden Bezirksstaatsanwälte dachten in erster Linie an Politik und Karriere, und es sah so aus, als ob sie die Einzige wäre, die wirklich gegen die Kriminalität kämpfte. War Gerechtigkeitssinn denn so aus der Mode gekommen? Hatte der Gerichtshof das Rechtssystem in diesem Land wirklich lahm gelegt? Wann standen dem Opfer endlich die gleichen Rechte zu wie dem Angeklagten? Sie setzte sich auf ihren Schreibtisch und sah aus dem Fenster.

Ein Kurier in grauer Uniform betrat das Zimmer mit einem Päckchen. »Tut mir Leid, wenn ich Sie bei Ihrer Meditation störe, oder was Sie da gerade machen. Ich komme von der Zentralen Audiobibliothek. Sie müssen hier unterschreiben.«

»Vielen Dank. Sie stören mich nicht. Dieses Band könnte sehr wichtig sein und einen Durchbruch bedeuten.«

Das Band enthielt einen digital aufbereiteten Mitschnitt des

Telefongesprächs, das Emily Turney, Johnstons Krankenschwester, mit Remmie Fox, ihrer ehemaligen Mitbewohnerin, geführt hatte. Melinda hatte die leise Vermutung gehabt, dass es zu dem Namen Remmie eine Akte gab. Die ehemalige Tänzerin, die dann als Kosmetikerin gearbeitete hatte, war mehrere Male wegen Drogenbesitzes und Prostitution verurteilt worden. Sie war sofort bereit, Melinda zu helfen und die Telefongespräche abhören und mitschneiden zu lassen, aber bisher hatte es nur einen Anruf gegeben. Der Tontechniker hatte das Gespräch noch einmal aufgenommen und dabei mehrere Tonspuren verwendet. Die Hintergrundgeräusche wurden dabei verstärkt, während das eigentliche Gespräch heruntergeregelt wurde. Melinda legte das Band in ihre kleine Anlage ein, die auf dem Fensterbrett stand. Sie schloss die Tür und lauschte gespannt. Man hörte Glocken, Hupen, Vögel und Menschen, die sich in einer melodischen fremden Sprache unterhielten, die schwierig zu erkennen war, aber in etwa wie Spanisch klang. Irgendetwas Ungewöhnliches ließ sich nicht ausmachen, aber die spanischen Wortfetzen grenzten das Gebiet auf etwa dreitausend Kilometer Küstenlinie ein.

Ganz vorsichtig und kaum hörbar klopfte jemand an die Tür. Die dunkelhäutige Reinmachefrau mit den hängenden Schultern wollte den Papierkorb leeren. Sie pfiff eine kleine Melodie vor sich hin, so dass Melinda nichts mehr verstehen konnte. Gerade wollte sie sie mit harschen Worten zurechtweisen, als die kleine Reinmachefrau sich umdrehte und bemerkte: »Ist Kreolisch nicht eine wunderschöne Sprache?« Sie schloss die Augen und ein breites Lächeln umspielte ihre Lippen. »Jedes Mal, wenn ich jemanden in meiner Muttersprache reden höre, dann fühle ich mich wieder wie zwanzig. Ich sehe mich mit meinem Mann am Strand bei Bayeaux tanzen, bevor er bei den Unruhen umkam.«

Melinda sprang auf und schreckte die kleine Frau aus ihrer Träumerei auf. Sie packte sie und umarmte dieses Geschenk des Himmels. »Sie können das verstehen?«

»Natürlich. Es ist Kreolisch, aber mit spanischen Brocken durchsetzt. Ein paar Ausdrücke habe ich nicht verstanden. In Haiti ist unsere Sprache vom Französischen beeinflusst, aber weiter im Süden gibt es mehr spanische oder portugiesische Ausdrücke.«

Melindas Augen begannen zu funkeln. »Dann können wir das Gebiet auf einige Inseln eingrenzen. Guadeloupe oder Martinique. Was sagen Sie denn?«

»Man hört ein paar Menschen, und sie sagen alle etwas anderes.«

Melinda schloss die Tür und bot der Reinmachefrau einen Stuhl und eine Diätcola aus ihrem winzigen Kühlschrank an.

»Würden Sie sich das Band einmal anhören und mir alles übersetzen ... wirklich alles, ganz egal, wie unwichtig?«

»Natürlich. Wenn Sie das wollen.« Die kleine Frau wirkte etwas verwirrt, aber sie genoss es sichtlich, dass eins dieser hohen Tiere sie zur Kenntnis nahm.

Sie hörte genau zu und versuchte so gut zu helfen wie irgend möglich. »Also, es fängt so an ... ›Ich liebe dich auch. Es tut mir Leid, wir wollen nie mehr miteinander streiten.‹ Dann wird es leiser, aber die nächsten Leute sagen: ›Nun komm schon. Einmalige Gelegenheit. Das musst du einfach nehmen.‹ ›Und was soll das kosten?‹ ›Nicht hier.‹«

Bis jetzt war nichts Entscheidendes gesagt worden, und Melinda ließ den Mut sinken. Noch eine einzige deutliche Unterhaltung gab es auf dem Band. Die Reinmachefrau machte weiter. »Der Mann sagt: ›Ich bin so froh, dass wir hier sind. Cayenne ist so schön. Vielleicht sollten wir heute Nachmittag ein Boot mieten und im Hafen herumfahren. Oder wo immer du willst, mein Liebling.‹«

»Wo liegt Cayenne?« Melinda stöberte in ihren Schubladen in der Hoffnung, einen Atlas zu finden. Jede einzelne Insel, jeden Zentimeter Küstenlinie fuhr sie mit den Augen ab. »Französisch-Guayana. Wo liegt das?«

Die Reinmachefrau lächelte. »An der Küste zwischen Brasilien und Surinam. Ein schönes Land, und noch nicht allzu sehr von Touristen heimgesucht. Ich habe meine Familie einmal dort besucht. Meine Vorfahren kamen als Sklaven ins Land und leben über die ganze Karibik verstreut.«

»Danke. Oh, vielen, vielen Dank!« Melinda umarmte die

Reinmachefrau, bis sie sich beschwerte, dass Melinda sie zerquetschte. Endlich hatte sie den Durchbruch geschafft, endlich bewegte sich etwas.

Die Reinmachefrau öffnete die Tür genau in dem Augenblick, als Charlie klopfen wollte. Melinda bat ihn herein und teilte ihm die gute Nachricht über Dr. Owen Johnston mit. Sie hatte herausgefunden, wo er sich aufhielt, und es blieb nur noch die Frage, ob er inzwischen weitergezogen war. Charlie hatte eigentlich keine Lust, ausgerechnet jetzt mit schlechten Nachrichten hereinzuplatzen, aber er erzählte ihr, ohne etwas auszulassen, dass er seine Frau und Tochter hatte rächen wollen.

»Ich habe wirklich nichts gemacht«, entschuldigte er sich. »Ich habe auf der Straße eine Waffe gekauft und auch geplant, sie zu benutzen, aber ich habe es nicht über mich gebracht. Ich habe genau gesehen, was passiert ist. Dann bin ich zum Wylie-See gefahren und habe die Pistole ins Wasser geworfen.«

Melinda hatte in ihrem Leben schon viele trauernde Ehepartner gesehen und verstand das Bedürfnis nach Rache. »Charlie, es gibt wirklich keinen Grund, diese Informationen weiterzuleiten. Die Polizei weiß ziemlich genau, was passiert ist. Es gibt keine offenen Fragen. Pepe Hernandez hat ein ellenlanges Strafregister. Es gibt keinen Sinn, wenn wir Sie wegen illegalen Waffenbesitzes verfolgen. Sie wollen es doch nicht noch einmal machen, oder?«

»Niemals, da bin ich sicher. Ich bin kein Verbrecher. Ich bin nur wütend.« Er setzte sich und machte eine kleine Pause. »Ich glaube allerdings, dass ich etwas tun kann, um es wieder gutzumachen.«

Sie wurde neugierig und sah förmlich, wie sein Gehirn arbeitete. »Und was wäre das?«

»Wenn ich Ihnen den Waffenhändler in die Hände spiele, könnten Sie dann dafür sorgen, dass mein Zeuge geschützt und seiner Familie geholfen wird?«

Sie legte die Unterarme auf den Schreibtisch, drehte die Handflächen nach außen und dachte über seinen Vorschlag nach. »Ich bin nicht sicher, aber vielleicht können wir einen Deal machen.«

23

Die Beichte vor der Stellvertretenden Bezirksstaatsanwältin hatte Charlies Gewissen erleichtert, aber er hatte das Gefühl, dass er noch mehr tun konnte. Er hatte auf der Couch geschlafen, die die Reinigungsfirma am Tag zuvor einer gründlichen Behandlung unterzogen hatte. Den größten Teil des Abends hatte er damit verbracht, sauber zu machen und aufzuräumen. Die Flasche mit dem Smirnoff-Wodka hatte er auf dem Kaminsims stehen lassen. Jeden Morgen würde er sich jetzt dem Schmerz stellen und sich weigern, ihn zu betäuben. Jeden Morgen wollte er all seine Willenskraft zusammennehmen, um damit den neuen Tag zu meistern.

Die Sonne schien durch die roten und orangefarbenen Blätter. Es war einer dieser warmen Herbstmorgen, die ihn an den Sommer erinnerten. Charlie bereitete sich ein gesundes Frühstück zu. Eine Schüssel Haferflocken und ein Glas Milch, das sollte von jetzt an sein Frühstück sein. Er hatte den Beschluss gefasst, ab heute alles anders anzugehen. Sein Leben veränderte sich nicht von selbst, und deshalb wollte er nun die Initiative ergreifen. Im letzten Monat hatte er zehn oder zwölf Pfund zugenommen, und er fing an zu verweichlichen. Er zog einen warmen Trainingsanzug an und beschloss, wieder regelmäßig zu joggen. Vor Jahren war er jeden zweiten Tag fünf oder sechs Kilometer gelaufen. Nachdem Ashley zur Welt gekommen war, hatte ihm die Zeit dazu gefehlt, weil er sie immer angezogen und gefüttert hatte. Außerdem hatte er so viel Zeit mit ihr verbringen wollen wie möglich.

Charlie hatte den Entschluss gefasst, dass er heute ein neues Leben anfangen wollte, und die warme Sonne schien diese gute Entscheidung zu bekräftigen. Er schaltete den Fernseher ein und zappte sich durch das Programm, während er seine Laufschuhe zuschnürte. Irgendwo auf den letzten Programmplätzen sah er einen Mann mit Lockenkopf, aufgedunsenem Gesicht und einer getönten Brille. Er trug einen teuren Anzug mit schwarzem Hemd und weißer Krawatte. Er weinte. Charlie schaute gebannt zu, wie

Reverend Billy Rae Higgins sich an seine Fernsehgemeinde richtete.

»Ich möchte auf keinen Fall, dass die Segnungen, für die ihr bestimmt seid, an euch vorbeigehen.« Reverend Billy trocknete sich die Augen mit einem Taschentuch. »Ich leide mit, wenn es meiner Herde schlecht geht, und vielen von euch geht es schlecht, weil sie Kreditkartenschulden haben.« Charlie schaute zu den sich stapelnden Rechnungen auf dem Küchentisch hinüber und wandte seine Aufmerksamkeit dann wieder der Sendung zu.

»Wenn ihr Gott etwas gebt, dann wird er euch etwas zurückgeben. Wenn ihr Gott eine Kirche baut, dann wird er euch ein Haus bauen. Aber gebt euer Geld nicht diesen toten, leblosen Kirchen. Gebt es lieber einer dynamischen Gemeinde, die etwas ausrichten kann. Wir helfen ledigen Müttern, wir kämpfen gegen Abtreibung und wir sammeln immer noch für Rechtsanwalt Harrigan, der seine Familie auf tragische Weise verlor. Stellen Sie Ihre Schecks auf *Solid Rock Ministries* aus, ich werde ihm das Geld dann persönlich übergeben. Mr. Harrigan, Charlie, wo immer Sie auch sein mögen ... ich liebe Sie und weiß, was Sie durchmachen.«

Der Krach war ohrenbetäubend. Der Fernsehapparat schlug Funken und gab den Geist auf. Überall im Wohnzimmer lagen Glasscherben herum. Der Miniatur-Obelisk aus grünem Marmor, den Sandy im *Pier One* erstanden hatte, war das einzige Wurfgeschoss in seiner Reichweite, und Charlie hatte ihn gegen den Fernseher geschleudert. Reverend Billy Rae Higgins hatte noch kein einziges Wort mit ihm gewechselt und wusste nichts über ihn. Charlie beobachtete, wie sich die Sonne in den winzigen Glasstückchen spiegelte.

Er ging zur Haustür und begann den von Bäumen gesäumten Bürgersteig hinabzujoggen. Immer noch zwitscherten die Vögel, und die Eichhörnchen waren damit beschäftigt, Eicheln für den Winter zu sammeln. Er atmete tief durch und fühlte sich wieder jung. Die Sonne lächelte auf ihn herab, als er seine Schritte beschleunigte. Er konzentrierte sich auf seine Füße und versuchte nicht an Sandy, Ashley, Enrique Alvarez, das Blut und die Flecken auf dem Teppich zu denken. Stattdessen achtete er genau auf die Blätter, die den Fußweg bedeckten. Der Schweiß begann ihm übers Gesicht zu laufen, als ob er alles Fett, alles Gift aus seinem Körper hinausspülen wollte. Zum ersten Mal seit langer Zeit hatte er nicht mehr das Gefühl, dass ein Lastwagen auf seinem Brustkasten parkte und Säure in seinem Magen herumwirbelte. Sein Körper bereitete ihm keine Schmerzen mehr. Nur noch sein Herz.

Nachdem er geduscht und gebadet hatte, suchte sich Charlie ein gestärktes Hemd und einen olivfarbenen Anzug heraus. Er griff sich seine Aktentasche und ein paar gelbe Notizblöcke und stieg in seinen Blazer. Er fuhr die Providence Road in südlicher Richtung hinab und bog dann auf die 385 ein, die fast um die ganze Stadt herumführte. Als er die Interstate 85 erreichte, hielt er sich in nördlicher Richtung, bis er Cabarrus County erreichte. Am Cannon Boulevard in Rowan County bog er wieder ab und erreichte schließlich die Textilstadt Kannapolis. Obwohl er schon so viele Jahre in North Carolina wohnte, war er noch nie hier gewesen. Natürlich interessierten sich nur wenige Menschen für diese Kleinstädte. Der größte Teil des Verkehrs floss in die Gegenrichtung.

Kannapolis erinnerte ihn an seine Heimatstadt. Midland war viel kleiner, aber auch dort gab es eine Filiale der *Dairy-Queen-*Eisdielen-Kette. Die große Mehrheit der Kinder aus den Südstaaten war praktisch im *Dairy Queen* aufgewachsen. Das Stadtzentrum von Kannapolis war komplett saniert worden und überall gab es Geschäfte. Er parkte seinen Blazer und schaute sich ein wenig um. Bis zum Mittagessen blieb ihm nur noch eine halbe Stunde, aber er beschloss, sich ein Eis als Vorspeise zu gönnen. Er war doch ein Single, und außerdem war er am Morgen drei Kilometer gejoggt, und mit zwei Kugeln Eis wollte er sich jetzt dafür belohnen. In der Eisdiele suchte er nach einem Telefonbuch. Er fand es unter dem Münzfernsprecher vor dem Eingang zu den Toiletten.

Dass er an diesem Morgen einen neuen Anfang machen

wollte, schloss auch Betty und Horace Douglas mit ein. Er hatte ihr Angebot neulich abgelehnt und hatte sich bei ihrem ersten Treffen in *Sonny's Teriyaki Grill* nicht gerade freundlich verhalten. Dafür musste er sich zumindest entschuldigen. Tief in seinem Innern wusste er, dass er jeden weiteren Schritt danach beurteilen würde, was Sandy wohl davon hielte. Ihr hätte es definitiv nicht gefallen, wie Charlie Horace behandelt hatte. Im Telefonbuch stand die Adresse der Douglas': 7210 Central Avenue. Der alte Mann hinter dem Tresen erklärte ihm den Weg. Einen Block hinter der Eisdiele müsste er etwa drei Kilometer in nördlicher Richtung fahren. Das kleine weiße Haus könnte man nicht verpassen.

Charlie bog in die Central Avenue ein. Zur Linken verliefen Eisenbahngleise parallel zur Straße, und zur Rechten erstreckte sich eine endlose Reihe von weißen Häusern, soweit das Auge reichte. Sie glichen sich wie ein Ei dem andern. Sie waren klein und hatten eine winzige Veranda, die von Bäumen umgeben war. Charlie fuhr langsam und achtete auf die Hausnummern auf den Briefkästen. Schließlich erreichte er die 7210. Er bog in die kurze kiesbestreute Auffahrt ein, stieg aus und ging zur Haustür. Es war bald Mittagszeit, und hier draußen wurde es richtig warm. Vor dem nächsten Frühling würde es nicht mehr viele Tage wie diesen geben. Er klopfte an die Tür. Niemand öffnete ihm.

Charlie hatte nichts Dringendes zu erledigen, und deshalb beschloss er, sich auf die Verandaschaukel zu setzen und den Verkehr zu beobachten – sechs Autos und ein streunender Hund. Um fünf nach zwölf riss eine pfeifende Lokomotive Charlie aus seinen friedlichen Tagträumen. Der Zug brachte die großen Baumwollballen aus Alabama in die Spinnerei; dort wurden die Waggons mit Bettlaken und Handtüchern beladen, die dann an einen Großhändler in Charlotte geliefert wurden. Charlie beobachtete, wie die Lokomotive abbremste, und erinnerte sich an seine Kindheit in Midland. Oft war er mit seinen Freunden neben dem Zug hergerannt, wenn dieser durch das Stadtgebiet fuhr, und sie hatten sich dann immer vorgestellt, dass sie auf dem Weg zu irgendwelchen exotischen Zielen waren. All ihre Spiele und Fantasien schienen darauf hinauszulaufen, das Kleinstadtleben hinter sich zu lassen und in die große weite Welt hinauszugehen.

Anscheinend war das genau das, was sein Vater getan hatte. Charlie erinnerte sich daran, wie er einmal in der ersten Klasse aus der Schule kam und ein paar Koffer vor der Tür stehen sah. Sein Vater hatte ihm nie erklärt, warum er sie verlassen hatte. Sein Beruf verschlug ihn in den Westen, und er zog immer weiter von ihnen fort. Seine Mutter erzählte ihm lediglich, dass seinem Vater die Kleinstadt zu eng geworden war und dass er sie hinter sich lassen musste, um Erfolg zu haben. Soweit Charlie sich erinnern konnte, hatten sie einander nie beschimpft oder außereheliche Affären gehabt – sie hatten sich einfach auseinander gelebt. Seine Mutter war stark und redete nie viel darüber. Sie heiratete wieder, als Charlie auf der Oberschule war. Der Kühlschrankmonteur aus dem Ort konnte seinen Vater nicht ersetzen, und als Charlie auf die Universität kam, besuchte er seine Mutter nur noch selten.

Er wurde von einer wahren Sturzflut von Gefühlen überwältigt, die er jahrelang nicht zugelassen hatte. Er hatte sich immer nach einer heilen Familie gesehnt, aber die Familie, in der er aufgewachsen war, war nicht mehr gewesen als eine kleine Gruppe von Menschen, die zufällig in demselben Haus wohnten.

Charlie wollte gerade aufstehen und zurückfahren, als ein zerbeulter, rostiger blauer Pick-Up in die Einfahrt einbog. Betty saß am Steuer, und Charlie zuckte zusammen, als sie dem rechten Ende seiner hinteren Stoßstange gefährlich nahe kam. Horace sprang tatsächlich mit einem Lächeln aus dem Wagen. Für einen Mann, der seine Gefühle nicht gern zeigte, wirkte er sehr aufgeräumt.

»Ich wusste, dass Sie kommen würden. Ich wusste, dass Sie der Mann sind, der uns gegen diese Kerle helfen kann. Sie sind der Einzige, der das schafft!« Horace hatte einen festen Händedruck, und er wollte gar nicht mehr aufhören, Charlies Hand zu schütteln.

Betty kam ein wenig langsamer heran. »Gott hat unser Gebet erhört und Sie zu uns gebracht. Dank sei dem Herrn!« Sie hob die

Hände und umarmte Charlie, der von diesem Gefühlsausbruch völlig überwältigt wurde.

»Warten Sie einen Augenblick, ich bin nur gekommen, um mich zu entschuldigen ...«

Betty schob Charlie bereits durch die Haustür. »Horace hat nur eine Stunde Mittagspause, also werde ich euch erst mal einen Tee machen. Charlie, bleiben Sie doch zum Mittag. Ich hole Horace jeden Tag von der Arbeit ab, und dann essen wir eine Suppe und einen frischen Salat. Ich wäre untröstlich, wenn Sie uns nicht Gesellschaft leisten würden.«

»Nehmen Sie Platz auf der Couch, mein Sohn. Ich muss mir die Hände waschen. In der Spinnerei ist es dreckig.« Normalerweise konnte Charlie es nicht hören, wenn ihn jemand »mein Sohn« nannte, aber bei Horace machte es ihm nicht viel aus.

Das Haus war klein, aber irgendwie urig. Es roch nach Schimmel und alten Leuten. Spitzenvorhänge aus den sechziger Jahren hingen vor dem Fenster, und auf einem selbst gemachten Holztischchen thronte ein kleiner Fernseher. Dann sah Charlie auf den Boden. Echtes Holzparkett. Im ganzen Haus hatte man Parkett verlegt. Es hatte Charlie allein viertausend Dollar gekostet, in seiner Küche Parkett verlegen zu lassen. Offenbar war in den vierziger Jahren, als man die Häuser errichtet hatte, Parkett noch kein Luxusartikel gewesen. Über die Couch war eine selbst gehäkelte Decke drapiert, und in der Ecke stand ein Schaukelstuhl. Charlie sah sich gerade das Holztischchen an, als Horace zurückkam.

»Ich weiß, dass es nicht viel hermacht, aber das ist das erste Stück, das Matt in der Tischlerei gebaut hat. Er war so stolz, als wir es tatsächlich benutzten. Oft saß er den ganzen Abend auf der Couch und lächelte es an.«

»Ich wusste gar nicht, dass Behinderte so etwas zuwege bringen.« Im selben Augenblick, da ihm die Worte entschlüpft waren, wurde Charlie bewusst, was er gesagt hatte, und er versuchte, es politisch korrekter klingen zu lassen. »Ich wollte sagen, ich wusste gar nicht, dass er solch eine anspruchsvolle Arbeit tun konnte.«

»Oh, Charlie, ich weiß, was Sie meinen. Matt war nur leicht behindert, einfach sehr langsam. Seine motorischen Fähigkeiten waren sehr gut entwickelt. Natürlich wäre aus ihm nie ein Physiker geworden, aber mit einer entsprechenden Ausbildung hätte er ein sehr erfülltes Leben führen können. Wenn Sie ihn auf der Straße getroffen hätten, hätten Sie nie herausgefunden, dass er sich von anderen Menschen unterschied.«

»Das Essen steht auf dem Tisch!«, rief Betty aus der Küche. »Schatz, vergiss nicht, dein *Geritol* einzunehmen.« Horace wirkte verlegen, als sie diese Alte-Leute-Medizin erwähnte, und warf einen verstohlenen Blick auf Charlie, um zu sehen, ob er irgendwie reagierte. Charlie gab vor, in die Betrachtung eines eingerahmten Gedichtes an der Wand mit der Abbildung von Fußspuren daneben versunken zu sein.

Sie setzten sich um einen kleinen runden Tisch in einer winzigen Essecke. Der Tee war stark, süßer sonnengereifter Tee, wie man ihn nur in den Südstaaten bekommt. Charlie griff nach seinem Löffel, um der Kartoffelsuppe zu Leibe zu rücken, als er bemerkte, dass ihn die beiden Douglas' beobachteten. Sie fassten sich bei den Händen, und Betty streckte ihre freie Hand zu Charlie aus. Seit seinem letzten, Frühstück mit Sandy und Ashley hatte er vor dem Essen nicht mehr gebetet. Als sie über der dicken, cremigen Suppe saßen, versuchte Charlie zu erklären, warum er vorbeigekommen war.

»Ich möchte mich dafür entschuldigen, wie ich Sie im Imbiss behandelt habe, Mr. Douglas. Ich war sehr unfreundlich. Ich versuche mich mit allen Menschen, die ich verletzt habe, auszusöhnen, damit ich wieder freier atmen kann. Ich bin nicht gekommen, um den Fall zu übernehmen. Ich glaube nicht, dass ich überhaupt jemals wieder als Anwalt arbeiten kann.«

»Also zunächst einmal, nennen Sie mich bitte Horace.« Er legte den Löffel zur Seite und blickte Charlie in die Augen. »Ich mag diese Förmlichkeiten nicht. Zweitens sind Sie unsere einzige Hoffnung. Ich habe gelesen, dass Sie Ihre Stellung in der großen Firma verloren haben. Deshalb weiß ich, dass Sie frei sind. Eine einzige Sache macht mir Sorgen: Ich habe keine

Ahnung, ob Sie uns vertreten können, da Sie ja zuerst für Comstock gearbeitet haben.«

Charlie rutschte auf seinem Stuhl hin und her. »Im Grunde genommen habe ich nicht intensiv an diesem Fall gearbeitet. Ich vermute, dass diese Frage gar nicht zur Sprache käme, solange der Richter überzeugt ist, dass ich objektiv bin. Aber da ich Ihren Fall nicht übernehme, ist das auch nur eine hypothetische Frage, und deshalb müssen Sie sich auch keine Sorgen machen.«

Horace entgegnete schnell: »Wenn wir gegen eine große Firma und reiche Anwälte kämpfen, dann müssen wir dem etwas entgegensetzen, aber ich kann es mir nicht leisten, mich von einer großen Kanzlei vertreten zu lassen. Sie wissen doch, wie die arbeiten. Aber vor allen Dingen sind Sie ein Mensch mit Überzeugungen. Ich habe gelesen, wie Sie den Prozess gegen diesen Abtreibungsarzt geführt haben, und ich habe in den Nachrichten gesehen, mit welcher Leidenschaft Sie sich für die gerechte Sache eingesetzt haben. Deshalb war ich auch so schockiert, dass Sie unseren Fall vor Gericht so darstellten, als seien wir nur auf ein paar schnelle Dollars aus.«

»Jetzt muss ich Sie schon wieder um Verzeihung bitten.« Charlie studierte die Kartoffelstückchen, die in seiner Suppe herumschwammen. »Das ist nur so eine Technik. Mir hat es auch nicht gefallen.«

»Genau das meine ich. Sie kämpfen für das Recht des kleinen Mannes und für die Gerechtigkeit. Ihr Herz schlug nicht für Mr. Comstock, sondern für Matt, so wie es damals für das kleine Mädchen schlug.«

»Charlie«, sagte Betty und berührte wieder seine Hand, »ich will Ihnen keine Ratschläge erteilen, aber ich weiß, wie es ist, wenn man einen geliebten Menschen verliert. Ich habe einen Sohn und einen Ehemann begraben. Sie lassen Ihren geliebten Menschen keine Gerechtigkeit widerfahren, wenn Sie aufgeben oder weglaufen.«

»Wollen Sie damit sagen, Horace ist nicht Ihr erster Mann?« Charlie blickte erstaunt auf.

»Wir sind jetzt neununddreißig Jahre zusammen. Ich bin ein

paar Jahre älter als Horace. Wie viel genau, sage ich Ihnen nicht. Ich habe meinen Schulfreund am Samstag nach der Abschlussprüfung geheiratet. Er war Leutnant in der Armee. 1957, drei Monate nach unserer Hochzeit, wurde er nach Israel geschickt. Es kam dort immer wieder zu Kämpfen mit Ägypten um die Sinai-Halbinsel. Omar wurde in einem Gefecht versehentlich von seinen eigenen Leuten getötet. Zwei Wochen später zogen sich die Israelis zurück. Man hört viel von Kriegshelden, aber wenn jemand bei einer Polizeiaktion ums Leben kommt, schert sich niemand darum. Ich war am Boden zerstört, aber dann kehrte ich nach Hause zu meinen Eltern zurück. Der Junge, der hier vor mir sitzt, war gerade mit der Schule fertig geworden und entwickelte sich zu einem gut aussehenden jungen Mann. 1959 heirateten wir, und ich bekam eine zweite Chance.« Als ob sie die Frage geahnt hätte, die Charlie nicht zu stellen wagte, fügte sie hinzu: »Es gibt immer wieder Momente, in denen ich ihn vermisse, obwohl er schon so lange tot ist. Aber Horace ist der wunderbarste Mann der Welt, und wir haben ein wunderbares Leben zusammen verbracht. Gott hat mir durch die ganze Sache hindurchgeholfen.«

Horace brachte das Gespräch wieder auf den eigentlichen Punkt zurück. »Charlie, ich glaube, Sie können diese Kerle besiegen, und ich glaube, Sie brauchen uns ebenso sehr, wie wir Sie brauchen.«

Charlie stellte das Teeglas auf den Tisch und dachte über *Hobbes, Reimarus & Van Schank* nach, Nancy Lockman-Kurtz, Walter Comstock und die Paragon-Gruppe. Diese Tiger würden dieses kleine alte Ehepaar zerfleischen, wieder ausspucken und auf den Resten herumtrampeln. Er wusste, wie sie arbeiteten. Er kannte ihren Stil. Und er war der Einzige, der sie schlagen konnte.

»Wenn ich Ihren Fall übernähme, wäre das sehr schwierig. Ich habe keine Angestellten, keinen Stab und keine Hilfe. Sie haben über achthundert Angestellte über den ganzen Südosten verteilt. Ein Mann kann sich nicht gegen eine ganze Armee stellen und den Sieg davontragen.«

»Mein Sohn«, sagte Horace und legte den Arm um ihn, »ein

tugendhafter Mann kann unzählige unmoralische Horden besiegen.«

»Dann sollten wir jetzt anfangen.« Charlie öffnete seine Aktentasche und zog einen gelben Notizblock hervor.

Horace begann die traurige Geschichte zu erzählen. Sein Sohn war zweiundzwanzig Jahre alt gewesen, als er an Lungenkrebs gestorben war. Anders als viele Krebskranke, die einen langsamen, grausamen Tod sterben, war es mit Matt sehr schnell bergab gegangen, als die Krankheit erst einmal ausgebrochen war. Horace führte die Erkrankung darauf zurück, dass Matt bei der Sanierung eines Hauses in einen Haufen Isoliermaterial gefallen war, das entsorgt werden sollte. Er glaubte, dass Comstock bestimmte Leute, die von Regierungsprogrammen gefördert wurden, einfache Arbeiten verrichten ließ, um sich so vor der Auszahlung des Mindestlohns zu drücken. Offenbar waren Matt und andere mit gefährlichen Arbeiten beschäftigt gewesen, ohne sich des Risikos bewusst zu sein. Horace vermutete, dass sie asbesthaltige Isolierungen entfernt hatten, ohne dass der Vorarbeiter sie darüber aufgeklärt hatte, welche Gefahren das mit sich brachte.

Charlie hörte gespannt zu und machte sich Notizen. Er begann, Verbindungslinien und Diagramme zu zeichnen, die einzelne Namen mit Begriffen wie »indirekter Haftung«, »mutmaßlichem Risiko« und »Fahrlässigkeit« verknüpften. Paragon war in Privatbesitz und keine Gesellschaft mit beschränkter Haftung. Deshalb war Walter Comstock indirekt für die Handlungen seiner Manager und Vorarbeiter verantwortlich, selbst wenn er sich auf einem bestimmten Bauplatz niemals hatte sehen lassen. Charlie setzte ein Fragezeichen neben den Begriff »Fahrlässigkeit«. Er würde beweisen müssen, dass Comstock bewusst oder versehentlich nicht genug auf die Sicherheit seiner Mitarbeiter geachtet hatte. Charlie zeichnete einen Pfeil, der auf die Worte »passive Fahrlässigkeit« hinzeigte.

Alles, was er zu beweisen hatte, war, dass Comstocks Unterlassung dazu geführt hatte, dass Matthew Douglas einem Krebs erregenden Stoff ausgesetzt worden war. Alles schien sich um eine klar formulierte und einfache Sachfrage zu drehen. Charlie suchte verzweifelt nach einem Grund, den Fall nicht zu übernehmen, aber ihm fiel keiner ein. Tatsächlich war dies genau einer der Fälle, die ihn überhaupt dazu gebracht hatten, Rechtsanwalt zu werden. Er wollte für die Wahrheit kämpfen, wo die Lüge regierte; er wollte für diejenigen sprechen, die keine Stimme hatten; er wollte diejenigen bestrafen, die den Schwachen und Hilflosen wehtaten. Die Begegnung mit Maggie Thomason hatte sein Leben verändert und seiner Karriere neues Leben eingehaucht, nachdem er Jahre damit verbracht hatte, bei Vertragsstreitigkeiten zwischen zwei reichen Pfeffersäcken die eine Seite oder die andere Seite zu vertreten. Endlich einmal bot sich ihm die Chance, das zu tun, wofür er ausgebildet war. Sandy hatte die ganze Zeit Recht gehabt.

Charlie blickte Betty an, deren Augen sich mit Tränen füllten. »Ich werde es tun.«

24

DER SCHMIERIGE MANN in dem orangefarbenen Hemd mit den aufgedruckten rosa und gelben Blumen kaute auf dem Ende einer Zigarre herum, zündete sie aber nicht an. Er befand sich auf einer Bowlingbahn in Kannapolis. Er hatte Horace Douglas und Charlie Harrigan im Auge behalten, seit sie sich das erste Mal bei *Sonny's* begegnet waren. Als der burgunderrote Buick Riviera an Henry Judsons Büro vorüberfuhr, lachte sich der Fahrer halb tot. Die Jalousien waren heruntergelassen und die Auffahrt stand leer. Offenbar hatte sich Judson vorzeitig aus dem Geschäft zurückgezogen und betrank sich jetzt auf seinem Boot irgendwo auf dem High Rock Lake.

Henry Judson war bestenfalls ein mittelmäßiger Rechtsanwalt gewesen, der auf schnelle Vergleiche ohne viel Arbeit ausgewesen war. Nachdem ihn der schmierige Mann drei Nachmittage lang beschattet hatte, hatte er ihn in der Hand, und Judson gab sofort klein bei. Er war nicht stark, und Slade hatte auch gar keinen Widerstand erwartet. Slade wählte mit der einen Hand den Direktanschluss zu Martin Van Schanks Büro, während er in der anderen Hand ein Turbo-Dog-Bier hielt. Er setzte die dunkelbraune Flasche an und leerte sie fast in einem Zug.

»Hey, Marty, wie geht's meinem Lieblings-Hai?« Slade verschüttete etwas von dem Bier auf seinem Bauch und tat sein Bestes, die letzten Tropfen auszukosten, um ja nichts verkommen zu lassen.

»Wo bist du gewesen? Ich habe seit Tagen nichts von dir gehört. Ich zahle dir doch nicht eintausend Dollar in der Woche, damit du herumgammelst, und was höre ich? Bowling? Du gehst bowlen, während du für mich arbeitest? Ich glaube, ich muss dich feuern!«

»Nun halt mal die Luft an, Kumpel. Ich habe Informationen für dich, die dich interessieren werden. Rate mal, wer gerade deinen alten Protegé Charlie Harrigan engagiert hat.«

Van Schank hielt den Atem an und wartete. Er hatte Charlies Abwärtsspirale aufmerksam verfolgt und seinen Abstieg genossen. Dass das kleine Mädchen gestorben war, hatte ihn etwas traurig gemacht, aber darüber war er hinweggekommen.

»Es ist nämlich so.« Slade wusste, dass Van Schank ungeduldig war und diese kleinen Spielchen hasste. »Unser Freund Horace Douglas hat den Kampf noch nicht aufgegeben. Sieht so aus, als ob der gute alte Charlie den Fall gegen Comstock übernimmt.«

»Na großartig.« Van Schank ließ seine Faust auf die Schreibtischplatte niedersausen. »Ich werde diesen Verlierer einfach nicht los. Ich lasse ihn feuern, und jetzt kommt er mir schon wieder in die Quere. Bleib an ihm dran, Slade. Vergiss Douglas. Bleib Harrigan auf der Spur. Ich will jeden Schritt erfahren, den er tut. Du kannst sein Haus verwanzen. Seinen Freunden hinterherspionieren. Ich will gar nicht genau wissen, wie du das anstellst. Ich will Ergebnisse sehen. Irgendwas, womit ich diesem Pfadfinder den Todesstoß versetzen kann. Wie sieht's mit dem anderen Geschäft aus?«

»Meine Jungs haben sich ein paar Ryder-Lastwagen besorgt

und sind nach Dalton in Georgia gefahren. Sie bringen fünfundzwanzig oder dreißig Illegale mit, die Erfahrung auf dem Bau haben. Das war eine brillante Idee von dir, die Einwanderungsbehörde zu verständigen und die Teppichfabrik zu verpfeifen und dann die ganzen billigen Arbeitskräfte selbst einzusacken, wenn der Eigentümer in Panik gerät und sie entlässt. Genau das ist passiert! Mann, ich bewundere dich.« Slade strahlte, als er an die Manipulationsfähigkeiten seines Mentors dachte, und bestellte sich noch ein Turbo-Dog.

»Und das, was ich dir jetzt erzähle, wird dir noch besser gefallen«, sagte Van Schank. »Die Hammerstan-Teppichfabrik gehört zu meinen Mandanten. Ich habe dem Besitzer die erste Gruppe Mexikaner überhaupt erst geschickt. Er weiß nicht, dass ich ihn verpfiffen habe. Jetzt zahlt er mir achthundert Dollar die Stunde, damit ich ihn aus seinen Schwierigkeiten mit der Einwanderungsbehörde herauspauke. Ich kann nicht verlieren. Selbst wenn mein Mandant ins Gefängnis geht, verdiene ich noch Geld.« Van Schanks Lachen klang unheimlich. Er genoss es, Menschen wie Schachfiguren hin und her zu schieben. Er musste einen Weg finden, seinen neuesten Feind unter Kontrolle zu halten.

»Du bist echt der Größte, Mann.« Slade legte auf, leerte sein zweites Bier und machte sich wieder auf den Weg nach Charlotte.

Charlie saß am Tresen seines Lieblingsimbiss und blätterte durch die dünne Akte, die ihm Horace gegeben hatte. Als er Judson gefeuert hatte, hatte Horace völlig zu Recht die Herausgabe der Akte und aller Informationen verlangt, die Comstock und die Paragon-Gruppe betrafen. Charlie war erstaunt, wie dürftig diese Informationen waren. Hatte dieser Anwalt überhaupt irgendetwas getan? Auf dem Höhepunkt seiner Karriere bei *Hobbes, Reimarus & Van Schank* hatte er einmal das Bauunternehmen Tyger vertreten. Die Papiere zu diesem Fall füllten ein ganzes Zimmer im Anbau zum South College, den sie die »Grube« nannten. Die Beweise, die sie gesammelt hatten, füllten vierundzwanzig Kartons, ganz abgesehen von neun langen Papphröhren mit Landkarten und Luftaufnahmen des betreffenden Gebiets.

J. Garrison Hobbes legte sich mit jedem an, der sein aufgeräumtes Luftschloss in Unordnung bringen wollte, und gerade Zivilprozesse waren bekannt dafür, dass Unmengen an Beweismaterial zusammenkamen. Er wollte, dass der Raum, in dem man die Akten aufbewahrte, immer sauber und ordentlich aussah. Jeder Ordner, der dicker als fünf Zentimeter war, wurde in einem separaten Raum weggeschlossen, so dass jeder, der am Archiv vorbeikam, von der Organisation der Kanzlei beeindruckt sein musste. Es gab Angestellte, die andauernd zerknickte, eingerissene oder von Kaffeeflecken verunstaltete Ordner ersetzten. Hobbes weigerte sich, den Eindruck zu erwecken, seine Kanzlei sei wie alle übrigen, in denen überall Aktenordner aufgestapelt waren und zerknitterte Dokumente und Papiere herumlagen. Vor Gericht flößten Ordnung und Effizienz den weniger gut vorbereiteten Anwälten Furcht ein.

Im Gegensatz dazu wirkten Henry Judsons Akten chaotisch. Charlies Akten bei *Hobbes, Reimarus & Van Schank* hatten alle gleich ausgesehen. Auf der rechten Seite waren alle Papiere in chronologischer Reihenfolge abgeheftet, der letzte Antrag und der Antrag der Gegenseite ganz oben. Auf der linken Seite fanden sich ein Inhaltsverzeichnis und ein Blatt, auf dem jeder, der die Akte in der Hand gehabt hatte, unterschrieb und vermerkte, welche Maßnahmen er veranlasst hatte. Die Korrespondenz zwischen den beiden Parteien wurde gesondert aufbewahrt und genauso geordnet. Judson hatte die Dokumente nicht einmal sortiert und abgeheftet, sondern sie einfach hineingestopft. Es gab Anträge und ein paar Briefe, aber weder Gegenanträge noch eidesstattliche Aussagen. Die Akte war einfach zu dürftig. Was hatte dieser Mann überhaupt getan, um seinen Mandanten zu helfen?

Sonny ging zum Tresen und schenkte Charlie eine Tasse Kaffee ein. »Also, mein Freund, wie geht es Ihnen auf Ihrer Reise?«

»Was haben Sie nur immer mit dieser Reise? Werden Sie mir das jemals erklären?« Charlie wurde allmählich frustriert, aber Sonny war der einzige Freund, den er noch auf der Welt hatte, also versuchte er ruhig zu bleiben.

»Ich werde es Ihnen später sagen. Sie sind dafür noch nicht

bereit.« Sonny lächelte seinen Freund an. »Haben Sie einen neuen Fall? Gut. Sie müssen etwas tun. Wer nur in sich hineinblickt, löst damit nie ein Problem. Sie müssen nach draußen schauen.«

»Ja. Es ist der letzte Fall, mit dem ich mich in der Kanzlei beschäftigt habe, bevor sie mich gefeuert haben. Jetzt hat mich die gegnerische Partei engagiert.«

»Der alte Mann, der mit dem anderen Anwalt vor ein paar Tagen hereinkam?«

»Ja, das ist er.«

»Er hat ein gutes Gesicht. Sie können ihm vertrauen. Er ist im Recht, wissen Sie.«

Charlie blickte ihn erstaunt an. »Wie können Sie da so sicher sein? Sie sind ihm doch noch nie begegnet.«

Sonny grinste. »Charlie, ich kenne die Menschen. Ihre Augen verraten das Geheimnis ihrer Seele. Auch bei dem anderen Mann, der ihn begleitet hat. Es tat ihm aufrichtig Leid. Sie hätten mit ihm reden sollen.«

»Warten Sie eine Sekunde. Ich bin hierher gekommen, weil ich eine Pastete mit extra Zwiebeln haben wollte, keine Ratschläge. Sie sind weder Barkeeper noch Priester.«

»Sehr witzig, mein Freund. Ein letzter Ratschlag: Sie müssen wieder vertrauen lernen. Vielleicht nicht heute. Es ist ein langsamer Prozess, aber wenn Sie heute ein bisschen vertrauen, dann können Sie morgen mehr vertrauen. Sie können diesem alten Mann vertrauen, und ich glaube, Ihrem Freund auch.« Sonny versuchte, das Gespräch in eine andere Richtung zu lenken, und wechselte das Thema. »Machen Sie jetzt Ihre eigene Kanzlei auf? Harrigan und Kompagnons?«

Charlie musste lachen. »Ich glaube nicht. Das ist eine einmalige Sache. Ich schulde es ihnen irgendwie, schließlich bin ich vor Gericht aufgestanden und habe behauptet, sie wollten sich durch diesen Prozess nur bereichern. Damit will ich die Sache wieder gerade biegen. Sandy hat sich immer dafür eingesetzt, einen Fehler, den man begangen hat, wieder gutzumachen.«

»Falls Sie ein Büro brauchen, der erste Stock über der Wäscherei steht leer. Ich vermiete Ihnen die Wohnung zu einem guten Preis. Drei Zimmer, eine kleine Küche und ein voll ausgebautes Bad. Ich habe dort viele Jahre gelebt, bis ich ein Haus kaufen konnte.«

»Wie schaffen Sie das nur, Sonny?« Charlie starrte nachdenklich in seinen schwarzen Kaffee. »Wie wachen Sie jeden Morgen mit dem Wissen auf, dass Sie Ihre Familie nie wieder sehen werden? Dass die Menschen, die sie umgebracht haben, wahrscheinlich nie bestraft werden? So viele ungeklärte Fragen in Ihrem Leben und so viel Ungewissheit, was die Zukunft betrifft! Wie können Sie so optimistisch sein?«

Sonny steckte den Pfannenwender in die Schürze und lehnte sich auf den Tresen. »Ich war nicht immer so. Ich hasste meine Adoptiveltern, die Missionare waren; ihr Gott war schwach und konnte den Feind nicht aufhalten. Ich hasste die Nordkoreaner; sie gehörten dem Teufel. Ich hasste Buddha oder Gott, wer auch immer zu dieser Zeit die Kontrolle über das Universum verloren hatte. In den Staaten ging ich als junger Mann zur Armee, um Menschen zu töten. Das machte mich nur noch zorniger. 1963 machte sich noch kein Mensch Gedanken über Vietnam. Aber Kennedy schickte die Green Berets und Spezialeinheiten in den Partisanenkrieg und brachte den Südvietnamesen Sabotage bei.«

»Ich hatte keine Ahnung, dass Sie in der Armee waren, schon gar nicht bei den Green Berets! Dann sind Sie ja ein Held!« Dieser sanfte Koch überraschte Charlie immer mehr.

»Ich war kein Held. Ich wollte Menschen töten. Ich wollte meinen Schmerz betäuben. Jeden Tag verfluchte ich Gott, weil ich den Scherbenhaufen hasste, den er aus dieser Welt gemacht hatte. Die nordvietnamesische Armee kontrollierte Hanoi, und wir wagten uns in ihr Gebiet und zerstörten ihre Telefonleitungen, sprengten ihre Waffenlager und brachten ihre Offiziere um. Eines Tages sollten wir einen Sendeturm auf einem Hügel westlich von Hanoi in die Luft jagen. Der Scharfschütze auf dem Turm tötete alle meine Männer. Die Nacht vorher hatte ich getrunken, um meinen Zorn zu ertränken. Ich führte sie direkt in den Hinterhalt, weil ich nicht genug Informationen besaß und trotzdem drauflosmarschierte. Ich beobachtete, wie jeder Einzelne meiner sechs

Männer von einem Maschinengewehr niedergemäht wurde. Ich selbst wurde in die Schulter getroffen. Ich schleppte mich viele Kilometer zurück, bis ich zusammenbrach. Die nächsten vier Jahre verbrachte ich irgendwo in einem Kriegsgefangenenlager. Ich hatte keine Ahnung, wo ich war.«

Charlie riss vor Erstaunen den Mund auf. Solch ein fürchterliches Leben hatte Kim Il Sook hinter sich. Fast jeden Tag sah er diesen Mann und hatte keine Ahnung, wer er wirklich war.

»Ich wog achtundvierzig Kilo, als ich entlassen wurde. Ich hatte neunzehn Kilo abgenommen. Jeden Tag trank ich ein Glas Wasser und aß ein Stück Brot. Jeden zweiten Tag bekamen wir eine Schüssel Reis. Hunderte von Kilometern wurden wir durch den Dschungel getrieben, um Fallen auszuheben. Ich wusste, dass eines Tages meine Kameraden in diese Fallen stürzen und auf spitzen Bambuspfählen aufgespießt werden würden. Die körperliche Folter war nicht so schlimm wie die seelische Folter. Man erzählte uns, dass wir unsere Freunde und Unschuldige, aber keine Soldaten der nordvietnamesischen Armee umbringen würden. Ich wurde in eine Zelle eingesperrt, die einen Meter fünfzig im Quadrat maß. In einer Ecke lag ein Haufen Stroh mit einer Decke darauf. Ich hatte einen Nachttopf, der einmal in der Woche geleert wurde. Jede Nacht weinte ich mich in den Schlaf. Das heißt, wenn ich überhaupt schlafen konnte. Meistens wachte ich schreiend auf, weil ich den Tod meiner Familie und meiner Einheit noch einmal durchlebte. Aber in der Zelle neben mir saß dieser Mann. Wir wurden zu unterschiedlichen Zeiten aus den Zellen herausgeführt und wieder eingeschlossen, so dass wir Gefangenen uns niemals gegenseitig zu Gesicht bekamen. Deshalb bin ich ihm auch nie persönlich begegnet. Er sagte mir nur, wie er hieß: Ralph Potter. Er hatte das theologische Seminar verlassen, wo er studiert hatte, um sich bei den Marines zu melden. Jede Nacht sang er Choräle und zitierte aus der Bibel. Ich weiß noch, dass er zwei Monate lang jede einzelne Nacht *Amazing Grace* sang. Je länger ich ihm zuhörte, desto mehr legte sich mein Zorn. Allmählich fing ich an, mich jeden Abend auf das Lied zu freuen, und er sagte mir den Text vor und erklärte ihn mir. Er erzählte mir die Geschichte, die hinter diesem Lied steckte – wie dieser Sklavenhändler in einem Sturm auf dem Atlantik zu Gott schrie, dass er ihn erretten möge, und wie später ein Prediger aus ihm wurde.

Eines Tages erzählte er mir, dass Jesus leiden musste, ohne es zu verdienen. Plötzlich begriff ich etwas von diesem Gott und alles ergab einen Sinn. Buddha konnte meinen Schmerz nicht verstehen. Er stand darüber. Aber dieser Gott kam freiwillig zu uns und teilte meinen Schmerz. Er konnte mich verstehen und mir durchhelfen, auch wenn er nicht alles in Ordnung brachte. Eines Nachts, als Ralph *Amazing Grace* sang – das war, nachdem sie Elektroden an meinem Körper befestigt hatten und Wasser über mir ausgeschüttet hatten –, da fing ich an zu singen und zu weinen. Der Schmerz wurde für kurze Zeit gelindert und ich fühlte Frieden in mir. Ich schwöre Ihnen, dass ich in meinem Innern die Worte hörte: ›Dir wird es wieder gut gehen, mein Sohn.‹ Ralph sagte mir, dass ich Christ geworden wäre. Alles, was mich meine Missionarseltern zu lehren versucht hatten, ergab plötzlich einen Sinn. Sie hatten mir vom Kreuz erzählt, den Soldaten und der Gerichtsverhandlung, aber nicht davon, dass Gott selbst gelitten hatte. Wenn der Schöpfer selbst gelitten hat, dann kennt er das Leid seiner Kreaturen – und er weiß auch, was Sie durchmachen, Charlie.«

Charlies Augen füllten sich mit Tränen. Sonnys Stärke, die ihn befähigt hatte, einen Terror zu überstehen, wie ihn sich die meisten Amerikaner kaum vorstellen können, und die ihn immer noch lächeln ließ, zog ihn in ihren Bann. Die Vietnamveteranen, denen Charlie bisher begegnet war, waren entweder Alkoholiker oder glichen dem cracksüchtigen Gelähmten, der vor dem Gebäude der NationsBank saß und bettelte. In den Filmen wurden die Vietnam-Helden als Rambos oder psychotische Killer dargestellt. Sonny war ein ganz durchschnittlicher Typ mit einem ganz alltäglichen Job, aber er genoss sein Leben.

»Ich weiß nicht, was ich sagen soll ...« Charlie suchte nach den richtigen Worten. »Ich hatte keine Ahnung, was Sie alles durchgemacht haben. Es tut mir Leid.«

»Warum? Sie haben es nicht gewusst.«

»Genau das meine ich. Es tut mir Leid, dass ich Sie nicht besser kennen gelernt habe. Gibt es irgendetwas, das ich für Sie tun kann?« Charlie hatte immer noch keine Ahnung, was er sagen sollte.

»Ja.« Sonny klopfte leicht auf Charlies Schulter. »Wenn die richtige Zeit gekommen ist, dann werden Sie Ihre Geschichte jemand anderem erzählen, der auf einer Reise ist und Ihre Freundschaft braucht. Wenn Sie sie nicht weitererzählen, könnten Sie ebenso gut explodieren, weil Ihr Ärger ein Ventil braucht. Wenn die richtige Zeit gekommen ist, müssen Sie diesen Zorn an Gott abgeben.«

Sonnys Weisheit war nach Charlies Geschmack manchmal zu rätselhaft und zu orientalisch, aber sein Tonfall beruhigte ihn und gab ihm Zuversicht. Charlie hatte an diesem Tag eine Menge über Kim Il Sook gelernt und wusste, dass er seiner Weisheit vertrauen konnte. Irgendwo hinten in der Küche klingelte eine Glocke und ein Koch rief: »Bestellung ist fertig!« Sonny holte Charlies Pastete mit der Extraportion Zwiebeln und stellte den Teller vor ihn auf den Tisch.

Bevor er sich dem nächsten Kunden zuwandte, sagte Sonny: »Sie wollen alle Antworten sofort und auf einmal. So geht es nicht. Man bekommt immer ein bisschen. Wenn Sie diesem Ehepaar helfen, ist das das Beste, was Sie tun können, denn wenn Sie immer nur in sich hineinblicken, dann werden Ihnen ein paar Puzzleteile entgehen.«

Charlie zog eine Serviette aus dem metallenen Ständer. Er tupfte sich die Augen trocken und zupfte seine Krawatte zurecht. Dass er seine Emotionen immer unter Kontrolle hatte, machte ihn zu einem ausgezeichneten Prozessanwalt, und es war ihm etwas peinlich, dass er diese Kontrolle fast verloren hätte, als er Sonnys Geschichte hörte. Er räusperte sich und trank den letzten Schluck Kaffee aus seiner Tasse. Es gelang ihm, äußerlich wieder so stoisch wie eh und je zu wirken, aber innerlich spielte er die Geschichte immer wieder durch. Er verglich seine Geschichte mit der Sonnys. Er suchte nach versteckten Hinweisen. Dann dachte er an das, was Sonny ihm geraten hatte: an andere Menschen zu denken und ihnen zu helfen. Vielleicht hatte Sonny Recht damit. Plötzlich fühlte er sich voller Energie, und er verschlang sein Essen, sogar die letzte Extra-Zwiebel. Dann rief er durch den ganzen Raum: »Sonny, lassen Sie mich einen Blick in die Wohnung werfen, die Sie vermieten!«

25

DER 1. OKTOBER brachte Charlotte einen kalten Wind, der von den Blue-Ridge-Bergen westwärts herabwehte. Der Herbst hatte endgültig Einzug gehalten und die Blätter waren bunt wie nie. Das Tarheel Football Team lag auf den mittleren Plätzen der Tabelle, schlug sich aber bedeutend besser als die Panthers. Charlie hatte die meisten seiner Besitztümer in Kisten verpackt und zwischengelagert. Seinen Lieblingssessel, seinen Fernseher und seinen Kaffeetisch hatte er in einem der Zimmer über *Sonny's Teriyaki Grill* untergebracht. Es würde ihm gar nicht so leicht fallen, sein Gewicht zu halten, wenn die ganze Zeit die köstlichen Düfte aus der Küche zu ihm hochwehten. An den Wänden hatte er Fotos von Sandy und Ashley angebracht. Vom Säugling bis zum kleinen Mädchen zeigten die Fotos alle Stationen aus dem kostbaren Leben seiner Tochter. Sandys Bilder hatte er nach Frisuren geordnet: den Pferdeschwanz aus der College-Zeit, die Kurzhaarfrisur, als sie berufstätig war, und schließlich wieder langes Haar, als sie aufgehört hatte zu arbeiten.

Im anderen Raum hatte er einen kleinen Tisch mit Stahlrohrbeinen und vier Stühle aufgestellt. Das war sein Arbeitsplatz. Auf dem Boden hatte er Bücher über Zivilprozesse, allgemeine Delikte, Kreuzverhörtechniken und die Anerkennung von Beweisen gegen die Wand gestapelt. Daneben fanden sich Fachbücher über Lungenkrebs und das Atmungssystem, die er aus der öffentlichen Leihbücherei in der Innenstadt geholt hatte. Der dritte Stapel war deutlich kleiner: eine Bibel mit seinem in Gold geprägten Namen, die er einmal von seiner Gemeinde erhalten hatte, und ein Exemplar seines Lieblingsromans von John Grisham, das er immer in Griffweite hatte, um sich von ihm inspirieren zu lassen. *Die Firma* war viel zerlesener als die Bibel. Auf dem Tisch standen sein IBM ThinkPad und die Douglas-Akte, so dünn sie auch war.

Charlie hatte sich damit einverstanden erklärt, nur im Fall eines Sieges ein anteiliges Honorar zu verlangen. Normalerweise strich er in einem Prozess ein Drittel der zugesprochenen Summe ein. Da sein Geld nun nicht länger eingefroren war, hatte er alle längst fälligen Rechnungen und seine Kreditkartenschulden bezahlt. Im Laufe eines einzigen Nachmittages hatte er auf diese Weise alle seine Ersparnisse aufgebraucht. Sandys Testament lag noch auf dem Gericht und war noch nicht in Kraft getreten, und die Versicherung weigerte sich immer noch zu zahlen, solange das Gericht die Angelegenheit nicht geklärt hatte. Sie hatten nicht viel an die Zukunft gedacht. Ihr Testament war noch nicht vollständig abgefasst gewesen, als sie starb, und deshalb würde die Regierung wohl den größten Teil ihres Vermögens einstreichen. Charlie war gezwungen, das Haus zum Verkauf anzubieten, weil er im Grunde umsonst arbeitete.

Er griff nach seiner Aktentasche, die den ersten Antrag enthielt, den er als freiberuflicher Anwalt stellen würde. Zum ersten Mal würde er gegen seine alte Kanzlei prozessieren. Sein Antrag war einfach, und er plante, die Verhandlung so einfach wie möglich zu halten. *Hobbes, Reimarus & Van Schank* würden ihn mit Papieren überfluten, aber der Richter würde Charlies Selbstbeherrschung sehr wohl zu schätzen wissen, wenn er bei diesem Papierkrieg nicht mitmachte. Vor langer Zeit hatte er gelernt, dass Anwälte sehr oft die falschen Leute beeindrucken wollen. Allein der Richter und die Geschworenen zählen, aber die meisten Anwälte verbringen ihre Zeit damit, die anderen Anwälte zu beeindrucken.

Und Nancy Lockman-Kurtz hatte wirklich jeden Antrag gestellt, den sich ihr verdrehter kleiner Verstand hatte vorstellen können. Charlie kannte die Taktik gut; schließlich hatte er bei ihnen gelernt und war zum Experten geworden. Nancy wurde vermutlich von drei angestellten Rechtsanwälten, vier Rechtsanwaltsgehilfinnen und allen Sekretärinnen unterstützt sowie von ein paar Praktikanten, die für ihre Anträge recherchierten. Wahrscheinlich überprüfte sie nur die endgültigen Fassungen und unterzeichnete sie. Aber Charlie hatte sich vorbereitet. Alle Anträge bis auf einen hatte er vorausgesehen. Natürlich gab es einen Antrag auf Einstellung des Verfahrens, weil nicht genügend Fakten vorlagen. Dann folgte ein Einspruch, weil die Fakten zwar wahr seien, aber Charlies Argumentation noch Lücken aufwies, deshalb sollte der Richter das Verfahren einstellen. Als Nächstes wurde der Antrag eingereicht, dass Charlie mehr Einzelheiten liefern sollte, um die Gültigkeit seiner Argumentation zu untermauern. Der Antrag auf ein Urteil nach Aktenlage gehörte ebenfalls zum Standardrepertoire, ihm wurde aber in einem Fall wie diesem kaum jemals stattgegeben.

Der Antrag, der ihn wirklich schockierte, forderte jedoch, rechtliche Schritte gegen Charlie zu unternehmen. Nancy wollte, dass der Richter Charlie zurechtwies und bestrafte, weil er eine Partei vertrat, die seiner Meinung nach mit dem Prozess schnelles Geld verdienen wollte. In dem Antrag wurde angedeutet, dass eine Gefängnisstrafe angemessen sei, weil Charlie bei der ersten Anhörung, als er noch die Gegenseite vertrat, genau dieses Argument selbst gebraucht habe. Es war ein Versuch, den Richter Carlton W. Fitzwaring auf ihre Seite zu ziehen. Fitzwaring hielt häufig Gastvorlesungen in den juristischen Fakultäten im ganzen Südosten, und er sprach dabei oft über eins seiner Lieblingsthemen, dass wir nämlich in einer Gesellschaft leben, in der einer den anderen ohne wirklichen Grund verklagt, in der Versicherungen sich lieber auf einen Vergleich einlassen, statt für die Wahrheit zu kämpfen, und in der manche Menschen das System ausnutzen und manipulieren, um zu schnellem Wohlstand zu kommen.

In den Vereinigten Staaten werden in jedem Jahr zwanzig Millionen Anklagen vor den Zivilgerichten der Staaten und des Bundes eingereicht. Viele dieser Verfahren haben absolut keine sachliche Grundlage, aber wer eine solche Klage einreicht, weiß, dass drei Viertel aller Fälle schließlich mit einem Vergleich enden, ohne je zur Verhandlung zu kommen. Henry Judson hatte eine Menge Geld verdient, ohne je einen Gerichtssaal von innen gesehen zu haben. Die Gesetzgeber in North Carolina versuchten, diese Flut von ungerechtfertigten Prozessen zu begrenzen, und sie hatten damit Erfolg. Nach dem Vier-Komma-zwei-Milliarden-Dollar-Vergleich gegen die Hersteller von Brustimplantaten sammelten Lobbyisten der Industrie Tausende von Dollar, um Richter und Kongressabgeordnete, die auf ihrer Seite standen, wieder in ihr Amt zu wählen.

North Carolina ist kein schlechter Ort, wenn man selbst verklagt wird. Hier gibt es pro Kopf weniger Anwälte als in jedem anderen US-amerikanischen Bundesstaat, und fünfundsiebzig Prozent aller potenziellen Geschworenen glauben, dass die Vergleiche zu hoch ausfallen. Wenn man andererseits jemanden verklagen will, tut man das am besten im Nordosten oder im Westen, weil die Geschworenen hier viel eher bereit sind, hohe Schmerzensgelder zuzusprechen.

Vor Charlie lag ein anstrengender Weg. Jetzt lastete auf ihm noch zusätzlich der Druck, dass er den Fall verlieren könnte, bevor er überhaupt verhandelt wurde. Zum ersten Mal seit seiner Zeit als Berufsanfänger war er nervös, bevor er ins Gericht ging. Nachdem er damals vier- oder fünfmal vor Gericht erschienen war, hatten sich seine Nerven stabilisiert, und er hatte gemerkt, dass ein juristischer Beruf ein Beruf wie jeder andere war. Er lernte die Richter kennen, und das Image vom unnahbaren Juristen begann rasch zu verblassen.

Er ging nach unten, wo Sonny ihm sein Lieblingsfrühstück bereits zubereitet hatte. Sie hatten vereinbart, dass Charlie umsonst aß und eine verminderte Miete bezahlte und Sonny im Gegenzug seine juristische Hilfe in Anspruch nehmen konnte. Für Charlie klang dieser Vorschlag gut. Er mochte das Essen und lernte Sonny besser kennen. Der war mit diesem Handel auch einverstanden, obwohl er wusste, dass er dabei keinen Gewinn machte. Heute jedoch stocherte Charlie in seiner Mahlzeit herum; er brachte kaum etwas hinunter. Er schüttete nur vier Tassen Kaffee in sich hinein und machte sich dann auf den Weg, um seine Mandanten zu treffen.

Die Douglas' warteten in der Vorhalle auf Charlie. Sie saßen auf einer Bank und lehnten sich gegen die Wand aus rosa Granit. Betty stand auf und umarmte ihn. Ihr Haar roch wie das seiner Mutter, wenn sie sich eine Dauerwelle hatte legen lassen. Horace schüttelte ihm die Hand und klopfte ihm auf die Schulter. Charlie versuchte, die Zuversicht auszustrahlen, die dem Vertrauen entsprach, das Horace offensichtlich in ihn setzte, aber seine Knie zitterten und sein Herz schlug bis zum Hals. Wie immer hatte Charlie vor der Reinigung geparkt und den Hintereingang benutzt, um Aufsehen zu vermeiden. Als er seine Mandanten begrüßte, sah er durch die Glastüren des Vordereingangs nach draußen und bemerkte, dass sich auf dem Rasen unzählige Kameraleute und Journalisten aufhielten.

Waren sie gekommen, um Zeugen des Comebacks von Charlie Harrigan zu werden? In den letzten Wochen war sein Leben Thema von Zeitungsartikeln und Nachrichtensendungen gewesen. Charlie ging mit seinen Mandanten die Treppe zum ersten Stock hinauf und führte sie in ein kleines Vorzimmer neben dem Zivilgerichtssaal. In dem kleinen, fensterlosen Raum beschrieb er ihnen, welche Anträge gestellt werden würden, und erklärte ihnen, dass diese Anhörung vor dem eigentlichen Verfahren eine reine Formalität sei. Er versuchte zwar, seine Nervosität zu verbergen, aber in Wirklichkeit war er genauso aufgeregt wie seine Mandanten.

Charlie wollte nicht unnötig früh im Gerichtssaal erscheinen, und deshalb betraten sie erst fünf vor halb zehn den Saal, gingen den Gang hinunter und setzten sich an den Tisch zur Linken. Der Gerichtssaal war noch leer. Drei Reporter saßen in der Bank hinter der Anklagebank. Ein paar gelangweilt aussehende Anwälte, die auf der Suche nach Mandanten waren, saßen in der letzten Reihe und aßen Schokoladendragees und Erdnüsse, die sie aus ihren Aktentaschen zutage förderten. Der Gerichtssaal wirkte übermäßig groß, und die zwanzig Sitzreihen schienen unnötig. Niemand schaute sich einen Zivilprozess an.

Charlie setzte sich bequem hin und blickte über den Mittelgang auf seine Prozessgegner. Nancy Lockman-Kurtz hatte ihre gesamte Mannschaft mitgebracht. Zu ihrer Rechten saßen vier junge Männer in blauen Nadelstreifenanzügen. Jeder von ihnen trug eine Krawatte in einer unterschiedlichen Schattierung von burgunderroten Streifen oder Mustern. Sie wirkten wie ein uninspirierter Background-Chor. Nancy erregte mit ihrem roten Kostüm Aufsehen. Die Rocklänge war dem Ernst der Situation vielleicht nicht ganz angemessen, aber die meisten Richter mochten so etwas ganz gern. Eine Aura der Selbstsicherheit umgab sie.

Charlie konnte selbst aus dieser Entfernung noch ihr Parfüm riechen. Er öffnete seine Aktentasche und zog die Akte und die Kopien der verschiedenen Anträge heraus.

Auf der Innenseite der Klappe hatte er ein Foto angebracht, das ein Passant für sie in Nags Head aufgenommen hatte. Es zeigte Charlie, der Ashley auf seinem rechten Arm hielt, während sich Sandy links an ihn schmiegte. Er erinnerte sich daran, wie fest sie ihn immer am Arm gehalten hatte, so als habe sie gefürchtet, ihn zu verlieren. Er schloss die Tasche. Horace zog irgendetwas aus seiner Hosentasche und öffnete die Aktentasche dann noch einmal. Charlie wollte ihn gerade zurechtweisen, weil er damit die Grenze ihrer Vertrautheit überschritten hatte. Dann blickte er genau hin und sah, dass Horace ein Foto von Matthew Douglas neben das Foto von Charlies Familie gelegt hatte. Schweigend nickte Charlie seinem Mandanten zu. Jedes Wort wäre zu viel gewesen.

»Bitte erheben Sie sich!«, rief der Gerichtsdiener. Aber die Stenographen und anderen Bediensteten ließen sich davon nicht stören. Richter Carlton W. Fitzwaring schritt in den Gerichtssaal; der Saum seiner schwarzen Robe flatterte hinter ihm her. Er setzte sich seine Zweistärkenbrille auf die Nasenspitze, las flüchtig ein Papier durch und setzte die Brille dann wieder ab.

»Bitte nehmen Sie Platz. Lassen Sie uns anfangen. Mr. Harrigan, ich war sehr schockiert, als ich gerade las, dass die

Douglas' einen neuen Anwalt haben. Bitte verzeihen Sie mir – mein Gedächtnis wird mit den Jahren schlechter –, aber haben Sie nicht das letzte Mal, als Sie in meinem Gerichtssaal waren, an diesem Tisch gesessen?« Er deutete auf Nancy und lächelte.

»Ja, Euer Ehren, aber in der letzten Zeit haben sich einige Veränderungen ergeben. Vor allem hat mir J. Garrison Hobbes mitgeteilt, dass seine Kanzlei meine Dienste nicht mehr benötigt.«

»Ja. Ich glaube, er hat mir so etwas gesagt, als wir vor ein paar Wochen zusammen Golf gespielt haben. Es hatte irgendetwas mit der Art und Weise zu tun, wie Sie den Mandanten behandelt haben, den Ms. Lockman-Kurtz vertritt.« Es war Richtern und Anwälten nicht verboten, sich zu verbrüdern, aber Charlie fühlte sich in diesem Augenblick sehr unsicher.

»Mit allem Respekt, Euer Ehren, ich habe das Gefühl, ich weiß, worauf Sie hinauswollen. Ich bin nicht hier, um über mich selbst zu reden. Ich bin Walter Comstock nur ein paar Mal begegnet und habe dabei nur sehr wenig erfahren. Es liegt hier kein Interessenkonflikt vor. Henry Judson hat meine Mandanten nicht zufrieden stellend vertreten und hat ihre Wünsche bezüglich dieses Falls nicht berücksichtigt.«

»Ich muss Sie hier noch einmal unterbrechen. Ich weiß nicht, ob ich meinem Gedächtnis trauen kann. Aber soweit ich mich erinnere, haben Sie beim letzten Mal behauptet, es läge keine Schuld im juristischen Sinne vor und die Douglas wollten sich lediglich mit diesem Prozess bereichern.«

»Das waren die Worte, die ich benutzt habe, Euer Ehren. Ich kann nicht allzu viel über diesen Antrag sagen, weil er mit der Arbeitsweise bei *Hobbes, Reimarus & Van Schank* zu tun hat. Aber ganz allgemein gesagt gehört diese Art von Anträgen zur Taktik, die man am Anfang eines Verfahrens anwendet.«

Nancy schoss von ihrem Stuhl hoch. Die Schlacht hatte begonnen. »Euer Ehren, er kann sich nicht hinter der Arbeitsweise einer Kanzlei verstecken, der er nicht mehr angehört.«

Charlie starrte geradeaus. »Die Arbeitsweise hat mit der Kanzlei zu tun, für die ich damals gearbeitet habe, nicht mit dem, was ich heute tue. Außerdem, Euer Ehren, habe ich neue Informationen in der Hand, die mich zu der Annahme gebracht haben, dass ich den Fall anfangs falsch eingeschätzt habe. Mr. Comstock war nicht sehr kooperativ, was seine Verteidigung anging. Die Douglas' haben mich darüber informiert, dass sie im Fall von Matthew Douglas' Tod Fahrlässigkeit nachweisen können.«

Nancy war noch nicht fertig. »Mr. Harrigan verschwendet die wertvolle Zeit des Gerichts. Man sollte rechtliche Schritte gegen ihn einleiten. Er ist ganz einfach wütend, weil ich zur Teilhaberin gemacht worden bin und er gefeuert wurde. Jetzt will er Rache. Es ist schockierend, wie er das Rechtssystem für seine eigenen Zwecke missbraucht und manipuliert.«

Charlie starrte sie an. »Und Sie sind die Expertin für Manipulation, nicht?«

»Ruhe!« Das Gesicht des Richters lief rot an. »Am liebsten würde ich die Verhandlung einstellen, bevor sie zu einer Zirkusveranstaltung wird. Aber hartnäckig, wie Sie sind, Mr. Harrigan, würden Sie wohl nicht aufgeben. Ich will Ihnen keinen Grund liefern, in Berufung zu gehen. Und jetzt hören Sie mir beide zu. Das hier ist mein Gericht. Bleiben Sie auf Ihren Stühlen sitzen und benehmen Sie sich, oder ich werde Sie beide wegen Missachtung des Gerichts ins Gefängnis werfen lassen. Ihrer Zusammenfassung nach, Mr. Harrigan, sind Sie tatsächlich im Besitz von neuen Informationen, die Mr. Judson in seinem Plädoyer nicht erwähnt hat. Ich werde das Verfahren nicht einstellen und auch nicht nach Aktenlage urteilen. Dieser Fall muss gehört werden. Wenn Sie, Mr. Harrigan, allerdings nicht beweisen können, dass die Paragon-Gruppe für diesen Todesfall verantwortlich ist, werde ich rechtliche Schritte gegen Sie einleiten und Sie zwingen, die Kosten des Verfahrens für beide Parteien zu übernehmen.«

»Euer Ehren ...« Charlie erhob sich.

»Setzen Sie sich! Wie oft muss ich mich wiederholen? Wenn Sie von Ihrem Fall überzeugt sind und sich dafür einsetzen, haben Sie nichts zu befürchten, okay? Das Verfahren wird nicht eingestellt. Ms. Lockman-Kurtz, bitte begründen Sie Ihren Einwand, dass die Anklage zu wenig stichhaltige Argumente liefert.«

»Darf ich aufstehen, Euer Ehren?« Er nickte und bemerkte Nancys lange Beine. »Mr. Harrigan setzt Fakten voraus, die er in seinem Plädoyer nicht begründet hat. Es mag wahr sein, dass Matthew Douglas an Lungenkrebs gestorben ist, aber das Plädoyer geht kaum auf die Frage ein, ob es zwischen seinem Tod und seiner Arbeit einen kausalen Zusammenhang gibt.«

»Euer Ehren«, Charlie wollte aufstehen, besann sich dann aber eines Besseren, »genau diesem Zweck soll die Verhandlung dienen. Ich bin nicht verpflichtet, alle Fakten heute auf den Tisch zu legen. Ich arbeite erst seit ein paar Tagen an diesem Fall, aber ich habe einen Verdacht, wie Comstock meinen Mandanten getötet hat ...«

»Reine Vermutung, Euer Ehren!«, warf Nancy ein.

»Es sind keine Geschworenen anwesend.« Fitzwaring fuhr sich mit den Fingern durch sein drahtiges graues Haar. »Für wen geben Sie beide eigentlich diese Vorstellung? Wenn Sie mich damit beeindrucken wollen, rührt mich das aufrichtig, aber es ist vollkommen unnötig. Ms. Lockman-Kurtz, bitte nehmen Sie Abstand von Ihren antiquierten Taktiken. Wenn er seine Behauptung nicht beweisen kann, dann formulieren Sie einen entsprechenden Antrag.«

»Euer Ehren, es gibt keinen Kausalzusammenhang. Es tut mir sehr Leid für die Douglas', aber der Junge ist ganz einfach gestorben. Solche Dinge passieren eben.« Nancys Protest hatte keinen Erfolg.

»Wenn das, was Sie sagen, wahr ist, haben Sie schon gewonnen. Mr. Harrigan, Sie haben Recht, wenn Sie sagen, dass Sie nicht sofort alle Einzelheiten auf den Tisch legen müssen, aber Sie wissen, was Sie zu tun haben. Sie wissen, dass Ihr Fall viele Fragezeichen aufweist, die Sie klären müssen, bevor wir von Fahrlässigkeit reden können.«

»Das verstehe ich, aber die Fakten sind nur unter der Oberfläche verborgen.« Keine der beiden Parteien hatte heute vor dem Richter einen Sieg davongetragen, und das war ihnen beiden bewusst.

»Ich will Ihnen sagen, wie es weitergeht. Die Verhandlung

wird in zwei Teile zerfallen. Zuerst müssen Sie beweisen, dass Mr. Douglas' Lungenkrebs in einem Zusammenhang mit der Arbeit steht, die er bei der Paragon-Gruppe leistete. Wenn Sie das nicht beweisen können, dann wird das Verfahren eingestellt werden, und wir werden Strafmaßnahmen verhängen. Im zweiten Teil des Prozesses wird es darum gehen, ob Mr. Comstock sich fahrlässiges Verhalten hat zuschulden kommen lassen. Haben Sie verstanden?«

»Euer Ehren, Sie binden mir die Hände!« Charlie vergaß, um Erlaubnis zu fragen, und stand auf.

»Das ist meine letzte Warnung, Mr. Harrigan. Bewahren Sie die Ruhe. Die Verhandlung ist geschlossen.« Richter Fitzwaring schoss zur Hintertür hinaus, um jedem Konflikt aus dem Weg zu gehen. Er teilte seiner Sekretärin mit, dass er nicht gestört werden wollte.

Nancy grinste Charlie an. Der Richter hatte den Fall für ihn gerade doppelt so schwierig gemacht. Die fünf Anwälte von *Hobbes, Reimarus & Van Schank* würden den restlichen Vormittag damit verbringen, über die Anweisungen des Richters zu diskutieren und dann zusammen zu Mittag zu essen. Walter Comstock würde fast eintausend Dollar pro Stunde für die vereinten Anstrengungen seiner Anwälte zahlen müssen.

Betty zupfte Charlie am Ärmel, als er seine Aktentasche zusammenpackte. »Was bedeutet das?«

»Nicht hier.« Charlie nickte in Richtung Tür, und sie gingen wieder in das Nebenzimmer. Er schloss die Tür und kontrollierte dabei kurz, ob auch niemand auf dem Korridor herumstand und lauschte. »Insgesamt war es heute ein guter Tag. Fitzwaring versteht keinen Spaß, und ich wusste, dass er mir Schwierigkeiten machen würde, aber darauf war ich vorbereitet.«

»Was ist mit seiner letzten Bemerkung?« Bettys Augen wurden von Zweifeln überschattet.

»Das mit den beiden Etappen? Einfach ausgedrückt: Wir kennen noch nicht alle Fakten, und um die Verteidigung zufrieden zu stellen, hat er die Verhandlung in zwei Phasen aufgeteilt. Zunächst müssen wir beweisen, dass der Lungenkrebs von irgendetwas verursacht wurde, mit dem Matt auf der Arbeit in Berührung kam.«

Horace dachte nach und wartete dann mit der typischen Antwort eines Laien auf. »Das sollte nicht allzu schwierig zu beweisen sein. Eigentlich ist er nur zur Arbeit gegangen und mit uns zur Kirche gefahren.«

Charlie ging mit verschränkten Armen auf und ab. »Das ist nicht das Problem. Das Problem ist, welche Strategie wir anwenden sollen. Sie beide dürfen erst im zweiten Teil des Prozesses eine Aussage machen, weil Sie keine Fachleute für Krebs erregende Stoffe sind. Mit anderen Worten: Wir könnten die Gunst der Geschworenen im ersten Teil der Verhandlung verlieren, weil es hier um wissenschaftliche Zeugenaussagen von Sachverständigen geht. Die Geschworenen in Zivilsachen sind bekannt dafür, dass sie den Zeugenaussagen von Experten nicht folgen können. Meistens lassen sie die Beweise außer Acht und bestrafen die Partei, die die meiste Zeit für sich in Anspruch nimmt.«

»Vielleicht sollten Sie am Sonntag mit uns zur Kirche kommen. Wir könnten um Weisheit beten.«

»Ich fürchte, ich habe keine Zeit für den Gottesdienst, Horace. Uns steht ein schwieriger Kampf bevor. Sie haben achthundert Anwälte, ich bin ganz allein.«

26

CHARLIE SASS AN SEINEM TISCH mit den Stahlrohrbeinen und zeichnete Diagramme, die die Machtstrukturen innerhalb des Paragon-Imperiums verdeutlichten. Der kalte Herbstwind blies durch die Fenster. Der Verkehrslärm, der von den vielen Menschen verursacht wurde, die nach Hause zu ihren glücklichen Familien fuhren, war schon vor Stunden abgeklungen. *Sonny's Teriyaki Grill* machte jeden Abend gegen sieben zu, denn all die Anwälte und Regierungsbeamten waren um diese Zeit bereits zu Hause. Das Gebäude war leer und still. Das einzige Geräusch, das man noch hören konnte, war der Wind, der durch die Fenster und den verwitterten Wetterschutz pfiff. Er blickte durch das Fenster auf die Lichter der Hochhäuser in der Innenstadt. Irgendwo im vierzigsten Stock des größten Hochhauses schmiedete eine unheilige Allianz von Anwälten ein Komplott, das zu seiner Niederlage führen sollte.

Im Fernseher in der Ecke lief gerade MSNBC. Mehrere Journalisten und Politiker diskutierten gerade über den jüngsten Skandal im Weißen Haus. Zu Anfang hatte Charlie sich von diesem politischen Drama fesseln lassen, aber später hatte es ihn gelangweilt, wie die Gegner einander belogen und sich gegenseitig mit Dreck bewarfen. Die Nation brauchte dringend wieder einen Helden, aber es war keiner in Sicht. Er hatte sich vorgenommen, sich durch den Haufen von Dokumenten durchzuarbeiten, den ihm Nancy hinterlassen hatte, aber er stieß kaum auf brauchbare Informationen. Meist handelte es sich um bedeutungslose Steuerdaten.

Auf einmal hörte er Schritte auf der Treppe, die zu seinem winzigen Apartment führte. Hatte er vergessen, die Haustür abzuschließen? Ihm fiel ein, dass er in Charlotte keine Freunde mehr hatte und dass tagelang niemand seine Leiche entdecken würde, außer wenn Sonny hereinkäme, um nach ihm zu sehen. Die Schritte wurden lauter und lauter, bis sie auf der obersten Stufe angekommen waren. Dann herrschte Stille. Jemand klopfte an der dünnen Holztür. Charlie suchte nach irgendetwas, das als Waffe dienen konnte. Er griff nach der Smirnoff-Flasche auf dem improvisierten Bücherregal, das er aus Obstkisten gebastelt hatte.

»Charlie!« Der Befehlston in der Stimme kam ihm bekannt vor.

Charlie ging langsam zur Tür. Der Boden unter seinen Füßen knarrte. Er riss die Tür auf und schlug sie sofort wieder zu. »Hau ab!«

Der Türknauf drehte sich und ein Mann kam herein. Er trug einen schwarzen Zweireiher über einem irischen Wollpullover. Die Designerbrille von Pierre Cardin verlieh seinem distinguierten Gesicht, das von silbergrauem Haar umrahmt wurde, den letzten Schliff. Er zog eine Macanudo-Zigarre aus einem goldenen Etui. »Macht es dir etwas aus, wenn ich rauche?«

»Ja. Rauch unten auf der Straße.« Charlie blickte unbeeindruckt weiter auf die Hochhäuser draußen.

»Hör auf, dich wie ein Teenager zu benehmen. Du bist jetzt ein erwachsener Mann.«

»Was tust du hier?«

»Ich hab mich auf den Weg gemacht, sobald ich von der Sache gehört hatte.«

Charlie machte einen Schritt nach vorn und starrte seinem Vater, der weit größer wirkte, als er eigentlich war, in die Augen. »Du hast die Beerdigung knapp verpasst – um fast einen Monat. Immerhin ist das besser als bei meiner Hochzeit.«

»Ich habe erst vor zehn Tagen gehört, was mit Sandy passiert ist. Dann habe ich noch einen Tag verloren, als ich die Datumsgrenze überquert habe.«

»O ja, die Datumsgrenze ist für viele Probleme verantwortlich. Ist sie dir auch in die Quere gekommen, als deine Ehe gescheitert ist und du deine Familie verlassen hast?«

»Hör mal, ich weiß, dass ich ein schlechter Vater war, aber glaubst du nicht, dass es jetzt an der Zeit ist, in die Zukunft zu schauen?«

Charlie schnappte sich die Zigarre und zerbröselte sie. »Du bist kein schlechter Vater gewesen. Wenn du ein schlechter Vater sein willst, dann musst du wenigstens da sein und dumme Fehler machen. Du bist nicht einmal da gewesen, um Fehler zu machen. Du bist überhaupt kein Vater gewesen.«

»Ich habe nur geglaubt, dass du jemanden brauchen könntest. Ich habe mich elend gefühlt.«

»Das ist ja wunderbar. Freut mich, dass du dich elend fühlst. Ich hoffe, du fühlst dich auch elend, wenn du in deinem Privatjet zurück in dein privates Paradies fliegst. Ich hoffe, du fühlst dich elend auf deiner Jacht, wenn du mit den Mädchen vom College flirtest. Ich hoffe, du fühlst dich elend, wenn du merkst, dass ich dich nicht brauche. Ich brauche meine Frau und meine Tochter und unser Baby, das wir in sechs Wochen bekommen hätten. Ich brauche einen Gott, der die Uhr zurückdrehen kann.« Charlie ging zum Fenster zurück. »Also, wenn ich es mir recht überlege, ich brauche zurzeit eine ganze Menge, und das Einzige, was ich nicht brauche, bist du!«

Charles Harrigan senior bewahrte die Ruhe. »Bist du fertig?«

Charlie warf ihm einen Blick zu, der irgendetwas zwischen Zorn und einem gebrochenen Herzen ausdrückte. »Und du?«

»Du bist jetzt erwachsen.« Er sprach langsam und wählte seine Worte sorgfältig. »Es ist an der Zeit, dass du die Vergangenheit hinter dir lässt und wie ein Mann damit umgehst. Ich bin jetzt für dich da, und es tut mir aufrichtig Leid, dass ich dich im Stich gelassen habe. Ich musste aus dieser Stadt heraus und ein neues Leben anfangen. Deine Mutter wollte nicht mitkommen. Sie ist diejenige, die dich in dieser Stadt ohne Zukunft festgehalten hat. Darum habe ich mich so für dich gefreut, als Garrison Hobbes dich einstellte. Die Kanzlei ist so ungefähr die beste, die man im ganzen Südosten finden kann.«

»Darum geht es dir also. Du bist enttäuscht von mir, weil ich die ganze Sache falsch angepackt habe. Ich hatte die Chance, etwas zu werden, und habe sie vermasselt. Jetzt bleibt mir nur noch, in diesem Fall gegen meinen früheren Arbeitgeber zu kämpfen, und wahrscheinlich tue ich das nur aus Rache. Du willst wissen, was du falsch gemacht hast, dass aus deinem Sohn ein Versager wurde. Ist es das?«

»Natürlich nicht, du weißt, dass das nicht wahr ist.«

»Ich weiß nichts über dich, und ich weiß nicht, was du denkst. Alles, was ich weiß, ist, dass meine Mutter mir beigebracht hat, an Gott zu glauben, meine Mitmenschen zu achten und mich an moralische Grundsätze zu halten. In Midland habe ich gelernt, dass harte Arbeit ihre Belohnung in sich selbst trägt, und dass die Haie, die sich von den kleinen Leuten ernähren und die du vertrittst, eines Tages dafür bezahlen müssen. Warum gehst du nicht zu *Hobbes, Reimarus & Van Schank*? Mit ihren moralischen Prinzipien könntest du dich wunderbar identifizieren.«

»Ich bin hier, um dir zu helfen.« Auch der letzte Versöhnungsversuch lief ins Leere.

»Du kannst mir nicht helfen. Danke, dass du vorbeigekommen bist. Ich freue mich darauf, dich in fünf Jahren oder so wieder zu sehen.« Charlie öffnete die Tür, um seinen Vater hinauszulassen, und starrte auf den Fußboden.

Charles senior ließ den Kopf hängen und ging leise die Treppe hinunter. Er öffnete die Haustür, um auf die Straße zu treten. Charlie konnte die geparkte Limousine draußen sehen. Sein Vater blickte noch einmal die Stufen hoch und sagte: »In fünf Jahren werden wir uns nicht mehr begegnen. Mein Arzt gibt mir nicht mehr so lange. Ich wünsche dir ein schönes Leben.« Die Tür schlug zu.

Ein paar Minuten später fuhr die Limousine an. Charlie saß auf der obersten Stufe, benommen und verwirrt. Auf einmal tat ihm dieser Mann Leid, den er sein ganzes Leben lang gehasst hatte. Und doch hatte ihn der Wunsch, dem Erfolg seines Vaters nachzueifern, zu Höchstleistungen getrieben. Dieser Mann war für Schwierigkeiten und Widersprüche in seinem Leben verantwortlich. Jetzt kam noch ein weiterer dazu. Vergebung oder Hass. Reue oder Rache. Der abwesende Vater war plötzlich wieder da.

Charlie erwachte gegen neun Uhr aus seinem traumlosen Schlaf. Bis spät in die Nacht hatte er die Dokumente durchgearbeitet, weil er keinen Schlaf finden konnte. Die Begegnung mit seinem Vater hatte ihn verwirrt. Er hätte nie geglaubt, dass er für diesen Mann jemals so etwas wie Mitleid empfinden könnte. Aber als er sich die Bartstoppeln rasierte, merkte er, dass er das Bild seines Vaters nicht aus seinen Gedanken verbannen konnte. Er beschloss, bald wieder mit seinem Vater in Verbindung zu treten, aber zuerst musste er noch ein paar andere Dinge in Ordnung bringen.

Er duschte und zog sich schnell an. Jeans und Pullover waren zu seiner neuen Uniform geworden. Den Anzug trug er nur bei Gericht. Er schnürte sich die Stiefel zu und schnappte sich seine Sonnenbrille. Das Frühstück würde warten müssen, weil er nicht damit gerechnet hatte, so lange zu schlafen.

Die Sonne schien hell, und auf den Straßen war nur wenig

Verkehr. In den letzten Tagen kam es ihm so vor, als sähe er Charlotte zum ersten Mal. Er nahm Menschen und Dinge wahr, die er vorher nie bemerkt hatte. Als er abbog und auf der Trade Street die Innenstadt in westlicher Richtung durchquerte, sah er viele Menschen, die ohne ein bestimmtes Ziel herumschlenderten und offensichtlich nichts zu tun hatten. Er bemerkte, wie viele Menschen in Hauseingängen und Parks schliefen. Als er noch im neunundreißigsten Stock residiert hatte, hatte er auf diese Menschen niemals geachtet. Jetzt, da er selbst in der Innenstadt wohnte, hörte er andauernd die Sirenen der Krankenwagen und dachte daran, wie viele Menschen um ihn herum litten. Er hatte diese Stadt lieben gelernt; als er noch in Midland gelebt hatte, schien diese Stadt ihm, einem Jungen aus der Kleinstadt, der allerlei Träume im Kopf hatte, die Rettung zu versprechen. Jetzt wirkte Charlotte ganz anders auf ihn als vor ein paar Wochen.

Er bog nach Norden in die Graham Street ab, um Comstocks jüngstes Projekt zu besichtigen. Er parkte auf einem der hintersten Parkplätze des Discovery Place Museums. Aus sicherer Entfernung beobachtete er die Bauarbeiter. Barry Kasick war hier der Vorarbeiter. Er bellte seine Befehle von der Ladefläche eines riesigen Kippers herunter. Seine Männer waren gerade damit beschäftigt, ein altes Warenlager und eine Mühle zu entkernen, die seit dreißig Jahren leer standen. Die Häuser waren ein beliebter Treffpunkt für Cracksüchtige und Obdachlose gewesen, bis die Stadt sie gekauft und an ein Konsortium von privaten Investoren weiterverkauft hatte, die daraus eine gehobene Apartmentsiedlung mit nostalgischer Atmosphäre machen wollten.

Die Paragon-Gruppe hatte den Zuschlag erhalten. Die Arbeitsteams rissen Betonwände und Isoliermaterial heraus. An der Seitenwand löste eine Gruppe von lateinamerikanischen Männern Farbe und Rost mit einem Sandstrahler ab. Ein paar junge Männer, offensichtlich behindert wie Matt, sammelten Abfall und entsorgten ihn in einem Container. Es herrschte ein heilloses Durcheinander und überall lag Müll herum. Der Arbeitsablauf schien keinem bestimmten Schema zu folgen, aber die Arbeiter wirbelten wie ein Tornado herum, bis nur noch das nackte Stahlgerüst stand. Auf der anderen Straßenseite machten einige der Männer vor einem Supermarkt eine Pause. Ein paar von ihnen gingen um das Gebäude herum und tranken Bier aus Dosen, die sie in braunen Plastiktüten versteckten. Charlie wollte später zu ihnen zurückkommen und sie als Erste befragen.

Er ließ den Motor an und fuhr auf die Interstate 77. Er fuhr nach Süden und war nach wenigen Minuten in South Carolina angelangt. Beim *Palmetto Motel* fuhr er ab. Vom Parkplatz aus ließ er seinen Blick über alle Gästezimmer schweifen und sah, wie Daisy Maxwell ihren Wagen mit den Putzmitteln aus Zimmer 28 schob, um über die Galerie in das nächste Zimmer zu gehen. Charlie stieg aus seinem Blazer und schoss voller Energie die Außentreppe hoch. Er stürzte in Zimmer 29 und rief: »Hey, Daisy!«

Die Frau schreckte hoch und griff nach ihrem Staubsauger. »Jesus, hilf mir! Mit Jesu Hilfe werde ich Sie mit diesem Staubsauger verprügeln! Ich habe kein Geld!« Sie begann zu schreien: »Hilfe! Helft mir! Ich werde vergewaltigt!«

Charlie duckte sich und hielt Ausschau nach irgendjemandem, der die Schreie gehört haben könnte. »Daisy, ich bin's doch, Charlie Harrigan! Vor einiger Zeit war ich hier zu Gast. Ich habe Sie beschimpft und Sie haben zurückgeschrien. Der Rechtsanwalt, können Sie sich erinnern?«

Sie ließ den Staubsauger zu Boden gleiten und sah auf. Als sie sich an ihn erinnerte, griff sie sich an die Brust und ließ sich auf das Bett sinken. »Sie haben mich aber zu Tode erschreckt. Wissen Sie, wie oft ich schon ausgeraubt worden bin? Lauern Sie nie wieder jemandem so auf.«

»Tut mir Leid. Tut mir Leid.« Charlie zog einen Stuhl heran und setzte sich. »Ich habe über Ihre Situation nachgedacht. Die Bezirksstaatsanwältin gehört zu meinen Freunden. Wenn Little Maxie bereit ist, ihr den Namen des Mannes zu verraten, für den er arbeitet, dann wird Sie Ihnen beiden helfen. Es gibt da eine Stiftung, die genau zu diesem Zweck da ist. Sie hat eine Bekannte an der Appalachian State University in den Bergen. Sie können dort eine Stelle haben. Sie sind versichert und erhalten Sozialleistungen. Nur ein einziger Job, Daisy. Dann müssen Sie nicht mehr kellnern. Und Max kann noch einmal von vorn anfangen.«

Sie sah ihn misstrauisch an, als wollte sie sagen: Und was haben Sie davon?

»Ich weiß nicht, was ich sagen soll. Meinen Sie das ernst?«

»Ich will ehrlich sein. Ich habe ihm eine Waffe abgekauft.« Sie zeigte keine Gefühlsregung. »Der Typ, der meine Frau und meine Tochter ermordet hat, ist wegen eines Verfahrensfehlers davongekommen. Ich wollte ihn umbringen, und dann erinnerte ich mich daran, was Sie mir von Ihrem Sohn erzählt haben. Aber ich habe die Pistole weggeworfen. Ich will jetzt einfach alles in Ordnung bringen. Ich tu das für Sie, aber auch für mich.«

»Was soll ich tun?« Die vielen Jahre der Erniedrigung und der harten Arbeit hatte sie satt. Sie war durch den gesamten Süden gezogen, war dem einen oder dem anderen Mann hinterhergelaufen. Jetzt war sie bereit, ihr Leben selbst in die Hand zu nehmen.

»Ich rufe die Stellvertretende Bezirksanwältin an, und dann packen wir Ihre Sachen zusammen. Dann holen wir Max ab und fahren in ihr Büro. Er wird den Mann niemals zu Gesicht bekommen, bis Sie zurückkommen und gegen ihn aussagen. Es besteht die Chance, dass er gesteht und Max überhaupt nicht aussagen muss. Bitte, lassen Sie mich Ihnen helfen.«

Daisy hatte nur auf die Chance gewartet, ein neues Leben anzufangen. Sie schloss die Tür zu und legte ihre Schürze ab. Sie fuhren nach Charlotte zurück und hielten vor einem heruntergekommenen Apartmentblock am South Boulevard. Charlie schaute sich die belebten Straßen an, die Bars und die zwielichtigen Typen, und fragte sich, wie man in dieser Gegend überhaupt Kinder großziehen konnte. Man konnte fast darauf wetten, dass aus ihnen Kriminelle wurden. Das Apartment war kleiner als Charlies neues Heim über dem Schnellimbiss. Der Neununddreißig-Zoll-Fernseher stand direkt auf dem Fußboden neben einer Nintendo-Konsole. Im Schlafzimmer lagen zwei Matratzen auf dem Fußboden. Die Kleidung lag in einem Haufen auf dem schokoladenbraunen Teppich. Zwei Paar Hundert-Dollar-Tennisschuhe standen säuberlich vor der Fußleiste aufgereiht. Dieses kleine Apartment vereinigte extreme Widersprüche in sich. Daisy brauchte nicht lange.

Charlie fuhr langsam an den verlassenen Warenlagern entlang, ohne eine Spur von Little Maxie zu sehen. Die Straßen waren von Blättern bedeckt, die Straßenreinigung kam hier kaum jemals vorbei. Charlie fuhr die Nations Ford Road in südlicher Richtung hinab, behielt aber immer den Rückspiegel im Auge. Er parkte rückwärts in eine kiesbestreute Auffahrt hinter dem *Deuce's Wild Club* ein, eine Bar, die für Schießereien im Drogenmilieu berüchtigt war. Sie warteten und beobachteten die Straße. Und tatsächlich fuhr innerhalb einer Viertelstunde ein grüner El Camino aus den siebziger Jahren vor und Max kam aus dem Haus gerannt. Der Fahrer übergab ihm etwas und Max verschwand wieder im Gebäude. Fünfundvierzig Sekunden später erschien er wieder mit einer zerknautschten Aktentasche, sehr ähnlich der, die er Charlie ausgehändigt hatte. Der El Camino brauste davon.

Sie warteten weiter und beobachteten zwei weitere Autos. Sie fürchteten sich davor, Aufsehen zu erregen, aber niemand schien sich darum zu kümmern, dass ein weißer Mann und eine schwarze Frau zusammen in einem geparkten Wagen saßen. Jemand klopfte an die Scheibe auf der Fahrerseite. Eine blonde Frau mit verfilztem Haar, schwarzen Ringen unter den Augen und gelben Zähnen lächelte herein.

»Hey, Liebling. Suchen Sie …« Dann sah sie Daisy. »Oh, Entschuldigung, Sie haben schon jemanden.« Als sie sich wieder umdrehte, bemerkte Charlie die Narben auf ihren Armen, die von jahrelangem Drogenmissbrauch herrührten. Ziellos schlenderte sie von Schaufenster zu Schaufenster und winkte jedem Auto, das von einem einzelnen Mann gesteuert wurde. Charlie kam es vor, als ob er eine Untote beobachtete.

Als er seine Aufmerksamkeit wieder dem Warenlager zuwandte, öffnete sich gerade die Tür. Little Maxie und sein Freund kamen heraus und überquerten die Straße zum Supermarkt. Charlie blickte Daisy an. Die Tränen liefen ihr die Wange hinab. »Jetzt ist es soweit. Sind Sie bereit?« Sie nickte und umschloss mit beiden Händen das Kreuz, das an ihrer Halskette hing.

Charlie fuhr langsam aus der Einfahrt heraus und beschleunigte den Wagen so wenig wie möglich. Er beobachtete das Warenlager, aber dort rührte sich nichts. Dann blickte er zum Supermarkt hinüber. Die Türen öffneten sich, und jeder der beiden Jungen hielt eine Packung Bier in der Hand. Charlie drückte das Gaspedal durch, und der Wagen schoss vorwärts. Das Gummi auf den Hinterreifen begann zu qualmen. Daisy stieß die Wagentür auf und packte ihren Sohn, der zu schreien anfing. Wieder drückte Charlie das Gaspedal durch und wendete auf dem kiesbestreuten Parkplatz des alten Warenlagers, um zur Interstate zu gelangen.

Im Rückspiegel sah er, wie der andere Junge ins Haus zurückrannte. Sekunden später öffnete sich das Garagentor, und ein glänzend schwarzer Cutlass Supreme kam heraus und raste die Nations Ford Road hinunter. Charlie geriet in Panik. Der Cutlass holte auf, als Charlie die Rampe hinunterfuhr. Er blickte in den Spiegel und sah, wie der Cutlass einen Yugo schnitt, um ihn zu verfolgen. Der Yugo preschte über den Mittelstreifen und landete auf der anderen Straßenseite in einer Mauer.

Charlie schlängelte sich durch die drei Spuren. Innerhalb von Minuten hatte er auf hundertzehn Stundenkilometer beschleunigt. Dann blockierten drei Sattelschlepper sämtliche Spuren. Charlie drängte sich an der Außenspur vorbei, schnitt zwei andere Fahrzeuge und ordnete sich dann auf der I-277 ein, die um die Innenstadt herumführte. Normalerweise genoss er diese kleine Tour um das Ericsson-Stadion herum, weil er von hier einen großartigen Blick auf die Skyline hatte, aber nicht, wenn ihn ein PS-Monster voller Killer verfolgte. Ein Schwarzer mit einer Sonnenbrille und einem schwarzen Hut lehnte sich mit einer Pistole aus dem Fenster. Charlie riss das Steuer herum und bog in die Morehead Street ein, als er den Schuss hörte.

Dann wählte er den Notruf 911 auf seinem Mobiltelefon. Innerhalb von einigen Sekunden kamen zwei Wagen der Polizei von Mecklenburg County aus einer Seitenstraße heraus und nahmen die Verfolgung auf. Es war nicht mehr lange hin bis zur Mittagszeit, und auf der Morehead Road würde es bald zu einem

Stau kommen, wenn die Anwälte und Buchhalter sich zum Lunch aufmachten. Die Frau in der Einsatzzentrale verfolgte alle Bewegungen Charlies genau und wies ihn an, rechts in die Kenilworth Street einzubiegen. Sobald er das getan hatte, bemerkte er, dass hinter ihm einige Streifenwagen einbogen und die Straße abriegelten. Der schwarze Cutlass bog ebenfalls um die Ecke und kam mit quietschenden Bremsen zum Stehen. Von hinten näherten sich weitere Streifenwagen und schnitten ihm den Fluchtweg ab.

Charlie fuhr weiter. Er lenkte das Fahrzeug durch die Straßen der Innenstadt, bis er die Kreisverwaltung erreichte. Im Parkhaus konnte er endlich aufatmen. Daisy betete, und Maxie stieß jeden einzelnen Fluch aus, der ihm in den Sinn kam. Charlie blickte Daisy an. Sie hatte gerade begriffen, dass Max keine Wahl mehr hatte. Für ihn gab es kein Zurück, denn dann würden sie ihn umbringen. Sein Leben lag wieder in ihrer Hand.

Charlie lächelte. »Ich habe Ihnen doch gesagt, dass es einfach ist.«

Sie lächelte zurück. »Ich habe gedacht, Sie wären Rechtsanwalt und kein Rennfahrer.«

»Ein Rechtsanwalt muss alles können.«

27

CHARLIE GING SCHON FRÜH am Morgen nach draußen. Morgens war es jetzt kühler, und er trug Jogginghosen und sein Lieblings-Sweatshirt mit dem Aufdruck »Carolina«. Zugegeben, in der Innenstadt joggte er nicht so gern. Er liebte die eichengesäumten Alleen in Myers Park. Zu dieser Jahreszeit war der Bürgersteig dort von Blättern bedeckt, die in allen Farben leuchteten. Rot-, Gelb- und Orangetöne, dazu Braun in allen Schattierungen schmückten seinen alten Vorgarten. Gelegentlich stach sogar ein leuchtend violettes Blatt hervor.

Er lief drei Kilometer, bevor er auf die ersten Bäume traf. Er würde eine Runde durch Dilworth bis zur alten Methodistenkirche mit dem hohen Turm laufen und dann zu seinem Apartment zurückkehren, um dort zu duschen und sein außerordentlich kalorienreiches Frühstück einzunehmen. Nachdem er seinen Körper einen Monat lang vernachlässigt hatte, kam er allmählich wieder in Form, aber dazu hatte Sonny wahrlich nichts beigetragen.

In Dilworth machte er einen kleinen Umweg und legte vor Bruegger's Brötchen-Bäckerei eine Pause ein. Er entschied, dass ein Brötchen die gesündere Alternative sei. Er kaufte sich den *Charlotte Observer* und setzte sich, um das frugale Mahl zu genießen. Er überflog die Titelseite. »Big Jake« Johnson wurde nach einem anonymen Hinweis angeklagt, Waffen und Drogen verkauft zu haben. Die Polizisten hatten den Eingang zum verlassenen Warenlager mit einer Kette gesichert. Der Artikel berichtete von der wilden Verfolgungsjagd, erwähnte aber weder seinen noch Daisys oder Max' Namen.

Melinda Powell hatte ihre Freundin in Watauga County angerufen und die beiden noch am selben Abend in einen Bus gesetzt. Als der Greyhound-Bus in Boone, North Carolina, einfuhr, begann für Daisy und Max ein neues Leben. Max wurde unter Beobachtung gestellt und bekam Ausgehverbot. Neun Monate lang musste er nach der Schule sofort nach Hause kommen. Daisy brauchte keine Nachtschichten mehr zu leisten, sondern konnte tagsüber die Büros und Seminarräume putzen. Es war eine niedrige Arbeit, aber nach dem *Palmetto Motel* definitiv ein Schritt vorwärts.

Charlie dachte an die Verfolgungsjagd. Es war dumm gewesen, sich auf solch einen verrückten Stunt einzulassen. Das waren schießwütige Drogensüchtige, professionelle Verbrecher, und er hatte es allein mit ihnen aufgenommen. Wenn Sandy und Ashley noch am Leben gewesen wären, hätte er es niemals versucht. Sandy hätte ihm seine Rücksichtslosigkeit und Dummheit vorgeworfen, aber tief drinnen in einem Winkel ihrer Seele, den sie allein kannte, hätte sie ihn als Helden betrachtet.

In seinem letzten Studienjahr in Chapel Hill hatte er zu

Halloween etwas Ähnliches versucht. Auf der Franklin Street waren kostümierte Betrunkene vorbeigezogen. Die Straße war für den Autoverkehr gesperrt worden. Charlie und Sandy schlenderten gerade zum *Player's*, um dort eine Partie Billard zu spielen, nachdem sie auf einen Milchkaffee im *Carolina Coffee Shop* gewesen waren. Charlie bemerkte einen Footballspieler, der seine Freundin vor dem Restaurant *Rathskellar* auf die Straße stieß. Er erkannte ihn sofort, weil er vor kurzem eine Auszeichnung erhalten hatte. Ohne eine Sekunde nachzudenken, stürzte er auf die Straße, wo der Footballspieler gerade anfing, seine Freundin zu verprügeln. Charlie griff nach einem Mülleimerdeckel und drängte sich zwischen die beiden.

Der erste Faustschlag zertrümmerte Charlies Nase. Nach dem zweiten bekam er keine Luft mehr. Aber er hatte sich schnell wieder gefasst und schwang den metallenen Mülleimerdeckel. Als er den Sportler am Kopf getroffen hatte, sank dieser bewusstlos zu Boden. Seine Freundin begann ihn zu treten und zahlte ihm so heim, dass er sie neun Monate lang misshandelt hatte; nach jedem Spiel hatte er sich betrunken und seine überschüssigen Kräfte an ihr ausgelassen. Inzwischen war Sandy mit der Campuspolizei eingetroffen. Der Footballspieler verbrachte zwei Jahre im Gefängnis und durfte nicht mehr in der National Football League spielen. Charlie selbst wurde nie belangt.

Im Krankenhaus hatte Sandy Charlie scharf zurechtgewiesen, weil er nicht nachgedacht hatte. Er hatte seine Gefühle nicht unter Kontrolle gehabt. Charlie versuchte sich zu verteidigen und führte an, dass er ja nur geholfen hätte, aber das ließ sie nicht gelten. Jahre später, als sie in ihren Flitterwochen auf einer Kutschfahrt die viktorianischen Häuser auf den Bermudas besichtigten, vertraute sie ihm an, dass sie im Geheimen stolz auf ihn gewesen war. Er war ein Held. Er hatte dumm und unüberlegt gehandelt, aber vielleicht hatte er damit dem Mädchen das Leben gerettet. Nach diesem Bekenntnis hatte Sandy ihm Vorschläge gemacht, wie er die Welt verändern könnte, ohne sich dabei in Gefahr zu bringen. Eine dieser Möglichkeiten war gewesen, Rechtsanwalt zu werden.

Charlie blätterte den Rest der Morgenzeitung durch. Auf Seite acht entdeckte er einen Artikel über Enrique Alvarez. Der Artikel berichtete, dass der Teenager, dem man den Mord an der Frau und der Tochter eines Rechtsanwalts vorgeworfen hatte, im Koma verstorben sei, nachdem er vom Freund seiner Mutter zusammengeschlagen worden war. Die Mutter hatte ihren Freund bei einem häuslichen Streit erschossen und wurde jetzt nach Mexiko abgeschoben. Neun Jahre lang hatte sie sich illegal in den USA aufgehalten. Für Charlie war das kein Trost.

Er sah durch das Fenster, dass sich der Verkehr auf der Straße wieder staute. Er schlürfte den letzten Tropfen Kaffee aus dem Styropor-Becher. Jetzt begriff er, wie nahe er daran gewesen war, Enrique Alvarez selbst umzubringen. Aber er wusste, dass es ihn nicht getröstet hätte, wenn er selbst den Abzug gedrückt hätte. Nun, da Alvarez tot war, gab es niemanden, auf den er seinen Hass richten konnte. Eine Träne landete auf der Serviette, gerade neben dem braunen Ring, den der Becher hinterlassen hatte. So viel Gewalt und Tod um ihn herum, und nichts davon ergab einen Sinn.

Die Welt geriet außer Kontrolle, und doch brüllte ein Autofahrer den anderen an, weil er links abbiegen wollte und den Verkehr aufhielt. Hatten die Menschen jeglichen Sinn für Verhältnismäßigkeit verloren? Charlie sah sich in der Bäckerei um und bemerkte, dass alle anderen gegangen waren. Die Sekretärinnen hatten sich schon wieder auf den Weg zur Arbeit gemacht. Hinten im Laden räumten die Angestellten nach dem morgendlichen Ansturm bereits wieder auf. Er war allein. Es war einfach zu viel für ihn. Er konnte den Gedanken nicht ertragen, die nächsten fünfzig Jahre allein zu leben. Die Zukunft schien sinnlos. Jeder Sieg schien ihm leer, wenn er ihn nicht mit Sandy teilen konnte. Allerdings wartete eine Menge auf ihn, und Charlie beschloss, sich darin zu vergraben. Er warf seinen Abfall in den Mülleimer und verließ das Geschäft. Zuerst ging er gemächlich, aber dann fing er an zu laufen. Er rannte ziellos, aber mit aller Kraft, die ihm zur Verfügung stand, durch das ganze Viertel. –

Charlie studierte aufmerksam die Abschlusszeugnisse an der Wand des winzigen Sprechzimmers. Dr. Keith Alford hatte an der John-Hopkins-Universität Medizin studiert und seine Ausbildung am Duke Medical Center abgeschlossen, wo er sich auf Onkologie spezialisiert hatte. Als Horace und Betty Matt ins Bezirkskrankenhaus eingeliefert hatten, hatte man ihnen mitgeteilt, dass er eine besondere Behandlung brauchte. Sie fanden einen Arzt für ihn, Dr. Alford von der Universitätsklinik, die direkt neben der Universität von Charlotte lag. Er war ein hervorragender Onkologe, aber darüber hinaus auch der einzige, den der Staat bezahlte. Alford selbst war ein erbitterter Gegner der staatlichen Krankenfürsorge, aber er wusste, dass viele nicht versicherte Krebskranke keine angemessene Therapie erhielten und schließlich im Hospiz endeten. Deshalb ließ er seinen Namen auf die Liste setzen.

Dr. Alfords Sprechzimmers war in den Farben Dunkelblau und Burgunderrot gehalten. Auf der Wand gegenüber den Zeugnissen hingen Fotos, die eine glückliche Familie zeigten. Zwei Jungen und eine blonde Frau umarmten einen liebevollen Vater und Ehemann. Die Bilder von Ashley waren schon zerknittert, weil er sie so oft herausholte.

Die Tür ging auf und ein relativ junger Mann kam herein. »Kaffee?« Bis auf einen Haarkranz um die Ohren war er bereits völlig kahl, und die Haare, die er noch hatte, gingen in einen stattlichen Bart über, so dass er wie ein vornehmer Trapper wirkte. Er hängte seinen weißen Arztkittel an einen Haken an der Tür, nachdem er Charlie einen Pappbecher gegeben hatte. Dann setzte er sich. »Also, Mr. Harrigan«, seufzte er und gähnte, »es tut mir Leid, dass Sie so lange auf einen Termin warten mussten. Meine Sekretärin hat versucht, Sie noch irgendwo hineinzuquetschen. Ich bin gerade aus Chattanooga zurückgekommen. Ich habe dort auf einer Konferenz einen Vortrag gehalten. Als ich gestern Abend wieder zu Hause war, wurde ich zu einer Notoperation bei einem meiner Patienten gerufen. Eigentlich wollte ich jetzt schlafen gehen, aber da Sie nun einmal hier sind ... was für ein Problem haben Sie? Sie wollen mich nicht verklagen, oder?«

»Nein, ganz und gar nicht. Ich vertrete die Familie eines Ihrer ehemaligen Patienten, Matthew Douglas.«

»Ja. Ein tragischer Fall.« Er sah zu Boden.

»Die Kurzfassung der Geschichte lautet folgendermaßen: Wir verklagen das Bauunternehmen, bei dem er beschäftigt war, weil wir glauben, dass Matt fahrlässig Krebs erregenden Stoffen ausgesetzt wurde. Zuerst muss ich wissen, ob Sie uns helfen können, und zweitens, ob Sie bereit sind, vor Gericht auszusagen.«

»Ich suche eben seine Akte heraus. Ich bin gern bereit auszusagen, wenn das die Wahrheit ist.«

»Die Douglas' glauben, dass Matt bei einem Unfall auf der Arbeitsstelle mit Asbest, Kadmium, keramischen Fasern oder irgendeinem anderen Krebs erregenden Stoff in Berührung kam, der in Isolierungen verwendet wird. Ich habe bereits viele Fälle studiert, in denen es um Asbest ging. Bei Asbest ist die Sachlage eindeutig, und der Fall würde schnell zu unseren Gunsten entschieden werden. Ich müsste lediglich beweisen, dass der Eigentümer fahrlässig gehandelt hat. So einfach ist das. Sie bräuchten nicht viel zu tun.«

Dr. Alford legte die Akte vor sich auf den Schreibtisch und öffnete sie langsam.

»Ich fürchte, so einfach liegt die Sache nicht.«

Charlie sah verwirrt aus.

»Im toxikologischen Bericht wird Asbest überhaupt nicht erwähnt. Ich habe in den letzten fünf Jahren überhaupt keinen Fall zu Gesicht bekommen, der mit Asbest zu tun hatte.«

Charlie ließ sich entmutigt auf die Couch fallen.

»Warten Sie einen Augenblick. Es gibt noch Hoffnung. In Matts Bronchien wurden ungewöhnlich hohe Mengen Silicat gefunden.«

»Silicat? Was sagen Sie da? Er hatte Sand in den Lungen?«

»Nein, so kann man das nicht sagen. Sand besteht aus kristallinen Silicaten. In vielen Industriezweigen wird so etwas jeden Tag eingesetzt. Es gibt vier Gruppen von Arbeitern, die diesen Stoffen ausgesetzt sind: Bergleute, Arbeiter im Tiefbau, in Metall verarbeitenden Berufen und in Steinbrüchen.«

»Das hilft mir nicht. Matt arbeitete auf dem Bau.«

»Warten Sie eine Sekunde. Der Fall ist noch nicht verloren. Nehmen Sie einen Arbeiter in der Metallindustrie. Sagen wir, er ist damit beschäftigt, ein altes rostiges Schiff zu reparieren. Wie bekommt er den Rost ab?«

»Also ... ich weiß nicht.« Charlie sah, dass Alford scharf nachdachte und ihn in eine bestimmte Richtung führen wollte.

»Mit einem Sandstrahler.« Alford schien diese Diskussion Spaß zu machen, so als ob er ein Verbrechen untersuchte. »Wenn der Sand den Rost entfernt, wird er in mikroskopisch kleine Partikel gespalten, die man dann einatmet.«

»Und genau so entfernt man auch alte Fassadenfarbe, richtig?« Charlie hatte sich in Alfords Gedankengang eingeklinkt.

»Dieser Quarzstaub ist so fein, dass die Nasenhaare ihn durchlassen. Man kann das ganz einfach verhindern, indem man eine Atemmaske trägt und hinterher Hände und Kleidung gründlich reinigt. Ihr größtes Problem wird es sein, Quarzstaub mit Lungenkrebs in Verbindung zu bringen.«

»Ist es nicht offensichtlich, dass es einen Menschen umbringen kann, wenn er mikroskopisch kleine Sandpartikel einatmet?«

»Ja, schon, aber es gibt nicht wie bei Nikotin eine offensichtliche Verbindung zu Lungenkrebs. Bei Nikotin ist das bewiesen. Die Forschungsergebnisse zu Silicatstaub sind dagegen noch nicht eindeutig. Wir wissen aber, dass es zu Silikose führen kann, wenn man kristalline Silicate über Jahre hinweg einatmet.«

»Was ist das?«

»Silikose ist eine Vernarbung des Lungengewebes. Sie kennen die Krankheit vielleicht besser unter der Bezeichnung Staublunge. Normalerweise tritt sie auf, wenn man diesem Staub über längere Zeit ausgesetzt wird. Wir wissen, dass metallische Partikel Krebs erzeugen können. Der Fachbegriff lautet Pneumokoniose. Irgendwie müssen Sie beweisen, dass kristalline Silicate Lungenkrebs oder maligne Neoplasmen hervorrufen können. Das zweite Problem, das Sie lösen müssen, besteht darin, dass das durchschnittliche Todesalter bei Silikose oder Pneumokoniose bei sechzig oder einundsechzig Jahren liegt. Matt war, warten Sie, dreiundzwanzig?«

»Was, wenn er einige Jahre lang acht Stunden täglich mit dem Sandstrahler gearbeitet hätte? Wäre das denkbar?« Charlie schöpfte neue Hoffnung, begriff aber immer mehr, dass er schlechte Karten hatte.

»Ich bin Onkologe, kein Spezialist für Atemwegserkrankungen. Sehen Sie, die Douglas' sind wunderbare Menschen, und Matt war ein äußerst netter Junge, aber um ehrlich zu sein, ich glaube, Sie kämpfen auf verlorenem Posten.«

Charlie stand auf und reckte die Schultern, als er Alford seine frisch gedruckte Visitenkarte aushändigte. »Das bin ich. Ich habe mich auf hoffnungslose Fälle spezialisiert. Ich brauche von Ihnen nur eine Zusage. Sie müssen nicht aussagen, ob Silicate Krebs verursachen oder nicht. Sie müssen nur darüber aussagen, was Sie wissen. Sie sind dazu bereit? Das bedeutet eine Reihe von Anhörungen, Treffen und Vorbereitungssitzungen.«

»Wenn Sie für diesen Jungen kämpfen wollen, dann will ich tun, was ich kann. Es ist eine schreckliche Art zu sterben, und niemand macht sich Gedanken darum, weil die Leute, die daran sterben, den Politikern nicht in den Kram passen. Normalerweise handelt es sich um weiße Männer, die ihr ganzes Leben lang harte körperliche Arbeit geleistet haben. Die Leute, die unser Land aufgebaut haben, leiden. Jemand muss sich um die Matts dieser Welt kümmern. Ich bezweifle, dass ich Ihnen helfen kann, aber wenn Sie wollen, bin ich dabei.«

»Danke, dass Sie mir Ihre Zeit geopfert haben, Dr. Alford. Es hilft mir sehr, wenn Sie bereit sind auszusagen.« Charlie schüttelte Dr. Alford die Hand und verließ das Sprechzimmer.

Im Fahrstuhl spürte er, wie sich seine Brust zuschnürte. Sein Atem ging schwer und heftig. Es ist viel zu viel, das alles zu beweisen, dachte er. Es gibt zu viele Querverbindungen. Zu viele Fragezeichen. Er hatte keinen Zweifel daran, dass Walter Comstock fahrlässig gehandelt hatte, wenn nicht sogar vorsätzlich. Aber Alford hatte Recht. Diesen Fall konnte er nicht gewinnen. Bei einem Zivilprozess lag die Beweisschwelle viel niedriger als bei einem Strafprozess. Aber dennoch musste er logische und stichhaltige Argumente vorbringen.

Die Fahrstuhltür ging auf, und er ging schnell hinaus an die frische Luft.

Charlie lockerte seine Krawatte und versuchte, langsam und tief durchzuatmen. Er lehnte sich gegen sein Auto und betrachtete das achteckige Krankenhaus mit den verspiegelten Fenstern. Hier war Matt gestorben. Charlie wusste, wie es war, bei einem Kind auf der Bettkante zu sitzen und es in seinen letzten Augenblicken zu begleiten. Er war mit Ashley ins Krankenhaus gefahren und hatte ihre Hand gehalten, während sie um Atem rang. Auch Matt hatte wahrscheinlich Schwierigkeiten beim Atmen gehabt, so dass er beatmet werden musste. Er stellte sich vor, wie Horace und Betty auf der Bettkante gesessen und seine Hände gehalten hatten.

Plötzlich fasste Charlie einen Entschluss. Er fegte alle Zweifel hinweg und entschloss sich, dass er für dieses Ehepaar kämpfen würde. Er würde es tun, koste es, was es wolle, und wenn er den Prozess verlor, dann nur, weil Comstock unschuldig war, und nicht, weil Charlie sich nicht gut genug vorbereitet hatte. Er stieg in seinen Blazer und fuhr den Highway 29 in nördlicher Richtung hinab. Er würde über Harrisburg und Concord bis Kannapolis fahren und seinen Mandanten von dem Treffen berichten.

Als er abfuhr, folgte ihm der Buick Riviera mit einem Abstand von sechs Autos. Slade griff zu seinem Handy.

»Er hat sich gerade mit dem Arzt getroffen, der den Douglas-Jungen behandelt hat. Sollte ich Van Schank davon erzählen?«

»Warum wartest du damit nicht einfach und folgst ihm erst einmal? Wenn er weitermacht, kannst du immer noch geeignete Druckmittel anwenden.«

»Ich muss es Van Schank mitteilen, wenn ich den Mann anrühre.«

»Was Walter und Martin nicht wissen, macht sie nicht heiß. Ich sagte nicht, dass du ihn umbringen sollst. Ich meinte nur, wenn er etwas herausfindet, könntest du ihn ein wenig unter Druck setzen. Verstanden?«

»Capito.« Slade legte auf und ließ noch ein paar Wagen zwischen sich und Charlie; er verlor den Blazer jedoch nie aus den Augen.

28

DIE UNIVERSITÄTSBIBLIOTHEK von Charlotte schloss in zehn Minuten. Charlie saß an einem Tisch vor einem Haufen Bücher, fotokopierten Artikeln und Informationen, die er aus dem Internet geholt hatte. Ein Studentenpärchen hockte in einer Ecke und kicherte, andere starrten mit verzweifeltem Blick vor sich hin, als ob sie ihre Hausarbeiten morgen früh abgeben müssten und gerade erst damit angefangen hätten. In den zehn Stunden, seit er Dr. Alfords Sprechzimmer verlassen hatte, war Charlie seinem Ziel noch keinen Schritt näher gekommen. Immer noch konnte er nicht beweisen, dass Silicate in kristalliner Form möglicherweise Krebs verursachten. In Biologie war er nie gut gewesen und Chemie hasste er. Richter Fitzwaring hatte ihm eine harte Nuss zu knacken gegeben.

Jedes Jahr sterben in Amerika mehr als zweihundertfünfzig Menschen an einer Staublunge. Mehr als eine Million Menschen werden an ihrem Arbeitsplatz Silicaten ausgesetzt, einhunderttausend von ihnen in der höchsten Risikogruppe. Zum größten Teil sind die Opfer männlich und leisten schwere körperliche Arbeit. Sie entfernen Rost und Fassadenanstriche, reinigen Gießereiformen, arbeiten in Bergwerken, zertrümmern Steine, gravieren Glas und arbeiten mit Ton. Die Staublunge trat bereits im ersten Jahrhundert auf, als Kaiser Augustus sein groß angelegtes Bauprogramm durchführte. Was Charlie am meisten schockierte, war die Tatsache, dass sich die Staublunge zu einhundert Prozent verhüten lässt. Bei gründlicher Einweisung und Überwachung dürfte sich niemand diese Krankheit zuziehen.

Charlie fehlte eine direkte Verbindung zum Lungenkrebs. Die Forschungsergebnisse wiesen Krebs bei Laborratten nach, aber weiter gingen die Untersuchungen nicht. In Großbritannien und Skandinavien war der Einsatz von kristallinen Silicaten verboten. In Australien wurde die Benutzung dieser Stoffe auf dem Bau zunehmend eingeschränkt. Das amerikanische Arbeitsministerium führte kristalline Silicate in einer Liste möglicherweise Krebs erregender Stoffe auf. Er fand allerdings keine Untersuchung, die einen unmittelbaren Zusammenhang belegte. Die meisten Untersuchungen stammten aus Kalifornien, und hier wurden auch die meisten Prozesse geführt.

 Charlie verstaute die Fotokopien in seiner Aktentasche und stapelte die Bücher ordentlich auf den Tisch. Seine Schritte hallten durch die leere Bibliothek. Für Kalifornien hatte er nicht das Geringste übrig, vor allem, weil dort sein Vater wohnte. Aber jetzt wies jeder einzelne Aspekt seiner Recherchen nach Kalifornien weit im Westen. Charlie verließ die Bibliothek durch die Glastüren. Der kühle Nachtwind blies ihm ins Gesicht und verjagte einen Augenblick lang seine Müdigkeit. Er fühlte sich erfrischt. Er ließ seinen Blick über den gut ausgeleuchteten Parkplatz schweifen und bemerkte ganz hinten in einer dunklen Ecke einen einzelnen burgunderroten Wagen. Die Wachleute der Universität fuhren vorbei, und Charlie wandte seine Aufmerksamkeit wieder den Autoschlüsseln zu.

 Er fuhr über die North Tryon Street nach Hause. Weil dort niemand auf ihn wartete, nahm er sich die Zeit, die Leuchtreklamen der Strip-Clubs und Schnellimbiss-Ketten zu betrachten. Er fuhr an Autohäusern vorbei. Er wechselte häufig die Spur und bemerkte, dass ihn ein Wagen verfolgte. Er bog rechts in die Sugar Creek Road ein und sah, dass der andere Wagen geradeaus fuhr. Charlie glaubte, dass er auf der Interstate vielleicht sicherer wäre, aber vielleicht war das auch nur eine Überreaktion. Eine Stunde lang fuhr er auf der Interstate und der Umgehungsstraße herum und ließ sich die Verfolgungsjagd von vor einigen Tagen noch einmal durch den Kopf gehen. Das war dumm gewesen, aber andererseits hatte er auch nicht gerade klug gehandelt, als er diesen Fall übernommen hatte.

 Am südlichen Ende der Umgehung fuhr er rechts heran und

betrachtete die Skyline. Er plante seine Strategie, er nahm sich selbst ins Kreuzverhör, um die Schwachstellen seines Falls zu entlarven, er durchdachte die Zeugenaussagen. Er durfte nicht blind darauf vertrauen, dass schon alles richtig laufen würde. Er brauchte weitere Informationen. Er brauchte Hilfe. Es gab viel mehr Informationen, als er allein beschaffen konnte. Er würde wohl einige Brücken, die er hinter sich abgebrochen hatte, wieder reparieren und jemanden um Hilfe bitten müssen. Er trat aufs Gaspedal und fuhr in die Nacht hinein.

Um neun Uhr morgens hielt Charlie vor dem restaurierten viktorianischen Haus in der Shamrock Road, anderthalb Kilometer westlich vom Eastway Drive. Er war beeindruckt, wie sauber und ordentlich das »Ich-kann's«-Haus wirkte. Er hatte ein heruntergekommenes Anwesen erwartet, aber wie es aussah, kümmerte man sich darum, dass es freundlich und einladend wirkte. Er ging hinein und sah am Empfang ein Mädchen, das über beide Ohren grinste. Charlie vermutete, dass sie zu den Jugendlichen gehörte, die hier wohnten.

»Hallo! Kann ich Ihnen helfen? Ich heiße Hattie. Und Sie?« Sie hörte nicht auf zu lächeln, während sie ihren Kopf von links nach rechts wippen ließ.

»Ich heiße Charlie«, sagte er und blickte sich um, um nach einer richtigen Sekretärin Ausschau zu halten. Weil niemand auftauchte, fuhr er fort: »Ich wollte mich mit Mr. Grady treffen.«

»Den finden Sie da.« Sie wies mit der Hand vage in Richtung Korridor.

Charlie ging aufmerksam von Tür zu Tür, spähte in die Räume, wenn die Tür offen stand, und horchte, wenn sie zu war. Als er das Ende des Korridors erreicht hatte, ging eine Tür auf, und ein hoch gewachsener Schwarzer kam heraus. Er achtete nicht auf seine Umgebung und hätte Charlie fast umgeworfen.

»Wer sind Sie?« Sein Hemd spannte sich über seiner muskulösen Brust und seine Krawatte war um einiges zu kurz. Wenn er den Bizeps angespannt hätte, wären die Nähte seiner kurzen Hemdsärmel aufgeplatzt.

»Ich bin Charlie Harrigan. Können Sie mir helfen, den Direktor zu finden? Ich habe einen Termin um neun.«

Der Mann stürmte an Charlie vorbei und stapfte den Korridor hinunter. Am Empfangstresen hielt er an, verschränkte die Arme und starrte Hattie, die sich vor diesem Riesen förmlich zusammenkrümmte, durchdringend an. »Was hast du falsch gemacht?«

»Ich habe diesen Mann zu Ihnen geschickt.« Das Lächeln verschwand schnell von ihrem Gesicht.

»Wen hast du zu mir geschickt?«

»Diesen Mann hier.« Sie zeigte auf Charlie, der bereits daran dachte, sich in einem der Zimmer zu verstecken, damit er aus dem Weg war.

»Woher weißt du, dass er tatsächlich auf dem Weg zu meinem Büro war? Vielleicht ist er ein Dieb. Oder ein Drogendealer. Was, wenn er ein Mörder wäre, der hier von der Straße hereinspaziert kommt? Du hast ihn frei in unserem Haus herumlaufen lassen.«

Sie versuchte, die Tränen zurückzuhalten. »Es tut mir Leid.«

»Das hilft nicht. Wir haben es doch schon einmal besprochen. Nimm das Telefon. Nimm einfach den Hörer ab und wähl meine Nummer. Du rufst mich an, und ich komme dann und hole ihn ab, okay? Nächstes Mal machst du es richtig, okay, Hattie?«

Sie lächelte und nickte. Sie nahm den Hörer ab und übte. Der Mann stapfte in sein Büro und winkte Charlie, ihm zu folgen.

Charlie blickte noch einmal um die Ecke und teilte Hattie mit: »Ich versichere dir, dass ich weder ein Dieb noch ein Drogendealer bin.«

»Da bin ich mir nicht so sicher.« Sie wandte ihre Aufmerksamkeit wieder dem Telefon zu.

Charlie betrat das kleine Büro. Ein Aktenschrank erstreckte sich über eine ganze Wand, gegenüber hing eine große Pinnwand voller Arbeitsangebote und Kontaktadressen. Hinter dem kleinen Schreibtisch aus Holz hatte Frank Grady Platz genommen. Er sah aus, als ob er das Ding mit einem einzigen Handkantenschlag in zwei Teile spalten könnte. Charlie nahm vorsichtig auf einem metallenen Klappstuhl Platz und hoffte, dass er sauberer war, als er aussah.

»Ich wette, Sie halten mich für ziemlich grausam, oder?« Der Mann hatte sich weder vorgestellt noch Charlie begrüßt.

»Sie sah aus, als würde sie jeden Moment in Tränen ausbrechen. Ich weiß nicht recht, aber ich finde, Sie könnten ein wenig freundlicher mit ihr umgehen.«

»Das ist genau das Problem.« Der Mann fing tatsächlich an, Charlie einen Vortrag zu halten. »Wenn jemand merkt, dass sein Gegenüber behindert ist, fasst er ihn mit Samthandschuhen an. Niemand zieht sie für ihre Handlungen zur Verantwortung, niemand achtet darauf, dass sie die Konsequenzen für das, was sie tun, tragen müssen. Und das führt dazu, dass sie niemals etwas dazulernen. Ich habe ihr schon dreizehnmal gezeigt, wie sie in meinem Büro anrufen soll. Wenn sie das nicht lernt, wird sie eines Tages die falsche Person hereinlassen, und dann könnte wirklich etwas schief gehen.«

Charlie fühlte sich auf seinem winzigen Stuhl auf einmal sehr klein. »Ich vermute, ich habe mit geistig Behinderten nicht viel Erfahrung.«

»Das ist also Ihre Entschuldigung. Vermeiden Sie den Kontakt mit geistig Behinderten? Stören sie Sie? Ich wette, Sie haben sich nach jemand anderem umgeschaut, bevor Sie Hattie nach mir fragten.«

Charlie dachte einen Augenblick nach. Der Mann, von dem er nun annahm, dass er Mr. Grady war, schien nicht gerade ein weiches Herz zu haben und könnte als Zeuge die Geschworenen einschüchtern. »Arbeiten Sie auf Spendenbasis, Mr. Grady?«

»Sie sind Anwalt, richtig? Ihr Anwälte seid alle gleich. Immer hinter dem Geld her.«

»Möchten Sie, dass ich noch einmal zum Empfang zurückgehe und vorschriftsmäßig von vorne anfange?«

»Nein. Tut mir Leid.« Seine Stimme klang nicht so, als ob es ihm wirklich Leid täte. »Ich muss den ganzen Tag meine Klienten mit fester Hand anfassen, und manchmal vergesse ich, wie ich das abschalten kann. Menschen, die Behinderte von oben herab behandeln, machen mir meine Arbeit unnötig schwer, und dann werde ich manchmal ein bisschen heftig. Die Behinderten wollen normal sein, mehr als alles andere. Mit Hattie war alles schief gelaufen, bevor sie zu uns kam. Sie war klug genug, um zu merken, dass ihre Eltern sie niemals bestraften. Also zerbrach sie die Teller, und ihre Schwester nahm die Schuld auf sich. Jetzt räumt sie jeden Morgen ihr Zimmer auf, und nachmittags arbeitet sie im Wal-Mart.«

»Sie sind der Chef. Wenn Sie das sagen, glaube ich Ihnen.« Charlie versuchte, auf das zu sprechen zu kommen, was ihm auf dem Herzen lag, und fragte: »Matt Douglas haben Sie also auch so behandelt?«

»O Mann, *der* Anwalt sind Sie.« Er blickte in seinen Terminkalender. »Ich bin so beschäftigt, dass ich mir keine langen Eintragungen mache. Nein, Matt war sehr folgsam und lernfähig. Sein Fall lag ganz anders. Ich musste ihm beibringen, dass die Welt kein freundlicher Ort ist. Seine Eltern und seine Kirche waren wunderbar. Und auch seine Mitschüler behandelten ihn gut. Natürlich gab es Ausnahmen, aber als er hierher kam, war er vollkommen vertrauensselig. Wie viele Behinderte musste er sich ein gesundes Misstrauen aneignen.«

»Glauben Sie, dass er das jemals gelernt hat?«

Frank schaute auf die Uhr. »Haben Sie Lust auf eine kleine Autofahrt?«

Sie kletterten in einen alten grellgelb lackierten Ford-Lieferwagen mit getönten Fenstern. Auf dem Eastway legten sie eine Pause ein und gönnten sich im *Bojangles* eine Hühnerfleischpastete und einen Kaffee. Grady redete die ganze Zeit von seiner Arbeit mit Behinderten. In den siebziger Jahren hatte er am Clemson College Football gespielt. Er hätte Profisportler werden können, aber dann war er mit Alkohol am Steuer in einen Unfall verwickelt worden. Sein Beifahrer und bester Freund hatte einen Hirnschaden davongetragen und sich nie mehr vollständig erholt. Frank war mit einem gebrochenen Bein davongekommen und musste seitdem humpeln. Von da an setzte er sein Leben dafür ein, den Benachteiligten zu helfen. Mit dieser selbst auferlegten Buße entdeckte er seine Leidenschaft, anderen zu helfen. Viele der Lektionen, die er im Football gelernt hatte, halfen seinen Klienten, unabhängig zu werden und ihre Zweifel zu überwinden. Die Disziplin, die er als ständig unterschätzter Verteidiger gelernt hatte, kam ihm bei seiner Aufgabe sehr entgegen.

Sie fuhren an mehreren Bauplätzen vorbei. Frank erzählte, dass sich einige Heimbewohner an den Wochenenden in den Lieferwagen gequetscht und die Gebäude besichtigt hätten, bei denen Matt mitgearbeitet hatte. Die anderen Patienten hatten applaudiert und gejubelt, als ob Matt das ganze Haus allein gebaut hätte. Er gehörte zu den Erfolgsgeschichten. Im »Ich-kann's«-Haus hatte Matt gelernt, das Kleingeld für den Bus abzuzählen, sich sein Mittagessen zu kaufen und nach Hause zu kommen und seine Kleidung zu waschen. Innerhalb der Gruppe hatte er eine Führungsposition eingenommen, und die anderen Patienten hatten zu ihm aufgesehen.

Frank Grady war Walter Comstock nie begegnet. Er hatte auf ein Flugblatt der Stadtverwaltung reagiert, in dem ein besonderes Programm namens »Helfende Hände« vorgestellt wurde, das Behinderten leichte Arbeiten auf Baustellen vermittelte. Die Paragon-Gruppe erschien ebenfalls auf dieser Liste. Grady hatte die ganze Angelegenheit per Telefon geregelt und darauf vertraut, dass alles seine Ordnung hatte, wenn ein Unternehmen bereit war, Behinderte zu unterstützen. Franks ausdauerndem Monolog war zu entnehmen, dass er viele Schuldgefühle mit sich herumtrug. Sie saßen vor dem kleinen Supermarkt und sahen sich das Sanierungsprojekt in der Graham Street an.

»Was hätten Sie denn tun sollen?« Charlie wählte seine Worte vorsichtig und mit Bedacht.

»Ich hätte merken sollen, dass Matt nicht als Arbeitnehmer, sondern eher als Praktikant betrachtet wurde. Das lag in der Natur dieses Programms. Darum wurde ihm nicht der gesetzliche Mindestlohn ausgezahlt, und Comstock entrichtete keine Sozialabgaben. Ich kann es nicht beweisen, aber für mich sieht es so aus, als ob Comstock das Programm dazu missbraucht hat, um an billige Arbeitskräfte zu kommen.«

»Glauben Sie, dass Matt je in Gefahr war?«

»Ich nahm an, dass er Abfall sammelte, Geräte und Material transportierte, vielleicht Löcher grub. Aber dann begann er mir zu erzählen, wie er mit Schleifgeräten arbeitete, Innenverkleidungen mit einer elektrischen Säge entfernte und am Sandstrahler eingesetzt wurde.«

»Sandstrahler?« Charlie spitzte die Ohren. Endlich hatte er eine Querverbindung gefunden.

»Ja, das hat Matt geliebt. Er nannte es ein Gewehr. Er erzählte mir immer, wie er den ganzen Tag seine Kanone abgeschossen hat.«

»Haben Sie sich jemals deswegen Sorgen gemacht?«

»Natürlich, ich habe befürchtet, dass er nicht verstand, wie gefährlich die Arbeit sein konnte. Einmal bin ich auf der Baustelle gewesen und wurde sofort vertrieben. Aber ich habe niemanden gesehen, der auf ihn aufpasste. Wenn er nach Hause kam, war er jeden Tag von Kopf bis Fuß mit Staub bedeckt.«

»Wollen Sie damit sagen, dass die Firma keine ausreichenden Sicherheitsmaßnahmen ergriffen hat, weil Matt behindert war?«

»Sie dürfen nicht vergessen, dass man Matt nicht für behindert gehalten hätte, wenn man ihm auf der Straße begegnete. Er brauchte nur etwas länger, um Dinge zu begreifen. Der Vorarbeiter hat möglicherweise nicht gemerkt, dass Matt genaue und ausführliche Anweisungen brauchte.«

»Aber wenn er in Gefahr gewesen wäre, hätte die Gewerbeaufsicht das nicht früher oder später festgestellt?«

»Das habe ich auch gedacht.« Frank fuhr sich mit seinen riesigen Händen übers Gesicht. »Ich habe Josh Donovan angerufen, den Leiter der Stadtverwaltung, und er hat mir versichert, dass er sich um alles kümmern würde. Ich habe nie mehr von ihm gehört. Ich bildete mir ein, dass Donovan schon merken würde, wenn Matt wirklich in Gefahr wäre. Ich neige dazu, meine Klienten allzu sehr zu behüten, und habe geglaubt, dass es paranoid wäre, überall Gefahren zu sehen. Wenn Matts Tod wirklich mit seinem Arbeitsplatz zu tun hatte, bedeutet das, dass ich teilweise dafür verantwortlich bin.«

»Frank, sind Sie bereit, mir zu helfen?«

Frank sah auf.

»Ich brauche alle Zeugen, die ich bekommen kann. Vor uns liegt ein schwieriger Fall. Alles, was Sie wissen, kann uns helfen.«

»Ich tue, was ich kann.«

29

DER KALTE NOVEMBERWIND fiel wie ein Hurrikan ein und fegte die letzten Blätter von den Bäumen. Die braunen Blätter bedeckten Straßen und Bürgersteige, und die Eichen, die im Sommer so reichlich Laub getragen hatten, streckten überall in der Stadt ihre nackten Äste in den Himmel. Vier Wochen lang hatte Charlie Untersuchungen angestellt, um sich auf die bevorstehenden Zeugenaussagen vorzubereiten. Überall in seinem kleinen Apartment lagen Notizblöcke und Diagramme herum. Am Montagmorgen würde er die Zeugen der Verteidigung im Gebäude seiner alten Kanzlei befragen. Er stellte sich vor, wie man hinter seinem Rücken Witze über ihn reißen würde, die alle nur eine einzige Pointe hatten: Charlie Harrigan. Er hatte Angst davor, seinen alten Chefs und Kollegen wieder zu begegnen.

Im Lauf der letzten Wochen hatte er einige wichtige Dinge herausgefunden. In Mecklenburg County und auch im Arbeitsministerium hatte man vonseiten der Paragon-Gruppe kaum Verstöße gegen die Sicherheitsrichtlinien registriert. Tatsächlich war die Paragon-Gruppe eines der sichersten Bauunternehmen in Charlotte. Nur ein einziger Arbeiter hatte jemals eine Beschwerde eingereicht. Brian Beckley hatte vier Jahre für Paragon gearbeitet, als er beim Einsturz einer Ziegelmauer den Unterschenkel verlor. Der Fall wurde außergerichtlich geregelt und wurde unter Verschluss gehalten. Einige andere Arbeiter, die Unfälle erlitten hatten, hatten angemessene Entschädigungen erhalten und nie eine Beschwerde eingereicht. Charlie kam Paragons Unfallstatistik zu schön vor, um wahr zu sein; es fehlten die üblichen Unfallberichte, die man erwartet hätte.

Sein Fall wies auch andere Lücken auf. Sein größtes Problem war, dass er niemanden fand, der bereit war zu behaupten, dass Silicate wirklich Krebs erregen konnten. Viele waren durchaus bereit, diesen Sachverhalt in einem Gespräch unter vier Augen zuzugeben, aber sie zögerten, das öffentlich zu Protokoll zu geben, solange noch keine schlüssigen Beweise vorlagen. Der Großteil der Forschungsarbeit zu kristallinen Silicaten wurde in Kalifornien geleistet. Charlie wurde zusehends klarer, dass er nach Kalifornien fahren und seinen Vater um Hilfe bitten musste. Charles Harrigan senior war ein einflussreicher Anwalt im Silicon Valley und hatte viele Mandanten, die ihm einen Gefallen schuldeten. Er könnte Charlie eine große Hilfe sein.

Matt hatte unter Barry Kasick gearbeitet. Offenbar hatte man ihm Arbeiten aufgetragen, bei denen er mit ungewöhnlich hohen Mengen von Silicaten in Kontakt kam. Warum hatte er überhaupt einen Sandstrahler bedient? Hatte man ihm die Gefahr, die davon ausging, deutlich erklärt? Warum schritt das Arbeitsministerium nicht dagegen ein, dass ein geistig Behinderter eine so gefährliche Maschine bediente? Konnten kristalline Silicate Lungenkrebs verursachen? In welche Richtung Charlie auch dachte, er kam immer wieder auf diese eine unvermeidliche Frage zurück. Wenn er diese Verbindung nicht beweisen konnte, hatte er nicht nur den Fall verloren, sondern riskierte auch, dass das Gericht ihn bestrafte. Nach den geltenden Regelungen zum Zivilrecht riskierte er eine Geldstrafe, den Verlust seiner Zulassung oder sogar beides, wenn er bewusst einen Prozess anstrebte, der keine sachliche Grundlage hatte.

Charlie hatte sich ein Whiteboard für trocken abwischbare Filzschreiber von einem Büroausstatter gekauft und es auf seine Kreditkarte setzen lassen, die zusehends ihr Limit erreichte. Er hatte es an die Wand gehängt, von der aus man die Davidson Street sah, und auf der oberen Hälfte in Blau einen Kalender mit allen wichtigen Verhandlungsterminen gezeichnet. Unten hatte er mit einem grünen Stift seine Beweiskette und alle wichtigen Zeugen festgehalten. Ein großes rotes Fragezeichen markierte alle Stellen, in denen seine Beweisführung eine Lücke aufwies oder bei denen ein Puzzleteil fehlte. Er hatte zu viele Fragezeichen.

Er rieb sich die Augen, ging im Zimmer auf und ab und versuchte auf den entscheidenden Gedanken zu kommen. Als er die Hände von den Augen nahm, fand er sich Auge in Auge mit Sandys Hochzeitsporträt wieder. Sie hatte ihr Haar aufgesteckt, aber über die Schläfen fielen kleine braune Löckchen. Er erinnerte sich daran, wie schockiert er darüber gewesen war, dass seine konservative Freundin an ihrem Hochzeitstag allen Gästen ihren nackten Rücken präsentierte. Er griff nach dem Bild und fiel auf die Knie. Das war alles zu viel. Diesen Fall konnte er unmöglich gewinnen. Das kleine Apartment kam ihm wie ein Gefängnis vor. Das Leben bot ihm keinen Grund zur Hoffnung mehr. Charlie saß mit dem Rücken zur Wand und dachte an seine Frau und seine Tochter, bis er auf dem Fußboden einschlief.

Am Sonntagmorgen stand er zeitig auf und joggte die fünf Kilometer bis ins Stadtzentrum und zurück. Es hatte eine Weile gedauert, bis er wenigstens den Anschein eines normalen Tagesablaufs wieder gefunden hatte, aber wenn er joggte, klärten sich seine Gedanken und er fühlte sich wieder wie ein Mensch. Endlich hatte er damit begonnen, die Pfunde abzuarbeiten, die er mit drei Schnellimbiss-Mahlzeiten am Tag angesetzt hatte.

Er hatte sich mit seinen Mandanten zum Gottesdienst verabredet, eigentlich nur, weil er nichts Besseres zu tun hatte und er Bettys Brathähnchen nach Südstaatenart so sehr mochte. Nach dem Laufen nahm er ein leichtes Frühstück zu sich, einen Kaffee und ein Brötchen. Nachdem er sich Hosen, einen Pullover und einen Sakko angezogen hatte, fuhr er in nördlicher Richtung nach Rowan County und hielt schließlich vor den weiß gestrichenen Reihenhäusern einer Arbeitersiedlung an. Charlie bot den Douglas' an, sie zur Kirche mitzunehmen, weil er befürchtete, dass der alte Chevrolet Pick-up innen genauso schmutzig sein könnte wie außen.

Sie fuhren an der großen Spinnerei vorbei, dann an dem See, bis sie die Stadt hinter sich gelassen hatten. Nachdem sie einige

Weiden mit grasenden Kühen passiert hatten, erreichten sie ein kleines weißes Gebäude, die Church of God in der Moose Road. Fast erwartete Charlie, auf dem Parkplatz einen wirklichen Elch zu sehen, wie es der Straßenname vermuten ließ. Die Kirche war klein und schmal, und daneben stand ein altes verwittertes Kreuz. Ihm fiel ein, dass er eines Tages der Kirche Geld spenden könnte, damit die Mitglieder sich ein schöneres Kreuz kaufen konnten, denn das, was da auf dem Kirchhof stand, war hässlich und lenkte von der schlichten Schönheit der kleinen Kirche ab.

Charlie stieß Horace an, als sie gemeinsam den Parkplatz überquerten, und flüsterte ihm zu: »Horace, wem kann ich Geld zukommen lassen, wenn ich ihnen helfen will, ein schönes neues Kreuz zu kaufen?«

»Das ist sehr nett von Ihnen, aber Sie sehen das ganz falsch, mein Sohn. Das Kreuz ist noch gar nicht so alt. Eins unserer Mitglieder hat es für uns gemacht.«

»Aber es sieht so mitgenommen aus und lenkt von der Schönheit dieser kleinen Dorfkirche ab. Wenn ein kleiner Bach hier durch das Grundstück fließen würde und dann vielleicht noch ein paar Hirsche auf den Weiden äsen würden, wäre es eine richtige Bilderbuchszene.«

»Darum geht es nicht. Das Kreuz soll hässlich sein. Es ist sogar grotesk.« Horace sah Charlies Verwirrung. Unter dem Kreuz blieben sie stehen, so dass das Kreuz seinen Schatten auf Charlies Gesicht warf. »Das Kreuz wurde von den Römern erfunden. Es war die grausamste Hinrichtungsart, die man sich vorstellen konnte. Zur Zeit Jesu wurden über zwanzigtausend Menschen gekreuzigt. Das Kreuz selbst ist nichts Besonderes. Was damals am Kreuz geschah, das ist wichtig.«

Charlie fiel die Solid Rock Church und das große goldene Kreuz vorne auf der Plattform ein, das im Licht der Scheinwerfer schimmerte.

Betty beugte sich zu Charlie herüber und fasste ihn am Arm. »Wissen Sie, Charlie, wenn ich an das Kreuz denke und daran, dass Gott sich entschlossen hat, das Leid auf sich zu nehmen, dann weiß ich, dass er versteht, wie uns jetzt zumute ist, nachdem wir unseren Sohn verloren haben.«

»Wir sind spät dran.« Horace schaute auf seine Uhr. »Und ich möchte Sie einigen Leuten vorstellen, Charlie. Ich bin sicher, dass ich Ihnen helfen kann, neue Mandanten zu finden.«

»Ich bin nicht auf der Suche nach neuen ...« Er verschluckte den Rest des Satzes, weil die Douglas' bereits fast durch die Kirchentür verschwunden waren. Charlie blieb allein auf dem Hof zurück und blickte die Holzbalken an, in die man drei Eisendornen hineingetrieben hatte. Warum sollte Gott sich für so etwas entscheiden?, dachte er.

Als Charlie die Kirche betrat, erinnerten ihn Holzfußboden und -bänke an die kleine Kirche in Midland, in die ihn seine Mutter immer mitgenommen hatte. Nachdem er die Schule hinter sich gebracht hatte, war er nie wieder dorthin zurückgekehrt. Als Charlie sich nach einem freien Platz umsah, stellte er fest, dass der Gottesdienst bereits mit Musik angefangen hatte. Sie wirkte leidenschaftlich und emotional, aber aufrichtig. Horace und Betty saßen in der zweiten Reihe. Als Horace Charlie bemerkte, winkte er ihm, sich zu ihnen zu setzen. Charlie entschied sich aber für die letzte Reihe, für den Fall, dass er den Gottesdienst vorzeitig verlassen und draußen warten wollte. Gott und die Kirche waren ihm in den letzten Monaten nicht gerade gute Freunde gewesen.

Von verschiedenen wohlmeinenden Menschen hatte er gehört, dass entweder seine Frau oder er selbst für ihren extravaganten Lebensstil bestraft worden waren. Er hatte einige Prediger sagen hören, dass er nicht genug Glauben hatte oder dass er leiden musste, weil er gegen Gott rebelliert hatte. Man hatte ihm weismachen wollen, dass Gott seine Frau und seine Tochter so sehr liebte, dass er sie zu sich in den Himmel geholt hatte. Irgendwie entsprach es wohl Gottes Willen, dass er seine Familie verloren hatte, aber Charlie stand es offenbar nicht zu, Gott deswegen Fragen zu stellen. Charlie hatte Gott viele Male um Antworten gebeten, aber er war nur auf eine Mauer des Schweigens gestoßen.

Die Lieder waren kraftvoll und sprachen ihn an, aber es war nicht unbedingt die beste Musik, die er je gehört hatte. Die Menschen sangen mit erhobenen Händen oder klatschten im Takt. In Charlie stiegen Erinnerungen an früher auf, so als hätte er sie aus einer dunklen Höhle befreit. Dieselbe Begeisterung und Innigkeit hatten die kleine Kirche in Midland geprägt. Die Lieder kamen ihm bekannt vor. Er erinnerte sich, dass seine Mutter stundenlang geweint und gebetet hatte, als er noch ein Kind gewesen war. Seine Mutter war sehr streng gewesen, aber nur, weil sie ihn so sehr liebte. Irgendwie hatte er diese Erinnerungen in eine Ecke seines Gehirns verdrängt, die er nur selten aufsuchte. Jetzt stand ein junges Mädchen auf und sang das Lied, das Sonny jeden Abend im Kriegsgefangenenlager gehört hatte, *Amazing Grace – O Gnade Gottes, wunderbar hast du errettet mich*. Einen Augenblick lang fand Charlie Ruhe und Frieden, als er dieser Stimme lauschte.

Pastor Roy D. Yeates war alt und wohlbeleibt. Sein Anzug sah aus, als hätte er ihn in den achtziger Jahren erworben, und dazu trug er weiße Schuhe. Er hatte Humor und wirkte so, als ob er sich selbst nicht allzu ernst nähme; seinen Beruf jedoch nahm er sehr ernst. Mit kraftvoller Stimme las er aus der Bibel vor. Während seiner Predigt schlug er mit der Faust hin und wieder auf die Kanzel, und seine Worte hatten etwas Drängendes. Sein Thema erweckte augenblicklich Charlies Interesse: »Der Jahrhundertprozess«. Charlie saß auf der Vorderkante seines Stuhles und folgte gespannt den Ausführungen des Pastors.

Er sprach von Jesus. Er sagte, dass Gott seine Macht aufgegeben habe und wirklich Mensch geworden sei. Dreieinhalb Jahre lang habe er Tausende von Menschen gelehrt, und viele von ihnen seien ihm nachgefolgt. Schließlich habe das Volk ihn zum politischen Revolutionär machen wollen und von ihm verlangt, die römische Besatzungsmacht aus dem Weg zu räumen. Als der Pastor von der Gefangennahme Jesu und der Gerichtsverhandlung erzählte, fesselte das Charlie besonders. Charlie hatte schon viel von Jesus gehört, nicht zuletzt von Sandy, aber das war das erste Mal, dass jemand ihm von der Gerichtsverhandlung erzählte.

Pastor Yeates erhob seine Stimme. »Das war eine Schmierenkomödie! Rechtsbeugung! Wenn du glaubst, dass das Leben unfair ist, dann lass mich dir von dem Prozess erzählen, den man Jesus gemacht hat. Der jüdische Hohe Rat ließ Jesus verhaften. Während des Prozesses wurden mindestens acht Bestimmungen verletzt, so dass diese ganze Verhandlung illegal war. Der Prozess fand nachts statt, nicht tagsüber, wie es vorgeschrieben war. Er wurde nicht öffentlich im Tempel geführt. Sie versuchten den Prozess schneller als erlaubt abzuwickeln. Die Zeugen waren bestochen worden und sie wurden nicht vereidigt. Der Angeklagte wurde gezwungen, sich selbst zu belasten. Das Verfahren wurde nicht eingestellt, als die Zeugenaussagen nicht übereinstimmten. Schließlich wurde der Angeklagte brutal geschlagen. All diese Dinge verletzten die damals gültigen Rechtsbestimmungen in Palästina.«

Charlie spürte, wie er wütend wurde, weil man einen Unschuldigen ungerecht behandelt hatte. Diese Art der Rechtsbeugung kannte er nur zu gut. Er dachte an Enrique Alvarez. Pastor Yeates fuhr fort: »Als der Hohe Rat begriff, dass er nicht befugt war, die Todesstrafe zu verhängen, schleppte man Jesus zum römischen Statthalter Pontius Pilatus. Jesus stand zwischen zwei führenden Männern, Pilatus und Herodes. Keiner der beiden konnte ihn eines todeswürdigen Verbrechens überführen. Pilatus gab schließlich dem Druck der öffentlichen Meinung nach und ließ einen Unschuldigen hinrichten.«

Charlie saß wie vom Schlag getroffen da. Ihn durchfuhr der Gedanke, wie machtlos Gott sein musste, wenn ihn ganz gewöhnliche Menschen umbringen konnten. Kein Wunder, dass seine Gebete nicht erhört wurden. Kein Wunder, dass die Gebete seiner Frau nichts genützt hatten. Er dachte schon daran, sich leise aus der kleinen Kirche zu stehlen, ohne Aufsehen zu erregen, aber er begriff schnell, dass das unmöglich wäre. Deshalb entschloss er sich, das Ende des Gottesdienstes abzuwarten und dann so schnell wie möglich zu verschwinden. Da sagte der Prediger etwas, das Charlie aufhorchen ließ.

»Und das alles hat er für dich getan.« Der Prediger ließ seine

Stimme fast zu einem Flüstern herabsinken. »Die Macht Jesu Christi besteht nicht darin, dass er Wunder tun kann (obwohl er das selbstverständlich kann). Die Macht des Gottes, den wir anbeten, liegt darin, dass er freiwillig seine Macht aufgab, in unsere Haut schlüpfte und uns begleitet, wenn wir eine schwere Zeit durchmachen. Er kennt jeden Schmerz, den wir uns nur vorstellen können. Seine Freunde verrieten ihn. Die Menschen, die er liebte, wandten ihm den Rücken zu. Er wurde gefoltert, so schlimm, dass wir es uns kaum vorstellen können, und er starb, weil die Welt, in der wir leben, so ist, wie sie ist, und er ein Teil von unserer Welt sein wollte. Niemand hat ihn umgebracht. Er selbst hat freiwillig alles für dich aufgegeben.«

Endlich ergab das, was Sonny gesagt hatte, für Charlie einen Sinn. Er fühlte, wie sein Herz pochte, und seine Augen füllten sich mit Tränen. Er umklammerte die Bank vor sich und versuchte, seine Gefühle unter Kontrolle zu behalten. Der Prediger zitierte aus dem Hebräerbrief, sagte, dass unser Erretter durch Leiden vollendet worden sei und dass er alles kennen gelernt habe, was wir kennen, so dass wir mit Zuversicht zu Gott kommen könnten. Er führte eine Stelle aus dem Johannesevangelium an, in der es hieß, dass wir Menschen in dieser Welt Angst hätten. »Das gehört zum Leben dazu«, sagte der Pastor. »Es ergibt keinen Sinn, und oft steckt keine tiefere Bedeutung dahinter. Leiden tut weh.« Der Prediger schloss seine Predigt, indem er Jesaja 53 vorlas: »Er war so verachtet, dass man das Angesicht vor ihm verbarg ... Fürwahr, er trug unsere Krankheit und lud auf sich unsere Schmerzen. Wir aber hielten ihn für den, der geplagt und von Gott geschlagen und gemartert wäre. Aber er ist um unsrer Missetat willen verwundet und um unsrer Sünde willen zerschlagen. Die Strafe liegt auf ihm, auf dass wir Frieden hätten, und durch seine Wunden sind wir geheilt.«

Der Pastor lud jeden, der wollte, ein, nach vorne zu kommen und zu beten. Charlie rührte sich nicht. Er blieb in der letzten Reihe sitzen, vergrub den Kopf in den Händen und weinte. Jede einzelne der schrecklichen Erinnerungen kam wieder in ihm hoch, er sah sie vor sich wie einen Film auf einer großen Leinwand ablaufen. Den Verrat seines besten Freundes. Die Blutflecken auf dem Fußboden im Schlafzimmer. Den entstellten und grausam zugerichteten Körper seiner Frau. Den leblosen Körper seiner Tochter, der durch Schläuche mit Maschinen verbunden war. Den großen Sarg und den kleinen Sarg vor der Kirche. Sein Haus, das zu einem gespenstischen Mausoleum geworden war. Die vor ihm liegenden Jahre, die er ohne die beiden Menschen bewältigen musste, die er am meisten liebte.

Jemand berührte ihn an der Schulter. Horace setzte sich neben ihn und legte seinen Arm um ihn, ohne ein Wort zu sagen. Lange Zeit saßen sie nebeneinander und weinten. Selbst nachdem der letzte Gottesdienstbesucher die kleine Dorfkirche verlassen hatte, blieben sie noch in der letzten Reihe sitzen. Schließlich ergriff Horace leise und vorsichtig das Wort: »Leiden ergibt niemals einen Sinn; versuch also gar nicht erst, das zu verstehen. Das ist immer falsch. Jesus hat freiwillig gelitten, damit er verstehen kann, was wir auf diesem Planeten zu leiden haben. Wenn du ihn darum bittest, wird er zu dir kommen und dir zur Seite stehen, und schließlich wirst du Frieden finden.«

Charlie war unsicher. Das Beten hatte er meist anderen überlassen und nur dann mit Gott geredet, wenn er zornig oder verzweifelt gewesen war. Aber an diesem Morgen bat er Gott unter Tränen und Schmerzen und trotz aller unbeantworteten Fragen, ihn auf seiner Reise zu begleiten. Eine Sekunde lang hatte er das Gefühl, dass ihm das Herz nicht mehr so schwer war. Irgendetwas sagte ihm, dass Sandy in diesem Moment sehr glücklich wäre, wo immer sie auch sein mochte. Horace umarmte ihn. Charlie konnte sich nicht daran erinnern, wann er zum letzten Mal von einer Vaterfigur umarmt worden war. Er fühlte sich sicher und geborgen.

»Charlie, du musst einen Tag nach dem anderen angehen. Selbst wenn du Gott dein Herz gegeben hast, liegen noch schwere Tage vor dir. Aber wenn du ihm vertraust, wird er an jedem Tag da sein.«

»Ich will ihm so gerne vertrauen. Irgendetwas muss sich ändern.« Charlie wischte sich die Augen und lächelte. »Ich brauche nur genug Kraft, um den morgigen Tag zu bestehen.«

30

CHARLIE HARRIGAN BEOBACHTETE schweigend, wie die Zahlen auf der Anzeige im Fahrstuhl umsprangen. Er war allein im Fahrstuhl auf dem Weg in den neununddreißigsten Stock. An dem Tag, an dem er zum letzten Mal diesen Fahrstuhl benutzt hatte, war sein Leben in Scherben gegangen. Jetzt war er wieder da, als Prozessgegner, der sich anschickte, die Höhle des Löwen zu betreten. Die Fahrstuhlglocke läutete, er war in seiner alten Kanzlei angekommen. Er sprach ein leises Gebet und bat Gott um Kraft. Das majestätische Foyer wirkte noch größer, seit er hier nicht mehr arbeitete. Er ging bewusst langsam und versuchte, niemanden merken zu lassen, dass seine Nerven blank lagen. Seit zehn Jahren war er nun Prozessanwalt. Er hatte Tausende von eidesstattlichen Aussagen und Anhörungen hinter sich gebracht. Er hatte gegen einige der angesehensten Firmen im Südosten prozessiert, aber immer hatte er dabei die Macht von *Hobbes, Reimarus & Van Schank* im Rücken gehabt. Dieses Mal würde er seinem schlimmsten Feind allein gegenübertreten.

Er ging auf den Empfangstresen zu. »Guten Morgen, Selia. Wie geht es Ihnen?«

»Danke, gut, Mr. Harrigan. Was kann ich heute für Sie tun?«

»Sie wissen doch genau, warum ich hier bin. Van Schank wird die Zeugenbefragung wahrscheinlich auf Band mitschneiden und dann eine Party schmeißen, wenn ich auch nur den kleinsten Fehler mache.«

Sie blätterte in ihrem Terminkalender herum und versuchte dabei einen sehr professionellen Eindruck zu erwecken. »Ah ja, hier ist es. Die Zeugenbefragung findet im großen Konferenzsaal statt. Sie müssen sich noch ein paar Minuten gedulden, die Teilhaber sitzen in einer Besprechung, um noch die letzten Punkte zu klären. In der Zwischenzeit stecken Sie sich bitte dies hier an.«

Charlie starrte den Besucherausweis an. Er war ganz offensichtlich als Beleidigung gemeint. »Sie machen wohl einen Scherz. Hier kennt mich doch jeder.«

»Das ist die neue Firmenpolitik. Wir haben so viele Anwälte

und Mandanten, dass wir zu unserer eigenen Sicherheit ein System eingeführt haben, mit dem wir Fremde identifizieren können.« Sie lächelte und neigte den Kopf ein wenig zur Seite.

Charlie steckte sich den ungewöhnlich großen Besucherausweis am Revers an, überquerte den persischen Läufer und setzte sich auf die Ledercouch. Er wartete zehn Minuten, bis schließlich Samuel Reimarus um die Ecke bog. Er gab Charlie die Hand und zerquetschte sie fast.

»Meine Güte, Charlie Harrigan. Wie gut, Sie wieder zu sehen! Nehmen Sie doch diesen albernen Besucherausweis ab. Damit sehen Sie aus wie ein Idiot.«

»Danke, Sir. Ich habe auch nicht geglaubt, dass er wirklich notwendig ist. Wie geht es der Kanzlei?«

Reimarus zog ihn näher zu sich heran. »Es ist ganz anders, seit Brad und Sie gegangen sind.«

»Brad ist nicht mehr hier?« Das war Charlie neu.

»Nein, er ist kurz nach Ihnen gegangen. Er hatte eine ziemlich lautstarke Auseinandersetzung mit Nancy. Er wusste, dass sie für seine Entlassung sorgen würde, nachdem sie Teilhaberin geworden war, und deshalb entschloss er sich, ihr zuvorzukommen. Er hat gekündigt. Die Atmosphäre hier ist sehr gespannt. Erzählen Sie keinem, dass ich Ihnen das sage, weil ich es niemals öffentlich zugeben würde, aber ich glaube, Sie haben sie eingeschüchtert. Nancy und Martin haben ihre Zeugen sehr gut vorbereitet.«

»Wirklich?«

»Noch etwas. Ich habe dafür gestimmt, dass Sie hier bleiben. Die anderen Seniorpartner hatten andere Pläne. Ich persönlich glaube, dass wir mit Ihnen einen großartigen Anwalt verloren haben.«

»Danke. Das bedeutet mir eine Menge.«

»Wissen Sie, wer sich auch freuen würde, Sie wieder zu sehen? Oliver Burchette.« Reimarus machte sich schon wieder auf den Weg und fing gerade noch Charlies ratlosen Blick auf. »Wissen Sie, er hat sämtliche Fälle Comstocks betreut, bevor er seinen zweiten Herzinfarkt bekam. Ich glaube, er würde sich wirklich freuen, Sie wieder zu sehen.«

»Ich werde ihn mal anrufen.«
Selia unterbrach sie: »Mr. Harrigan, Sie dürfen jetzt hineingehen.«
»Schön, Sie wieder zu sehen, Samuel.«
»Und viel Glück da drinnen, Charlie. Vergessen Sie nicht, mit wem Sie es zu tun haben.«

Charlie stieß die schweren Türen aus Eichenholz weit auf und blickte im selben Augenblick in das grimmige Gesicht von Nancy Lockman-Kurtz, die am Kopfende des langen Tisches stand. Die Stühle zur Rechten waren alle leer, die zur Linken besetzt. Unmittelbar links von Nancy saßen nicht weniger als sechs Anwälte, die sie mitgebracht hatte, um Bleistifte zu spitzen und eine einschüchternde Atmosphäre zu verbreiten. Bronson H. Kadison, M. Ross Trafaldt II., Megan Reese-Warfield, Alexander H. Wythe III. und zwei Anwälte, die Charlie nicht erkannte, hatten gelbe Notizblöcke vor sich ausgebreitet und waren bereit, jedes ein-zelne Wort mit ihren Montblanc-Füllern mitzuschreiben. Charlie kam das lächerlich vor, weil am gegenüberliegenden Ende eine Stenographin saß und alles protokollierte.

Neben den Anwälten saß Walter Comstock mit verschränkten Armen. Es gefiel ihm überhaupt nicht, dass er hier sein musste, und er würde sich wohl nicht im Mindesten kooperativ zeigen. Charlie beschloss, Comstock als Letzten zu befragen, um ihn noch zorniger zu machen. Er wusste, dass er von ihm nichts erfahren würde, also konnte er sich wenigstens ein bisschen Spaß gönnen. Neben Comstock saß Barry Kasick und starrte auf den Boden. Man hatte ihm offenbar die richtigen Antworten eingeschärft, denn er blickte Charlie nie ins Gesicht. Kay Merritt saß neben Barry. Sie war die Personalchefin und daneben auch für die Auszahlung der Gehälter verantwortlich. Joe O'Reilly und Dake Warner hatten eng mit Matt zusammengearbeitet. Charlie registrierte sofort, dass Brian Beckley, vormals bei Paragon angestellt und nach einem Arbeitsunfall ausgeschieden, nicht anwesend war. Charlie beschloss im Stillen, sich denjenigen herauszugreifen, der am verwundbarsten war.

»Also, Charlie, kommen Sie herein und setzen Sie sich.« Nancy lächelte und deutete auf einen einsamen Stuhl mitten am Tisch. »Möchten Sie Kaffee?«

»Nein, danke.« Charlie wühlte in seiner Aktentasche und studierte die Akten. Er wusste genau, dass alle Blicke auf ihn gerichtet waren. »Eigentlich würde ich gern sofort anfangen. Ich will keine Zeit verschwenden.«

Charlie hatte auf die harte Tour gelernt, raffiniert zu sein. Bei seiner ersten Befragung hatte er aus allen Rohren geschossen und doch nichts erreicht. Schon bald hatte er begriffen, dass dramatische Auftritte dem Gerichtssaal vorbehalten blieben. Ein erfolgreicher Anwalt gab sich freundlich und umgänglich. Er wiegte den Gegner in Sicherheit. Dann spielte er ihm eine Bananenflanke zu und erwischte ihn, wenn er gerade nicht aufpasste. Es war ein unumstößliches Gesetz: Je freundlicher Charlie wirkte, desto mehr würden ihm die potenziellen Zeugen vertrauen.

Nancy räusperte sich. »Mr. Comstock ist bereit. Die anderen dürfen gehen. Ich habe gedacht, Sie fangen ganz oben an und arbeiten sich dann herunter.«

Charlie hatte seine Nase in einer Akte vergraben und ignorierte Nancy völlig. Als der letzte zu Befragende gerade den Raum verlassen hatte und die Tür hinter sich schließen wollte, lehnte sich Charlie zurück. »Okay. Mr. Kasick, können Sie bitte zurückkommen? Mr. Comstock, Sie können solange mit den anderen im Aufenthaltsraum warten.« Charlie gab immer noch vor, die Akte zu studieren, aber er spürte, dass Comstocks Augen ihm förmlich ein Loch in den Anzug brannten. Die Tür wurde zugeknallt. Charlie rührte sich keinen Millimeter. Im Stillen lachte er. Erwachsene Männer konnten sich so unreif verhalten, wenn ihr Ego angekratzt wurde.

»Sind Sie bereit?« Charlie nickte der Stenographin zu. »Mr. Kasick, wie lange arbeiten Sie schon für die Paragon-Gruppe?«

»Acht Jahre.«

»Wie viele davon als Vorarbeiter?«

»Sechs.«

»Haben Sie Familie?«

»Zwei kleine Jungen, vier und sechs.«

Nancy beugte sich zu Kasick hinüber und flüsterte ihm etwas ins Ohr. Offenbar schärfte sie ihm ein, keine Informationen freiwillig herauszurücken.

»Sind Sie jemals mit dem Gesetz in Konflikt gekommen?«

»Einspruch«, platzte Nancy heraus. »Das ist irrelevant.«

»In dieser Anhörung geht es nicht darum, ob meine Fragen relevant sind oder nicht. Das wissen Sie.« Charlie legte seinen Stift sorgfältig auf dem Notizblock ab. »Planen Sie etwa, bei jeder meiner Fragen Einspruch zu erheben?«

Nancy wandte sich ab und schmollte. »Gut. Aber ich möchte meinen Einspruch zu Protokoll geben.«

»Mr. Kasick, warum wurden Sie verhaftet?« Charlie hatte ebenfalls zeitig gelernt, dass man nie eine Frage stellen sollte, wenn man die Antwort nicht kannte. Es konnte mehr schaden als nützen, wenn man die Antworten eines Zeugen nicht vorhersagen konnte. Charlie hatte beschlossen, Kasicks Ehrlichkeit schon am Anfang auf die Probe zu stellen.

»Auf dem College wurde ich verhaftet, weil ich Marihuana besaß. Es war dumm von mir, ich war noch jung.«

»Noch etwas? Vielleicht in der jüngeren Vergangenheit?«

Kasick blickte sich verzweifelt um, ob ihm jemand zu Hilfe kommen wollte, aber er sah sich nur leeren Blicken gegenüber. »Ja, äh ... vor ein paar Jahren hat mich ein Zivilfahnder in einem Massage-Salon erwischt, aber er hat mich laufen lassen, als ich ihm versprach, das nie wieder zu tun. Wie haben Sie das herausgefunden?«

Charlie überhörte die Frage und stellte die nächste. Melinda Powell hatte mit dem Polizeichef Kontakt aufgenommen, um alle Fakten auszugraben, die die Angestellten der Paragon-Gruppe betrafen.

»Wie heißt Ihre Frau?«

»Suzanne.«

»Wie lange sind Sie schon verheiratet?«

»Zwölf Jahre.« Kasick war den Tränen nahe.

»Wer hat Matt Douglas eingestellt?«

»Kay Merritt. Sie ist die Personalchefin.«

»Wer ist auf die Idee gekommen, Behinderte einzustellen?«

»Ich habe von Walter zum ersten Mal davon gehört.«

»Welchen Grund hat er dafür angegeben, Behinderte einzustellen?«

»Er wollte etwas Gutes tun.«

»War das der einzige Grund?«

Barry zögerte, und Charlie schrieb etwas auf seinem Notizblock auf.

»Mr. Kasick, es ist ein Verbrechen, wenn Sie unter Eid lügen.«

»Ich kann mich nicht erinnern.«

»Welche Sicherheitsmaßnahmen werden vom Arbeitsministerium verlangt, um Arbeiter vor Silikose zu schützen?«

Er dachte lange nach, und Charlie bemerkte: »Ich weiß, dass Nancy Sie auf diese Befragung vorbereitet hat, also tun Sie bitte nicht so, als müssten Sie sich das Gehirn zermartern.«

Die angestellten Anwälte blickten sich an, während Nancy versuchte, gelangweilt auszusehen. Charlie hatte seine Hausaufgaben gemacht. Er hatte herausgefunden, dass Barry das schwächste Glied in der Kette war und irgendetwas wusste. Er versuchte, in Comstocks Interesse zu handeln, aber er hatte dabei mit seinem Gewissen zu kämpfen.

»Die Arbeiter sollen Schutzmasken tragen, ihre Hände und ihre Kleidung häufig waschen und hin und wieder untereinander die Aufgaben tauschen, damit nicht ein einzelner Arbeiter zu lange in einer Gefahrenzone arbeitet.«

Nancy zuckte bei dem Wort »Gefahrenzone« zusammen, aber es gab nichts, was sie tun konnte.

»Sollten Sie nicht eigentlich Beauftragte einsetzen, die die Arbeiten auf der Baustelle überwachen und bei gefährlichen Arbeiten eingreifen? Gibt es ein Sicherheitstraining vor Beginn der Arbeiten?«

»Ich glaube, das ist Vorschrift.«

»Haben Sie mit Matt ein Sicherheitstraining am Sandstrahler durchgeführt?«

»Jemand hat wahrscheinlich …«

Charlie platzte heraus: »Haben *Sie* es durchgeführt, Mr. Kasick? Haben Sie ihn gewarnt, dass es ihn umbringen könnte, wenn er den Staub einatmet?«

»Nein.«

»Haben Sie den Anteil von Silicaten in der Atemluft überwacht?«

»Nein.« Kasick hing bereits in den Seilen und rief mit verzweifelten Blicken um Hilfe.

»Wo hat Matt gelernt, den Sandstrahler zu bedienen?«

»Ich habe einen der anderen Arbeiter gebeten, es ihm zu zeigen.«

»Waren Sie sich bewusst, dass Matts IQ deutlich unter dem Durchschnitt lag und dass man ihm die Gefahren deutlicher erklären musste?«

»Ja, ich glaube schon.«

»Was meinen Sie jetzt? Ja, Sie waren sich seiner besonderen Bedürfnisse bewusst, oder ja, Sie haben ihm ein zusätzliches Sicherheitstraining zukommen lassen?«

»Also ... ich war mir seiner besonderen Bedürfnisse bewusst.«

»Glauben Sie, dass man Matts Tod hätte verhindern können?«

»Nicht antworten ...«, setzte Nancy gerade an.

»Ja«, sagte Barry, ohne nachzudenken.

»Ich glaube, Mr. Kasick könnte jetzt eine Pause vertragen.« Charlie hatte ihn zwei Stunden in die Mangel genommen und Barry wie ein Maschinengewehr mit Fragen gelöchert. Mit dieser Taktik war er all die Jahre gut gefahren. Die Fragen kamen aus allen möglichen Winkeln, er vermischte die Themen und gab dem Befragten keine Zeit, über die Antworten nachzudenken. Charlie hatte schon zu Anfang herausgefunden, dass er Barry bei jeder Lüge ertappen würde, weil er einfach kein guter Lügner war.

Als Nächstes wurde Kay Merritt hereingerufen. Sie hatte harte Gesichtszüge. Ihr schwarzes Haar wirkte, also ob sie es mit Haarspray am Kopf angeklebt hätte. Selbstbewusst schritt sie in den Konferenzsaal hinein. Augenblicklich versuchte Charlie einzuschätzen, wie sie als Zeugin wirken würde. Die Geschworenen würden ihr keine Sympathien schenken, weil sie zu hart wirkte.

Nancy würde alle Hände voll zu tun haben, um ihre Kleidung, ihre Frisur und ihr Make-up weicher und freundlicher zu gestalten, damit sie auf die Geschworenen einen positiven Eindruck machte. Bei Kay Merritt hatte er nichts zu verlieren und beschloss, sie gleich mit der ersten Frage aus dem Gleichgewicht zu bringen. Sie setzte sich und trank einen Schluck Wasser. Noch bevor sie ihn heruntergeschluckt hatte, schoss Charlie seinen ersten Pfeil ab.

»Haben Sie mit Walter Comstock ein Verhältnis?« Sie hustete und spuckte das Wasser über den Tisch.

»Wie können Sie es wagen?« Nancy stand auf. »Sie können hier nicht hereinkommen und alles und jeden angreifen!«

»Sie wissen, dass Sie keine Fragen verbieten dürfen. Damit stelle ich die Glaubwürdigkeit der Zeugin fest.«

»Natürlich habe ich keine Affäre mit ihm gehabt.« Kay strich sich ihr Kleid glatt, setzte sich gerade hin und gab sich beleidigt.

»Hat Mr. Comstock Sie jemals sexuell oder anderweitig belästigt?«

»Sexuell nicht, nein.«

»Aber er hat Ihnen manchmal das Leben schwer gemacht.«

»Ja, schon. Manchmal hat er sein Temperament nicht unter Kontrolle.«

»Würden Sie ihn als Geschäftsmann mit ethischen Grundsätzen bezeichnen?«

»Er ist nicht unmoralischer als andere.«

»Wie werden die Angestellten bei Paragon bezahlt?«

»Sie kommen am Freitagnachmittag im Büro vorbei und holen sich ihren Scheck ab.«

»Zahlen Sie manche Arbeiter in bar aus?«

»Nein, das würde die Buchhaltung unglaublich schwierig machen.«

»Gibt es Angestellte, die in bar ausbezahlt werden?«

»Nicht, dass ich wüsste.«

Sie wirkte ehrlich und aufrichtig, und Charlie notierte sich, dass sie vermutlich nichts mit irgendwelchen dunklen Geschäften zu tun hatte, die dort möglicherweise abgewickelt wurden.

»Kannten Sie Matt Douglas?«

»O ja, ein sehr netter junger Mann.«

»Was verdiente er?«

»Ich glaube, drei oder vier Dollar pro Stunde.«

»Liegt das nicht unter dem Mindestlohn?«

»Ja, aber er wurde im Zuge dieses Programms eingestellt und galt eher als Praktikant, nicht als regulärer Angestellter.«

»Hat er die Gehaltsabrechnung verstanden?«

»Ich musste ihm den Unterschied zwischen Brutto und Netto erklären.«

»Hat er es gleich beim ersten Mal verstanden?«

»Nein, in den ersten Monaten habe ich es ihm fast jeden Freitag erklärt.«

»Wie sah er aus, wenn er in Ihr Büro kam?«

»Er sah aus, als ob er sich im Schnee gewälzt hätte. Sein Haar war voller Staub oder so etwas. Seine ganze Kleidung war davon bedeckt.«

»Haben Sie ihn jemals gefragt, was genau seine Tätigkeit war?«

»Nein, mehrere der Arbeiter sahen so aus.«

»Hat man bei Paragon auf Sicherheit geachtet?«

»Soweit ich weiß, ja.«

»Haben Sie und Comstock jemals erwogen, ein Verhältnis miteinander einzugehen?«

Die Frage schreckte sie auf. »Ja, aber da ist nichts passiert.«

Charlies Vorahnung hatte sich bestätigt. Kay hatte gerade gezeigt, dass sie ehrlich sein konnte, wenn man sie in die Ecke drängte, aber in der Verhandlung wäre sie als Zeugin kaum von Nutzen. Charlie hatte sie befragt, weil er herausfinden wollte, ob unter dem Dach von Paragon in Wirklichkeit zwei Firmen operierten. Falls das der Fall sein sollte, wusste sie seiner Einschätzung nach jedenfalls nichts davon.

Sie legten eine Mittagspause ein. Danach würde Charlie die anderen Angestellten befragen und am nächsten Morgen auf Barry zurückkommen. Er wollte Comstock in dem kleinen Aufenthaltsraum wenigstens anderthalb Tage warten lassen. Er schien jemand zu sein, der seine Gefühle nicht mehr unter Kontrolle hatte, wenn er ärgerlich wurde. Wenn Charlie es schaffte, dass er richtig zornig wurde, konnte er vielleicht etwas in Erfahrung bringen.

31

ALS SIE ZUM MITTAGESSEN aufbrachen, war Charlie sicher, dass seine ehemaligen Kollegen im *Top of the Tower Restaurant* speisen und unglaublich viel Geld für Hummer, Filet Mignon und Robert-Mondavi-Wein ausgeben würden. Er selbst begnügte sich mit einer Fünf-Dollar-Mahlzeit bei Sonny, die aus einer kleinen Pastete, Pommes frites und Kaffee bestand. Gerade versorgte er sich am Tresen aus seinen Akten mit Hintergrundinformationen zu den nächsten Angestellten, die er befragen wollte, als die Glocke läutete und die Tür aufging. Sonny schenkte Charlie schon zum dritten Mal Kaffee in seinen übergroßen Becher ein und teilte ihm mit: »Sie bekommen Gesellschaft, mein Freund. Laufen Sie nicht davon, Charlie. Das macht die Reise doppelt so schwierig.«

Charlie blickte zur Tür. Brad Connelly sah sich nach einem freien Platz in Charlies Nähe um. Er trug Jeans, einen Pullover und seinen alten Mantel. Langsam kam er auf Charlie zu.

»Ist das die neue Kleiderordnung bei *Hobbes, Reimarus & Van Schank*?« Charlie vertiefte sich wieder in die Akte und gab vor, nichts von Brads Kündigung zu wissen. Er wollte sehen, wie ehrlich Brad war.

»Das ist *meine* neue Kleiderordnung.« Brad lehnte sich neben Charlie über den Tresen und quetschte sich neben einen Verwaltungsbeamten, der leise protestierte.

»Was meinst du damit?«

»Ich habe versucht, es dir vor zwei Monaten zu erzählen, aber du wolltest mir nicht zuhören. Drei Tage nachdem sie dich gefeuert haben, habe ich gekündigt. Ich habe für ein paar meiner alten Mandanten gearbeitet, während ich mich nach einem neuen

Job umgesehen habe.« Brad wartete vergeblich auf irgendeine Reaktion. »Offenbar hat Garrisons PR-Maschine eine Menge Gerüchte über mich in Umlauf gesetzt, und keine einzige Kanzlei traut sich auch nur in meine Nähe. Die einzigen Kanzleien, die überhaupt daran gedacht haben, mich einzustellen, sind die, die im Fernsehen werben. Ich hab's für dich getan, weißt du.«

»Das hättest du nicht zu tun brauchen«, fauchte Charlie.

»Doch. Diese Haie haben mich benutzt, um dich zu kriegen. Du warst der einzige wirkliche Freund, den ich in der Kanzlei hatte, und ich wollte alles wieder gutmachen.« Der Verwaltungsbeamte neben Brad bezahlte die Rechnung und machte sich langsam auf den Weg, um wieder seinem profanen Geschäft nachzugehen, und Brad setzte sich sofort auf den frei gewordenen Platz. »Ich gebe zu, es war falsch, mich von Nancy ausnutzen zu lassen. Du kennst mich doch, ich konnte einem hübschen Gesicht noch nie widerstehen, egal, wie hässlich der Charakter auch war. Aber so bin ich nicht mehr. Ich schwöre dir, ich habe mich verändert. Du musst mir glauben. Ich war auf der Beerdigung. Ich habe in meinem Auto gesessen und alles aus der Entfernung mit angesehen. Ich habe mich auch bei der Verhandlung hereingeschlichen und in die letzte Reihe gesetzt. Bitte verzeih mir.«

Sonny kam heran. »Darf ich Ihre Bestellung aufnehmen, Mr. Connelly?« Er schrieb schnell und sah dann Charlie an. »Noch ein Nachtisch? Apfelkuchen? Kokosnuss-Sahnecremetorte? Oder vielleicht ein Glas Milch der frommen Denkungsart?«

Charlie starrte Sonny nur an und schüttelte den Kopf. »Brad, ich fühlte mich von dir verraten und verkauft. Zusammen mit dem, was in meinem Leben noch passiert ist, erinnerte mich der Gedanke an dich daran, was für ein Scherbenhaufen mein Leben war. Aber ich habe mich auch verändert; ich habe nichts mehr in meinem Leben, woran ich mich festhalten könnte. Ich brauche jeden Freund, den ich noch habe.«

»Danke, Mann. Ich könnte nicht mit mir ins Reine kommen, wenn ich glauben müsste, dass du mir nicht vergeben hast. Ich tue alles, um die Sache wieder in Ordnung zu bringen.«

Charlie blickte ihn aus den Augenwinkeln an und schlürfte

seinen Kaffee. »Ich habe eine Idee. Ich werde gegen Nancy kämpfen, aber das schaffe ich nicht allein. Wenn du arbeitslos bist, kannst du mir doch helfen. Ich brauche jemanden, der den Hintergrund aller in Frage kommenden Geschworenen überprüft.«

»Ich tue alles, um es Nancy und der ganzen Bande heimzuzahlen. Du kannst mit mir rechnen.«

»Ich arbeite für ein Honorar im Erfolgsfall, das heißt, im Augenblick kommt kein Geld herein. Ich stecke bis über beide Ohren in Schulden, bis ich das Haus verkauft habe.«

»Das macht mir nichts aus.« Brad kam in Fahrt. »Ich habe eine Idee. Warum gründen wir nicht unsere eigene Kanzlei? *Harrigan und Connelly, Rechtsanwälte.*«

Charlie setzte seinen Becher ab und dachte nach. »Ich habe eigentlich mit dem Gedanken gespielt, den Anwaltsberuf nach diesem Fall an den Nagel zu hängen. Ich glaube, ich werde mit all diesen Schlangen und Haien nicht mehr fertig.«

»Denk noch mal darüber nach. Die Welt braucht Anwälte wie uns, und sei es nur, um die Schlangen unter Kontrolle zu halten. Außerdem, was willst du mit deinem Leben anfangen?«

»Ich habe daran gedacht, in die Outer Banks zu ziehen, ein Boot zu kaufen und die Ostküste auf und ab zu segeln.«

»Womit? Du hast kein Geld.«

»Wenn ich das Haus verkauft habe, kann ich alles hinter mir lassen.«

»Okay, du kannst nicht Ja sagen, aber sag auch nicht Nein. Denk erst einmal darüber nach. Wann kann ich anfangen?«

»Sofort. Ich stecke mitten in den Befragungen, aber ich kann dir die Liste der Geschworenen geben, und dann kannst du sofort mit deinen Nachforschungen loslegen.«

Sie gaben sich die Hand und gingen nach oben in Charlies winziges Apartment. Charlie gab Brad alle notwendigen Informationen für den Prozess gegen die Paragon-Gruppe und zeigte ihm das Whiteboard sowie alle Lücken, die er noch zu füllen hatte. Brad hatte sich zwar auf Testamente und Immobiliengeschäfte spezialisiert, aber Nachforschungen konnte jeder anstellen. Charlie hatte einige Fortschritte gemacht, was die Befragung anging, aber es gab noch viel zu tun. Brads Entschuldigung und sein Angebot, ihm zu helfen, gaben ihm Rückenwind, als er sich auf die Befragung am Nachmittag vorbereitete.

Dieses Mal hielt Charlie am Empfangstresen nicht einmal an; er durchquerte das Foyer mit festem Schritt und setzte sich im Konferenzraum auf seinen Platz, als ob ihm die Kanzlei gehörte. Die Stenographin wartete schon, aber Nancy war von ihrem Einhundert-Dollar-Mittagessen noch nicht zurückgekehrt. Einer der angestellten Anwälte, den Charlie nicht kannte, saß bereits an seinem Platz, und Charlie beschloss, die Gunst der Stunde zu nutzen.

Er fing damit an, barsche Befehle zu geben. »Wie ich sehe, ist einer von Comstocks Anwälten bereits hier. Warum machen wir nicht einfach mit Mr. Dake Warner weiter?«

Der Anwalt blickte wie ein Tier, das man in die Ecke gedrängt hatte. »Ich glaube nicht ... Ich meine, das kann ich nicht tun.«

»Natürlich können Sie es. Sie sind Anwalt, oder?« Der unerfahrene Anwalt nickte. »Also, holen Sie Mr. Warner und wir fangen an.«

Innerhalb von zwei Minuten kehrte er mit einem muskulösen Mann mit stahlharten Kiefern zurück, wählte aber in panischer Aufregung Nancys Pieper mit seinem Handy an.

Charlie begann: »Wir nehmen die Aussagen jetzt zu Protokoll. Mr. Warner, wie lange arbeiten Sie schon bei Paragon?«

»Etwa fünf Jahre.«

»Kannten Sie Matt Douglas gut?«

»Etwa so gut wie die anderen, vermute ich.«

»Welche Aufgabe hatten Sie im Team?«

»Ich habe die Neuen angelernt und nachher ihre Arbeit kontrolliert, um sicherzustellen, dass sie alles richtig machen.«

»Welche Aufgaben hatte Mr. Douglas?«

»Also, zuerst hat er Abfall gesammelt, kleinere Aufträge erledigt und so etwas. Ein paar Mal hat er sogar Bier für uns geholt.« Warner lachte über seinen schwachen Scherz, merkte aber schnell, dass niemand der Anwesenden auch nur lächelte.

»Hat Sie der Vorarbeiter gebeten, ihn für besondere Aufgaben anzulernen?«

Dake Warner war merklich unbehaglich zumute. Er warf dem Anwalt einen Blick zu, der aber zuckte nur mit den Schultern. »Also, er hat gemeint, dass wir seine Arbeitskraft nicht gut genug ausnutzten, weil er oft nur herumsaß. Deshalb hat er mich angewiesen, ihn am Sandstrahler anzulernen und ihm zu zeigen, wie er dem Abrissteam helfen konnte.«

»Was meinen Sie mit dem Abrissteam?« Dieser Begriff war Charlie neu, und er versuchte so viel wie möglich in Erfahrung zu bringen, bevor Nancy zurückkehrte.

»Comstock hat seine Firma im Grunde in vier Abteilungen aufgeteilt. Ich bin im Abrissteam. Wir gehen zuerst auf die Baustelle, reißen die alten Gebäude ab und räumen den Bauplatz so auf, dass das nächste Team anrücken kann. Das Strukturteam erledigt die Grundarbeiten. Das Außenteam ist für Maurerarbeiten und das Dach zuständig, und das Innenteam für die Innenarbeiten wie Verputzen, verstehen Sie?«

Charlie wusste, dass Nancy einem potenziellen Zeugen niemals erlauben würde, so frei zu sprechen. »Konnte Mr. Douglas alles verstehen, was Sie ihm beibrachten?«

»O nein, ich musste ihm alles mehrmals erklären.«

»Hat er verstanden, dass die Arbeit mit dem Sandstrahler gefährlich war?«

»Im Grunde schon, aber ich musste ihn immer wieder daran erinnern.«

»Trug er immer eine Schutzmaske, wenn er den Sandstrahler bediente?«

»Keine Ahnung. Manchmal schon, nehme ich an.«

»Haben Sie dem Vorarbeiter mitgeteilt, dass Matt die Sicherheitsbestimmungen nicht immer einhielt?«

»Ja, aber er sagte, dass dieser Behinderte selbst schuld ist, wenn er es nicht besser weiß.«

Die Eichentüren schwangen weit auf und schlugen gegen die Wand.

»Hören Sie sofort damit auf. Ich will, dass diese Befragung für ungültig erklärt wird. Sie haben meinen Mandanten befragt, ohne dass ich anwesend war.« Nancy schäumte vor Wut, fuchtelte mit den Armen und stieß leise Flüche aus.

»Nein, ich habe einen Angestellten Ihres Mandanten befragt, und er wird von einem Anwalt Ihrer Kanzlei vertreten. Diesem jungen Mann hier.«

Der junge Anwalt wollte sich wohl am liebsten unter dem Tisch verkriechen, blieb aber sitzen. Nancy schimpfte weiter: »Ich werde Richter Fitzwaring anrufen und sehen, wie er über die Sache denkt.«

Sie griff zum Telefon und wählte eine Nummer, als Charlie sie unterbrach: »Er wird nur dann auf Sie hören, wenn Sie auch mit ihm geschlafen haben, denn es war ein Anwalt anwesend.«

Charlie duckte sich im Bruchteil einer Sekunde. Das Telefon verfehlte nur knapp seinen Kopf. »Okay, machen wir eine Pause, es ist mir im Grunde egal.«

Nach einer halbstündigen Pause stellte sich heraus, dass Dake Warner nicht mehr so unbefangen Informationen freigab wie vorher. Nancy hatte geflucht und hatte ihn zwanzig Minuten lang angeschrien, und dann noch Joe O'Reilly, nur für den Fall, dass er sich entschlossen haben sollte, so ehrlich zu antworten wie sein Freund. Charlie stellte nun zunächst ein paar unverfängliche Fragen und flocht hier und da eine interessantere ein, erreichte aber nichts. Um acht Uhr abends beendete er die Befragung von Warner und O'Reilly, ohne etwas Neues erfahren zu haben.

Die Befragung der Paragon-Angestellten dauerte etwa anderthalb Wochen. Walter Comstock war jeden Tag da und wartete darauf, an die Reihe zu kommen. Charlie hatte das Recht, jeden beliebigen Mitarbeiter jederzeit hereinzurufen. Nancy musste dafür sorgen, dass alle zu Befragenden jederzeit verfügbar waren. Andernfalls hätte Charlie selbst den Antrag gestellt, gegen Nancy einzuschreiten, weil sie die Ermittlungen behinderte. Nach anderthalb Wochen rief Charlie endlich Comstock herein. Als er den Konferenzsaal betrat, war die Ader in seinem Nacken bereits angeschwollen. Als Charlie ihm mitteilte, dass er keine Fragen an ihn hätte, glaubte er, dass das Blutgefäß jeden Moment explodieren könnte. Charlie suchte seine Sachen zusammen und verließ das Gebäude.

Er wusste, dass er von Comstock nichts erfahren würde. Wenn Charlie es fertig brachte, dass Comstock seinen Ärger immer weiter aufstaute, würde er einen großartigen Zeugen abgeben, ob er nun etwas sagte oder nicht. Die Geschworenen würden vor ihm Angst haben. Charlie fuhr in sein kleines Büro zurück, wo Brad Nachforschungen zu den zweihundertzehn potenziellen Geschworenen angestellt hatte. Thanksgiving stand kurz vor der Tür, und einen Monat würden sie damit verbringen, die Gruppe, aus der die Geschworenen ausgewählt wurden, näher kennen zu lernen, und außerdem versuchen, einen Wissenschaftler zu finden, der einen Zusammenhang zwischen kristallinen Silicaten und Lungenkrebs herstellen konnte.

Charlie wusste, wie *Hobbes, Reimarus & Van Schank* jetzt agieren würden. Sie würden die besten Ärzte, die an den Universitäten der Umgegend und den medizinischen Fakultäten Neuenglands ausgebildet worden waren, ausfindig machen und ihnen pro Kopf zehntausend Dollar zahlen, wenn sie aussagten, dass es keinen Zusammenhang zwischen Silicaten und Krebs gäbe. Diese Sachverständigen würde Charlie nicht einmal befragen. Nancy hatte wahrscheinlich Privatdetektive beauftragt, die potenziellen Geschworenen unter die Lupe zu nehmen. Bald würde sie im Besitz von zweihundertzehn Akten mit Fotos und Hintergrundinformationen sein, die die Schwachstellen der Geschworenen aufdeckten. Natürlich würde sie mit den Geschworenen nicht persönlich Kontakt aufnehmen, aber sie würde sie sehr gut kennen lernen.

Dann würde Nancy eine professionelle Firma für fünfhundert Dollar pro Stunde engagieren, die die bestmögliche Auswahl unter den möglichen Geschworenen treffen würde. Eigentlich musste sie ihre Hilfe gar nicht in Anspruch nehmen, wenn man in Betracht zog, dass in North Carolina im Allgemeinen lächerlich geringe Schmerzensgelder gezahlt wurden. Kurz vor Verhandlungsbeginn würde Nancy außerdem Verhaltenspsychologen engagieren, die im Gerichtssaal sitzen und die Verhandlung beobachten sollten. Sie würden die Körpersprache der Geschworenen studieren und Empfehlungen abgeben, wie Nancy bestimmte Zeugen befragen sollte. Wenn die Geschworenen ihre Arme verschränkten und die Stirn runzelten, dann würde sie sich freundlich geben. Wenn sie ihre Blicke im Saal umherschweifen ließen, dann waren sie gelangweilt, und sie würde angreifen. Wenn sie ganz gerade dasaßen, war das ein Zeichen, dass sie ganz dabei waren, und sie würde nach vorne preschen, um das meiste aus ihrem Zeugen herauszuholen.

Der ganze Prozess war wissenschaftlich durchdacht, aber eine Gruppe von zwölf Geschworenen ist das Unwissenschaftlichste, was man sich denken kann. Geschworene sind berüchtigt dafür, dass die entscheidenden Punkte völlig an ihnen vorbeigehen. In kompliziert gelagerten Zivilsachen verlieren sie den Überblick, wenn es um wissenschaftliche oder geschäftliche Details geht, und stimmen für die Anklage, weil ihnen der Anwalt der Verteidigung gemein und geizig vorkommt. Andererseits hat man schon von Geschworenen gehört, die den Ankläger bestrafen, weil sich ein Fall hinzieht und er ihre Zeit verschwendet. Kein Berater, kein Psychologe kann mit Sicherheit voraussagen, was hinter den geschlossenen Türen vor sich geht.

Jedes Jahr werden in Amerika fünf Millionen Menschen dazu verpflichtet, sich als Geschworene für einhundertzwanzigtausend Prozesse bereitzuhalten. Fünfundsiebzig Prozent aller Geschworenen glauben, dass die Schmerzensgelder zu hoch ausfallen, und sechsundsechzig Prozent sind der Meinung, dass überhaupt zu viele Prozesse geführt werden.

Zu der Gruppe, aus der sich Charlies Geschworene rekrutieren würden, gehörten fünfzig Schwarze, einhundertsiebenunddreißig Frauen, zehn Gewerkschaftler, die regelmäßig gegen die großen Firmen stimmten, sechsundneunzig Akademiker, vierzehn Eigentümer kleinerer Betriebe und Geschäfte. Etwa die Hälfte waren Arbeiter.

Der durchschnittliche Geschworene in Amerika ist weiß, weiblich, zwischen dreißig und fünfzig Jahre alt und besitzt einen Universitätsabschluss. Frauen stehen in dem Ruf, bei der Zuerkennung von Schmerzensgeldern wie auch bei Trinkgeldern im Restaurant eher zu knausern. Charlie hatte sowohl als Anwalt als auch als Kellner gearbeitet und wusste, dass das tatsächlich stimmte. Er wollte alle zehn Gewerkschafter und die kleinen Geschäftsleute, die sich freuen würden, wenn sie es einem großen Konzern mal so richtig zeigen konnten. Wegen der Schwarzen hatte er mit Brad eine Meinungsverschiedenheit. Vielleicht würden sie den Generaldirektor einer großen Firma bestrafen, aber es war durchaus nicht sicher, dass sie auf der anderen Seite einen weißen Kläger belohnen würden. Angestellte und Akademiker hatten im Allgemeinen etwas dagegen, überhaupt irgendjemandem große Summen zukommen zu lassen, wenn es sich nicht gerade um Delfine oder bedrohte Eulenarten handelte.

Keine der Informationen, die Brad und Charlie über die Geschworenen sammelten, hätte allerdings irgendeine Bedeutung, wenn sie nicht beweisen konnten, dass Matts Tod von Silicaten verursacht worden war. Es gab nicht viele Forschungsarbeiten zu diesem Thema, aber einige hatten sie doch schon ausfindig machen können.

»Charlie, sieh mal!« Brad zeigte ihm ein Blatt, das er aus dem Internet ausgedruckt hatte. »Dieser Wissenschaftler von Chapel Hill hat die Hypothese aufgestellt, dass Silicate Krebs hervorrufen. Dr. Daniel Goldberg hat das in einem Tierversuch mit Ratten nachgewiesen. Aber es sieht so aus, als ob sonst nur im Westen geforscht wird, an den Universitäten von Los Angeles, Berkeley und in Los Alamos in Neumexiko.«

»Ich kann dir sagen, was das bedeutet«, erwiderte Charlie ernst.

»Nämlich?«, fragte Brad neugierig.

»O Mann, ich wollte wirklich nicht, dass es so weit kommt. Aber wahrscheinlich kann ich ihm jetzt ebenso gut vergeben wie zu irgendeiner anderen Zeit.«

»Wovon redest du überhaupt?« Brads Gesichtsausdruck machte nur zu deutlich, dass er völlig im Dunkeln tappte.

»Ich kenne da draußen im Westen einen Menschen mit den richtigen Beziehungen, der uns mit allen entscheidenden Leuten in Kontakt bringen kann, aber als ich ihn das letzte Mal gesehen habe, hat er mir erzählt, dass er bald sterben würde, und ich habe nicht ein einziges Wort dazu gesagt. Ich habe ihn nicht einmal gefragt, was er hat. Ich fühle mich schrecklich, aber ich weiß nicht, ob ich ihm vergeben kann, dass er uns dreißig Jahre lang im Stich gelassen hat.« Charlie studierte aufmerksam das Kreuzmuster auf dem Fußboden, wo vier Fliesen aufeinander stießen.

»Ach so, dein Vater. Ich bin mir sicher, dass er deine Gefühle verstehen kann, aber manchmal muss man einfach in den sauren Apfel beißen und handeln.« Brad ging in die Küche. »Wenn du darauf wartest, dass sich deine Gefühle ändern, dann sitzt du noch hier, wenn Comstock den Prozess schon gewonnen hat.«

Charlie griff zum Telefon und wählte die Nummer.

»Hallo, Marie. Kann ich mit meinem Vater sprechen?«

»O Charlie, er will so gerne mit dir sprechen. Warte einen Augenblick.«

Charles' zweite, sehr viel jüngere Frau reichte den Hörer an Charlies Vater weiter, der es sich gerade in der Badewanne bequem gemacht hatte.

»Hallo, Charlie. Ich freue mich so, dass du anrufst. Ich hatte Angst, dass du einfach versuchen würdest, mich zu vergessen.« Die Stimme klang nicht so kräftig und selbstsicher, wie Charlie sie in Erinnerung hatte.

»Dad, ich gebe zu, unsere letzte Begegnung fiel mir nicht ganz leicht, aber ich könnte dich nie vergessen. Glaub mir, ich habe es versucht. Aber irgendwie bist du immer da. Nicht ein einziger Tag ist vergangen, an dem ich nicht aus dem einen oder anderen Grund an dich gedacht hätte.«

»Ich habe nicht mehr viel Zeit. Die Ärzte geben mir noch sechs Monate.«

»Was hast du denn? Kann man irgendetwas dagegen tun?« Charlie spürte, wie ihn eine Woge des Mitleids überschwemmte.

»Lateralsklerose. Man kann nichts dagegen machen. Stell dir das einmal vor. Ich ziehe nach Westen, lege mir eine gesunde Bräune zu, jogge jeden Tag fünf Kilometer und vermeide rotes

Fleisch. Ich habe alles richtig gemacht, und jetzt sieche ich einfach so dahin. Ironie des Schicksals, oder?«

Charlie spürte, wie der Kloß in seinem Hals immer dicker wurde. »Es tut mir so Leid. Ich wünschte, ich könnte die richtigen Worte finden.«

»Eine Sache könntest du mir sagen. Ich kann all die Jahre nicht wieder gutmachen, aber du könntest sagen, dass du mir vergibst.« Charlie hatte seinen Vater noch nie so sanft und zerknirscht gehört.

»Ich will es versuchen, Dad. Um ehrlich zu sein: Es wird mir nicht leicht fallen, aber ich schwöre, dass ich es versuchen werde.«

»Charlie, ich will, dass wir eine Familie sind, selbst wenn es nur für die nächsten sechs Monate ist. Ich will alles tun, um dir zu beweisen, dass ich dich liebe.«

»Gut. Ich habe dich nämlich eigentlich mit der Absicht angerufen, dich um Hilfe zu bitten und ein paar Dinge in Erfahrung zu bringen. Erstens hätte ich gerne, dass du mit deinen Freunden an der Uni in Los Angeles redest und mir hilfst, ein paar Ärzte ausfindig zu machen, die da draußen im Westen arbeiten. Ich brauche wissenschaftliche Beweise, um diesen Fall zu gewinnen.«

»Ich mache sogar noch mehr. Ich bezahle die Beratungskosten und die Flugtickets nach North Carolina. Noch etwas?«

»Warum bist du weggegangen?« Charlie hielt den Atem an, als er auf die Antwort auf diese Frage wartete, die er sich sein ganzes Leben lang gestellt hatte.

»Charlie, ich bin ein großartiger Anwalt«, die Stimme wurde ein bisschen leiser, »aber als Mensch bin ich nicht so großartig. Das Leben in der Kleinstadt hat mich fast umgebracht. Der Klatsch. Die engen Moralvorstellungen. Dauernd beurteilte irgendjemand, was ein anderer tat. Ich wollte Geld machen und ich wusste, dass ich es dort nicht schaffen würde. Ich kam zu dem Schluss, dass du ohne Vater besser dran wärst als mit einem so schlechten Vater wie mir.«

Charlie spürte immer noch den dicken Kloß im Hals. »Da liegst du falsch. Ich brauchte einen Vater, der da war, gleichgültig, ob er gut oder schlecht war. Ich habe mein ganzes Leben lang versucht, alles wieder gutzumachen, was ich falsch gemacht habe – was immer es auch war, womit ich dich verjagt habe.«

»Charlie, du bist immer so viel besser gewesen als ich. Du musstest gar nichts wieder gutmachen. Du hattest alles, was ich mir wünschte, aber ich habe es weggeworfen.« Er versuchte, die Fassung wiederzugewinnen. »Kann ich in eurem Anwaltsteam mitarbeiten?«

»Natürlich, Dad. Es wäre mir eine Ehre, dich dabeizuhaben.«

32

CHARLIE SASS in seinem winzigen Apartment, schaute sich die Weihnachtsparaden im Fernsehen an und aß aus kleinen Pappschachteln eine Mahlzeit, die er sich aus einem chinesischen Imbiss geholt hatte. Die Zeugenbefragungen hatten wenig gebracht. Er und Brad waren die zweihundertzehn Namen auf der Geschworenenliste durchgegangen, aber kaum zu entscheidenden Schlussfolgerungen gekommen. Sein Vater hatte drei Ärzte ausfindig gemacht, die bereit waren auszusagen und ihm bereits eidesstattliche Erklärungen geschickt hatten. Jedenfalls kam Bewegung in die Sache.

Über Weihnachten kam das öffentliche Leben in Charlotte fast zum Stillstand, und bis Neujahr würde Charlie kaum etwas Neues herausfinden. Er konnte sich nicht daran freuen, Weihnachten zu feiern. Den Heiligabend verbrachte er damit, Videos anzuschauen, die den Geist vergangener Weihnachtsfeste wieder auferstehen ließen, und sich an die schönen Zeiten zu erinnern.

Er griff zu seiner Bibel und blätterte die Weihnachtsgeschichte durch. Viele Male hatte er sie Ashley vorgelesen, aber jetzt wollte er sie einmal ganz allein lesen. Beim Lesen kam ihm die wunderbare Geschichte, die er schon als Kind auswendig gelernt hatte, ganz anders vor. Zwei junge Leute, die man wegen eines unehelichen Kindes schief ansieht, müssen eine bitterkalte Winternacht in Bethlehem verbringen, einer Stadt, in der sie niemanden kennen. Die Hoffnung der Menschheit wird unter den schlechtesten Bedingungen geboren, die man sich vorstellen kann. Herodes der Große versucht diese Hoffnung zu zerstören, indem er alle männlichen Babys in der Stadt umbringen lässt. Schmerz und Verzweiflung zogen sich wie ein roter Faden durch die Geschichte, aber im Mittelpunkt stand ein Baby, das die Hoffnung auf bessere Zeiten in sich trug. Charlie legte die Bibel nieder und dachte über Maria und Josef auf ihrer Reise nach. Da tauchte dieses Wort schon wieder auf – Reise. Würde seine eigene Reise niemals ein Ende haben?

Auf einmal blitzte in seinem Gehirn Reimarus' Rat wie eine weihnachtliche Erleuchtung auf. Damals hatte Charlie kaum hingehört. Die Vorbereitung auf den Befragungsmarathon hatte jeden anderen Gedanken verdrängt. Als er auf die winzige Ausbeute an wirklich wichtigen Informationen zurückschaute, hatte er fast Depressionen bekommen. Aber jetzt begriff er, dass er noch eine Chance hatte, etwas zu entdecken, das Licht in diesen Fall bringen würde.

Er rannte in sein Schlafzimmer zurück und suchte in einem Aktenschrank nach seinem Adressbuch. Er erinnerte sich an die Worte von Samuel Reimarus, dem einzigen Seniorpartner, der ihn nicht feuern wollte: »Oliver Burchette würde sich wirklich freuen, Sie wieder zu sehen.« Charlie hätte sich fast dafür ohrfeigen können, dass er nicht schon früher darauf angesprungen war. Er blätterte unter »B« und wählte Burchettes Nummer. Es klingelte fünfmal, bis jemand abhob.

»Fröhliche Weihnachten!«, brüllte eine etwas schroffe Stimme am anderen Ende der Leitung.

»Sie fangen aber ziemlich früh an, Oliver.«

»Heute feiere ich. Wer ist am Apparat?« Burchette hatte seine Sinne noch ziemlich beisammen, aber das konnte nur noch ein paar Minuten dauern.

»Charlie Harrigan. Ihr alter Freund von *Hobbes, Reimarus & Van Schank*. Samuel Reimarus schlug vor, dass ich Sie anrufen sollte. Vor ein paar Monaten habe ich die Kanzlei verlassen, und jetzt prozessiere ich gegen Walter Comstock. Reimarus deutete an, dass Sie mir vielleicht helfen könnten.«

Burchette dachte nach. »Ich weiß nicht, wie viel ich Ihnen sagen darf, aber ... es ist mir egal, wenn ich meine Zulassung verliere. Ich bin pensioniert. Was können sie mir schon antun? Ich habe so ein Gefühl, dass ich weiß, was er meint, aber das kann ich Ihnen nicht am Telefon erzählen. Wir müssen das unter vier Augen besprechen. Können Sie herkommen?«

»Lieber heute als morgen! Ich will Ihr neues Boot sehen. Außerdem brauche ich einen Tapetenwechsel. Ich bin nicht gerade in Feierstimmung.«

»Ich verstehe. Ich wollte sowieso morgen zu meinem Boot. Können Sie gegen Mittag hier sein?«

»Natürlich. Kein Problem.«

»Ich habe eine Zehn-Meter-Jacht. Sie heißt *Easy Money*. Sie liegt in Camachee Cove am Harbor Drive. Sie können sie nicht verfehlen. Jeder im Hafen kann Ihnen mein Boot zeigen. Wir können den Intracoastal Waterway bis zur Matanzas-Bucht hochfahren. Dann erzähle ich Ihnen die ganze Geschichte.«

»Haben Sie sich deshalb so plötzlich aus dem Geschäft zurückgezogen?«

»Sie haben es erfasst. Sie haben es mit einigen sehr gefährlichen Menschen zu tun, und Sie merken es nicht einmal. Hey, ich kann es gar nicht erwarten, Sie wieder zu sehen. Ich hab genug von den alten Leuten hier unten. Das macht mich wirklich depressiv.«

»Ich kann mir vorstellen, dass die alten Leute auch genug von Ihnen haben. Wir sehen uns dann morgen.«

Charlie packte schnell eine kleine Tasche und ging die Treppe hinunter. Er stieg in seinen Blazer und steuerte auf die Interstate 85 zu. Die Straßen lagen verlassen da. Nicht ein einziger Streifenwagen ließ sich blicken, und deshalb nahm sich Charlie einige Freiheiten heraus, was das Tempolimit anging. Der Buick Riviera hatte es nicht ganz leicht, mit seiner Geschwindigkeit mitzuhalten, aber Charlie bemerkte ihn nicht. –

Die dreieinhalbstündige Fahrt in südwestlicher Richtung nach Atlanta führte ihn durch eine karge Landschaft. Die Bäume auf den sanft geschwungenen Hügeln ragten mit ihren nackten Ästen in den Himmel. Bis auf einige Pfirsich-Plantagen gab es nichts zu sehen. Als Charlie Atlanta erreichte, nahm er die Ortsumgehung. Nach einem schnellen Essen wollte er bei seiner Mutter und seinem Stiefvater übernachten und dann frühmorgens aufbrechen, um zu seinem eigentlichen Ziel zu gelangen. Der Abstecher nach Atlanta kostete ihn fünf Stunden, aber seine Mutter wäre untröstlich, wenn er sich zu Weihnachten nicht bei ihr blicken ließe. Er hatte ihr versprochen zu kommen, obwohl ihm nichts ferner lag, als an irgendetwas teilzunehmen, was ihn an ein traditionelles Weihnachtsfest im Familienkreis auch nur erinnerte.

An der Ausfahrt Windy Hill fuhr er ab, um sein Lieblingsrestaurant zu besuchen. Wenn er nach Atlanta fuhr, ging er immer ins *Three Dollar Café*, weil es hier die besten Hähnchenflügel der ganzen Stadt gab. Die Bar hatte wegen der Weihnachtsfeiertage den ganzen Tag geschlossen, aber abends öffnete das Restaurant für alle Männer, die ihren Schwiegereltern entfliehen, Darts spielen oder einfach nur die niedlichen Kellnerinnen mit den Baseballmützen der Atlanta Braves anstarren wollten. Charlie wollte nur einen großen Teller Hähnchenflügel. Ein Rotschopf namens Megan nahm sein Bestellung auf und flirtete mit ihm, um sich ein gutes Trinkgeld zu sichern. Charlie ignorierte ihre Flirtversuche und wandte seine Aufmerksamkeit wieder dem Footballspiel zu.

In der entgegengesetzten Ecke versteckte sich Slade hinter der Speisekarte und behielt Charlie im Blick. Diese Reise hatte Charlie nicht geplant, und sie entsprach überhaupt nicht dem, was er von ihm erwartet hätte. Im Lauf der letzten beiden Monate hatte Slade nichts anderes getan, als Charlie genau zu durchleuchten. Einige Male war er durch die schlecht gesicherte Wohnungstür in Charlies Apartment eingedrungen und hatte sich die Ergebnisse von Charlies Nachforschungen angesehen. Van Schank und den anderen Geschäftspartnern hatte er Bericht erstattet. Slade arbeitete für alle drei, aber keiner der Männer wusste, was genau er für die anderen erledigte. Eine nicht ganz so attraktive Kellnerin kam an Slades Tisch und musste sich das Lachen verkneifen, als sie sein lächerliches Hawaii-Hemd sah.

»Was darf ich Ihnen bringen, Sir?«, fragte sie und versuchte ihr Kichern zu unterdrücken.

»Also, meine Süße, ich hätte gern irgendein dunkles Bier, aber hätten Sie etwas dagegen, wenn mich die Rothaarige da drüben bedient?«

»Hm. Erstens bin ich nicht Ihre Süße, und zweitens ist das hier mein Tisch.«

»Verklagen Sie mich doch wegen sexueller Belästigung. Das ist mir egal. Hier ist ein Zwanziger für Sie. Kann sie mir mein Bier bringen?«

Die Kellnerin stürmte davon, und Slade lachte. Sich wie ein Ekel aufzuführen gehörte zu den schönen Seiten seines Berufs. Nach kurzer Zeit brachte Megan Slade ein Glas Killian's Red.

»Möchten Sie noch etwas bestellen?« Sie traute dem Mann nicht, der nach ihr gefragt hatte, er sah aus wie ein Perverser.

»Sehen Sie den Mann da drüben, den Sie gerade bedient haben? Ich und einige Freunde haben heute für ihn eine Überraschungsparty zu seinem Geburtstag geplant. Ich muss nur sichergehen, dass er nicht stracks nach Hause geht. Könnten Sie unauffällig herausfinden, wo er hinwill, und es mir dann sagen?«

Slade ließ eine Hundert-Dollar-Note in ihre Schürze gleiten. Sie wollte diesem schmierigen Mann eigentlich nicht helfen, aber sie war Studentin und musste zusehen, dass sie ihre Rechnungen begleichen konnte. Als Charlies Essen fertig war, brachte sie es ihm an den Tisch und fing eine Unterhaltung mit dem einsamen Mann an. Nach ein paar Minuten kam sie an Slades Tisch zurück.

»Sind Sie sicher, dass Sie mit ihm befreundet sind? Sie sehen nicht so aus, als ob Sie etwas gemeinsam hätten.«

»Natürlich trage ich sonst auch einen Anzug. Ich habe mich verkleidet. Was hat er gesagt, meine Süße?«

»Also …« Sie sah ihn an, und obwohl sie ihm misstraute, erzählte sie ihm: »Heute fährt er zu seiner Mutter und morgen früh nach St. Augustine. Ich glaube, er wird seine Geburtstagsparty verpassen.«

»Danke, meine Süße.« Slade warf noch einen Zwanziger auf den Tisch und gab Megan einen Klaps auf den Po. Sie warf ihm einen mörderischen Blick zu, als er zur Tür hinausging.

In seinem Auto wählte Slade die Durchwahl von Martin Van Schank. »Martin, hier Slade. Dein Junge fährt nach St. Augustine.«

Am anderen Ende der Leitung herrschte Schweigen. »O nein! Burchette wird alles ausplaudern. Du musst hinfahren und mit Oliver reden. Sag ihm, dass wir jede Summe zahlen, wenn er schweigt. Er darf Charlie nicht erzählen, was er weiß. Und jetzt fahr los!«

»Was immer du sagst, Chef.«

Slade legte auf und wählte eine weitere Nummer. »Hier Slade. Rate mal, wohin Charlie Harrigan fährt.«

»Erzähl schon. Ich spiele deine Spielchen nicht mit.«

»Er wird seinen alten Freund Oliver Burchette besuchen.«

»Warum?«

»Ich vermute, Charlie glaubt, dass er im Besitz von Insider-Informationen ist, weil er Walters einziger Anwalt war.«

»Kümmere dich um ihn.«

»Martin will, dass ich ihn mit Geld zum Schweigen bringe.«

»Was Martin sagt, ist mir egal. Kümmer dich um ihn, und ich kümmere mich um Van Schank.«

Slade hörte ein Klicken und dann den Wählton. Er startete den Motor und verließ ungefähr zur selben Zeit den Parkplatz, als der Restaurantmanager draußen nach dem Mann suchte, der die Kellnerinnen belästigt hatte. Er kam zu spät. Slade war bereits auf dem Weg nach St. Augustine.

Charlie kam kurz vor Mittag in St. John's County an. In St. Augustine herrschten Sonnenschein und eine Temperatur von zweiundzwanzig Grad, völlig anders als im grauen, bewölkten Charlotte. Er bewunderte diese Stadt, sie war schön und makellos. Kein Wunder, dass Burchette hier seinen Ruhestand verbringen wollte. Außerhalb der Touristenzentren hatte sich noch viel vom Charme der Alten Welt erhalten. Er fuhr durch die Innenstadt an der Missionsstation Nombre de Dios vorbei, der ersten katholischen Kirche in Amerika. Nach einer Geschichte von dreihundert Jahren blühte diese Gemeinde noch immer.

Schließlich kam er in Camachee Cove an. Es war der zweite Weihnachtstag, und im Hafen sah man überall weiße Segel. Charlie war zum letzten Mal am Meer gewesen, als er mit Sandy und Ashley einige Tage in Nags Head verbracht hatte. Er parkte und ging zur Anlegestelle hinaus. Er spazierte von einem Boot zum anderen und kam schließlich zu dem Schluss, dass es irgendein System geben müsse. Vielleicht hatte man die Boote in alphabetischer Reihenfolge vertäut, aber wahrscheinlich war das zu einfach gedacht. Schließlich sah er einen alten Mann, der ein Fischerboot mit einem Schlauch abspritzte, und fragte ihn nach der *Easy Money*.

Der Mann deutete zum Ende der Bucht. Charlie ging zum Südende des Hafens hinab, wo nur drei Boote lagen. Die *Easy Money* war das erste. Es war Viertel nach zwölf und Burchette war nirgendwo in Sicht. Charlie kletterte an Bord. Er lehnte sich gegen die Reling und genoss die Stille, die über dem Wasser lag. Er kannte Burchette gut genug, um zu wissen, dass er wahrscheinlich noch unterwegs war, um Bier für die Fahrt zu besorgen. Eine halbe Stunde wartete er.

An Burchette gab es eine Menge zu kritisieren, aber man konnte sich auf sein Wort verlassen. Er war ein maßloser Genussmensch, arrogant, gierig und oft genug ordinär, aber er nahm seinen Beruf ernst.

Charlie fing an, sich Sorgen zu machen. Er öffnete die Tür, schaute unter Deck und rief Olivers Namen, aber niemand antwortete. Langsam tastete Charlie sich zur Kajüte vor. Die Tür war angelehnt. Charlie stieß sie auf. Dann verschlug es ihm den Atem. Oliver Burchette war über seinem Schreibtisch zusammengesunken. Die Pistole lag rechts hinter ihm. Charlie blickte genau hin, der Abschiedsbrief war mit Blut verschmiert. Den Füllhalter hielt Burchette noch in der rechten Hand. Oliver war Linkshänder gewesen. Charlie wusste das nur zu gut, weil er bei einem Essen der Anwaltskammer neben ihm gesessen hatte und sie sich den ganzen Abend mit ihren Ellenbogen ins Gehege gekommen waren. Irgendetwas stimmte hier nicht.

Charlie spürte, wie ihm schlecht wurde, als die Bilder von seiner Frau durch seinen Kopf schossen. Er stürzte die Stufen hoch und lehnte sich über die Reling, um Atem zu holen. Er zwang sich, sich nicht zu übergeben, griff in seine Tasche, holte sein Handy hervor und wählte den Notruf 911. Innerhalb von wenigen Minuten war die Polizei zur Stelle. Das Boot würde er einige Tage lang nicht betreten dürfen, und deshalb konnte er nicht nach Informationen suchen, die Oliver möglicherweise an Bord versteckt hatte. Er wartete einige Stunden, bis die Polizei sich mit Olivers Frau in Verbindung gesetzt hatte. Dann wählte er ihre Nummer und suchte verzweifelt nach den richtigen Worten.

Er stellte sich als Olivers Freund und Kollege vor, aber das wäre gar nicht nötig gewesen. Er war Burchettes Frau irgendwann einmal in der Kanzlei begegnet, und weil er so anders war als die anderen Anwälte, hatte sie sich an ihn erinnert. Er sprach ihr sein Beileid aus und erklärte ihr, dass Oliver sich heute mit ihm hatte treffen wollen. Er erzählte ihr, dass irgendjemand Oliver umgebracht hatte und es wie einen Selbstmord aussehen lassen wollte. Mrs. Burchette hörte ihm zu und weinte. Schließlich brachte Charlie den Mut auf, sie zu fragen, ob sie sich vorstellen konnte, warum jemand ihren Mann aus dem Weg hatte räumen wollen. Sie erklärte sich einverstanden, mit ihm zu reden, und erwähnte, dass an diesem Tag einige seltsame Dinge geschehen seien. Zum Beispiel habe jemand angerufen und gleich wieder aufgelegt. Vielleicht sei dieselbe Person nun auch hinter ihr her.

Gladys Burchette schlug vor, Charlie so bald wie möglich im *Café Cortesse* zu treffen, einem Bistro und Kaffeehaus, das für beide etwa auf dem halben Weg lag. Charlie fuhr in die Innenstadt zurück und bog in die San Marco Avenue ein. Das elegante Bistro fiel ihm sofort ins Auge. Er wartete am Eingang und sah schließlich Olivers Frau vorfahren. Sie stieg aus. Sie umarmten sich und sie weinte in Charlies Armen.

»Ich weiß nicht, was ich tun soll, ich habe wirklich Angst. Als ich aufgelegt habe, habe ich einen Mann in einem Auto bemerkt, das auf der gegenüberliegenden Straßenseite parkte. Glauben Sie, dass er auch hinter mir her ist?«

»Ich habe keine Ahnung, was hier vorgeht. Lassen Sie uns hineingehen.« Charlie führte sie ins Foyer. Sie nahmen an einem Tisch in einer schummrigen Ecke Platz.

»Es tut gut, Sie zu sehen, Charlie.«

»Es tut mir Leid, dass wir uns unter so furchtbaren Umständen begegnen. Um Oliver tut es mir wirklich Leid.«

»Seit Sie gestern angerufen haben, hat er sich seltsam benommen, genauso wie vor seinem zweiten Herzinfarkt. Dauernd sah er sich um und beschimpfte völlig grundlos irgendwelche Leute.«

»Ich wollte nicht in alten Problemen herumstochern. Einer der Anwälte meiner alten Kanzlei glaubt offenbar, dass Oliver im Besitz von Informationen war, die für meinen Fall nützlich sein könnten. Vielleicht hat es damit zu tun.«

»Als er diesen Morgen aus dem Haus ging, bat er mich, das hier im Schließfach unterzubringen.« Sie übergab Charlie einen dicken Aktenordner.

»Was ist das?« Charlie betrachtete ihn neugierig.

»Das ist der Roman, an dem er schrieb, ein juristisches Drama.«

Charlie nickte, um ihr zu signalisieren, dass sie weiterreden sollte.

»Nachdem wir ein paar Monate im Ruhestand verbracht hatten, erzählte er mir nach und nach, dass einige seiner Mandanten, die er vertreten hatte, nicht unbedingt gute Menschen waren. Verstehen Sie, was ich meine? Er erwähnte, dass ein Klient und ein Anwalt sich einen Plan ausgedacht hatten, um zu Geld zu kommen. Er war der Ansicht, dass man daraus einen guten Roman machen könnte.«

»Glauben Sie, er wollte mir das erzählen?« Charlie blätterte die Seiten durch. »Gibt es irgendwelche anderen Aufzeichnungen oder Tagebücher, in denen er vielleicht etwas festgehalten hat?«

»Bevor wir aus Charlotte weggingen, gab er einer Firma den Auftrag, ein paar Kartons voller Akten in den Reißwolf zu stecken. Er sagte, dass ihn nichts mehr an die Kanzlei erinnern sollte, dass es aus und vorbei sei.«

»Kann ich das behalten?«

»Natürlich. Machen Sie davon Gebrauch. Vielleicht hilft es Ihnen herauszufinden, wer meinen Mann umgebracht hat.«

»Hat die Polizei schon einen Verdacht geäußert?«

»Sie glauben immer noch, dass es Selbstmord war, aber sie haben versprochen, die Sache zu untersuchen.«

Plötzlich hielt sie inne. Ihr Gesicht erbleichte und ihre Hände begannen zu zittern. »Das ist der Mann. Der Mann, der in dem Auto vor meinem Haus saß.«

Charlie schaute hin und sah ein Gesicht, das ihm bekannt vorkam, das er aber nicht einordnen konnte. Er sprang auf und warf einige Gläser um, die auf dem Tisch standen. Einige Gäste schob er zur Seite, als er zum Eingang rannte. Slade bemerkte ihn und stürzte zur Tür. Charlie warf sich zu Boden und bekam Slade am Hosenbein zu fassen. Wieder und wieder ließ er seine Faust auf Slades Gesicht niederprasseln, bis ihn jemand mit Gewalt wegriss. Der Manager hielt ihn an den Armen fest, als Slade über die Straße rannte, in sein Auto sprang und in der Dunkelheit verschwand.

33

BRAD UND CHARLIE saßen sich an einem kleinen Ecktisch im *Johnathon's* gegenüber. Der Eigentümer des Restaurants in St. Augustine, in dem Charlie Slade angegriffen hatte, hatte sich damit einverstanden erklärt, keine Anzeige zu erstatten, wenn Charlie sich dort nie wieder sehen ließ. Charlie hatte die Polizisten darüber informiert, dass der Mann im Restaurant wahrscheinlich Oliver Burchette umgebracht hatte, aber der einzige Hinweis, dem die Polizei nachgehen konnte, war eine dürftige Personenbeschreibung. Die einzigen Fingerabdrücke auf der Jacht, die nicht von Charlie oder Burchette stammten, gehörten jemandem, der beim Militär gewesen war. Das Pentagon hatte die betreffende Akte versiegelt, so dass die Identität der Person nicht geklärt werden konnte.

Charlie hatte das letzte Kapitel von Burchettes Manuskript durchgelesen und reichte es Brad über den Tisch. Er beobachtete Brads Gesicht, um zu sehen, wie diese Offenbarung auf ihn wirkte. Die Geschichte war unwiderstehlich, und Brad brauchte nur eine Viertelstunde, um sie durchzulesen. Sie sahen sich ungläubig an, während sich der Saxophonspieler für die zweite Runde dieses Abends aufwärmte.

»Glaubst du, dass das alles wahr ist?« Brad steckte sich ein Stück Steak in den Mund.

»Seine Frau hat mir erzählt, dass das Buch auf seinen Erlebnissen in der Kanzlei basiert. Man kann wohl kaum auseinander halten, was wahr ist und was er erfunden hat.«

»Ein Geheimbund von Anwälten und Geschäftsleuten, die während ihrer Dienstzeit in Vietnam einen Plan schmiedeten, wie sie zu schnellem Reichtum kommen könnten. Heute haben sie hohe Positionen in Politik und Recht inne.«

Charlie setzte seinen gesüßten Tee auf dem Tisch ab. »Ich glaube, Comstock hat in Vietnam eine A-6 geflogen.«

»Unser geheimnisvoller Mörder muss in Vietnam in irgendwelche Geheimoperationen verwickelt worden sein, wenn das Pentagon nicht einmal der Polizei seinen Namen nennt. Das bedeutet, er muss zu den Green Berets oder so gehört haben.«

»Die sind der Marine unterstellt. In dem Fall hätte er nichts mit der Luftwaffe zu tun gehabt.«

»Warte mal einen Augenblick. Ich glaube, die Marine hat auch Flugzeuge. Gehörten die A-6 nicht zu den ersten Flugzeugen, die ins Land kamen?«

»Ja, damit gibt Comstock immer an.«

»Und die Marine-Infanteristen schicken sie immer zuerst. Also ist solch ein Geheimbund denkbar.«

Die Kellnerin kam an ihren Tisch. »Möchten Sie noch etwas?«

»Ich nehme ein Corona mit einer Limette«, entgegnete Brad.

»Ich dachte, du hättest dich verändert.«

»Ja, schon, aber trotzdem mag ich noch hin und wieder ein Bier.«

Charlie winkte ab. »Er braucht nichts mehr. Nur die Rechnung, bitte. Brad, du musst völlig nüchtern sein, wenn wir diesen Prozess gewinnen wollen. Du darfst dein Urteilsvermögen niemals trüben lassen. Nancy ist zu allem fähig. So, zurück zu unserer Geschichte.«

»Na gut«, stimmte Brad zögernd zu. »Da hast du also einen Anwalt, einen Bürgermeister, einen Berufskiller und einen Firmenchef in Vietnam zusammen. Sie beschließen, Drogen mit nach Hause zu bringen und ihre jeweiligen Firmen oder Arbeitsstellen zur Geldwäsche zu missbrauchen. Wie passt das mit Comstock zusammen? Außerdem ist Bürgermeister Humphreys doch ein Veteran aus dem Zweiten Weltkrieg, oder?«

»Ja, das stimmt.« Charlie dachte nach. »Vielleicht wusste Oliver irgendetwas über einen der Anwälte bei *Hobbes, Reimarus & Van Schank*? Er und Van Schank haben Comstock in sämtlichen Prozessen vertreten. Hast du das gewusst? Ich kann mich daran erinnern, dass ich eine Teilhabervereinbarung in der Paragon-Akte gesehen habe. Darin war die Rede von einem geheimen oder jedenfalls einem stillen Teilhaber.«

»Meinst du, Oliver hat gewusst, wer Comstocks Partner ist?«

»Noch besser – meinst du, Van Schank könnte sein Partner sein? Comstock ist nicht gerissen genug, um das Geld zu waschen.«

»Denk mal nach. Wie oft hat Comstock Regierungsaufträge erhalten? Die Sanierung der Graham Street, die Dilworth-Renovierung? Wir müssen eine Querverbindung zu Matt finden, und dann geht es nicht mehr um Fahrlässigkeit oder Verletzung der Aufsichtspflicht, sondern um illegale Absprachen.«

Charlie stand auf, strich wie ein Tiger um den Tisch herum und zog die Aufmerksamkeit der Gäste auf sich. »Einen Augenblick. Einen Augenblick. Das Programm!« Er schlug mit der flachen Hand auf den Tisch. Alle Köpfe drehten sich in seine Richtung. »Comstock wurde von einem Regierungsprogramm dafür gefördert, dass er Behinderte einstellte. Weil sie als Praktikanten eingestuft wurden, brauchte er nicht den gesetzlichen Mindestlohn zu zahlen. Deshalb konnte er seine Konkurrenten unterbieten. Er spart an seinen Arbeitnehmern und erhält immer den Zuschlag.«

»Irgendein Insider muss ihn darüber informieren, wie hoch die anderen Gebote liegen. Und jeder, der daran beteiligt ist, schöpft oben ein bisschen Rahm ab.«

»Und dann bezahlen sie diesem Halsabschneider Van Schank unglaubliche Stundensätze.«

»Hier haben wir unseren Geheimbund.«

»Jetzt müssen wir das nur noch beweisen.« Charlie stützte sich mit den Ellenbogen auf dem Tisch auf und lauschte dem klagenden Ton des Saxophons.

»Ich kann nicht glauben, dass sie dich fast erwischt hätten. Du bist ein Idiot.«

»Tut mir Leid, ich habe nicht damit gerechnet, dass mich Burchettes Frau erkennen würde.« Slade versuchte sich wortreich zu entschuldigen. »Immerhin wissen sie nicht, wer ich bin, und sie haben auch keine Möglichkeit, das herauszufinden.«

»Das spielt keine Rolle. Du wirst mit dem Alter immer fetter und nachlässiger. Ich habe mit Van Schank gesprochen, und er befürchtet, dass Harrigan in Burchettes Vergangenheit eintauchen und entdecken könnte, was er wusste.«

»Ich habe das Boot durchsucht und das ganze Haus durchkämmt. Nichts. Der Mann hatte keine Aufzeichnungen.«

»Hatte er ein Schließfach oder einen Lagerraum irgendwo anders?«

Slade versuchte sich zu rechtfertigen. »Es gibt nichts, was uns irgendwie schaden könnte.«

»Trotzdem wollen wir, dass du Mr. Harrigan eine eindrückliche Botschaft zukommen lässt. Wenn er diesen Fall nicht aus der Hand gibt, wird er leiden müssen.«

»Was für eine Botschaft?«

»Ich bin sicher, dir wird etwas einfallen.«

»Warum schlägst du deinen Partnern nicht einfach vor, dass sie sich auf einen Vergleich einlassen sollen?«

»Das ist auch unser Plan, aber ich glaube, wir müssen etwas zusätzlichen Druck auf ihn ausüben, um ihn davon zu überzeugen. Ich will nicht wissen, was du mit ihm machst. Ich will nur, dass es Wirkung zeigt. Kapiert?«

»Kapiert.« Slade legte auf, verließ die Telefonzelle und machte sich auf den Weg zum Wal-Mart, das rund um die Uhr geöffnet hatte.

Als er alles gefunden hatte, was er suchte, fuhr er in das Stadtviertel Myers Park. Stundenlang fuhr er durch die Straßen und beobachtete, wie ein Licht nach dem anderen ausging. Einige Male fuhr er an Harrigans Haus vorbei, bis er sicher war, dass niemand zu Hause war. Zwei Straßen weiter parkte er seinen Wagen und zog einen dunkelblauen Jogging-Anzug über. In den Manteltaschen verstaute er Seitenschneider, Streichhölzer, Dietrich und Messer. Den Fünfliter-Kanister mit Benzin warf er über die Schulter. Dann joggte er langsam den Bürgersteig hinunter. Vor Charlies Haus sah er sich um und verschwand dann blitzschnell dahinter. Um drei Uhr morgens würde ihn niemand bemerken.

Er durchtrennte die Drähte der Alarmanlage und öffnete die Tür, die in den Keller führte. Dort fand er genau das, was er suchte. Charlie bewahrte den Rasenmäher und andere Geräte im Keller auf. Slade schleppte alles zur Gastherme in der Ecke. Er hatte auch andere Methoden, Brandstiftung wie einen Unfall aussehen zu lassen, aber diese war die einfachste. Er goss das Benzin über Fußboden und Wände in der Nähe der Therme. Ein Streichholz genügte, und der Keller brannte lichterloh. Wenn irgendjemand das Feuer entdecken sollte, dann stünde schon die gesamte Inneneinrichtung in Flammen. Slade schlüpfte zur Hintertür hinaus und stahl sich durch zwei Gärten, ohne bemerkt zu werden. Mission erfüllt.

Das schrille Klingeln des Telefons riss Charlie aus seinem tiefen Schlaf. Schlaftrunken griff er zum Hörer.

»Harrigan.«

»Charlie, stell mal Kanal neun an. Das musst du sehen.« Brad klang verzweifelt.

Charlie tastete nach der Fernbedienung und drückte auf die Neun. Es dauerte ein paar Sekunden, bis sich seine Augen an die Helligkeit gewöhnt hatten und er das Flammenmeer vor sich sah. »Nein!«, schrie er.

»Mann, das tut mir so Leid! Ich kann es nicht glauben. Jetzt auch noch dein Haus!«

»Was ist passiert?«

»In den Nachrichten haben sie gesagt, dass sich brennbare Gase im Brenner entzündet hätten.«

»Das ist kein Unfall, Brad. Das ist eine Botschaft.« Charlie stand auf. »Wir sind der Wahrheit auf der Spur und irgendjemand wird nervös.«

»Du setzt dich besser mit dem Bezirksstaatsanwalt in Verbindung und erzählst ihm, was hier los ist. Das könnte alles noch schlimmer werden, bevor der Prozess vorbei ist.«

»O Mann.« Charlie setzte sich auf die Bettkante.

»Was?«

»Ich muss hingehen und nachsehen, ob noch irgendetwas zu retten ist. Ich habe zwar alles eingepackt, aber die meisten Sachen habe ich dort stehen lassen. Unser Fotoalbum mit den Hochzeitsbildern, die Babyfotos von Ashley, alles, was Sandy mir jemals geschenkt hat – alles ist weg! Das kann doch nicht wahr sein! Ich kann nicht mehr weitermachen. Das wird mir alles zu schwierig. Am besten lasse ich mich auf einen Vergleich ein, damit alles vorüber ist.«

»Soll ich zu dir kommen?«, fragte Brad mitfühlend.

»Wir treffen uns dort.« Charlie legte auf.

Hastig zog er sich an und kämpfte sich durch den morgendlichen Stoßverkehr. Auf der ganzen Fahrt betete er, dass wenigstens ein paar Dinge gerettet werden konnten. Als er an seinem Haus ankam, musste ihn der Brandmeister mit Gewalt zurückhalten. Man hatte die Entscheidung getroffen, das Haus kontrolliert abbrennen zu lassen, weil es zum großen Teil bereits zerstört war. Die Feuerwehrleute, die das Haus betreten hatten, berichteten, dass sie nur ein paar Kisten hatten retten können, die sie auf der Suche nach Überlebenden gefunden hatten. Einige von ihnen hatten eine Kiste mit nach draußen gebracht, als sie das Haus wieder verlassen hatten, als die Hitze unerträglich wurde, und so insgesamt vier Kisten gerettet.

Sie stellten die Kisten auf den Bürgersteig nicht weit von Charlies Blazer. Er setzte sich auf den Boden und konnte die Tränen nicht zurückhalten. Die Kisten waren versengt, aber noch heil. Er öffnete die erste. Sobald er den Deckel zurückgeschlagen hatte, sah er Ashleys Babybuch. Er öffnete es – ja, da war sie. Seine Finger wickelten sich um eine braune Locke, ein Andenken an ihren ersten Haarschnitt. Er stellte die Kiste auf den Rücksitz seines Blazers und öffnete die zweite. Sie enthielt alles, was er in Sandys Nachttisch gefunden hatte, darunter auch einen Schuhkarton voller Briefe, die sie sich auf dem College geschrieben hatten.

An eine Tüte konnte er sich nicht erinnern. Er öffnete sie und fand ein Geschenk, das in rot-grünes Papier eingeschlagen war. Sandy liebte Weihnachten und bestand darauf, alle Weihnachtseinkäufe bereits im Juli zu erledigen. Sie war immer aufgeregt wie ein kleines Kind. Er wickelte das Geschenk aus. In dem Geschenkkarton lag eine Bibel. Als er sie aufschlug, fand er ein Foto, das in seinem letzten Studienjahr auf dem Herbsttanz aufgenommen worden war.

Innen fand er eine Widmung: »Der Liebe meines Lebens. Du hast mir alles gegeben, was ich mir jemals erträumt habe. Die meisten Menschen halten ein Leben lang Ausschau und erfahren niemals die Freude, die ich in den vergangenen zehn Jahren erlebt habe. Du bist mein Held, und ich liebe dich mehr, als du dir vorstellen kannst. Aber so sehr ich dich auch liebe, es gibt jemanden, der dich noch mehr liebt. Wenn du Gott vertraust, dann wird er Acht haben auf dich, ganz egal, was passiert. Vertrau Ihm, so wie du mir vertraust; er wird dich nie verlassen.«

Zum ersten Mal hatte Charlie wirklich das Gefühl, dass Gott seine Gebete erhört hatte und auf seiner Seite stand. Sandy hatte von der anderen Seite des großen Grabens zu ihm gesprochen. Er hielt die Bibel in der Hand und weinte wieder. Er war ihr Held. Sie wäre nicht sehr stolz auf ihn, wenn sie wüsste, wie schlecht er das Leben angepackt hatte, wie sehr er sich hatte hängen lassen. Er entschloss sich, nicht aufzugeben und nicht mehr zu weinen. Sandy war wieder zu ihm durchgedrungen. Sie war immer noch der Katalysator, der Funke, der ihn dazu befähigte, seine großen

Träume zu träumen. Mehr denn je wollte er Comstock jetzt festnageln, selbst wenn es ihn das Leben kosten sollte.

Melinda Powell schaute sich die beiden Fotos genau an. Sie könnten Schwestern sein. Zwei blonde Frauen Anfang zwanzig, beide innerhalb von drei Monaten umgebracht. Der pathologische Befund und der Tatort wiesen verblüffende Gemeinsamkeiten auf, abgesehen davon, dass die Leichen in zwei weit auseinander liegenden Stadtteilen gefunden worden waren. Eine der Frauen hatte gerade ein Studium am Queens College aufgenommen, die andere arbeitete beim *Dairy Queen* am Indian Trail. Noch vor zwei Jahren hätte niemand bemerkt, dass die beiden Fälle ähnlich gelagert waren. Das war, bevor der Bezirksstaatsanwalt Guy Streebeck die Kooperation zwischen Stadt und Bezirk bei polizeilichen Ermittlungen verstärkt hatte.

»Rex, haben Sie irgendwelche Spuren?« Melindas Stimme versagte.

»Nichts. Jemand hat einen Schrei gehört, aber das war es auch schon. Das Mädchen vom *Dairy Queen* machte sich gegen Mitternacht nach der Arbeit auf den Heimweg. Zwei Wochen lang blieb sie verschwunden, bis man ihre Leiche in einem Abwasserkanal fand. Die Studentin ging in der Queens Road joggen. Von ihr hat man nie wieder etwas gehört. Ihre Leiche wurde in einem Müllcontainer entdeckt.«

»Guy sucht verzweifelt nach einem Schuldigen. Die Medien fressen ihn bei lebendigem Leibe auf: ›Serienkiller auf freiem Fuß‹. Gibt es irgendwelche Verdächtigen, die wir in Gewahrsam nehmen können? Damit werfen wir diesen Hunden wenigstens einen Knochen vor.«

»Hören Sie, Lady«, bellte Rex in den Telefonhörer, »es gibt keinen Verdächtigen. Keine Fingerabdrücke. Keine DNS. Keine Fasern. Es handelt sich um einen Berufskiller. An den Leichen haben wir keine Spuren gefunden.«

»Wenn Sie etwas herausfinden, rufen Sie mich sofort an.«

»Sie haben es erfasst, Lady.« Dann hörte sie nur noch ein Klicken in der Leitung.

Melinda schmetterte den Hörer auf das Telefon und wandte sich wieder den Fotos zu. Sie sahen schrecklich aus, aber sie schaffte es nicht, den Blick abzuwenden. Diesen Teil ihrer Arbeit hasste sie. Wer für die Opfer und die Unschuldigen kämpfte, hatte die Schlacht von vornherein verloren. Es würde immer mehr Perverse und Idioten als Helden geben. Das Schlimmste daran war das Warten. Der Serienkiller müsste noch einmal zuschlagen, bevor sie ein Muster erkennen und ein genaues psychologisches Profil erstellen konnten. Vielleicht mussten sie noch drei Monate warten.

Jemand klopfte an der Tür. Sie schloss die Akten und ließ sie in die oberste Schublade gleiten. Dann öffnete sie die Tür. Draußen stand Charlie Harrigan.

»Hey, Charlie, wie geht es Ihnen?«

»Nicht so gut, haben Sie die Nachrichten gesehen?«

»Ja. Es tut mir so Leid.« Sie bot Charlie einen Platz an. »Ich habe keine Ahnung, wie viel ein Mann einstecken kann.«

»Mehr kann ich wirklich nicht einstecken, aber ich habe tatsächlich jemanden entdeckt, der mir hilft. Ich beginne endlich zu verstehen, dass Gott sich um uns kümmert und auf uns wartet. Ich fühlte mich von der Religion und ein paar Dingen, die ich gesehen habe, so abgestoßen, dass ich Gott völlig ignorierte, obwohl ich mich als Christ bezeichnet habe.«

Melinda antwortete nicht sofort, sondern zog eine Akte hervor. »Da wir gerade von abstoßender Religion sprechen, haben Sie jemals einen Penny aus der Familie-Harrigan-Stiftung gesehen?«

»Wovon reden Sie?« Charlie hatte nicht die geringste Ahnung, was sie meinte.

»Reverend Billy Rae Higgins hat für Sie und andere Familien in der Stadt, die einem Gewaltverbrechen zum Opfer fielen, Geld gesammelt, aber bis jetzt hat noch niemand etwas aus dieser Stiftung erhalten. Ich bereite gerade eine Anklage wegen Betrugs, Unterschlagung und Steuerhinterziehung vor.«

»Hilf dir selbst, dann hilft dir Gott, richtig?« Charlie stieß ein verächtliches Lachen aus, als er an diesen Prediger zurückdachte, der sich so gut in Szene setzen konnte. »Vielleicht habe ich noch etwas für Sie. Ich bin mir noch nicht ganz sicher, aber ich wollte Sie darüber informieren, damit Sie wissen, was ich tue.«

Er erzählte ihr die Geschichte des vermeintlichen Selbstmords von Oliver Burchette. Er erklärte ihr die Ungereimtheiten. Burchette war Linkshänder, aber der Füllhalter wurde in seiner rechten Hand gefunden. In seinem Abschiedsbrief gestand er Verbrechen, die er angeblich begangen hatte, aber in Wirklichkeit arbeitete er an einem Roman, in dem er schilderte, wie er in betrügerische Praktiken hineingeschlittert war. Er hatte sich mit Charlie verabredet, weil er ihm etwas sehr Wichtiges vertraulich mitteilen wollte. Charlie überreichte der Stellvertretenden Bezirksstaatsanwältin eine der zwanzig Kopien des Manuskripts, die er angefertigt und über die ganze Stadt verstreut an sicheren Orten deponiert hatte.

Melinda blätterte die Seiten durch und überflog den Text. »Wie viel davon ist wirklich wahr?«

»Keine Ahnung. Das versuche ich gerade herauszufinden. Comstock hat sich möglicherweise nicht nur der fahrlässigen Tötung schuldig gemacht. Vielleicht steckt ein richtiges Verbrechen dahinter. Zeigen Sie dieses Manuskript niemandem. Eventuell ist jemand aus dem Stadtrat oder der Bezirksverwaltung da hineinverwickelt.«

»Sie haben mein Wort. Ich werde es in meinem privaten Safe in meinem Büro verwahren. Ich habe schon einen Plan: Ich werde in aller Stille Nachforschungen anstellen, während Sie mit dem Prozess beschäftigt sind. Wenn wir diese Sache jetzt an die große Glocke hängen, könnte alles auffliegen, und keiner der Täter bekäme die gerechte Strafe. Wenn Sie sie mit dem Prozess ablenken können, merken sie vielleicht nicht, dass ich recherchiere.«

»Klingt gut. Danke, Mrs. Powell.« Charlie stand auf und wollte gehen.

»Nennen Sie mich Melinda, okay? Sonst habe ich das Gefühl, ich wäre eine alte Frau.«

»Klar.« Er hatte schon die Klinke in der Hand, als er sich noch einmal umwandte. »Übrigens, haben Sie in letzter Zeit etwas von dem Arzt gehört oder wissen Sie, wo er sich aufhält?«

»Die Mitbewohnerin des Mädchens hat ein paar Anrufe bekommen, offenbar immer aus derselben Stadt. Möglicherweise haben sie sich in Südamerika niedergelassen. Ich arbeite an einem Auslieferungsantrag für den Fall, dass wir ihren Aufenthaltsort ausfindig machen können. Ich gebe nicht auf – noch nicht.«

»Ich auch nicht.« Charlie ging hinaus und zog die Tür hinter sich zu.

34

MITTE JANUAR brachte der Schnee das Leben in Charlotte zum Stillstand. Durch vereiste Straßen und Fahrer, die ihr Können überschätzten, kam es im gesamten Stadtgebiet zu Unfällen und zerbeulten Stoßstangen. In Mecklenburg County fällt im Jahr nur zwei- oder dreimal Schnee, so dass die Bevölkerung regelmäßig davon überrascht wird. Inzwischen waren die Beschäftigten der Straßenreinigung, die im Winter auch für die Schneeräumung zuständig waren, in den Streik getreten, weil sie höhere Renten, bessere Sozialpläne und eine gesetzliche Krankenversicherung forderten. Der morgendliche Berufsverkehr quälte sich durch den Schneematsch, während der Sicherheitsinspektor Mark Ashton in den Telefonhörer brüllte.

Charlie saß auf der Couch und beobachtete den jungen, völlig gestressten Mann, wie er tobte und brüllte und nur gelegentlich eine kurze Pause einlegte, um an seiner filterlosen Zigarette zu ziehen. Das Telefon hatte er unter dem Kinn eingeklemmt, in der einen Hand hielt er den schwelenden Zigarettenstummel, in der anderen eine Tasse schwarzen Kaffee. Der dunkelhaarige, dunkelhäutige Mann hatte schnell Karriere gemacht, war aber auf dem Weg nach oben stecken geblieben, so wie die vielen tausend Autos auf dem Independence Boulevard, deren Fahrer darauf warteten, das irgendein missgestimmter Angestellter der Stadtverwaltung seinen Schneepflug anwarf.

»Na wunderbar! Teilen Sie ihnen mit, dass wir eine Schlichtungskommission einsetzen werden, sobald sie die verdammten Straßen geräumt haben. Je eher sie ihre Arbeit geschafft haben, desto eher werden sie auch das kriegen, was auf sie wartet. Das ist alles, was ich im Augenblick tun kann. Sonst ist hier niemand. Josh ist wahrscheinlich selbst im Stau stecken geblieben. Wenn er kommt, wird er Sie gleich anrufen.« Er schleuderte das Telefon auf den Tisch und schimpfte herum, ohne sich an irgendjemanden im Besonderen zu wenden. »Ich würde ihnen das geben, was sie verdienen. Ich würde sie alle feuern und Collegestudenten den Mindestlohn zahlen, damit sie ihre Arbeit übernehmen. Vielleicht könnten wir Affen abrichten, um solche hirnlosen Arbeiten zu leisten. Keiner ist hier, der irgendwelche Entscheidungen treffen kann, und aus irgendeinem Grund wollen alle ihren Ärger an mir auslassen. Wie haben Sie es geschafft, so früh hier anzukommen, ohne im Stau stecken zu bleiben?«

Charlie setzte sich aufrecht hin, als er merkte, dass der Inspektor ihn angesprochen hatte. »Ich wohne nur anderthalb Blocks östlich von hier. Ich bin zu Fuß da. Hören Sie, wenn Sie jetzt zu beschäftigt sind, um mit mir zu sprechen, kann ich auch später wiederkommen.«

»Wir können uns ebenso gut jetzt unterhalten. Heute kriegen wir sowieso nichts mehr geregelt. Da müssen nur fünf Zentimeter Schnee fallen, und die Leute tun so, als ob das Ende der Welt bevorsteht.« Er nahm noch einen tiefen Zug. »Könnte tatsächlich das Ende der Welt sein. Wer weiß? Also, was kann ich für Sie tun, Mr. Harrigan?«

Charlie hatte den größten Teil des Monats damit verbracht, die Unfallberichte der Paragon-Gruppe auszuwerten. Das Bauunternehmen hatte eine bemerkenswert gute Statistik aufzuweisen. Auch die Unterabteilung des Arbeitsministeriums für Gesundheit und Sicherheit am Arbeitsplatz konnte Charlie nicht weiterhelfen. Nur zweimal in den letzten fünf Jahren hatten sie Paragon eine Rüge erteilt. Eine davon hatte mit Brian Beckleys Unfall zu tun. Er hatte irgendwelche Ansprüche angemeldet, sie dann aber wieder fallen lassen. Die zweite Rüge bezog sich auf mangelnde Sicherheitsüberwachung. Im Allgemeinen schritt die Abteilung für Gesundheit und Sicherheit am Arbeitsplatz dann ein, wenn sie von den örtlichen Sicherheitsinspektoren informiert wurde. Für diese Sicherheitsinspektoren war der Leiter der Stadtverwaltung zuständig, ebenso wie für die Erschließung von Baugrund. Außerdem hatte er die städtischen Bediensteten unter sich.

Ein republikanischer Bürgermeister hatte Josh Donovan zum Leiter der Stadtverwaltung ernannt. Er machte seine Sache so gut – nach der Sanierung erstrahlte das Stadtzentrum wieder im alten Glanz –, dass ihn der nächste Bürgermeister, ein Demokrat, auf seinem Posten beließ. Er war ein gut aussehender Mann und ein gewandter Redner. Er wusste, wie er Menschen mitreißen und überzeugen konnte, stellte es aber immer so hin, dass Bürgermeister Humphreys den Erfolg für sich allein verbuchen konnte. Am wichtigsten aber war, dass er wusste, wie man etwas billig erledigen konnte. Er ersparte der Stadt Tausende von Dollar, indem er Aufträge an die richtigen Firmen vergab. In der Öffentlichkeit galt er als Held, aber bei seinen Untergebenen als Tyrann.

»Dass ich hier bin, hat mit einem Prozess gegen die Paragon-Gruppe zu tun. Meine Mandanten verklagen die Firma wegen fahrlässiger Tötung. Ich brauche von Ihnen Informationen zu Sicherheitsinspektionen oder Sicherheitsmängeln, die von Ihrer Abteilung festgestellt wurden.«

Mark Ashton blickte Charlie an. »Die Paragon-Gruppe? Kein Bauunternehmen in der Stadt hat eine bessere Unfallstatistik. Warum sollte sie jemand verklagen?«

»Erinnern Sie sich an das Programm des Bürgermeisters zur Förderung von Behinderten? Offenbar hat Paragon einige geistig Behinderte eingestellt und ihnen einfache Aufgaben gegeben. Meine Mandanten glauben, dass Paragon ihrem Sohn, der von diesem Programm gefördert wurde, relativ gefährliche Aufgaben übertragen hat. Er hatte einfach nicht genug Verstand, um das Risiko zu begreifen.« Diese Informationen waren der Öffentlichkeit zugänglich, so dass Charlie durchaus gewisse Details preisgeben konnte.

»Ich wüsste nicht, wie ich Ihnen helfen könnte.« Ashton zuckte mit den Achseln.

»Also, zunächst einmal könnten Sie mir die Unfallstatistiken und Sicherheitsberichte zeigen, und zweitens könnten Sie mir einige Fragen beantworten.«

»Die Akten kann ich Ihnen nicht zeigen, fürchte ich, Persönlichkeitsrechte, Sie wissen schon. Aber ich will versuchen, Ihre Fragen zu beantworten.« Er drückte die Kippe in einem kleinen Zinnaschenbecher aus.

»Ich muss nur den Richter darum bitten, und er wird Sie zwingen, mir die Akten zu übergeben. Das gehört zu den Ermittlungen. Möglicherweise behindern Sie ...«

»Machen eigentlich alle Anwälte einen Kurs in Einschüchterungstechniken, oder liegt es Ihnen im Blut, jemanden zu bedrohen?« Er verließ das Zimmer und ging mit schleppenden Schritten den Korridor hinunter. »Also, was wollen Sie wissen?«

»Haben Sie Paragon jemals inspiziert?«

»Ja, das machen wir dauernd.«

»Wie werden die Baustellen den einzelnen Inspektoren zugeteilt?«

»Das ist eigentlich Zufall. Wenn eine Baustelle zur Inspektion ansteht, übernimmt sie der Inspektor, der gerade an der Reihe ist. Manchmal ruft mich Josh an und schickt mich auf eine bestimmte Baustelle. Ich bin hier der Dienstälteste.«

»Wissen Sie, dass bei Paragon ein Programm läuft, mit dem Behinderte gefördert werden?«

»Ich bin sicher, dass es in der Akte steht, aber ich persönlich habe dort noch nie einen Behinderten gesehen.«

»Wirklich?« Charlie kratzte sich am Kopf. »Kennen Sie einen Vorarbeiter namens Barry Kasick?«

»Nie von ihm gehört.« Ashton drückte eine Tür auf und schaltete das Licht ein. Er öffnete einen Aktenschrank und nahm einen Stapel Akten heraus. »Hier, bitte. Die Unfall- und Sicherheitsberichte von Paragon. Um die Ecke gibt es einen Konferenzsaal, da können Sie sich die Akten in Ruhe anschauen. Sie dürfen sie aber nicht mit nach Hause nehmen.«

»Wird Paragon auch von anderen Inspektoren kontrolliert?«

»Wahrscheinlich. Sie müssen mal die Unterschriften überprüfen.« Er schlug eine Akte auf und deutete auf die Unterschrift unten auf der Seite.

»Die Abteilung für Gesundheit und Sicherheit am Arbeitsplatz schreitet im Allgemeinen erst dann ein, wenn sie von Ihnen informiert wird, oder?« Charlie blickte Ashton misstrauisch an.

»Meistens ja. Manchmal beschwert sich jemand direkt bei ihnen, aber in der Regel schreiten sie auf unsere Empfehlung hin ein.«

»Wie oft wird eine Firma im Durchschnitt verwarnt?«

»Vier- oder fünfmal im Jahr.«

»Wie steht es mit Paragon?«

»Das kann ich nicht aus dem Kopf sagen. Gucken Sie doch in den verdammten Akten nach. Die wollten Sie doch sehen, oder?«

»Prima.« Charlie setzte sich an den Tisch und breitete den Aktenberg vor sich aus.

Er brauchte einige Stunden, bis er alle Papiere durchforstet hatte. Von den fünfzig Inspektionen bei Paragon hatte Ashton mehr als vierzig durchgeführt. Sicher, Paragon war in den letzten fünf Jahren nur zweimal, in den letzten zehn Jahren nur insgesamt sechsmal verwarnt worden. Die Unfallakte war relativ dünn und makellos. Er fand nur wenige Empfehlungen, es wurde auch kaum überprüft, ob Paragon diese Empfehlungen in die Tat umsetzte. Charlie blätterte jetzt alle Akten zum vierten Mal durch. Dieses Mal achtete er besonders auf die Namen der Paragon-Arbeitnehmer. Bis auf Barry Kasick wurden alle Vorarbeiter erwähnt. Irgendjemand in diesem Gebäude half der Paragon-Gruppe, den Anschein einer blütenweißen Weste zu erwecken.

Es war fast Mittagszeit, als Charlie die Sicherheitsakten durchgearbeitet hatte. Er brachte sie zu Mark Ashton an den Schreibtisch zurück. Ashton sah ziemlich mitgenommen aus. Seine Krawatte hatte er gelockert, die Ärmel waren hochgekrempelt. Charlie beschloss, ihm nicht weiter auf die Nerven zu fallen. Er ging den Flur bis zum Büro des Leiters der Stadtverwaltung hinab. Die Sekretärin bat ihn zu warten. Um fünf vor zwölf teilte sie Charlie mit, dass er Josh Donovan kurz sprechen könne.

Charlie und Josh schüttelten sich die Hand. Josh Donovan besaß Charme, er lächelte und wirkte sehr herzlich. Er bot Charlie einen Platz und einen Kaffee an.

»Was kann ich für Sie tun?« Er sah kurz auf die Uhr und blickte dann wieder Charlie an.

»Ich versuche herauszufinden, ob Paragon die Sicherheitsvorschriften verletzt hat. Ich brauche die Informationen für einen Prozess.«

»Darüber weiß ich eigentlich nichts.« Donovan schaute aus dem Fenster. Das Schneetreiben wurde immer dichter. »Ich lasse den Inspektoren ziemlich viel Freiraum. Sie kommen zu mir, wenn es Probleme gibt.«

»Sie zeichnen alle Inspektionen ab, oder?«

»Ja, schon, aber Sie wissen ja, wie Regierungsstellen arbeiten. Wenn die Inspektoren mich nicht ausdrücklich darauf hinweisen, dass ein Problem vorliegt, lese ich das Kleingedruckte nicht.« Er lehnte sich zurück und verschränkte die Arme.

»Wie werden die Inspektoren den einzelnen Baustellen zugeteilt?«

»Das ist reiner Zufall. Wer gerade als Nächstes dran ist, geht.«

»Haben Sie jemals einem bestimmten Inspektor eine bestimmte Baustelle zugewiesen?«

»Nein, ich habe keine Zeit, mich um solche Einzelheiten zu kümmern. Wie ich schon sagte, sind meine Inspektoren kompetent. Aber soweit ich mich erinnere, gehört die Paragon-Gruppe zu den sichersten Bauunternehmen, die wir in der Stadt haben. Mr. Comstock wurde im Laufe der letzten Jahre mehrmals ausgezeichnet.«

Charlie machte eine kurze Pause, bevor er langsam die nächste Frage stellte. »Warum erhielt die Paragon-Gruppe für so viele Regierungsprojekte den Zuschlag?«

»Was wollen Sie damit andeuten, junger Mann?« Donovan stand auf und stemmte die Hände in die Hüften.

»Nichts, aber es ist doch ein unglaublicher Zufall, dass sie immer das günstigste Angebot vorlegen.«

»Ich erkläre Ihnen, wie das im Geschäftsleben läuft.« Donovans Stimme zitterte vor Entrüstung. »Paragon ist sicher, das bedeutet weniger Prozesse. Weniger Prozesse, das bedeutet kosteneffektivere Arbeit. Kosteneffektivität bedeutet niedrigere Preise. Der Stadtrat stimmt für die beste und sicherste Lösung. Tut mir Leid, aber ich bin zum Mittagessen verabredet.« Er hielt Charlie die Tür auf.

Charlie stand auf und ließ seinen Blick über die Zeugnisse und militärischen Auszeichnungen gleiten, die an der Wand hingen. Dann fesselte das Bild eines seltsam aussehenden Flugzeugs seine Aufmerksamkeit. »Sie sind also bei der Luftwaffe gewesen?«

Donovan sah Charlie an. »Die Luftwaffe ist etwas für Weichlinge. Ich bin für die Marine geflogen. Eine A-6 Intruder. Das waren die ersten Flugzeuge, die ins Land kamen. Wir haben den Weg für alle anderen freigemacht.«

»Die A-6 kann man nicht vergessen. Sie hat diese kleine Nase vorne dran, das fällt auf.«

»Das ist der Benzinstutzen. Als das Flugzeug gebaut wurde, war das die einzige Möglichkeit, wenn man sie schnell betanken wollte, also haben sie den Stutzen vorne auf die Nase gesetzt.«

»Sie waren also in Vietnam?«

»Ja, ungefähr zu der Zeit, als Sie noch in die Windeln gemacht haben, bin ich Luftangriffe gegen Hanoi geflogen. Sehen Sie diesen Orden? Ich wurde hinter der Frontlinie abgeschossen. Sie mussten Green Berets schicken, um mich da rauszuholen. Einer der anderen Piloten umkreiste mein abgeschossenes Flugzeug sieben- oder achtmal und gab mir Feuerschutz, bis die Green Berets da waren.«

»Wie schrecklich.« Charlie war erstaunt.

»Es gibt Schlimmeres im Leben.« Donovan sah Charlie mit offensichtlich frustriertem Blick an.

»Wären Sie bereit, alles, was Sie mir gerade erzählt haben, vor Gericht zu bezeugen?«

»Das gehört zu den schlimmeren Dingen, von denen ich eben gesprochen habe.« Dann schlug er Charlie die Tür vor der Nase zu. –

Martin Van Schank schwamm seine Runden in einem Pool von olympischen Ausmaßen, der zu einem privaten Sportclub im First Union Tower gehörte. Der Club war nach allen Regeln der Kunst ausgestattet, und nur die wohlhabendsten Manager und Anwälte waren dort Mitglieder. Weil es in der Stadt nichts zu tun gab, hatte er sich entschlossen, zu trainieren und sich zu entspannen. Später wollte er sich von einer der jungen Aerobic-Trainerinnen massieren lassen. Er hatte gerade seine zwanzigste Runde beendet und hob den Kopf aus dem Wasser, um Luft zu schnappen, als er am Beckenrand ein Paar Lederschuhe mit weißen Spitzen bemerkte. Er ließ den Blick von den hässlichen Schuhen über die hellblaue Hose bis zum Hawaii-Hemd gleiten, dessen offener Kragen den Blick auf eine dicke Goldkette freigab.

»Ich meinte dir deutlich gesagt zu haben, dass du nicht in der Öffentlichkeit mit mir Kontakt aufnehmen sollst.« Van Schanks Stimme hallte durch den Swimming-Pool.

»Immer mit der Ruhe. Hier ist niemand. Alles völlig leer.« Slade brüllte aus Leibeskräften. »Hey, hier gibt es Drogen umsonst. Will jemand was haben? Siehst du, was habe ich dir gesagt?«

Van Schank kletterte aus dem Becken und baute sich vor Slade auf. »Wenn du irgendetwas Blödes anstellst und wir geschnappt werden, dann werfe ich dich den Wölfen vor. Du bist nicht der einzige Privatdetektiv auf meiner Gehaltsliste. Ich habe auch andere Mitarbeiter zur Verfügung, die dich umbringen, wenn du gerade schläfst. Mach bloß keinen Fehler, wie neulich in St. Augie.«

»Da habe ich wirklich Schwein gehabt. Wie konnte ich wissen, dass die alte Dame mich wieder erkennen würde? Aber da unten kennt mich niemand. Sie können meine Fingerabdrücke nicht identifizieren. Sie haben nur ein Gesicht.«

»Vielleicht solltest du Urlaub machen. Das warst doch du, der Harrigans Haus in Brand gesteckt hat, oder?«

»Ja, aber die Polizei vermutet nicht einmal, dass es Brandstiftung war. Niemand weiß das. Aber du solltest wissen, dass dein ehemaliger Kollege nicht klein beigibt.«

»Ich weiß. Nancy hat ihm eine Dreiviertelmillion angeboten, wenn er sich auf einen Vergleich einlässt, und er hat nicht einmal gezögert, bevor er ablehnte. Er wird in dieser Sache einen Schritt zu weit gehen.« Van Schank griff nach einem Handtuch und trocknete sich ab. »Hat er von der Witwe etwas erfahren?«

»Sie haben sich im Café ungefähr eine halbe Stunde lang unterhalten, und sie hat ihm ein dickes Päckchen übergeben. Ich habe keine Ahnung, was drin war. Ich habe das ganze Haus und sein Boot Zentimeter für Zentimeter untersucht. Was immer es gewesen ist, es muss sehr gut versteckt gewesen sein.«

Van Schank setzte seine runde Brille auf und kratzte sich am Kopf. »Ich muss Burchettes Akten durchgehen und herausfinden, ob sich belastendes Material darunter befindet. Wenn Burchette wusste, wer Comstocks Partner sind, könnte das hässliche Folgen haben.«

»Was kann ich tun?« Man konnte Slade förmlich ansehen, wie seine grauen Zellen in Bewegung gerieten.

»Geh noch nicht in Urlaub.« Van Schank ging zum Fenster hinüber und sah auf die schneebedeckte College Street hinab. »Zuerst einmal musst du dafür sorgen, dass wir schnell von hier wegkommen, falls es nötig ist. Du kannst ein Flugzeug am Douglas International Airport chartern und es für uns bereithalten, sobald der Prozess beginnt. Sieh zu, dass du dir genug Geld vom Konto holst.« Van Schank hatte ein privates Konto für Ausgaben, die nicht über die Kanzlei laufen durften.

»Okay, aber was ist mit Harrigan?«

»Er darf dich nicht noch einmal zu Gesicht bekommen, aber du kannst die Daumenschrauben noch etwas anziehen. Wenn das nicht funktioniert, will ich, dass du einen Plan ausarbeitest, damit er endgültig verschwindet.«

»Du weißt, dass Brad Connelly jetzt mit Harrigan zusammenarbeitet?«

»Ja, aber er ist schwach. Wenn Charlie erst einmal aus dem Weg geräumt ist, wird er klein beigeben.« Er drehte sich schnell um. »Du darfst es nicht noch einmal wie einen Selbstmord aussehen lassen. Es muss ein Unfall sein. Es darf kein Aufsehen erregen. Ich kann nicht glauben, dass es mit diesem Fall schon so weit gekommen ist; diese Blödmänner wollen einfach nicht aufgeben.«

»Mach dir keine Sorgen, Marty, ich kümmere mich schon um ihn.«

»Wenn du versagst, bist du ein toter Mann.« Van Schank verließ das Schwimmbad und ging in die Sauna. Er wollte eine Weile schwitzen und dann Nancy zu einem vorgezogenen Mittagessen ausführen.

Die Beziehung zwischen Martin Van Schank und Slade ging auf ihre gemeinsame Zeit in Fort Bragg in North Carolina vor dreißig Jahren zurück. Slade gehörte zum Besten, was Leutnant Van Schank hervorgebracht hatte. Als er noch jünger und schlanker war, hatte sich Slade durch den Schlamm unter nordvietnamesische Hütten geschlichen und gelauscht, wenn die Offiziere ihre Pläne schmiedeten. Spionage und Aufklärung gehörten zu seinen Spezialitäten. Van Schank war bereits drei Jahre in Danang gewesen, um diese Geheimoperationen auf kommunistischem Territorium zu leiten, als er eines Tages von einem Colonel in Zivilkleidung angesprochen wurde, der ihn bat, eine Operation im Goldenen Dreieck zu leiten.

Kambodscha, Laos und Thailand waren nie offiziell an irgendwelchen Polizeiaktionen beteiligt, aber man war auf ihre inoffizielle Unterstützung dringend angewiesen. Natürlich nahm Van Schank seinen Handlanger Slade mit in die grünen Hügel von Laos. Die laotische Regierung bot inoffiziell gegen Zahlung einer gewissen Summe ihre Unterstützung an. Es gab einige Guerilla-Truppen, die bereit waren, gegen die nordvietnamesische Armee zu kämpfen, aber Van Schank hatte kein Geld. So kam der Handel zustande: Van Schank würde mithilfe einiger befreundeter Marineflieger Heroin in die Vereinigten Staaten schmuggeln. Mit dem Erlös sollten die laotischen Guerilla-Krieger bezahlt werden, nachdem Van Schank und seine Männer einen kleinen Anteil für die Transportkosten abgeschöpft hatten.

Nach dem Ende seiner Dienstzeit kehrte Van Schank in die Staaten zurück und studierte Jura an der Privatuniversität

Washington & Lee, während Slade im Fernen Osten zurückblieb, damit die Operation weiterlaufen konnte. Nach seinem hervorragenden Abschluss wurde Van Schank von der angesehenen Kanzlei *Stromboldt, Hobbes & Reimarus* eingestellt. Einige Jahre nach Stromboldts Tod ging Martin Van Schank als der jüngste Seniorpartner aller Zeiten in die Geschichte der Kanzlei ein. Er hatte sich diese Stellung dadurch erarbeitet, dass er zahlungskräftige Mandanten anwarb, obwohl niemand auch nur die leiseste Ahnung hatte, dass viele dieser Mandanten lediglich Briefkastenfirmen waren. Als Slade in die Staaten zurückkehrte, gründete er eine eigene Detektei. Sein wichtigster Klient war Martin Van Schank.

35

»Er ist ein Idealist.« Charles Harrigan senior führte seinen Gin Tonic zum Mund. »Er hätte das Geld nehmen und sich aus dem Staub machen sollen. Das war schon immer sein Problem; er glaubt, dass die Welt Helden bewundert, die keine Kompromisse machen.«

Brad beobachtete, wie Harrigan senior einen Schluck nahm, und stellte sich vor, wie der Gin Tonic wohl schmeckte. »Aber genau das macht ihn zu einem guten Anwalt. Er ist kein Versager. Er setzt sich wirklich für seine Mandanten ein.«

»Alle Wissenschaftler, die wir befragt haben, sagen, dass noch ein langer Weg vor uns liegt. Wenn weder Gesundheitsministerium, Umweltministerium noch Ärztekammer zugeben wollen, dass Silicate Krebs auslösen, dann werden sich die meisten Mediziner auf ihre Seite stellen. So ist es nun einmal.« Charles bekam einen heftigen Hustenanfall und krümmte sich. »Ich bin nur froh, dass ich es nicht mehr mit Privatpersonen zu tun habe. Firmen sind einfach. Aber das Leben macht nur Probleme.«

»Sind Sie darum gegangen?« Brad beobachtete, wie der alte Mann sein Glas mit schmerzverzerrtem Gesicht zum Mund führte.

»Das war einer der Gründe, aber nicht der einzige. Ich will nicht darüber reden. Ich versuche jetzt alles in Ordnung zu bringen. Ich habe mir gedacht, Charlie würde mich vielleicht weniger hassen, wenn ich ihn im größten Fall seines Lebens unterstütze.«

»Allein, dass Sie hier sind, reicht schon aus, glaube ich. Er braucht die Unterstützung seiner Familie. Ich persönlich kann nicht verstehen, wie er sich überhaupt noch aufrecht hält und wie er die Verhandlung so gut vorbereiten kann, bei allem, was er durchgemacht hat. Er wird sich nicht beugen, und das Rückgrat können sie ihm schon gar nicht brechen.«

Sonny brachte Würstchen und Eier an den Tisch. Er war länger geblieben, um ein Abendessen für die Teilnehmer der Strategiesitzung zu kochen, bei der Charlie heute fehlte, was ihm gar nicht ähnlich sah. Harrigan senior hatte von Sonnys legendären Würstchen mit Eiern und Soße gehört und sich deshalb für das Frühstück entschieden. Charles und Brad redeten an diesem Abend über die Zeugenaussagen der verschiedenen Wissenschaftler. Weil Dr. Keith Alford aus dem Ort stammte und Matts Hausarzt gewesen war, würde er als Hauptzeuge fungieren. Andere Zeugen würden seine Untersuchungsergebnisse und Vermutungen zur Todesursache stützen.

Donald Goldberg hatte in seiner Examensarbeit an der Chapel-Hill-Universität eine Verbindung zwischen Krebs und Silicaten bei Laborratten nachgewiesen. Maxine Norvell von der Universität Berkeley, Harold Rutherford von der Universität von Kalifornien in Los Angeles und Koshee Patel von der Universität Los Alamos würden diese Forschungsergebnisse untermauern und ihre eigenen Arbeiten vorstellen. Thomas Busby war ein politischer Aktivist aus Kalifornien, der sich für den Antrag 65 engagierte, der den Einsatz von kristallinen Silicaten regeln sollte und forderte, sämtliche Silicate als Krebs erregende Stoffe der höchsten Gefahrenklasse zu führen. Er war zu radikal, um in den Zeugenstand zu treten, aber seine Expertise machte ihn zu einem unschätzbaren Berater, der die zehntausend Dollar wert war, die Charles Harrigan senior aus eigener Tasche berappte.

Busbys Einschätzung nach bewegte sich das Umweltamt in

dieser Sache kaum vorwärts, weil es unter politischem Druck stand. Manche Interessengruppen wie zum Beispiel Versicherungen oder Arbeitgeber wollten nicht, dass Silicate als Krebs erregende Stoffe geführt wurden. Wenn erst einmal ein Prozess gegen eine Firma gewonnen wäre, in dem nachgewiesen wurde, dass Silicate Krebs hervorriefen, würde eine Prozesswelle folgen, wie es gegen die Tabakindustrie und die Hersteller von Brustimplantaten der Fall gewesen war. Busby berichtete ihnen, dass in europäischen Ländern wie England und Norwegen inzwischen die Belastung durch Silicate am Arbeitsplatz überwacht wird. In Australien ist die Höchstmenge an Silicaten, der ein Arbeiter ausgesetzt werden darf, ohne dass der Arbeitnehmer zur Verantwortung gezogen wird, gesetzlich geregelt. Es würde nicht ganz einfach sein, den Geschworenen diese Informationen zu vermitteln.

Ihre Prozessgegner hatten einen Arzt von der Duke-Universität ausfindig gemacht, dessen Forschungsarbeiten nachwiesen, dass es keinen Zusammenhang zwischen Silicaten und Krebs gab. Ihre restlichen Experten stammten alle aus dem Norden, von der John-Hopkins-Universität, Massachusetts General, Harvard, Syracus und der Mayo-Klinik. Die beiden Männer blickten sich an. Na wunderbar, dachte Brad, diese Südstaaten-Geschworenen müssen sich zwischen Yankees aus dem Norden und Surfern aus Kalifornien entscheiden. Die große Frage war, wen sie mehr hassten.

»Wie können Sie dieses Zeug trinken, wenn Sie Eier essen?«, fragte Brad zwischen zwei Bissen.

»Wie können Sie ein Anwalt sein, ohne zu trinken?« Charles' Sarkasmus kam bei Brad, der versuchte das Trinken aufzugeben, nicht sehr gut an.

Brad betrachtete das ledrige Gesicht und das weiße Haar seines Gegenübers. Charles senior war mehrfacher Millionär. Er lebte im Silicon Valley und besaß ein Penthouse in Hongkong. Er flog nur erster Klasse und trug Tausend-Dollar-Anzüge. Und trotzdem stand er kurz vor dem Tod. Er war unendlich allein und kannte nicht einmal seinen eigenen Sohn. Brad fand, dass es ihm doch eigentlich nicht schwer fallen sollte, auf Alkohol zu verzichten.

»Also, ich kann nicht die ganze Nacht auf Charlie warten. Ich brauche meinen Schönheitsschlaf.« Brad stapelte die Teller aufeinander und trug sie in die Küche. »Sie können ja hier oder oben warten, bis Charlie zurückkommt.«

»Gut.« Charles' Stimme lag irgendwo zwischen Bellen und Knurren. »Ich gehe noch einmal die eidesstattlichen Versicherungen der Ärzte durch und schaue nach, ob wir irgendetwas übersehen haben ...«

Der Prozesstermin am 1. März rückte immer näher. Tag und Nacht hatten die drei Männer fieberhaft gearbeitet. Brad Connelly hatte zu jedem der zweihundertzehn potenziellen Geschworenen eine Akte mit einer Kurzbiografie angelegt. Sie hatten verschiedene Listen. Die erste war in alphabetischer Reihenfolge. Eine andere führte zuerst die Wunschkandidaten und dann diejenigen auf, die sie unter keinen Umständen auf der Geschworenenbank sitzen haben wollten. Es gab Listen, die nach Ausbildung, Gehalt und vorherigen Kontakten mit dem Rechtssystem geordnet waren. Brad war körperlich und geistig völlig erschöpft. Wie Charlie hatte er seit Monaten ohne Bezahlung gearbeitet. Zwar hatte er zwei Mandanten, die ihre Immobiliengeschäfte über ihn abwickelten, aber von keinem der beiden waren sonderlich viele Folgeaufträge zu erwarten. Er hatte seine Ersparnisse fast völlig aufgebraucht, und es frustrierte ihn, dass Charlie nicht wollte, dass er neue Mandanten annahm, um die Rechnungen, die sich auf seinem Schreibtisch auftürmten, zu bezahlen.

Brad ging zur Tür hinaus, schloss sie hinter sich ab und überlegte, wie viel Schulden Charlie wohl gemacht hatte. Wieder einmal hielt ihn die Versicherungsgesellschaft hin. Sie behaupteten, dass Charlie genau zum Profil eines verzweifelten Brandstifters passe, der sein Haus in Brand steckte, um die Prämie zu kassieren und seine Rechnungen zu bezahlen. Brad bog auf den kiesbestreuten Parkplatz ein und sah, dass Charlie seinen Blazer hinter seinem Porsche geparkt hatte. Er blickte sich um. Er war allein, und es standen dort auch keine anderen Autos.

Er ging langsam um den Porsche herum und fand Charlie zwischen den beiden Autos auf dem Boden liegend. Er war bewusstlos, und aus seinem Mundwinkel tropfte Blut. Sein Puls war schwach, aber regelmäßig. Brad drehte Charlies Kopf und bemerkte, dass er ein blaues Auge hatte, dass zusehends anschwoll. Er wählte den Notruf 911 auf seinem Handy. Innerhalb von Minuten waren Krankenwagen und Polizei zur Stelle.

Brad und Charles tranken braunes Wasser, das irgendjemand fälschlicherweise als Kaffee bezeichnet hatte und das sie aus einem Automaten im Wartebereich der Notaufnahme der Mercy-Klinik gezogen hatten. Er hatte Horace Douglas angerufen und erfahren, dass Charlie gegen acht Uhr Kannapolis verlassen hatte. Er hatte sich mit den Douglas' getroffen, um ihre Aussagen mit ihnen durchzugehen und sie auf die Kreuzverhöre vorzubereiten, indem er die Rolle des gegnerischen Anwalts einnahm und ihnen Geldgier vorwarf. Er hatte sich immer wieder dafür entschuldigt und ihnen erklärt, dass er diesen Teil seiner Arbeit hasste, dass er sie aber darauf vorbereiten müsste, was sie in den nächsten Wochen erwartete.

Die Douglas' hatten ihm entgegnet, dass sie sehr gut verstünden, dass das zu seiner Arbeit gehörte. Als Charlie fertig war, hatten sie sich zusammengesetzt und für Charlie und für den Prozess gebetet. Als er ging, war alles in bester Ordnung. Weiter wussten sie nichts. Auch die Polizei schien nicht vorwärts zu kommen. Sie hatten das Gebiet rund um Sonnys Imbiss durchkämmt, aber die meisten Nachbarn waren offensichtlich schwerhörig und hatten ein schlechtes Gedächtnis.

Beth Quinlan, eine junge Ärztin, erkundigte sich nach Freunden oder Familienangehörigen von Charlie Harrigan. Sie teilte Brad und Charles mit, dass Charlie eine Gehirnerschütterung erlitten und einige Quetschungen sowie zwei gebrochene Rippen davongetragen habe. Er sei nicht ernsthaft verletzt, aber es werde einige Tage dauern, bis er wieder auf den Beinen sei. Das einzige Problem sei sein rechtes Auge. Bis die Schwellung zurückgegangen sei, könne man nicht wissen, ob sein Sehvermögen gelitten habe. In ein paar Minuten könnten sie zu ihm hinein.

Charlie wirkte benommen. Als die Tür aufging und der Lichtstrahl vom Flur sein linkes Auge traf, winselte er. In seinem linken Arm steckte eine Kanüle und aus einem Plastikschlauch wurde er mit Sauerstoff versorgt. Das Blut hatte man abgewischt, aber trotzdem sah er sehr mitgenommen aus. Brad lief sofort zu ihm hin; Charles nahm zögernd in einer Ecke Platz.

»Was ist mit dir passiert? Bist du okay?« Brad griff nach seiner Hand und umarmte ihn.

»Au, das tut weh. Drück nicht so fest.« Charlie biss die Zähne zusammen. »Ich weiß wirklich nicht, was passiert ist. Als ich auf den Parkplatz einbog, war ich allein. Ich ging zur Beifahrertür, um die Aktentasche und die Akten herauszuholen. Wie ein Blitz aus heiterem Himmel fasste mich jemand plötzlich von hinten und hat meinen Kopf gegen das Auto geschlagen.« Charlie stöhnte und versuchte seinen steifen Körper zu strecken.

»Hast du ihn gesehen?«

»Nein, das ging alles zu schnell. Es waren mehrere. Sie haben meinen Kopf ein paar Mal gegen das Auto gehämmert und dann plötzlich aufgehört. Einer von ihnen hat sich ganz dicht zu mir herübergebeugt und mir zugeflüstert: ›Hast du es immer noch nicht verstanden? Lass die Finger davon. Nimm das Geld und mach dich aus dem Staub.‹«

»Was hast du gesagt?«

»Ich habe gesagt: ›Es ist mir egal, wenn ihr mich umbringt, ich habe nichts zu verlieren.‹ Dann haben sie mir eine Decke oder so etwas übergeworfen und mich nach Strich und Faden verprügelt. Ich glaube, einer von ihnen ist mit einem Schraubenschlüssel auf meine Rippen losgegangen.«

»Oh.« Brad wirkte erstaunt. »Glaubst du wirklich, dass Nancy dahinter steckt?«

»Ich weiß nicht. Nancy lässt sich eine Menge einfallen, aber ich kann mir nicht vorstellen, dass sie professionelle Schläger anheuert. Da steckt unsere alte Kanzlei dahinter. Was meinst du?«

»Das ist nicht mehr meine Kanzlei. Ich werde den Richter anrufen und ihm erzählen, was vorgefallen ist.«

»Warte einen Augenblick. Du kannst nicht beweisen, dass sie

es wirklich waren. Du hast nur meine Aussage.« Charlie stöhnte. »Wir unternehmen nichts. Ich rufe morgen früh, wenn ich mich besser fühle, die Stellvertretende Bezirksstaatsanwältin Powell an und lasse sie wissen, was passiert ist. Ich habe ihr von Burchette erzählt. Sie ist an der Sache dran … ganz im Stillen.«

»Lass mich wenigstens morgen Fitzwaring anrufen, damit der Termin verschoben wird. Das sollte kein Problem sein.«

»Bist du verrückt?« Charlie versuchte sich aufzusetzen und fiel sofort auf das Bett zurück. »Das ist genau das, was sie wollen. Verzögern und einschüchtern. Sie wollen, dass wir Angst bekommen und die ganze Sache auf die lange Bank schieben. Je länger sich der Prozess hinzieht, desto besser sieht es für sie aus.«

»Die Verhandlung beginnt schon nächste Woche.«

»Ich bin bereit. Diese Burschen werden mich nicht noch einmal schlagen. Ich habe bis jetzt alles eingesteckt, was mir angetan wurde. Ich werde nicht klein beigeben. Comstock wird es noch Leid tun, dass er Matt Douglas jemals begegnet ist … und mir.«

Doktor Quinlan steckte ihren Kopf durch die Tür. »Okay, jetzt reicht es. Charlie braucht seine Ruhe.«

»Also, die ist doch ganz niedlich. Hast du schon ihre Telefonnummer?«, wollte Charlie von Brad wissen.

»Mann, ich hab mir viel zu viel Sorgen um dich gemacht, um sie überhaupt zu bemerken.«

»Geh und lad sie zu einem Kaffee ein. Ich werde schon wieder gesund werden.« Brad ging zu Tür hinaus, aber Charles blieb auf seinem Stuhl sitzen.

»Charlie, ich weiß gar nicht, was ich sagen soll. Als sie dich in den Krankenwagen geschoben haben, konnte ich nur daran denken, dass ich dich vielleicht verlieren würde, ohne dich überhaupt richtig kennen gelernt zu haben. Wir haben gerade erst angefangen, uns kennen zu lernen, und …« Charlie hatte nie erlebt, dass sein Vater Schwäche oder Verletzlichkeit zeigte. Er wusste nicht, wie er reagieren sollte.

»Alles wird gut werden.« Er versuchte seinen Vater zu beruhigen. »Ich werde wieder gesund. Wir haben genug Zeit, um alles aufzuholen.«

»Wie kannst du mir nur so einfach vergeben? Ich bin eine Ratte. Ich verdiene nicht, dass du mir eine zweite Chance gibst. Ich habe dich und deine Mutter verlassen. Ich habe mir fast dreißig Jahre lang eingeredet, dass ich glücklich bin und dass mir mein Reichtum Freude macht, aber in Wirklichkeit war ich unglücklich. Ich habe mir oft vorgestellt, wie es wäre, mit dir Basketball zu spielen, bei Ashleys Geburt dabei zu sein oder dich in den Gerichtssaal zu begleiten. Weißt du, ich habe in der Zeitung immer verfolgt, was du gemacht hast. Ich habe noch den *Charlotte Observer* von dem Tag, als du dein Examen bestanden hast.«

Charlie war sprachlos. Er starrte den Mann an, den er nie kennen gelernt hatte.

»Ich bin dein größter Fan. Du bist ein besserer Mann, ein besserer Ehemann und Vater, als ich es je war. Darum bin ich dir all die Jahre aus dem Weg gegangen. Ich habe mich geschämt, was für ein Mann aus mir geworden war. Du hast mich sowieso nicht gebraucht. Sieh dir einmal an, was für ein großartiger Mann aus dir geworden ist.« Charles wandte sich von seinem Sohn ab.

Charlie liefen die Tränen hinunter. »Ich habe mein ganzes Leben darauf gewartet, von dir zu hören, dass du stolz auf mich bist.« Er schniefte und rieb sich die Augen. »Ich brauche dich jetzt mehr denn je. Du und Mom, ihr seid meine ganze Familie. Lass uns noch einmal ganz von vorne anfangen.«

Sein Vater wandte sich ihm wieder zu, immer noch bedrückt. »Wie kannst du mir nur so einfach vergeben? Wie kannst du einfach von vorne anfangen? Ein Mensch ändert sich nicht so leicht.«

»Doch, das ist möglich. Ich habe mich verändert. Gott hat mich verändert. Als Sandy und Ashley umgebracht wurden, da habe ich Gott gehasst und alles, was mit ihm zu tun hatte, aber dann habe ich die Wahrheit über Gott entdeckt. Ich habe entdeckt, wie Jesus gelitten hat und gestorben ist und ausdrücklich den Menschen vergeben hat, die ihn töteten. Als ich ihn gebeten habe, mir zu vergeben, da habe ich etwas gespürt ... ich kann es nicht beschreiben, aber zum ersten Mal seit ihrem Tod habe ich einen

Hoffnungsschimmer gespürt, einen Grund, jeden Morgen wieder aufzuwachen. Er hat mir allen Hass genommen. Ich habe geglaubt, Gott wäre zornig auf mich, weil ich ihn gehasst habe, aber er hat den Hass weggenommen. Es ist so, als hätte er ihn einfach weggewischt.«

Sein Vater hörte ihm gebannt zu.

»Gott kann dir in diesem Augenblick ein neues Leben schenken. Wir können noch einmal ganz von vorne anfangen. Das Einzige, was du tun musst, ist, ihm dein ganzes Leben zu geben.«

Charles umarmte seinen Sohn. Die Tränen flossen ihm über das Gesicht. »Ich will noch einmal von vorne anfangen. Bitte vergib mir.«

Es war mehr ein Gebet als eine Entschuldigung. Der Schmerz jagte durch Charlies Körper, aber er biss sich auf die Lippen. Als ihn sein Vater das letzte Mal umarmt hatte, war er sechs Jahre alt gewesen. Sie umarmten sich, und auf unglaubliche Art und Weise schien sich die dunkle Wolke, die über dem Behandlungszimmer in der Notaufnahme gehangen hatte, aufzulösen. Liebe und Vergebung löschten die Jahre der Trennung und des Schmerzes aus. Endlich war Charlie wieder sein Sohn.

36

DAS TELEFON KLINGELTE und Betty Douglas hob sofort ab. Am anderen Ende meldete sich Brad Connelly. »Ich muss sofort mit Charlie sprechen. Ich habe gute Neuigkeiten!«

»Er schläft. Ich will ihn nicht wecken.«

Betty hatte Charlie gepflegt, nachdem er aus dem Krankenhaus entlassen worden war. In drei Tagen sollte die Verhandlung beginnen. Charlie hatte beim Gehen immer noch Schmerzen, aber er bestand darauf, alles nach Plan laufen zu lassen. Betty hatte Charlie Frühstück, Mittag- und Abendessen ans Bett gebracht. Charlie vertraute ihr an, dass sie sich zu einer guten Rechtsanwaltsgehilfin entwickelt hatte, und er meinte es ernst. Er gab ihr Anweisungen, wo sie nachschlagen und recherchieren sollte. Betty nahm ihre Arbeit ernst und verrichtete sie sehr sorgfältig. Er war bereit, in die Verhandlung zu gehen, obwohl seine Beweisführung noch nicht hieb- und stichfest war. An diesem Punkt konnte man noch nicht sagen, wie der Prozess ausgehen würde.

Drei Tage nur noch, und Charlie hatte begonnen, an seinem Eröffnungsplädoyer zu arbeiten. Viele Anwälte beginnen mit weit ausholenden Argumenten und verschwenden ihre Zeit mit rhetorischen Raffinessen, die die Geschworenen doch wieder schnell vergessen. Charlie hatte immer zunächst alle Fakten gesammelt und die Beweiskette geschlossen, bevor er das Eröffnungsplädoyer vorbereitete. Er plante, in der Hauptsache über Matt Douglas zu sprechen. Der Anwalt, der die Kläger vertritt, muss vor allem an die Gefühle der Geschworenen appellieren. Wenn ein Mensch irgendjemanden leiden sieht, liegt es in seiner Natur, jemanden dafür verantwortlich zu machen. Richter Fitzwaring hatte ihn aber seiner besten Waffe beraubt, jedenfalls, was die erste Hälfte des Prozesses anging. Er würde weder Matt erwähnen noch seine Familie in den Zeugenstand rufen können, jedenfalls nicht in der ersten Hälfte des Prozesses. Wenn er nicht beweisen konnte, dass Silicate Krebs erregen, wäre ihre Aussage nicht von Bedeutung. Wenn er den ersten Prozess verlor, würde man Strafmaßnahmen gegen ihn einleiten und ihn zu einer Anhörung vor die Anwaltskammer laden. Darüber machte Charlie sich keine Sorgen; aber er konnte den Gedanken nicht ertragen, seine Mandanten zu enttäuschen.

»Ich bin eben zu ihm gegangen und habe ihn geschüttelt, aber er schläft fest«, entschuldigte sich Betty am Telefon bei Brad.

»Bitte tun Sie es für mich. Gehen Sie in sein Zimmer und halten Sie ihm den Hörer ans Ohr.«

Zögernd folgte Betty seinen Anweisungen. Brad brüllte in seinen Hörer. »Wach auf, du armselige Schlafmütze! Steh auf! Wir haben noch viel zu erledigen!«

Charlie fuhr auf und wusste einen Augenblick lang nicht, wo er sich befand. »Wer ist da? Was ist los?« Dann griff er nach dem Hörer.

»Hey, Kumpel. Gute Neuigkeiten.« Brad war außer sich vor Freude.

Er erzählte Charlie, was er an diesem Morgen erlebt hatte. Er war in der Graham Street gewesen, wo Paragon ein altes Warenlager sanierte und zu einem modernen Apartmentblock umbaute. Dort bemerkte er, dass vier Lateinamerikaner im Gebäude mit einem Sandstrahler arbeiteten. Einer der Männer entfernte damit Rost von einigen Stahlträgern. Ein paar von ihnen trugen nicht einmal Masken. Brad saß in seinem Auto, das auf einem belebten Parkplatz stand, und schaute sich ihren Arbeitsplatz durch sein Fernglas an. Vom frühen Morgen bis zur Mittagspause arbeiteten sie ohne Unterbrechung am Sandstrahler.

Zur Mittagszeit beobachtete er, dass Barry Kasick und die älteren weißen Arbeiter in einen teuren Pick-up stiegen und davonfuhren. Das lateinamerikanische Quartett überquerte die Straße. Vor einem kleinen Lebensmittelgeschäft setzten sie sich auf den Bürgersteig, aßen Süßigkeiten und in der Mikrowelle erhitzte gefüllte Tortillas. Sie teilten sich ein Bier, das sie in einer braunen Papiertüte verbargen.

Brad hielt Ausschau nach anderen Bauarbeitern, aber niemand war zu sehen. Er ging auf die Arbeiter zu und fragte, ob er mit ihnen reden könnte. Er wollte mit ihnen über die Sicherheit am Arbeitsplatz sprechen, über einen Prozess und über einen jungen Mann namens Matt. Nur einer von ihnen, der Älteste der Gruppe, sprach Englisch und übersetzte den anderen das Gespräch. Sie antworteten nur sehr zurückhaltend.

Brad beschloss, sein Angebot zu versüßen. Er griff in seine Tasche und holte ein paar Zwanziger hervor. Er gab jedem genug Geld, um sich eine Sechserpackung Bier und ein paar Zigaretten zu kaufen. Dann teilte er ihnen mit, er würde auf sie warten, während sie sich das Bier besorgten.

Charlie schimpfte Brad deswegen aus: »Du darfst ihnen niemals vorher Geld geben. Immer hinterher.«

»Das habe ich auf die harte Tour gelernt«, entgegnete Brad. »Eine Viertelstunde habe ich gewartet. Schließlich sah ich im Geschäft nach und musste feststellen, dass sie schon alle weg waren. Aber der Älteste kam zurück, als er mich sah. Wir haben ungefähr eine halbe Stunde miteinander gesprochen.«

Der Mann hieß Diego Stratos. Er ging auf Brad zu und sagte: »Matt ist tot, oder?« Dann packte er Brad am Kragen und sagte: »Sie müssen uns helfen. Ich habe Matts Job übernommen, als er zu krank wurde, um noch zu arbeiten. Ich habe eine Frau und fünf Kinder. Ich kann keine andere Arbeit machen, aber wenn ich sterbe, bleibt meine Familie ohne einen Cent zurück.«

Charlie zog sich einen Pullover über seinen Pyjama und versuchte gleichzeitig zuzuhören: »Ich muss mit ihm reden. Wird er vor Gericht aussagen?«

»Er hat Angst«, antwortete Brad. »Er hält sich illegal im Land auf. Er fürchtet, dass man ihn ausweisen wird, wenn er in irgendeine offizielle Geschichte verwickelt wird.«

»Das kann ich regeln. Ich muss nur ein paar Leute anrufen …«

Brad unterbrach ihn. »Oh, Charlie, ich muss los. Da kommen gerade zwei Schlägertypen auf mich zu, und einer von ihnen hat eine kräftige Holzlatte in der Hand. Bis später.«

Der Porsche fuhr mit quietschenden Reifen davon und hinterließ Gummispuren auf dem Asphalt. Brad bog nach links in die Fifth Street ein, und zwar gegen die Fahrtrichtung dieser Einbahnstraße. Als er nach rechts in die Church Street einbog, sah ihn ein Polizist und schaltete das Blaulicht ein. Damit konnte Brad leicht fertig werden. Er fuhr zwei S-Kurven und trat aufs Gas, bevor der Polizist auch nur nahe genug heran war, um sein Nummernschild zu entziffern. Jetzt hatte er schon die Interstate erreicht und fädelte sich in den Verkehr ein. Der Polizist gab auf.

Charlie und Brad fuhren den gewundenen Kiesweg hoch. Sie konnten nicht glauben, dass sie sich immer noch in Charlotte befanden. Fünf Kilometer vorher waren sie von der Rozzelles Ferry Road abgebogen, und dieser kleine Trampelpfad war auf Charlies Stadtplan nicht einmal eingezeichnet. Der Weg endete in einer Sackgasse mit mehreren großen Wohnwagen. Kleine lateinamerikanische Kinder spielten barfuß Fußball. Alte Frauen hängten gerade die Wäsche von den Leinen ab, die sie zwischen den

Wagen aufgespannt hatten. Ein paar alte Pick-ups standen herum, und man sah einige aufgebockte alte Autos. Sie hatten mitten in Mecklenburg County ein Dritte-Welt-Land betreten.

Diegos Wohnwagen fanden sie ohne Probleme. Sie klopften an. Ein kleines Mädchen öffnete ihnen, bekam aber augenblicklich Angst, als es die Gesichter der beiden Weißen sah. Die Kleine ließ die Tür zuknallen und schrie nach ihrem Vater. Einige Sekunden später öffnete Diego die Tür.

»Tut mir Leid. Die einzigen Weißen, die gelegentlich hierher kommen, machen nur Ärger, Polizisten oder Verbrecher, wissen Sie. Bitte setzen Sie sich.« Diego bat sie nicht herein. Er bat sie, auf den Gartenstühlen Platz zu nehmen, die zusammengeklappt gegen den Wagen lehnten.

Charlie faltete den verrosteten Metallstuhl langsam auseinander und setzte sich. Er hatte Angst, dass dieses uralte Gartenmöbel unter ihm nachgeben könnte. »Mr. Stratos, mein Name ist Charlie Harrigan. Ich führe einen Prozess gegen die Paragon-Gruppe, in der es um den Tod von Matt Douglas geht. Brad hat mir erzählt, dass Sie uns vielleicht helfen könnten.«

»Ich habe Angst, als Zeuge auszusagen. Wir können nicht nach Mexiko zurück. Das Leben ist hier so viel besser. In den Bergen, aus denen wir stammen, gibt es immer noch Rebellen, und es ist sehr gefährlich.«

Charlie blickte auf den unsäglichen Dreck um sie herum und konnte sich nicht vorstellen, dass das Leben irgendwo noch schlimmer sein konnte. »Ich werde mich darum bemühen, dass Sie und Ihre Familie Visa erhalten, damit Sie hier bleiben können.«

»Ich weiß nicht. Der Gedanke daran macht mich immer noch nervös.«

»Ich habe eine Idee. Ich könnte Ihnen doch ein paar Fragen stellen, und Sie erzählen mir, was Sie wissen. Vielleicht sind Sie ja gar nicht im Besitz von Informationen, die mich interessieren.«

»Na gut, das ist okay, glaub ich.« Diego nickte und öffnete eine Kühlbox, die neben ihm stand. Er bot Brad und Charlie ein Bier an. Charlie lehnte ab und dachte: Seine Kinder laufen im Februar barfuß herum, aber immerhin hat dieser Mann Bier im Haus.

Charlie befragte ihn zu seinem Beruf und wollte wissen, wie er nach Charlotte gekommen war. Diego gab bereitwillig Auskunft. Er erzählte Charlie, wie er mit zwanzig Bekannten über die Grenze nach Texas gekommen war. Weil sie Angst hatten, zurückgeschickt zu werden, zogen sie weiter nach Osten, bis sie in Louisiana ankamen. Dort halfen sie bei der Reisernte mit. Dann zogen sie nach Arkansas, wo sie auf Hühnerfarmen arbeiteten. Von dort zogen sie weiter nach Florida und pflückten Orangen und Grapefruits.

Nach der Ernte mussten sie sich wieder nach Arbeit umsehen. Ein Fremder sprach sie an, als die ganze Gruppe in einer kleinen mexikanischen Bar außerhalb von Orlando saß, und erzählte ihnen von einer Teppichfabrik in Dalton im Bundesstaat Georgia. Nachdem die Fabrik geschlossen hatte, bot ihnen derselbe rundliche Mann im Hawaii-Hemd Arbeit auf Baustellen in Charlotte an. Er wollte ihnen etwas Geld für den Umzug geben und vier Dollar die Stunde bezahlen.

Diego war alle drei bis sechs Monate umgezogen, bis er nach Charlotte kam. Jetzt hatte er fast zwei Jahre bei Paragon gearbeitet. Er war Matt hin und wieder begegnet. Er erinnerte sich daran, dass Matt ein komischer Vogel gewesen war, der mit seinem »Gewehr« angab und damit den Sandstrahler meinte. Als Matt zu krank wurde, wies man Diego seinen Job zu. Sie fingen normalerweise um sieben Uhr morgens an, und im Sommer arbeiteten sie bis acht oder neun Uhr abends. Sie arbeiteten ausschließlich im Abrisskommando. Wenn sie einen Bauplatz geräumt hatten, rückte ein anderes Team an, das mit den eigentlichen Bauarbeiten begann. Dann zogen sie zur nächsten Baustelle, und Diego bediente den ganzen Tag lang den Sandstrahler.

Brad und Charlie schauten sich erstaunt an. Der Philanthrop des Jahres führte sich wie ein Sklavenhalter auf. Er heuerte Ausländer ohne Aufenthaltsberechtigung und Behinderte an, umging den gesetzlichen Mindestlohn und heimste dafür Anerkennung und Preise ein, weil er der Gesellschaft einen Dienst erwies. Irgendjemand in der Stadtverwaltung schaute offenbar weg. Aber Charlie hatte einen anderen Fall zu klären. Die Verschwörung würde noch warten müssen. Der Prozess, in dem er die Douglas' vertrat, war dringender.

Charlie fragte Diego: »Halten Sie sich alle hier illegal im Land auf?«

»Ja, natürlich. Es gibt hier acht Familien. Die meisten Männer arbeiten auf dem Bau.«

Charlie zählte schnell nach. Es gab acht Familien, aber nur fünf Wohnwagen. »Hat Sie jemand darüber aufgeklärt, dass die Arbeit gefährlich ist?«

»Ein Mann namens Warner hat mir gesagt, dass ich immer eine Schutzbrille und eine Maske tragen soll.«

»Haben sie Ihnen etwas von Silikose gesagt?«

»Nein.«

»Haben sie von Pneumokoniose gesprochen?«

»Was ist das?«

»Haben sie Ihnen gesagt, dass Sie sich regelmäßig die Hände waschen und Ihre Kleidung gründlich waschen sollten?«

»Nein.«

»Tragen Sie bei der Arbeit Ohrenschützer?«

»Nein.«

Charlie sah zu Boden. »Mr. Stratos, wenn es möglich ist, würde ich Sie morgen gerne zum Arzt fahren. Können Sie einen Tag freinehmen?«

»Ich weiß nicht.«

»Ich glaube wirklich, dass Sie sich untersuchen lassen sollten. Ich werde den Arztbesuch bezahlen; Sie sind möglicherweise in Gefahr. Ich komme morgen früh vorbei und hole Sie ab, wenn es Ihnen recht ist.«

»Mr. Harrigan, wenn Sie mir helfen können, dass ich hier bleiben kann, dann will ich vor Gericht aussagen.«

Charlie, Brad und Charles saßen am Abend vor der Verhandlung um den kleinen Klapptisch herum. Sie planten ihre Strategie und stritten darüber, in welcher Reihenfolge sie die Zeugen aufrufen sollten. Sie waren sich darüber einig, dass der erste Teil des Prozesses wie ein Blitzkrieg geführt werden musste. Geschworene langweilen sich schnell. Geschworene bestrafen Anwälte, die allzu viele Worte machen. Geschworene wollen nach Hause gehen.

Die Strategie der Verteidigung konnte man leicht erraten. Charlie selbst hatte sie unzählige Male eingesetzt. Verzögern. Verzögern. Verzögern. Sie würden den Prozess so lange wie möglich hinziehen und so viele Zeugen aufrufen wie möglich. Ihre Kreuzverhöre würden unerträglich und unglaublich komplex sein. Sie würden den unbedeutendsten Kleinigkeiten nachgehen, nur um die Geschworenen zu langweilen. Gerade in Zivilprozessen, in denen es um wissenschaftliche Beweise geht, verlieren die Geschworenen oft den Überblick und fällen ihre Entscheidung aufgrund völlig irrelevanter Beobachtungen. Dieser Professor wird für sein Gutachten bezahlt, also ist er unglaubwürdig. Dieser Wissenschaftler schielt, also kann man ihm nicht über den Weg trauen. Dieser Wissenschaftler ist ein Schwarzer; also kann er sein Studium nicht ohne Probleme bewältigt haben und ist nicht so qualifiziert wie die anderen. Das Geschworenensystem war eine wunderbare Erfindung, aber nicht frei von menschlichen Schwächen.

»Ihr könntet alle Zeugen auf eine einzige Aussage verpflichten«, sagte Charles zwischen zwei heftigen Hustenanfällen.

»Wie meinen Sie das?« Brad schaute ihn an. Er war kein Prozessanwalt und hatte viel von dem vergessen, was er einmal in der juristischen Fakultät von Wake Forest über Zivilrecht gelernt hatte.

»Sie wollen, dass sich der Fall so lange wie möglich hinzieht. Ihr sagt einfach, dass alle Ärzte auf eurer Seite dasselbe aussagen werden, und sie erklären sich einverstanden, ebenfalls nur einen Sachverständigen in den Zeugenstand zu rufen.«

»Dann steht unser Mann gegen ihren? Das könnte riskant sein«, gab Charlie zu bedenken.

»Nicht unbedingt.« Charles musste noch einmal husten und räusperte sich. »Alford war Matts behandelnder Arzt, und deshalb unterscheidet sich seine Aussage grundsätzlich von der Goldbergs, Patels und der anderen. Also stünden zwei unserer Männer gegen einen von ihnen.«

»Darauf wird sich Nancy niemals einlassen«, entgegnete Charlie.

»Wenn Fitzwaring das wirklich will, schon. Ich bereite das vor und formuliere das für die Besprechung vor der Verhandlung.« Charlies Vater ging ins Nebenzimmer und setzte sich an den Computer.

»Brad, ich will, dass du die Geschworenenliste noch einmal durchgehst. Vielleicht haben wir noch irgendetwas übersehen. Achte auf die Krankengeschichte, ihre berufliche Laufbahn und darauf, ob sie Kinder haben. Ich will Leute, die einen angeborenen Gerechtigkeitssinn haben und die entrüstet genug sind, um es Comstock so richtig zu zeigen.«

»Wie kann ich etwas über gerechten Zorn in einer Akte finden?«

»Guck nach, ob sie zu einer Kirche gehören, ob sie studiert haben. Ob sie im Militär gedient haben oder in einem Beruf arbeiten, in dem sie anderen Menschen dienen. Du weißt schon, Menschen, die ihr Leben anderen opfern und selbstsüchtige, gierige Leute hassen.«

»Ich versuch's.« Brad schnappte sich die Akten und ging nach unten, um sich noch einen Kaffee aufzubrühen.

37

CHARLOTTE WURDE in diesem Jahr zeitig von den ersten warmen Sonnenstrahlen überrascht. Frühling lag in der Luft. Charlie ließ an diesem ersten März das Frühstück aus. Am ersten Tag einer großen Verhandlung rebellierte sein Magen in der Regel. Er hatte den ganzen Morgen damit verbracht, die Listen mit den Kandidaten für das Geschworenenamt noch ein letztes Mal durchzugehen. Er sprach ein kleines Gebet und dachte daran, wie Sandy ihn immer umarmt und den besten Anwalt der Welt genannt hatte. Wenn er verlor, dann sagte sie immer, dass die Welt Brillanz oft nicht zu schätzen wisse. Er sehnte sich nach ihrer

Umarmung, ihrer Berührung, ihrem Lächeln. Dann hielt er inne. Diese Gedanken lenkten ihn ab, und heute durfte er sich nicht ablenken lassen.

Vom ersten Stock des Parkhauses sah er schon die Fernsehkameras auf dem Rasen vor dem Gerichtsgebäude. Er entschloss sich, sich den Weg mitten durch die Reporter zu bahnen. Auf der Treppe, die ins Gebäude führte, hielt er an. Man hielt ihm Mikrofone ins Gesicht. Die Reporter schleuderten ihm ihre Fragen entgegen. Die Medien waren von Charlie schon so lange fasziniert, dass er bereits aufgehört hatte, Zeitung zu lesen.

»Mr. Harrigan, sind Sie froh, wieder einen Gerichtssaal zu betreten?«, fragte ihn ein neugieriger Reporter.

Charlie zupfte seine Krawatte zurecht und antwortete laut: »Ich bin ganz bestimmt nicht glücklich über die Umstände, die mich hierher geführt haben, es freut mich aber immer wieder, dass sich das Gesetz um die Anliegen der kleinen Leute kümmert, die keine eigene Stimme haben.«

»Wer hat Sie angegriffen, Charlie?«, wollte jemand anders wissen.

»Das weiß ich nicht genau, aber es könnte sich um dieselbe Person handeln, die mein Haus niedergebrannt hat.« Er gab ihnen gerade genug Informationen, dass sie über seine Gegner spekulieren konnten. Wenn er das Opfer spielte, würde ihm das Sympathien in der Öffentlichkeit verschaffen.

»Mr. Harrigan, nehmen Sie mit diesem Prozess Rache an Ihrer alten Kanzlei, weil Sie dort gefeuert wurden?« Die Frage war offensichtlich eine Falle und Charlie durchschaute sie sofort.

»Ich habe keinen Einfluss darauf, welche Mandanten *Hobbes, Reimarus & Van Schank* vertreten möchten. Aber wer der fahrlässigen Tötung angeklagt wird, hat Anspruch auf eine gute Verteidigung.«

»Charlie, vermissen Sie Ihre Frau?«

Er starrte die Menschenmenge an. »Gibt es auf der Journalistenschule keine Kurse darüber, wie man auf überflüssige Fragen antwortet?« Er stürmte durch die Glastüren.

In der Vorhalle wartete Brad bereits mit Horace und Betty. Sie gingen in den ersten Stock zum Zivilgericht. In einem kleinen Zeugenraum bereitete Charlie sie auf das langwierige Verfahren vor, in dem die zwölf Geschworenen aus den zweihundert Kandidaten ausgewählt wurden. Er schärfte ihnen ein, wie wichtig es war, dass die Geschworenen sie jeden Tag zu Gesicht bekamen. Wenn sie den Überblick über die wissenschaftlichen Details verloren, mussten sie daran erinnert werden, dass es in diesem Prozess um den Verlust eines Sohnes ging.

Sie betraten den Gerichtssaal, gingen den Gang an der Anklagebank vorbei und setzten sich an einen Tisch zur Linken. Nancy saß in ihrem roten Kostüm auf der anderen Seite des Ganges. Im Schlepptau hatte sie die vier Anwälte, alle in dunkelblauen Anzügen und mit konservativen Krawatten. Walter Comstock saß neben Nancy; er trug einen schlecht sitzenden grauen Anzug und eine blaue Krawatte. Die Gesichter auf der anderen Seite des Ganges wirkten unfreundlich und verkniffen, und Charlie begriff, was für ein Vorteil es war, dieses netten älteren Leute auf seiner Seite zu haben, deren Gesichter Ehrlichkeit und Vertrauenswürdigkeit ausstrahlten.

Charlie beugte sich zu Brad hinüber. »Wo ist mein Vater?«

»Er sagte, er würde kommen. Keine Ahnung.«

»Bitte erheben Sie sich!«, bellte der Gerichtsdiener, und alle Beteiligten, Zuschauer und Kandidaten für das Geschworenenamt standen auf.

»In Ordnung«, begrüßte sie Richter Carlton W. Fitzwaring in seinem Südstaatenakzent, »wir wollen anfangen. Horace und Betty Douglas gegen Walter Comstock und die Paragon-Gruppe. Sind alle Parteien anwesend?« Er wartete darauf, dass die Beteiligten zustimmend nickten.

»Ich kann mir nicht vorstellen, dass Sie sich inzwischen auf einen Vergleich geeinigt haben.« Er sah Charlie bittend an.

»Nein, Sir, Euer Ehren.« Charlie stand auf. »Meine Mandanten wünschen, dass ein Geschworenengericht über ihre Klage entscheidet. Ein Vergleich kommt nicht in Frage. Meine Mandanten sind nicht an Geld interessiert.«

»Warum klagen Sie dann auf ein Schmerzensgeld von zehn Komma zwei Millionen Dollar?«, fragte Nancy. »Euer Ehren, Mr. Harrigan weigerte sich sogar, an einer Konferenz teilzunehmen, um über einen Vergleich zu beraten.«

»Sie beide hören jetzt sofort damit auf.« Fitzwaring schaute über den Rand seiner Zweistärkengläser. »Ich weiß, dass Sie einander nicht ausstehen können, aber das tut hier nichts zur Sache. Wenn Sie etwas zu sagen haben, wenden Sie sich entweder an mich oder an die Geschworenen. Bleiben Sie ruhig und benehmen Sie sich! Haben Sie das verstanden?« Beide nickten gleichzeitig mit dem Kopf. »Mr. Harrigan, soll ich Ihnen eine Viertelstunde geben, um über einen Vergleich zu reden?«

»Das ist nicht das, was meine Mandanten wollen.« Charlie blieb hart.

»Dann fangen wir jetzt an. Clara, würden Sie die Kandidaten für die Geschworenenbank bitte hereinbitten?« Die pummelige Justizbeamtin ging zur Hintertür hinaus und kam sich unglaublich wichtig vor. Der Gerichtsdiener ließ den Saal räumen, damit die potenziellen Geschworenen genug Platz hatten.

Als die zweihundertdrei Kandidaten für das Amt Platz genommen hatten, dankte ihnen der Richter, dass sie ihre Pflicht gegenüber dem Rechtsstaat ernst nahmen. Sieben Kandidaten waren entweder gestorben oder außer Landes. Richter Fitzwaring klärte sie zwanzig Minuten lang über ihre bürgerlichen Pflichten auf und brandmarkte all die bequemen und arbeitsscheuen Menschen, die sich aus der Verantwortung herauststehlen wollten, für die ihre Vorfahren gekämpft hatten und gestorben waren. Nach dieser Rede spielte keiner der Kandidaten auch nur mit dem Gedanken, irgendwelche Entschuldigungen vorzutragen. Fitzwaring entließ zwei hochschwangere Frauen mit der Begründung, dass er die Verhandlung nicht alle fünf Minuten unterbrechen wollte, weil sie zur Toilette mussten, und dass er zwar Babys liebte, aber nicht wollte, dass sie den Marmorfußboden in seinem Gerichtssaal ruinierten.

Er entließ sieben ältere Mitbürger, die sich der Belastung nicht gewachsen fühlten. Stanley Gunderson bestand darauf, dass er genau wie alle anderen das Recht hätte, als Geschworener tätig zu sein. Jeder, der im Augenblick in einem anderen Verfahren als Geschworener tätig war oder in der jüngeren Vergangenheit tätig gewesen war, durfte nach Hause gehen. Einhundertdreiundneunzig Kandidaten blieben zurück. Fitzwaring bat die ersten zwölf vorzutreten. Charlie begann mit der Befragung. Gegen insgesamt zwölf Kandidaten durfte er sein Veto einlegen; damit waren diese aus dem Rennen. Außerdem hatte er immer das Recht, Einspruch gegen einen Kandidaten zu erheben, aber in diesem Fall musste der Richter zustimmen. Sein erstes Veto legte er gegen einen Versicherungsagenten ein, weil der mit Sicherheit geizig sein würde, was die Schadensregulierung betraf. Nancy war als Nächste an der Reihe und legte ihr Veto gegen eine Frau ein, die ein Buch eines beliebten, aber niveaulosen Fernsehmoderators in der Hand hielt, ohne ihr auch nur eine einzige Frage zu stellen.

Brenda Campone war eine attraktive junge Hausfrau, die für keine der beiden Seiten eine ernsthafte Bedrohung darstellte. Charlie war nicht gerade erpicht darauf, sie unter den Geschworenen zu sehen, wollte andererseits aber auch kein Veto verschwenden. Cecil Miles war ein schwarzer Automechaniker. Er hatte vor einigen Jahren einen Berufsunfall erlitten und hatte sechs Wochen lang Krankengeld und Lohnfortzahlung erhalten. Nancy erhob Einspruch gegen ihn, weil er zu viele Sympathien für die Ankläger hege, aber Fitzwaring wies den Einspruch ab und lud Cecil ein, unter den Geschworenen Platz zu nehmen. Stanley Gunderson war schwierig einzuschätzen. Er war ein Kriegsveteran von sechsundsiebzig Jahren und hatte vor seiner Pensionierung als Schaffner gearbeitet, und zwar auf einer Bahnlinie, die Charlotte nach dem Krieg zu Blüte und Wohlstand verholfen hatte. Möglicherweise würde er mit dem älteren Ehepaar sympathisieren, aber er wusste sicherlich auch einen Mann zu schätzen, der aus eigener Kraft ein erfolgreiches Geschäft auf gebaut hatte und sich gegen jemanden wehren wollte, der ihn um die Früchte seiner harten Arbeit bringen wollte. Er hatte einen verbissenen Gesichtsausdruck und lächelte weder Charlie noch Nancy an.

Daniel O'Leary erreichte auf Charlies Skala die volle Punktzahl. Ursprünglich hatte er als Bergmann in West Virginia gearbeitet und war nach Charlotte gekommen, als in den späten achtziger Jahren immer mehr Kohlenbergwerke ihre Tore schlossen. Allerdings hatte Nancys Privatdetektiv herausgefunden, dass Daniel sich bei der Arbeit in den Minen ein Lungenleiden zugezogen hatte. Also legte Nancy ihr Veto ein und er wurde entlassen. Bonnie Husby war eine vollschlanke Schwarze, die die Nachtschicht in einem Imbiss leitete. Charlies Herz schlug für Menschen, die hart arbeiteten, aber Nancy kannte manches Geheimnis. Sie wusste, dass Bonnie rauchte und etwas gegen Menschen hatte, die anderen weismachen wollten, wie sie ihr Leben zu führen hatten. Gegen Pah Van Tramm legte Charlie sein Veto ein, ohne einen weiteren Gedanken daran zu verschwenden. Asiatische Geschworene waren dafür berüchtigt, dass sie äußerst geringe Schmerzensgelder zuerkannten und für den Angeklagten stimmten.

Wider besseres Wissen akzeptierte Charlie den Investmentbanker Bryce Waterhouse. Zehn Vetos hatte er noch übrig, aber in der zweiten Reihe saßen sechs schwarze Frauen, drei Männer, die im mittleren Management arbeiteten, und zwei Asiaten. Waterhouse würde es leider auf die Geschworenenbank schaffen. Fitzwaring ließ die nächsten zwölf Kandidaten Platz nehmen, und Charlie brauchte sofort drei seiner Vetos auf. Als er gefragt wurde, ob es zu viele Prozesse gäbe, antwortete Doug Hibbert: »Solange uns die US-Regierung jeden Monat um unser Geld bringt, sollte man, glaube ich, so viel wie möglich prozessieren.« Der Richter wartete nicht einmal auf einen Einspruch, sondern bat den Lastwagenfahrer mit dem eingezogenen Führerschein, den Saal zu verlassen.

Dr. Shelly Chalfandt war eine Gynäkologin, die im Süden von Charlotte wohnte. Sie war äußerst wohlhabend und äußerst gebildet, und man konnte nicht wissen, auf wessen Seite sie sich schlagen würde. Carol Wheeling, Bibliothekarin am Central Piedmont Community College, war für Charlie ebenfalls eine fragwürdige Wahl. Er hatte fast keine Einsprüche mehr zur

Verfügung, als die Manager an die Reihe kamen. Kessler Henderson, Inhaber von Kesslers Gebrauchtwagen, war regelrecht begeistert von der Aussicht, als Geschworener tätig zu sein. In den Pausen verteilte er Visitenkarten an die anderen Geschworenen. Bernie Hodges war ein recht wohlhabender Schwarzer, der eine Hypothek auf sein Haus aufgenommen hatte, um seinen ersten Lastwagen zu kaufen. Heute besaß er das drittgrößte Fuhrgeschäft in Charlotte.

Nancy torpedierte Charlies Lieblingskandidaten, einen Mann, der bei einem Chemieunfall sein Augenlicht teilweise verloren hatte, eine Witwe, deren Mann bei einem Arbeitsunfall ums Leben gekommen war, und einen schwarzen Maurer. Als Charlie nur noch ein Veto zur Verfügung hatte, musste er sich zwischen dem Inhaber einer chemischen Reinigung und Shascle Deering, einer Kellnerin mit zweifelhaftem Hintergrund, entscheiden. Er warf den Inhaber der Reinigung hinaus, weil er annahm, dass Shascle einfach der Mehrheit folgen würde. Charlie hatte keine andere Wahl, als zuzusehen, wie Kim Pfeiffer, eine Musiklehrerin, die missmutig ihre Kurse abgesagt hatte, um hier sein zu können, als Geschworene aufgenommen wurde. Nancy rechnete offenbar damit, dass Kim die Anklage dafür bestrafen würde, dass sie ihren Unterricht nicht geben konnte. Nancy legte ihr letztes Veto gegen einen weiteren Schwarzen ein. Sie hatte keine andere Wahl, als den feurigen Stanley Gunderson zuzulassen.

Charlie ließ seinen Blick über die Geschworenen schweifen. Es hätte besser kommen können, aber auch schlimmer. Fünf Männer und sieben Frauen. Drei Schwarze. Drei kleine Geschäftsleute, von denen einer, Thomas Landon, zum Sprecher gewählt wurde. Ein starrköpfiger Veteran aus dem Zweiten Weltkrieg. Eine Ärztin und eine Frau von zweifelhaftem Ruf. Das ist es nun, dachte Charlie. Diese zwölf Menschen werden über das Schicksal von Walter Comstock und den Wert von Matt Douglas entscheiden, einem Jungen, dem sie nie begegnet sind.

38

NACH ZWEI TAGEN waren die Geschworenen ausgewählt, und Richter Fitzwaring wies sie in ihr Amt ein. Sie konnten sich Notizen machen und sich nach der ersten Phase zurückziehen, um zu beraten, ob kristalline Silicate wirklich Krebs erregten. Wenn sowohl die Geschworenen als auch der Richter zu diesem Ergebnis kamen, würde es um die Frage gegen, ob Comstock den Tod des Jungen fahrlässig verschuldet hatte.

Charlie sah sich im Saal um. Schon seit drei Tagen war sein Vater spurlos verschwunden. Obwohl er schon öfter in entscheidenden Augenblicken aus Charlies Leben verschwunden war, hatte Charlie doch geglaubt, dass er sich geändert hätte. Er hatte Angst und war zornig und frustriert, obwohl er es sich nicht leisten konnte, sich von solchen Gefühlen ablenken zu lassen.

Charlie beugte sich zu Brad hinüber. »Hast du irgendetwas von meinem Vater gehört?«

»Tut mir Leid, Charlie.« Brad klopfte Charlie auf den Rücken. »Er ist ein erwachsener Mann und kann auf sich selbst aufpassen. Im Augenblick hast du Wichtigeres zu tun. In ungefähr dreißig Sekunden musst du dein Eröffnungsplädoyer halten. In der Pause werde ich ein paar Anrufe für dich erledigen. Du konzentrierst dich ganz auf die Geschworenen.«

Als er seinen Blick über das Sammelsurium von Geschworenen schweifen ließ, fand Charlie, dass er mit ihnen eigentlich ganz zufrieden sein konnte, obwohl er gern einen Gewerkschaftler mit dabeigehabt hätte. Der Sprecher war sein Ass, das er noch aus dem Ärmel schütteln konnte. Er war ein kleiner Geschäftsmann, der vor ein paar Jahren von einer großen Firma entlassen worden war. Charlie griff nach einem Glas Wasser, um seine Kehle anzufeuchten. Aus den Augenwinkeln betrachtete er die Geschworenen. Betty klopfte ihm aufs Knie und flüsterte ihm zu, dass sie an ihn glaube. Charlie erhob sich langsam; er öffnete seine Aktentasche und ging zwei Schritte auf die Geschworenen zu.

»Guten Morgen, Ladies und Gentlemen. Ich danke Ihnen, dass

Sie den Auswahlprozess so geduldig durchgestanden haben. Ich weiß, dass ein paar lange und manchmal langweilige Tage vor Ihnen liegen. Sie sollen wissen, dass ich es zu schätzen weiß, wenn Sie Ihre Zeit opfern. Sie haben eine sehr wichtige Aufgabe. Matthew Douglas war dreiundzwanzig, als er starb. Sie müssen entscheiden, ob Walter Comstock dafür die Verantwortung trägt. In diesem Fall geht es um wissenschaftliche Beweise. Viele Ärzte werden langweilige Forschungsergebnisse vortragen, aber Sie dürfen nicht vergessen, dass es in diesem Fall um Horace und Betty Douglas geht, die ihren einzigen Sohn begraben mussten ... und das wäre nicht nötig gewesen. Sein Tod war sinnlos und hätte verhindert werden können.«

Charlie drehte sich um und ging zum Tisch zurück. Er nahm noch einen Schluck Wasser, um den Geschworenen Zeit zu geben, seine Worte auf sich wirken zu lassen. In der ersten Phase des Prozesses würde es um wissenschaftliche Einzelheiten gehen, so dass er in seinem Eröffnungsplädoyer besonders deutlich an den persönlichen Verlust der Douglas' erinnern musste. In der Eröffnung durfte er praktisch alles sagen, und Nancy Lockman-Kurtz konnte nichts anderes tun als dazusitzen und zu lächeln. Er stellte das Glas auf den Tisch zurück und griff in seine Aktentasche. Die Geschworenen beugten sich nach vorn, damit sie erkennen konnten, was Charlie in der Hand hatte. Richter Fitzwaring runzelte die Stirn, aber Charlie ignorierte ihn. Langsam ließ er den Sand durch seine Finger auf den Tisch der Anklage rieseln.

»Sand. Sand, Ladies und Gentlemen, darum geht es in diesem Prozess. Ich weiß, dass es lächerlich klingt, aber von demselben Stoff, aus dem wir und unsere Kinder Strandburgen bauen, kann eine tödliche Gefahr ausgehen. Auf der ganzen Welt wird Sand an ganz unterschiedlichen Arbeitsplätzen verwendet, zum Beispiel auf dem Bau. Matthew Douglas hat jeden Tag viele Stunden lang feinen Sandstaub eingeatmet, als er mit dem Sandstrahler alte Farbe und Rost entfernte. Diese Teilchen haben sich in seiner Lunge angesammelt und den Krebs hervorgerufen, der ihn umgebracht hat.« Er drehte sich schnell zur Anklagebank hin. »Und Mr. Comstock hätte es verhindern können!«

Charlie ging zu seinem Platz zurück und setzte sich. In einer Viertelstunde hatte er es geschafft, den Richter zu beunruhigen, die Geschworenen zu fesseln und die gesamte Verteidigung anzugreifen. Nancy wurde von seiner kurzen Eröffnung völlig überrascht, und als Richter Fitzwaring sie aufrief, musste sie erst nach den richtigen Papieren suchen. Aber sie war erfahren genug, um die Fassung schnell wiederzugewinnen und auf Charlies Tisch zuzugehen. Sie nahm eine Hand voll Sand auf.

»Ladies und Gentlemen, es tut mir Leid, dass ich Ihre Zeit vergeude. Sie müssten heute nicht hier sein. Ich habe mich um Einstellung des Verfahrens bemüht, weil dieser Fall einfach lächerlich ist. Der Tod von Matthew Douglas geht mir sehr nahe. Aber, Ladies und Gentlemen, hier geht es darum, eine Panik zu verhindern. Wir stecken in einer neuen Krise, und die amerikanischen Steuerzahler müssen dafür aufkommen. Wir haben eine Kultur der Opfer geschaffen. Wenn du fünfzig Jahre lang geraucht hast und an Lungenkrebs erkrankst, dann verklag doch die Tabakindustrie! Bereichere dich daran! Jemand wird von einer halbautomatischen Waffe erschossen, also verklagst du den Waffenfabrikanten! Oder verklag McDonald's, weil du dich an ihrem Kaffee verbrüht hast! Es tut immer weh, wenn man einen geliebten Menschen verliert. Mein Vater hat vierzig Jahre lang geraucht, und manchmal denke ich immer noch ...«

Sie unterbrach ihren Vortrag mit Tränen in den Augen. Rein zufällig hatte sie ein Taschentuch dabei, um sich die Augen zu wischen. Charlie dachte nach. Nancys Vater war bei einem Autounfall ums Leben gekommen. Er hatte mit seinen Kollegen an der Trauerfeier teilgenommen. Nancy war sich nicht zu schade, über den Tod eines Elternteils zu lügen, wenn sie dadurch die Geschworenen auf ihre Seite ziehen konnte. Sie gab sich sichtlich Mühe, ihre Fassung wiederzugewinnen, und sprach weiter.

Sie ließ Charlies Sand auf das Geländer vor den Geschworenen rieseln. »Wie soll es mit dieser Welt weitergehen? Sollen wir Warnschilder am Strand aufstellen? ›Warnung: Sand kann Krebs erzeugen!‹? Werden Sandkästen für Kinder einen Warnhinweis des Gesundheitsministeriums tragen? ›Sorgen Sie dafür, dass Ihre

Kinder keinen Sand essen, sie könnten an Krebs erkranken!‹ Der Tod von Matthew Douglas war tragisch, aber es hilft niemandem, wenn wir einem hart arbeitenden Geschäftsmann dafür die Schuld in die Schuhe schieben. Ladies und Gentlemen, Sie können dafür sorgen, dass es in dieser Gesellschaft nicht mehr so verrückt zugeht.«

»Gut.« Richter Fitzwaring schwang halbherzig sein Hämmerchen. »Wir machen jetzt eine Viertelstunde Pause und danach wird Mr. Harrigan seinen ersten Zeugen aufrufen.« Die Geschworenen wurden hinausbegleitet und der Gerichtssaal geriet in Bewegung.

Nancy ging zu Charlie hinüber und lächelte ihn an. Dann warf sie eine Hand voll Sand auf den Tisch vor Charlie. »Haben Sie das aus Ashleys Sandkiste?«

Sie rieb sich die Hände und entfernte sich. Charlie musste seine gesamte Willenskraft aufbieten, um sie nicht tätlich anzugreifen.

Charlie stürzte eine Tasse Kaffee hinunter, während Horace unruhig auf und ab ging. Offensichtlich besaßen Richter eine kleinere Blase als der Rest der Menschheit. Alle zwei oder drei Stunden brauchten sie ein Pause. Charlie mochte das überhaupt nicht. Die häufigen Unterbrechungen störten seine Konzentration und seine Gedankengänge. Sie kehrten in den Gerichtssaal zurück. Als wieder Ruhe eingekehrt war, wies Richter Fitzwaring Charlie an, seinen ersten Zeugen aufzurufen.

Dr. Keith Alford trat in den Zeugenstand, wurde vereidigt und schwor, nur die Wahrheit zu sagen. Charlie stellte sich zwischen die Geschworenen- und die Anklagebank, um den Geschworenen soweit wie möglich den Blick auf die Angeklagten zu verdecken. Die Geschworenen mussten sich unbedingt auf die ersten beiden Zeugen konzentrieren.

»Bitte geben Sie Namen und Beruf zu Protokoll.« Charlie betrachtete aufmerksam die Gesichter der Geschworenen.

»Dr. Keith Alford, Chefonkologe und Krebsspezialist an der Universitätsklinik.«

»Es handelt sich um das Krankenhaus, das zu der Universität von North Carolina in Charlotte gehört?«

»Das ist richtig.«

»Dr. Alford, können Sie uns erklären, woran Matthew Douglas starb?«

»Ja, er litt an akutem Lungenkrebs.«

»Einspruch!« Nancy vergeudete keine Zeit. »Das ist irrelevant für die Frage, ob Silikose zu Krebs führt oder nicht.«

Charlie drehte sich auf dem Absatz um. »Es wäre irrelevant, wenn Ihr Mandant ihn erschossen hätte, aber er hat ihn ja lediglich vergiftet.«

»Euer Ehren!« Nancy stemmte ihre Hände in die Hüften.

»Sie kommen jetzt beide zu mir.« Nancy und Charlie traten schuldbewusst an den Tisch des Richters heran. Fitzwaring hielt die Hand über das Mikrofon und flüsterte: »Das wird nicht ins Protokoll aufgenommen. Wenn Sie beide sich nicht benehmen, lasse ich Sie wegen Missachtung des Gerichts ins Gefängnis werfen. Machen Sie sich nicht selbst zum Narren. Ms. Lockman-Kurtz, Sie wissen, dass Mr. Harrigan das Recht hat zu entscheiden, welche Fragen er stellen will, aber ich hoffe, dass er es kurz machen wird. Also, Sie machen weiter, und Sie setzen sich wieder hin. Ab jetzt wird wieder protokolliert«, verkündete er laut. »Die Geschworenen werden diesen Wortwechsel nicht berücksichtigen.«

Charlie grinste Nancy an. Sie wussten beide, dass Geschworene auch nur Menschen waren und eine so hitzige Szene natürlich nicht vergessen würden. Auf diese Weise konnte Charlie die Geschworenen hin und wieder an Matthew erinnern. »Dr. Alford, können Sie uns bitte erklären, was kristalline Silicate sind und welchen Einfluss sie auf die Lungen haben?«

»Natürlich.« Er lächelte. »Kristalline Silicate sind im Wesentlichen das, was wir unter der Bezeichnung Sand kennen. Man findet sie auch in Quarz, Granit und Tridymit. Wenn jemand Silicatstaub einatmet, vernarbt das empfindliche Lungengewebe. Diese Krankheit heißt Silikose. Die Vernarbungen erschweren das Atmen, und schließlich stirbt der Betreffende daran.«

»Doktor, muss ich Angst haben, wenn ich das nächste Mal an den Strand fahre?« Charlie hörte, wie einige der Geschworenen lachten.

»Natürlich nicht. Es ist so, dass in einigen Berufen Sand gebraucht wird. Zum Beispiel bediente Matthew Douglas einen Sandstrahler. Wenn der Sand auf die Oberfläche trifft und sie abschmirgelt, entsteht dabei ein sehr feiner Staub, so fein, dass man ihn einatmen kann.«

»Warum geschieht das?«

»In unserem Körper gibt es einen Schutzmechanismus, nämlich die Flimmerhaare, auch Cilia genannt. Sie verhindern, dass Teilchen, die größer als fünf Mikrometer sind, in unseren Körper gelangen. Kleinere Partikel können diese Sperre allerdings überwinden und lagern sich dann in den unteren Atemwegen, der Luftröhre oder den Bronchien ab.«

»Wie groß sind die Silicatstaub-Partikel?«

»Einige sind größer, einige etwas kleiner.«

»Weiß man, ob Silicate Krankheiten hervorrufen können?«

»Ja, es ist allgemein akzeptiert, dass Silicate Silikose verursachen, die wiederum zu Tuberkulose oder Cor pulmonale führen können.« Er beschrieb sehr anschaulich den Schaden, den dieser Silicatstaub in der Lunge anrichten kann, während Charlie vier große Darstellungen kranker Lungen auf Flipcharts klemmte, die er in der Nähe der Geschworenen aufgestellt hatte.

»Aber Matthew Douglas litt nicht an Silikose, oder?«

»Das ist richtig. Silikose, beziehungsweise die Vernarbung des Lungengewebes, entwickelt sich über Jahre hinweg. Matthew starb an Lungenkrebs.« Charlie hatte allen seinen Zeugen eingebläut, Matthews Namen so oft wie möglich zu benutzen, damit die Geschworenen sich immer wieder an ihn erinnerten.

»Was haben Sie herausgefunden, als Sie Matthew untersuchten?«

»In seinen Lungen hatte sich so viel Silicatstaub abgelagert, als ob er bereits sechs oder sieben Jahre in seinem Beruf gearbeitet hätte.«

»Wie lange hatte Matt Ihrer Kenntnis nach den Sandstrahler bedient?«

»Ich glaube, weniger als zwei Jahre.«

»Glauben Sie, dass die Silicate seinen Lungenkrebs ungünstig beeinflusst haben?«

»Ja.«

»Hat er geraucht oder gab es andere Risikofaktoren?«

»Seine Großmutter starb an Brustkrebs, aber sonst war er kein Risikopatient.«

Charlie fragte ihn noch, welche besonderen Merkmale Lungenkrebs aufwies und wie schnell er sich im Körper ausbreitete. In manchen Fällen war es offenbar so, dass der Krebs äußerst schnell wuchs, aber das geschah nicht allzu häufig. Dr. Alford vermutete, dass die extreme Belastung durch Silicatstäube den Krankheitsverlauf zumindest stark beschleunigt hätte, falls Matt bereits vorher einen Tumor gehabt hätte.

Im Kreuzverhör ging Nancy sofort zum Angriff über. »Sie sind Arzt, aber nicht in der Forschung tätig, stimmt das?«

»Das stimmt, aber ...«

»Danke, Doktor. Sie haben die Frage bereits beantwortet. Ihre Erklärung für die Entstehung der Krebsgeschwulst bei Mr. Douglas ist reine Vermutung, oder?«

»Eine Vermutung, die auf jahrelanger Erfahrung beruht.«

»Haben Sie jemals etwas Falsches vermutet?«

»Wahrscheinlich schon – das ist Ihnen doch sicher auch schon passiert.«

»Aber meine Vermutungen bringen keine Menschen um. Erinnern Sie sich an einen Jungen namens Steven Bryant?«

»Ja.«

»Erzählen Sie uns bitte von ihm.«

»Einspruch!« Charlie sprang auf. »Das hat nichts mit dem vorliegenden Fall zu tun.«

»Es geht um seine Glaubwürdigkeit, Euer Ehren.«

»Abgelehnt. Dr. Alford.« Fitzwaring forderte ihn auf, die Frage zu beantworten.

Er holte tief Luft. »Ich habe einen Tumor aus seiner Niere entfernt. Das ist zehn Jahre her. Ich habe nicht gemerkt, dass er bereits Metastasen entwickelt hatte.«

»Tatsächlich haben Sie seinen Eltern mitgeteilt, dass Sie alle Krebszellen entfernt hätten.«

»So etwas sage ich niemals, weil man sich bei Krebs nie sicher sein kann. Das liegt in der Natur der Sache.«

»Er starb sechs Monate später, ist das richtig?«

»Die Metastasen waren in seine Lymphknoten eingedrungen und hatten sich über den ganzen Körper verbreitet.«

»Wurden Sie wegen eines Kunstfehlers verklagt?«

»Ja.« Dr. Alford ließ den Kopf hängen.

Nancy setzte sich und Charlie stand auf. »Dr. Alford, wurden Sie in diesem Fall schuldig gesprochen?«

»Nein, ich wurde von allen Vorwürfen freigesprochen.«

»Arbeiten Sie heute im Gremium der medizinischen Direktoren der Universitätsklinik und im Gremium für medizinische Ethik von North Carolina mit?«

»Ja, das ist richtig.«

»Ich danke Ihnen. Sie dürfen jetzt aus dem Zeugenstand treten.«

Nach der Mittagspause fuhr Charlie mit der Befragung seiner Sachverständigen fort. Obwohl Charles mit Richter Fitzwaring gesprochen hatte, ließ sich Nancy nicht darauf ein, auf jeder Seite nur einen Experten zu Wort kommen zu lassen. Charlie war immer noch entschlossen, das Verfahren so zügig wie möglich durchzuziehen, aber Nancy machte ihm einen Strich durch die Rechnung. Sie hatte sich offenbar gründlich über alle Flecken auf der weißen Weste der Sachverständigen informiert. Charlie rief Dr. Donald Goldberg in den Zeugenstand. Als Diplomand an der Universität von North Carolina in Charlotte hatte er 1984 die wissenschaftliche Welt erschüttert, als er die These aufstellte, dass kristalline Silicate Krebs verursachen können, ohne dass der Betreffende vorher an Silikose erkrankt wäre. Zurzeit war er Forschungsdirektor an der medizinischen Fakultät der Universität von North Carolina am Standort Chapel Hill. Der relativ junge Arzt war mit seinen ebenmäßigen Gesichtszügen schon einigen weiblichen Geschworenen ins Auge gefallen, und sie hingen an seinen Lippen, als er sprach. Sie würden es Nancy übel nehmen, wenn sie einen so gut aussehenden Akademiker in die Mangel nahm.

Charlie begann die Befragung: »Dr. Goldberg, bitte erklären Sie uns, wie Sie die Verbindung zwischen Krebs und Silicaten nachgewiesen haben.«

»Man benutzt oft Ratten für wissenschaftliche Experimente, weil sie dem Menschen genetisch relativ ähnlich sind. Fünfundachtzig Prozent der DNS haben sie gemeinsam. Wir injizierten den Ratten hohe Dosen von mit Wasser gemischten Silicaten. Von sechsunddreißig Ratten entwickelten sechs einen Tumor. Mein Team hat seitdem zwei weitere Tierversuche mit demselben Ergebnis durchgeführt.«

»Wie hat die medizinische Welt auf Ihre Ergebnisse reagiert?«

»Die Weltgesundheitsorganisation und die Internationale Vereinigung für Krebsforschung stimmen mit mir überein, dass Silicate bei Tieren Krebs verursachen, glauben aber, dass sie bei Menschen nur möglicherweise karzinogen wirken.«

»Warum ist das so?«

»Einspruch. Spekulation, Euer Ehren. Dr. Goldberg kann nicht für diese Organisationen sprechen.«

»Abgelehnt. Ich bin sicher, sie haben ihm irgendeinen Grund genannt.« Nancy ließ sich wieder auf ihren Stuhl fallen.

»Erstens entwickelten sich – einfach ausgedrückt – bei den Ratten Tumore, die bei Menschen nicht vorkommen. Zweitens haben Menschen, bei denen sich eine Krebsgeschwulst entwickelt hat, die Silicate über die Atemwege aufgenommen. Weil wir die Bedingungen nicht genau simuliert haben, wollten sie keine endgültige Entscheidung treffen. Aber ich glaube, dass es in Wirklichkeit um Geld ging. Versicherungen und große Konzerne geben Tausende von Dollars aus, um Prozesse wie diesen zu verhindern. Es ist ähnlich wie bei den Klagen gegen die Zigarettenhersteller; sobald die Industrie einen Fall verliert, wird eine Prozessflut einsetzen, und die Versicherungen müssen für alle Patienten zahlen, die durch das Einatmen von Silicatstäuben gestorben sind.«

Charlie versuchte ein Lächeln zu unterdrücken. Goldberg war

nicht nur ein Forscher, der Partei ergriff, sondern auch ein leidenschaftlicher und überzeugender Redner. Die Arbeiter unter den Geschworenen hörten angespannt zu und sogen jedes Wort auf.

»Wie hat der Rest der Welt Ihre Erkenntnisse aufgenommen?«

»In Großbritannien wurde der Einsatz von kristallinen Silicaten verboten. Auch das kostete wieder viel Geld, aber es gibt viele Ersatzstoffe, die keine Silicatstäube erzeugen, wenn man sie zum Abschleifen benutzt, wie zum Beispiel Aluminiumoxid, Glas- oder Plastikkörner oder Kohlendioxidpatronen. Wir könnten das Kohlendioxid recyceln und damit gleichzeitig unserer Umwelt etwas Gutes tun ...«

»Einspruch, Euer Ehren.« Nancy war sichtlich frustriert. »Er sollte den Geschworenen keine Predigt halten.«

»Mr. Harrigan, bitte sorgen Sie dafür, dass Ihr Zeuge bei der Sache bleibt«, warnte ihn Fitzwaring.

»Ja, Euer Ehren. Dr. Goldberg, wie verbreitet ist das Problem?«

»Seit 1968 hat es fünfzehntausend Todesfälle gegeben, die auf kristalline Silicate in der Atemluft zurückzuführen sind. Das Amt für Gesundheit und Sicherheit am Arbeitsplatz schätzt, dass in diesem Jahr mehr als eine Million Menschen ihre Gesundheit durch Silicate gefährden. Neunundfünfzigtausend werden sich eine Silikose zuziehen. Von dieser einen Million Menschen bedienen einhunderttausend wie Matthew Douglas einen Sandstrahler.«

Richter Fitzwaring entließ sie in die Nachmittagspause, und Charlie strahlte. Goldberg hatte eine ausgezeichnete Aussage geliefert, und bei seiner letzten Bemerkung war einer der Geschworenen fast aufgesprungen. Thomas Landon besaß eine kleine Firma, die Häuser nach einem Brand wieder instand setzte. Eine Zeit lang hatte er sogar an einem Sandstrahler gearbeitet. Mit ihm hatte Charlie Glück gehabt. Nancy hatte keine Vetos mehr zur Verfügung gehabt, als sie beim Geschworenen Nummer einhundertzwei angekommen waren, und Fitzwaring wies ihren Einspruch zurück, dass er parteiisch sei, weil er selbst in der

Branche arbeite. Er wies darauf hin, dass ihn gerade das zu einem guten Geschworenen mache. Er würde beide Seiten im Blick behalten.

Nach der Pause versuchte Nancy Goldberg anzugreifen, erreichte aber nichts. Seine Argumente waren überzeugend.

»Die Ratten waren durch die Injektion einer hundertmal so großen Menge an Silicaten ausgesetzt wie Menschen, ist das richtig?«

»Ja, aber das musste auch so sein, weil es fünf Jahre dauern würde, bis eine Ratte genug Silicate eingeatmet hätte, dass sich eine Krebsgeschwulst entwickeln könnte. Manche Ratten leben nicht so lange.«

»Erkrankten die Ratten an Lungenkrebs?«

»Nein, es zeigten sich natürlich andere Tumorarten. Aber in der Forschung wollen wir nachweisen, wie sich Zellen verändern, kein bestimmtes Krankheitsbild duplizieren. Wenn Silicate eine Mutation in den gesunden Zellen einer Ratte auslösen können, so dass Krebszellen entstehen, dann lautet die logische Schlussfolgerung, dass sie in menschlichen Zellen das Gleiche anrichten. Welcher Krebs dabei genau entsteht, darauf kommt es nicht an.«

Nancy zog sich schnell zurück, als sie begriff, dass sie auf verlorenem Posten stand. Goldberg hatte schon zu vielen wissenschaftlichen Gremien auf der ganzen Welt Rede und Antwort gestanden, um sich von einer kleinen Anwältin aus der Ruhe bringen zu lassen.

Charlie, Brad und die Douglas' aßen zusammen Mittag und ließen die Ereignisse des Tages noch einmal Revue passieren. Die erste Runde dieses Prozesses ging an Charlie, daran gab es keinen Zweifel. Aber er war vorsichtig und erinnerte die Douglas' daran, dass die Geschworenen oft wichtige Zeugenaussagen vergessen, die sie in einem frühen Stadium der Verhandlung gehört hatten. Was morgen passieren würde, war eine ganz andere Geschichte.

39

ES GAB NICHTS zu berichten, aber die Medien übertrafen sich gegenseitig darin, das Offensichtliche zu erklären. Wieder einmal standen während eines Zivilprozesses Kameras auf dem Rasen vor dem Gerichtsgebäude. Vielleicht waren es die ungeheuren Summen, die im Spiel waren, die die Geschichte unwiderstehlich machten.

Die Vertreter der Anklage und der Verteidigung saßen auf ihren gewohnten Plätzen und warteten auf Richter Fitzwaring, der auf seiner Ledercouch noch an den letzten Bissen seines Brötchens kaute und die *USA Today* las. Um fünf Minuten vor neun betrat Charlies Vater den Gerichtssaal. Beiläufig sah er sich im Saal um und setzte sich dann auf einen Stuhl hinter Charlie.

»Wo bist du gewesen? Ich habe mir Sorgen gemacht«, flüsterte ihm Charlie zu.

»Ich hatte noch etwas in Atlanta zu erledigen.« Charles begann zu husten.

Charlie reichte ihm ein Glas Wasser. »Was denn? Ich brauche dich hier. Mit den Sachverständigen kennst du dich besser aus.«

»Nachdem wir uns im Krankenhaus unterhalten haben, habe ich deine Mutter besucht.«

Charlie versuchte die Ruhe zu bewahren, aber man merkte ihm an, dass er überrascht war. »Wirklich?«, platzte es aus ihm heraus.

»Ja, ich habe nachgedacht und begriffen, dass ich mich bei ihr entschuldigen muss. Ich weiß, dass ich sie unglaublich tief verletzt habe. Wenn ich mich wirklich verändert habe, dann muss ich jetzt auch alles anders anpacken.«

»Und du hast nicht bis zum Wochenende warten können?«

»Schieb niemals etwas auf, Charlie. Du weißt nie, was passieren wird. Und außerdem – du hast es immer noch nicht verstanden, oder? Ich vertraue dir. Ich wusste, dass du diesen Fall in den Griff bekommst. Du bist ein brillanter Anwalt, und du bist es ohne meine Hilfe geworden. Vertraue deinem Instinkt.« Sein Vater klopfte ihm auf die Schulter und lehnte sich zurück.

»Erheben Sie sich«, ließ sich der Gerichtsdiener vernehmen.

»Gibt es irgendetwas, das wir noch besprechen sollten?« Richter Fitzwaring blickte Nancy und Charlie an, die keine Miene verzogen. »Ich vermute, Sie haben sich nicht über Nacht auf einen Vergleich einigen können.«

»Nein, Euer Ehren«, entgegnete Charlie.

»Er spielt nicht einmal mit dem Gedanken an eine Schlichtungskonferenz, Euer Ehren.«

»Kommen Sie nach vorne.« Charlie stand auf und ging zum Tisch des Richters. Nancy folgte ihm auf den Fersen. »Nein, Ms. Lockman-Kurtz, nur Mr. Harrigan. Sie dürfen wieder Platz nehmen.«

»Aber, aber ...«

»Ich sagte, setzen Sie sich.« Sie ging langsam zurück und starrte Fitzwaring mit stechendem Blick an. »Charlie, reden Sie wenigstens mit ihr über einen Vergleich. Nach dem zu urteilen, was ich so gehört habe, würden sie sich darauf einlassen. Ich will ehrlich mit Ihnen sein. Ich glaube nicht, dass Ihre Chancen sehr gut stehen. Warum treffen Sie beide sich nicht irgendwo und reden über das Wetter oder so?« Dann verkündete er: »Wir machen zehn Minuten Pause.«

Charlie und Nancy gingen zum Treppenhaus am anderen Ende des Gebäudes. Zwischen dem ersten und dem zweiten Stock lehnte sich Charlie mit verschränkten Armen an die Wand. In dem süßesten Tonfall, den sie zur Verfügung hatte, teilte ihm Nancy mit: »Comstock bietet eine Million, wenn der Fall versiegelt bleibt.«

»Zwei Millionen und eine Schuldanerkenntnis.«

»Sie sind verrückt. Er wird niemals etwas zugeben.«

»Haben Sie es immer noch nicht verstanden, Nancy? Das ist nicht das, was meine Mandanten wollen. Ihnen geht es nicht ums Geld.« Charlie drehte sich um, um zurückzugehen, blieb aber stehen, als Nancy ihn noch einmal ansprach.

»Charlie, das ist die letzte Chance.« Weil von ihm keine Reaktion kam, folgte sie ihm und drängte ihn gegen die Wand. »Okay, Verlierer, aber ich mache mich bereit, Sie zu beerdigen. Sie haben ihr Pulver verschossen.« –

Koshee Patels Vater arbeitete hart in einem kleinen Lebensmittelgeschäft in der Innenstadt von Los Angeles und sparte genug Geld, um seinen Sohn nach Pepperdine zu schicken. Dieser promovierte am Polytechnikum von Kalifornien und arbeitete jetzt als Direktor im Bereich Forschung und Entwicklung im Los-Alamos-Forschungszentrum in Neu-Mexiko. Nach Dr. Goldberg war er der führende Wissenschaftler, was die Silicatforschung in den USA betraf. Während Charlie seiner Aussage zuhörte und die Reaktionen der Geschworenen beobachtete, dachte er darüber nach, dass der Richter ihn noch einmal auf einen Vergleich angesprochen hatte. Die ganze Szene war ausschließlich für ihn inszeniert worden. Van Schank hatte Fitzwaring wahrscheinlich zu Hause angerufen und gebeten, auf Charlie einzuwirken, damit er sich auf einen Vergleich einließ. Van Schank war von Anfang an für einen Vergleich gewesen. Charlie nahm sich den Rat seines Vater zu Herzen und begann auf seinen Instinkt zu horchen.

»Dr. Patel, sind Sie der Einzige, der ein erhöhtes Lungenkrebsrisiko bei Menschen nachgewiesen hat, die Silicaten ausgesetzt sind?«

»Nein, nein. Es gab eine Studie in Vermont, wo vierundachtzig Menschen, die in einem Granitsteinbruch gearbeitet hatten, an Lungenkrebs starben. Bei der Arbeit in einem Steinbruch werden große Mengen Silicatstaub freigesetzt.« Er war ein jovialer Mann und sprach mit einem leichten Akzent, der sehr sympathisch klang. »Von sechundzwanzig Studien, die an Menschen durchgeführt wurden, haben vierundzwanzig gezeigt, dass Arbeiter, die Silicaten ausgesetzt werden, ein erhöhtes Risiko laufen, an Lungenkrebs zu erkranken.«

»Wie sieht es außerhalb der USA aus?«

»Einspruch. Ist das relevant?« Nancy zuckte mit den Schultern.

»Ich lasse die Frage zu.« Richter Fitzwaring winkte ihr, sich wieder hinzusetzen.

»In China zum Beispiel erkranken Arbeiter in Wolfram-Bergwerken doppelt so häufig an Lungenkrebs wie die restliche Bevölkerung. Dasselbe gilt für Arbeiter in Zinn-Bergwerken in Australien.«

Den ganzen Vormittag wies Dr. Patel eindrücklich den Zusammenhang zwischen Lungenkrebs und Silicaten nach. Charlie und Brad holten sich bei einem Straßenverkäufer ein paar Hotdogs und sprachen über die Geschworenen. Brad glaubte, dass ihre Sachverständigen die Geschworenen überzeugt hätten und dass diese nun eher auf Charlies Seite standen. Offensichtlich hatten sie eine Abneigung gegen Nancy entwickelt. »Brenda Campone und Carol Wheeling verziehen jedes Mal das Gesicht, wenn Nancy Einspruch erhebt«, wusste Brad zu berichten. Er riet Charlie, den Prozess so bald wie möglich zu beenden, morgen Mittag den letzten Zeugen zu befragen und sich dann auszuruhen. Weitere Zeugen würden der Sache nur schaden.

Nancy nahm ihr Mittagessen, Fisch und Weißwein, gemeinsam mit Van Schank im *French Quarter* ein. Van Schank hatte die Niederlassung in Dallas beauftragt, all die Kliniken und Universitäten unter die Lupe zu nehmen, bei denen Charlies Experten beschäftigt waren, und dabei einige interessante Dinge entdeckt. Einige Anwälte der Niederlassung in Atlanta arbeiteten mit Wissenschaftlern von der Emory-Universität zusammen und lernten alles, was es über Silicate zu lernen gab, von der chemischen Zusammensetzung bis hin zur Sterberate bei den römischen Maurern im ersten Jahrhundert nach Christus. Nancy hatte sich blendend auf ihren nächsten Angriff vorbereitet. Sie rieb ihren nackten Fuß gegen Van Schanks Schienbein, während sie sich über ihren geplanten Hinterhalt amüsierten. Sie küssten sich, und dann fuhr Nancy mit Van Schanks Limousine zurück zum Gericht.

»Dr. Patel, glauben Sie, dass es eine Verbindung zwischen kristallinen Silicaten und Lungenkrebs gibt?«, lautete Nancys erste unverfängliche Frage.

»Ja, natürlich. Die Beweise liegen auf der Hand.«

»Was geschieht, wenn das wirklich wahr ist?«

»Ich verstehe nicht ganz, was Sie meinen.« Dr. Patel runzelte die Stirn.

»Werden Sie zum Beispiel weitere staatliche Fördermittel erhalten, um festzustellen, wo die Gefahrenschwelle liegt, damit das Amt für Gesundheit und Sicherheit am Arbeitsplatz neue Grenzwerte festsetzen kann?«

»Das kann ich nicht mit Sicherheit sagen, aber in der Regel sind weitere Forschungsarbeiten notwendig.«

»Aber wenn es keine Verbindung gibt, bekommen Sie auch kein Geld mehr.«

»Ich tue es nicht wegen des Geldes. Hier stehen Menschenleben auf dem Spiel.«

»Ich weiß Ihren Einsatz für das menschliche Leben sehr zu schätzen.« Sie ging vor den Geschworenen auf und ab und drehte sich plötzlich auf dem Absatz um. »Übrigens, rauchen Sie?«

»Ist das relevant, Euer Ehren? Was soll diese Frage?« Charlie stand auf.

»Bitte halten Sie sich an die Regeln. Entweder erheben Sie ordnungsgemäß Einspruch oder Sie halten den Mund. Aber was immer Sie auch tun, bleiben Sie sitzen.« Fitzwarings Augen begannen hinter seinen Zweistärkengläsern zu blitzen. »Bitte beantworten Sie die Frage, Doktor.«

»Ja, schon, ich rauche, aber ich verstehe nicht …«

»Danke.« Nancy schnitt ihm das Wort ab. »Zigaretten verursachen doch Lungenkrebs, oder?«

»Ja, das ist richtig.«

»Obwohl Zigaretten Lungenkrebs verursachen, verzichten Sie nicht darauf. Rauchen Bauarbeiter nicht auch sehr oft?«

»Das weiß ich nicht.« Dr. Patel verschränkte die Arme.

»In dieser Vermont-Studie, die Sie zitiert haben, waren doch alle vierundachtzig im Steinbruch beschäftigten Arbeiter Raucher, oder?«

»Ich bin nicht sicher, aber möglicherweise wurde das in einer Fußnote erwähnt.«

Dr. Patel wurde unsicher. Er war vorsichtig geworden und sah misstrauisch aus, als ob er etwas verbergen wollte.

»Gibt es unter Arbeitern nicht einen höheren Anteil an Rauchern als in anderen Berufen?«

»Ich glaube schon, aber ich kann es nicht beweisen.«

»Stimmt es nicht, dass die meisten Menschen in Meinungsumfragen und Fragebögen dazu neigen, ihren Tabakkonsum nicht wahrheitsgemäß anzugeben, damit sie gut dastehen?«

»Das weiß ich nicht.«

»Ist Ihnen eine psychologische Studie der Harvard-Universität bekannt, die nachweist, dass die meisten Menschen dazu neigen, Verhaltensweisen, die als negativ bewertet werden, herunterzuspielen, wenn sie über sich selbst Auskunft geben müssen?«

»Einspruch, Euer Ehren, die Verteidigung versucht neue Beweise ins Spiel zu bringen.«

»Ich ziehe die Frage zurück.« Nancy lächelte ihn an. »Dr. Patel, sind Ihnen Forschungsarbeiten bekannt, die nachweisen, dass Arbeiter, die zum Beispiel in Kohle- oder Zinnminen arbeiten und Silicaten ausgesetzt sind, auch anderen karzinogenen Stoffen ausgesetzt sind?«

»Ja, ich habe solche Arbeiten gesehen.«

»Um welche anderen karzinogenen Stoffe handelt es sich dabei?«

»Arsenstaub, Radon, vielleicht noch ein paar andere.«

»Arsen! Radon!« Nancy legte so viel Entrüstung in ihre Stimme hinein, als ob sie noch nie davon gehört hätte. »Sind das nicht Giftstoffe?«

»Ja, das stimmt, aber das schaltet die Wirkung der Silicate nicht aus. Tatsächlich ist es so, dass sich die Wirkung vervielfacht.«

Nancy holte zu ihrem entscheidenden Schlag aus. »In Ihrer Studie in Los Alamos haben Sie doch ignoriert, ob die Testpersonen Raucher waren oder nicht, ist das richtig?«

»Wir haben diese Variable nicht isoliert, das stimmt.«

»Haben Sie nicht gegen alle wissenschaftlichen Gepflogenheiten gehandelt, als Sie eine der Versuchspersonen nachträglich aus der Kontrollgruppe ausschlossen, weil sie an Krebs litt?«

»Nachdem wir mit den Forschungsarbeiten begonnen hatten, stellten wir fest, dass die betreffende Person den Fragebogen nicht richtig ausgefüllt hatte und eine genetische Disposition zu Krebserkrankungen aufwies. Aber eine Person aus der Kontrollgruppe zu entfernen, hat keine Auswirkungen auf das Ergebnis gehabt.«

»Aber war das nicht unwissenschaftlich? Nach Beginn eines Experiments darf man doch nicht die Versuchspersonen auswechseln!«

»Er hatte uns nicht die Wahrheit gesagt.«

»Die Wahrheit ist, dass Sie das Experiment hätten abbrechen sollen.«

»Aber wir hatten schon so viel daran gearbeitet.«

»Die Wahrheit ist, dass Sie mit Ihrer Studie die ethischen Prinzipien der Forschung verletzt haben, nicht wahr?«, fragte Nancy nach.

»Ja.« Dr. Patel blickte voller Scham auf den Fußboden. »Wir hatten schon so viel Geld ausgegeben; es wäre Verschwendung gewesen, das Experiment abzubrechen.«

»Es ging also um Geld.«

»Einspruch!«, rief Charlie, aber es war schon zu spät.

»Ich ziehe die Frage zurück«, entgegnete Nancy mit honigsüßer Stimme. Sie blinzelte Charlie zu, als sie zu ihrem Platz zurückkehrte.

Charlie versuchte seinen Zeugen zu rehabilitieren, aber Nancy hatte zu viel Schaden angerichtet. Er zitierte eine Arbeit der Universität Syracuse, die nachwies, dass harte körperliche Arbeit den gesundheitsschädlichen Auswirkungen des Rauchens in Bezug auf Herzkrankheiten entgegenwirkte. Sie erwähnte eine australische Studie über die Gefährdung durch Silicate, in die man den Zigarettenkonsum einbezogen hatte und die trotzdem eine erhöhte Lungenkrebsrate nachwies. Aber Charlie ließ seinen verwundeten Soldaten nicht länger als zehn Minuten an der Frontlinie kämpfen.

Er musste den Schaden, den Nancy mit ihrem Kreuzverhör angerichtet hatte, begrenzen. Es war bereits fünf vor halb vier, und Charlie konnte keinen weiteren Zeugen mehr aufrufen. Fitzwaring würde für heute Schluss machen, und wenn die Geschworenen nach Hause gingen, würde ihnen das Bild vor Augen stehen, wie Dr. Patel niedergeschlagen den Kopf hängen ließ. Er war ein brillanter Wissenschaftler, der einen kleinen Fehler gemacht hatte, und dieser Fehler konnte Charlie den gesamten Fall kosten.

40

Die Geschworenen nahmen ihre Plätze ein und versuchten, Charlie nicht allzu mitleidig anzuschauen, aber es war offensichtlich, dass sie seine vernichtende Niederlage nicht vergessen hatten. Charlie hatte eine schlechte Nacht hinter sich und kritzelte kleine Kreise auf seinen gelben Notizblock. Er dachte an das gestrige Abendessen zurück. Nachdem Dr. Patel überführt war, schlampig gearbeitet zu haben, ließ Charlie seine beiden nächsten Zeugen, Maxine Norvell und Harold Rutherford, auf kleinen Metallstühlen Platz nehmen und nahm sie selbst ins Kreuzverhör. Er fragte sie aus, drängte sie in die Ecke und ließ selbst ihr Privatleben nicht aus. Nach zwei Stunden gab Dr. Rutherford auf.

Alles kam ans Licht. Er konnte sicher sein, dass Nancy diese Landmine bereits entdeckt hatte, aber auf jeden Fall hatte Charlie verhindert, dass sie vor Gericht explodierte. Rutherford war zunächst ein sehr guter Schüler gewesen. Aber als das Examen näher rückte, hatte er fremde Hausarbeiten als eigene ausgegeben und die Noten einiger Studenten im Computer geändert. Seitdem war nichts mehr vorgefallen, sein Ruf als Mediziner und Forscher war makellos. Wenn Nancy ihn im Zeugenstand allerdings ins Kreuzverhör genommen hätte, hätte sie seine Vergangenheit aufgedeckt und alles zunichte gemacht, selbst wenn er einen wertvollen Beitrag geleistet hätte.

Charlie blieb nur noch eine Zeugin. Während er immer größere, sich überschneidende Kreise auf den Block kritzelte, sprach er ein stilles Gebet. Alford war ein guter Zeuge. Goldberg hatte einen äußerst nachhaltigen Eindruck hinterlassen. Patel hatte eine Menge richtig gemacht, vielleicht konnten ihm die Geschworenen verzeihen. Dr. Norvell musste den entscheidenden Treffer landen. Vielleicht würden die Geschworenen ihm dafür dankbar sein, dass er es kurz machte.

»Mr. Harrigan, Ihr nächster Zeuge, bitte.« Richter Fitzwaring kratzte sich am Kopf.

Maxine Norvell wurde vereidigt. Sie erklärte, dass sie Ärztin sei und als Professorin für Epidemiologie an der Universität von

Kalifornien in Berkeley lehre. Sie unterstützte die Annahme des Antrags 65, mit dem in Kalifornien Silicate als Karzinogene anerkannt werden sollten. Seit 1974 hatte sie auf dem Gebiet der kristallinen Silicate geforscht.

»Dr. Norvell, würden Sie uns erklären, was möglicherweise dazu geführt haben könnte, dass Dr. Patel ein Mitglied der Kontrollgruppe ausschloss?«

»Eine Kontrollgruppe muss bestimmten Kriterien genügen. Offensichtlich fiel diese eine Versuchsperson aus der Gruppe heraus und hatte die Formulare zur persönlichen Krankengeschichte nicht wahrheitsgemäß ausgefüllt. Ich verstehe den Druck weiterzumachen, unter dem ein Forschungsteam steht, selbst wenn es zu Unregelmäßigkeiten kommt. Das ist teuer. Ich persönlich musste im Lauf meiner Karriere zwei Projekte vorzeitig aufgeben.«

»Hat dieser Ausschluss Ihrer Meinung nach die Ergebnisse verfälscht?«

»Natürlich nicht. Die eigentlichen Testpersonen waren davon nicht berührt. Es wurde eine Korrelation zu Krebserkrankungen nachgewiesen.«

»Bitte erklären Sie, was Korrelation bedeutet.«

»Korrelation bedeutet, dass zwei Dinge anscheinend gemeinsam geschehen, aber das heißt nicht unbedingt, dass das eine das andere bedingt. Zum Beispiel liegt in einem Viertel mit vielen Kirchen die Kriminalitätsrate besonders hoch. Möglicherweise stehen diese beiden Tatsachen überhaupt nicht miteinander in Verbindung. Es könnte andere Faktoren geben. Man findet Kirchen an zentralen Orten, damit sie viele Menschen erreichen können. Vielleicht gehen die Kirchen dorthin, wo es besonders viel Kriminalität gibt. Wer weiß schon, worauf diese Korrelation beruht.«

»Kann es also sein, dass der Lungenkrebs durch das Rauchen und nicht durch die Silicate verursacht wurde?«

»Das wäre möglich, aber selbst in einigen Bergwerken, in denen den Arbeitern das Rauchen verboten wurde, gibt es eine erhöhte Lungenkrebsrate.«

Charlie lächelte und wartete, bis die Geschworenen diese

Information wirklich aufgenommen hatten. »Wollen Sie damit sagen, dass Rauchen in dieser Hinsicht überhaupt keine Rolle spielt?«

»Im Gegenteil, Rauchen verschärft noch die Auswirkungen der eingeatmeten Silicate. Es verdoppelt oder verdreifacht sogar die gesundheitsschädlichen Effekte. Die Vernarbung des Lungengewebes und das Wachstum von mutierten Zellen werden durch Rauchen noch verschlimmert.« Charlie sah, dass sich einige der weiblichen Geschworenen gegenseitig anlächelten und zunickten. Nancy wäre ein Narr, wenn sie diese Zeugin angriffe. Dr. Chalfandt, die Ärztin unter den Geschworenen, würde es möglicherweise sogar persönlich nehmen.

»Ich habe noch eine Frage zu Dr. Goldbergs Zeugenaussage, die Sie mir vielleicht beantworten können. Warum injizierte er Ratten eine Mischung aus Silicaten und Wasser, die hundertmal stärker war als die Mischung, der Menschen am Arbeitsplatz ausgesetzt werden?« Charlie gab vor, dass ihn allein der Gedanke daran aufbrachte.

»Ehrlich gesagt glaube ich, dass die meisten Menschen nicht begreifen, wie man wissenschaftlich arbeitet. Man wählt die verabreichten Dosen oder die genaue Vorgehensweise nicht zufällig aus. Wissenschaftler sitzen nicht herum und sagen sich: ›Injizieren wir einer Ratte einmal Zitronenlimonade und schauen, was dabei herauskommt.‹ Wir versuchen, die Bedingungen, die wir in der Natur vorfinden, so gut wie möglich zu simulieren. Diese hohe Dosis Silicatstaub, die mit Wasser gemischt wurde, war ein Versuch, die Bedingungen an einem typischen Arbeitsplatz nachzustellen.«

»Wie das?«

»Frischer Silicatstaub, der in einem Steinbruch eingeatmet wird, hat eine viel größere Wirkung, als wenn man ihm auf andere Weise ausgesetzt wird. Der feine Staub lagert sich sofort in den Lungen ab.« Einige der Geschworenen nickten tatsächlich mit dem Kopf und zeigten damit, dass sie die Vorgehensweise jetzt verstanden.

»Lassen sich die Schäden vermeiden?«

»Das ist das Schlimmste daran.« Dr. Norvell wurde lebhaft. »Es gibt hundertprozentig wirksame vorbeugende Maßnahmen. Man muss es nur wissen und immer wieder darauf hingewiesen werden. Man kann die betreffenden Oberflächen mit Wasser abspritzen und Staubsauger und Luftfilter einsetzen, die den Staub aufsaugen, statt ihn mit Kompressoren hinauszupusten. Eine einfache Maßnahme besteht darin, Schutzmasken aufzusetzen, die Ohren, Augen und Gesicht bedecken. Wenn man regelmäßig die Kleidung und die Hände wäscht, hilft das, die Belastung zu reduzieren. Außerdem ist es notwendig, die Staubkonzentration in der Atemluft ständig zu überwachen. Der Anteil des Staubes in der Atemluft sollte nicht mehr als ein zehntel Prozent betragen.«

»Hat das Amt für Gesundheit und Sicherheit am Arbeitsplatz keine Maßnahmen angeordnet, die die Arbeit mit Silicatstäuben ungefährlich machen?«, fragte Charlie mit Unschuldsmiene.

»Doch, aber die in diesen Bestimmungen genannten Grenzwerte liegen doppelt so hoch wie in den meisten anderen westlichen Industrieländern. Wir liegen hinter Australien, England, Deutschland und vielen anderen Ländern zurück, wenn es darum geht, die am härtesten arbeitenden Menschen in unserem Land zu schützen. Die durchschnittliche Lebenserwartung von Arbeitern in Steinbrüchen und auf dem Bau beträgt einundsechzig Jahre.«

»Wie konnte Matt Douglas so jung sterben, nachdem er nur zwei Jahre lang den Silicatstäuben ausgesetzt war?«

Zum ersten Mal erhob Nancy lauten Einspruch. »In diesem Teil des Verfahrens geht es nicht um Mr. Douglas.« Dr. Chalfandt starrte Nancy an.

»Rein hypothetisch, Euer Ehren. Ich habe den Sachverständigen gebeten zu erklären, wie sich Lungenkrebs unter einer bestimmten Reihe von Bedingungen entwickeln kann«, verteidigte sich Charlie.

Fitzwaring blickte Nancy an. Diese Zeugenaussage interessierte ihn wirklich. »Ich lasse die Frage zu, aber machen Sie es schnell, Mr. Harrigan.«

Charlie nickte Dr. Norvell zu. »Bei extremer Belastung kann sich eine akute Silikose innerhalb von einigen Wochen bis hin zu vier oder fünf Jahren entwickeln. Ganz ähnlich kann sich auch Lungenkrebs innerhalb kurzer Zeit entwickeln, wenn die Atemluft hinreichend belastet ist. Die Silicatstäube vernichten die Mikrophagen, die Infektionen abwehren, und dann hält die mutierten Gene nichts davon ab, sich immer weiterzuvermehren und das Lungengewebe zu zerstören. Wenn Matthews Chef regelmäßige Untersuchungen im Abstand von drei Monaten angeordnet hätte, hätte man die Krankheit früh genug entdeckt, um weiteren Schaden zu verhindern.«

»Gibt es eine Möglichkeit, den Schaden rückgängig zu machen?«, fragte Charlie.

»Nein.«

Es war ein brillanter Morgen. Charlie beschloss auszuruhen. Er hatte den ersten Teil des Prozesses hinter sich gebracht, und wenn die Geschworenen Goldberg und Norvell nicht glaubten, dann würden sie niemandem glauben. Nancy bohrte in einzelnen Randpunkten bei Dr. Norvell nach, aber sie hatte Angst, sie hart anzugreifen. Eine Dreiviertelstunde strich sie wie die Katze um den heißen Brei herum, erreichte aber nichts, außer die Zeit der Geschworenen zu vergeuden.

Nancy wartete mit einer ganzen Batterie von Sachverständigen, Wissenschaftlern, Geologen, Epidemiologen und Onkologen auf. Alle Experten sangen nach der gleichen Melodie. Möglicherweise gab es eine Korrelation, aber es ließen sich nicht genügend stichhaltige Gründe nachweisen, um behaupten zu können, dass Silicate mit absoluter Sicherheit Krebs erregend wirkten. Alles in allem wirkten ihre Zeugen einfallslos und unmotiviert. Sie waren Akademiker, denen man hohe Honorare für ihre Dienste angeboten hatte. Nancy hatte sich nicht damit einverstanden erklärt, nur einen Zeugen für alle sprechen zu lassen, und brauchte fünf Tage, all ihre Sachverständigen vorzuführen. Als sie ihre Argumentation zum Abschluss brachte, waren die Geschworenen dem Hirntod nahe.

Besonders bemerkenswert war, wie Charlie Dr. Harrison Ballenger von der Duke-Universität ins Kreuzverhör nahm. Von den möglichen Kreuzverhör-Techniken wandte Charlie zwei besonders gerne an. Er liebte es, den Zeugen mit harmlosen Fragen, deren Antworten er bereits kannte, langsam einzulullen. Wenn der Zeuge sich dann an den Rhythmus gewöhnt hatte und sich in Sicherheit wiegte, schoss ihm Charlie eine kurvige Flanke zu. Eine Frage, die so aus dem gewohnten Rahmen fiel, dass der Schock eine ehrliche Antwort provozierte.

Für Dr. Ballenger aber wählte Charlie seine zweitliebste Methode. Der Anwalt beginnt mit der schroffen Erinnerung, dass der Zeuge die Wahrheit sagen muss. Dann springt er von einem Thema zum anderen, ohne dem Zeugen die Zeit zu geben, über die Frage nachzudenken oder den logischen Zusammenhang zu begreifen, der hinter den Fragen steht. Auf diese Weise bombardiert er ihn ohne Ende.

Charlie erhob sich langsam:

»Dr. Ballenger, wie viel hat man Ihnen für Ihre Aussage bezahlt?«

»Geld beeinflusst meine wissenschaftliche Meinung nicht.« Den würdevollen Wissenschafter hatte diese Andeutung sichtlich beleidigt.

»Das habe ich nicht gefragt.«

»Die Summe spielt für meine Forschungsergebnisse keine Rolle.«

»Euer Ehren, der Zeuge antwortet nicht auf meine Frage.« Charlie hob die Hände.

»Dr. Ballenger, antworten Sie einfach auf die Fragen, die der Anwalt der Anklage stellt.« Der Richter winkte Charlie zu, weiterzumachen.

»Wie viel bekommen Sie für Ihre heutige Aussage?«

Der gute Doktor schaute erst zu Nancy hinüber und dann wieder zu Charlie. »Zehntausend Dollar.«

»Hat Sie der Anwalt der Verteidigung angewiesen, was Sie sagen sollen?«

»Natürlich nicht.«

»Kennen Sie Dr. Schleigel, den Zeugen von der Universität Boston?«

»Nur dem Namen nach.«

»Ist er ein besserer Arzt als Sie?«

»Wie? Das weiß ich nicht.«

»Er bekommt zwölftausend. Bedeutet das, dass seine Meinung mehr Gewicht hat als Ihre, oder dass er der Verteidigung eher nach dem Mund redet als Sie?«

»Euer Ehren.« Nancy stand auf.

»Ich ziehe die Frage zurück«, sagte Charlie, ohne aus dem Rhythmus zu geraten. »Ist er ein besserer Arzt als Sie?«

»Ich glaube nicht.«

»Sind Sie so wie er erster Klasse hierher geflogen?«

»Nein, ich bin gefahren.«

»Das ist ein bisschen ungerecht, oder, Doktor?«

»Das ist egal, solange am Ende die Wahrheit herauskommt.«

»Wessen Wahrheit?«

»*Die* Wahrheit.«

»Wollen Sie damit sagen, dass Dr. Goldstein ein Lügner ist?«

»Nein. Seine Experimente lassen keine eindeutige Schlussfolgerung zu.«

»Steckt in seinen Arbeiten irgendetwas Wahres?«

»Die Ergebnisse könnten in diese Richtung weisen.«

»Was könnte Sie davon überzeugen, dass Silicate so gefährlich wie Asbest sind?«

»Das weiß ich nicht.«

»Wie viele Todesfälle?«

»Das ist unfair.«

»Haben Sie jemals körperliche Arbeit geleistet?«

»Als Teenager.«

»Haben Sie ein Hausmädchen?«

»Ja.«

»Sie gehen also harter Arbeit aus dem Weg?«

»Nein.«

»Wenn man bestimmten Krankheiten mit einfachen Maßnahmen vorbeugen könnte, sollten wir dann nicht alles tun, was in unserer Macht steht, um Menschenleben zu retten?«

»Ja.«

»Sind wir einer Meinung, dass Silicate gesundheitsschädlich sind?«

»Natürlich.«

»Wenn Arbeiter andere Stoffe zum Abschleifen nehmen könnten, sollten sie das tun, um am Leben zu bleiben?«

»Ich denke schon.«

»Sollten wir alle Arbeiter daran erinnern, die Sicherheitsvorschriften zu beachten?«

»Natürlich.«

»Also sollten wir alles tun, um den Menschen zu helfen, außer sie zu warnen, dass Silicate Krebs erregen können?«

»Ja, natürlich. Warten Sie. Nein.«

»Nein, wir sollten die Menschen nicht warnen, dass Silicate Krebs verursachen können?«

»Richtig.« Er war völlig durcheinander. »Was ich sagen wollte, war, dass Silicate keinen Krebs hervorrufen.«

»Aber sagten Sie nicht gerade, dass die Ergebnisse in diese Richtung weisen könnten?«

»Ja, aber es ist nicht wahr.«

»In meinen Ohren klingt das wie ein Widerspruch. Wollen Sie sagen, dass es keinen Zusammenhang gibt, so dass wir die Allgemeinheit davor nicht zu warnen brauchen, oder sagen Sie, dass wir sie nicht warnen sollten, weil es einen Zusammenhang gibt?«

Dr. Ballenger seufzte. »Ich will sagen, dass man darauf aufmerksam gemacht werden sollte, dass die Möglichkeit besteht.«

Charlie hatte riskiert, mit diesem Auftritt bei den Geschworenen einen negativen Eindruck zu hinterlassen. Andererseits war Dr. Ballenger äußerst selbstsicher in den Zeugenstand getreten und hatte mit seiner Meinung aufgetrumpft. Er verließ ihn in einer ganz anderen Verfassung.

Charlie und Nancy standen jeweils zehn Minuten für ihre Zusammenfassung zur Verfügung. Charlie wies vor allem darauf hin, dass Versicherungsgesellschaften große Summen zahlten, um zu verhindern, dass eine Entscheidung im Sinne seiner Mandanten getroffen würde, weil das im ganzen Land eine Prozessflut nach sich ziehen würde. Charlie berichtete, dass die Internationale Gesellschaft für Krebsforschung Silicate als karzinogen eingestuft habe, die amerikanische Umweltbehörde sich jedoch dieser Ansicht nicht anschlösse, weil man politischen Druck auf sie ausübe.

Nancy wies darauf hin, dass man in der amerikanischen Kultur eine Opfermentalität entwickelt habe, am liebsten auf der faulen Haut liege und aus völlig unsinnigen Prozessen schnelles Geld schlagen wolle. Sie erklärte, dass viele Berufe von Natur aus gefährlich seien und ein gewisses Risiko mit sich brächten. Feuerwehrleute riskierten Lungenschäden und Rennfahrer atmeten Abgase ein, aber niemand wolle doch deswegen die Rennbahn in Charlotte schließen. Sie argumentierte, dass Korrelation nicht das Gleiche sei wie ein logischer Zusammenhang und dass die Geschworenen darüber nachdenken sollten.

Richter Fitzwaring wies die Geschworenen ein. Sie sollten alle Zeugenaussagen gegeneinander abwägen und dann eine einfache Frage entscheiden: Glaubten sie, dass die Zeugenaussagen bewiesen, dass kristalline Silicate Lungenkrebs hervorriefen? In diesem Teil des Verfahrens würde es keine Schuldzuweisung geben, und ihnen wurde streng verboten, über Matt Douglas zu sprechen. Thomas Landon, der Sprecher der Geschworenen, führte die Zwölf in den Geschworenenraum, und Fitzwaring entließ die Anwesenden.

Charlie, Brad und die Douglas' gingen zu *Sonny's* und gönnten sich ein Festmahl, Hamburger und knusprige Pommes frites. Sie feierten, dass Matt seinen großen Tag vor Gericht gehabt hatte und dass sie ihr Bestes versucht hatten, selbst wenn sie verlieren sollten. Aber Charlie konnte es sich nicht leisten zu verlieren. Er hatte das Geld, das er von der Versicherung für das Haus bekommen hatte, bis auf den letzten Penny verbraucht und in den Fall gesteckt. Brad hatte lediglich einige kleine Aufträge übernommen, damit er seine Rechnungen bezahlen konnte. Charlie war völlig pleite und schuldete Sonny drei Monatsmieten. Wenn er verlor, konnte er immer noch Dr. Johnstons Beispiel folgen und Konkurs anmelden.

Charles Harrigan senior bat seinen Sohn, mit ihm vor die Tür zu kommen. Auf der Third Street herrschte dichter Verkehr, weil alle versuchten, um ein Uhr wieder im Büro zu sitzen. Charles legte ungeschickt seinen Arm um die Schulter seines Sohns, dem er nun nach Jahren der Entfremdung wieder so nahe gekommen war.

»Ich bin stolz auf dich ... mein Sohn.« Charlies Augen füllten sich mit Tränen, als sein Vater so liebevoll mit ihm sprach. »Heute mache ich mich wieder auf den Weg.«

»Nein. Ich brauche dich. Endlich habe ich dich kennen gelernt. Du kannst nicht einfach weggehen.« Charlie umarmte seinen Vater.

»Charlie, ich habe nur noch ein paar Monate. Ich will sie mit meiner Frau und meiner Familie verbringen. Sie brauchen mich auch. Ich habe hier alles in Ordnung gebracht. Jetzt fahre ich nach Hause, um dort alles in Ordnung zu bringen.«

Das hässliche orangeblaue Taxi, das Charles gerufen hatte, fuhr vor *Sonny's Teriyaki Grill* vor. Ein letztes Mal schlossen sie sich in die Arme, und Charles Harrigan senior stieg ein.

»Ich liebe dich, mein Sohn.« Die Worte, nach denen sich Charlie sein ganzes Leben lang gesehnt hatte, brachten sein Herz zum Schmelzen.

»Ich liebe dich auch, Dad.«

Die Tür schlug zu, aber Charles kurbelte noch schnell das Fenster hinunter. »Ich glaube, du hast das da drinnen heute gewonnen. Gut gemacht, mein Sohn.« Als das Taxi abfuhr, blieb Charlie auf dem Bürgersteig zurück und winkte dem Vater zu, den er sich immer gewünscht hatte.

»Hey Kumpel«, Brad platzte aus der Tür heraus, »die Geschworenen haben für das Urteil gerade mal eine Stunde gebraucht. Wir müssen ins Gericht zurück.«

41

DER GRÜNE BLAZER schlängelte sich durch den Verkehr. In einer weit abgelegenen Ecke im zweiten Stock des Parkhauses fanden sie einen Parkplatz. Als Charlie, Brad und die Douglas' an ihrem Tisch Platz genommen hatten, war der Gerichtssaal bereits überfüllt. Nancy saß ruhig und voller Selbstbewusstsein da. Die Anwälte in ihrem Gefolge hatten alle einen gelben Notizblock vor sich liegen, um das Urteil ohne jeden ersichtlichen Grund mitzuschreiben. Walter Comstock wirkte aufgeregt. Seine blitzenden Augen und die zusammengebissenen Zähne verrieten seine Unsicherheit. Er hatte Angst, dass Charlie tatsächlich die Chance bekommen könnte, ihm den Prozess zu machen.

Charlie wunderte sich, dass die Medien und die vielen Zuschauer an diesem Prozess so großen Anteil nahmen. Es war eine langweilige Zivilsache. Es gab weder einen Massenmörder noch einen Tatort, der einem eiskalte Schauer über den Rücken jagte. Brad hatte sich ein bisschen umgehört. Überall im Gerichtsgebäude machten Gerüchte die Runde. Die Hausanwälte der großen Versicherungen hatten den Prozess von Anfang an mitverfolgt. Die niedliche Brünette, die im ersten Stock arbeitete, spekulierte, dass überall im Land Klage erhoben werden würde, wenn die Geschworenen entschieden, dass Silicate tatsächlich Krebs hervorriefen. Einzelpersonen würden Bergwerke und Bauunternehmen verklagen. Diese Firmen würden ihrerseits die Hersteller von Sandstrahlern verklagen, um einen Teil ihrer Verluste wieder hereinzuholen. Vielleicht würde es sogar Prozesse gegen die US-Regierung geben, weil weder das Amt für Gesundheit und Sicherheit am Arbeitsplatz noch die Umweltbehörde die Warnungen ernst genommen hatten. Man sah schon die Dollarzeichen in den Augen der Anwälte, die von dem großen Kuchen der millionenschweren Vergleiche auch etwas abhaben wollten.

Aber Charlie kannte die Wahrheit. North Carolina war ein großartiger Staat, wenn man selbst verklagt wurde, aber kein guter Ort, wenn man jemanden verklagen wollte. Hier wurde

Tabak in großen Mengen angebaut, und niemand wollte die Prozessflut mit einer Klage wegen fahrlässiger Tötung eröffnen. Fitzwaring hatte alles Erdenkliche getan, um die Emotionen aus diesem Fall herauszuhalten und es Charlie so schwer wie möglich zu machen. Wenigstens hatte er die Klage nicht von vornherein abgewiesen. Am dritten Tag von Nancys Beweisführung hatten die Augen der Geschworenen schon müde und verquollen gewirkt, und sie waren sicherlich nicht von der Aussicht begeistert, einen Prozess wegen fahrlässiger Tötung anzuhängen, wenn sie eine Entscheidung zu Charlies Gunsten trafen.

Als die Geschworenen wieder hereinkamen, versuchte Charlie in ihren Gesichtern zu lesen, aber zwölf ganz gewöhnliche Bürger können sich unter einer solchen immensen Spannung sehr professionell verhalten. Sie hielten ihren Kopf geneigt und nahmen langsam ihre Plätze ein, ohne auch nur die geringste Gefühlsregung zu zeigen. Manche Anwälte glauben, dass es ein gutes Anzeichen ist, wenn sie von den Geschworenen angeblickt werden, andere halten das für den Kuss des Todes. Fitzwaring rief die Anwesenden zur Ruhe. Nachdem er die Entscheidung der Geschworenen gelesen hatte, bat der Richter den Sprecher, die Entscheidung laut vorzutragen.

Thomas Landon stand auf und räusperte sich. »Euer Ehren, die Geschworenen sind der Meinung, dass die Benutzung von kristallinen Silicaten, wie sie in Sandstrahlern eingesetzt werden, in der Tat Krebs erzeugen.«

Einige Versicherungsanwälte auf der Galerie schluckten. Reporter rannten zur Tür hinaus, und ein paar Anwälte tippten bereits Nummern in ihre Handys ein, um die Klage gegen andere Firmen vorzubereiten. Nancy stand auf und brüllte, um sich Gehör zu verschaffen.

»Ruhe! Ruhe!« Richter Fitzwaring ließ den Hammer niedersausen. »Wenn Sie nicht augenblicklich Ruhe geben, lasse ich Sie alle wegen Missachtung des Gerichts ins Gefängnis werfen.«

Als der Saal zur Ruhe kam, meldete sich Nancy zu Wort: »Euer Ehren, ich stelle den Antrag auf Änderung des Urteils. Die Geschworenen haben nichts bewiesen.«

Horace beugte sich zu Charlie hinüber. »Wovon redet sie eigentlich? Sie haben uns doch geglaubt, oder?«

Charlie brachte ihn zum Schweigen. »Euer Ehren, bei allem Respekt, diese Geschworenen haben sich nicht von Gefühlen beeinflussen lassen. Ihr Urteil beruht auf wissenschaftlichen Gutachten.«

»Ich muss noch einmal darüber nachdenken. Geben Sie mir eine Stunde, die Protokolle zu lesen. Wenn ich zu dem Schluss komme, dass die Geschworenen wissenschaftliche Beweise außer Acht gelassen haben, dann werde ich ihr Urteil für ungültig erklären und zugunsten des Beklagten entscheiden. Wenn ich im Sinne der Anklage entscheide, dann machen Sie sich bitte bereit, heute Nachmittag Ihren ersten Zeugen aufzurufen, Mr. Harrigan.«

Charlie erklärte seinen Mandanten: »Es kommt in seltenen Fällen vor, dass der Richter glaubt, die Geschworenen hätten wichtige Beweise außer Acht gelassen oder manche Tatsachen willkürlich übersehen. Dann kann er das Urteil rückgängig machen. Erinnert ihr euch an den Fall des britischen Kindermädchens, das ein Baby zu Tode schüttelte? Es kommt aber nur sehr selten vor.«

Brad schaltete sich ein: »Dann haben wir wenigstens einen Grund, in Berufung zu gehen.«

Charlie wusste, dass er es nicht durchhalten würde, in Berufung zu gehen. Dieser Fall hatte ihn schon fast ruiniert. In Berufung zu gehen, würde ihm den Rest geben.

Walter Comstock tobte im kleinen Sitzungszimmer herum. Er fluchte und warf Stühle um, die ihm im Weg standen. Zwei der Anwälte aus Nancys Gefolge holten gerade Kaffee. Nancy und die anderen brüteten über den eidesstattlichen Aussagen, nur für den Fall, dass Nancy heute noch einen Zeugen ins Kreuzverhör nehmen müsste. Comstock ignorierten sie völlig, und das brachte ihn aus der Fassung.

»Hören Sie mal, mein Fräulein. Ich bin Ihr Mandant, also legen Sie die Akte weg und hören zu, wenn ich mit Ihnen rede. Ich zahle Ihnen doch nicht gutes Geld, damit Sie diesen Fall verlieren. Ich habe doch gewusst, dass es besser gewesen wäre, wenn mich ein Mann vertreten hätte.«

Nancy griff Comstock am Kragen. »Niemand hätte es besser hingekriegt als ich. Das liegt an den Geschworenen. Und Sie sind wirklich nicht der angenehmste Anblick, den man sich vorstellen kann. Warum versuchen Sie nicht, ein bisschen mehr wie ein Mensch und ein bisschen weniger wie ein Unteroffizier beim Drill auszusehen?«

Langsam ging die Tür auf. Die große, eindrucksvolle Gestalt von Martin Van Schank füllte den Türrahmen aus.

»Kinder, Kinder, nun vertragt euch doch. Walter, Sie haben Ihre Gefühle noch nie unter Kontrolle gehabt. Wenn es heiß wird, dann müssen Sie kühl bleiben. Nancy, können Sie und die anderen uns eine Minute allein lassen?«

Als die Anwälte aus dem Zimmer gegangen waren, ließen sich Van Schank und Comstock am Tisch nieder. »Ich vermute, du hast einen Plan.«

»Slade arbeitet gerade in diesem Augenblick an einer Sache. Harrigan lässt sich nicht einschüchtern, und die Douglas' wollen keinen Vergleich. Falls das Urteil nicht rückgängig gemacht wird, dann werden wir wohl auf die Geschworenen einwirken müssen.« Van Schank holte ein paar kubanische Zigarren aus der Tasche hervor.

»Was hat Slade vor?«

»Du weißt doch, dass einer der Geschworenen eine eigene Kiesgrube besitzt? Ich habe Slade aus seinem hässlichen Hawaii-Hemd rausgeholt und ihm einen Anzug verpasst. Er hat mit Bernie Hodges Bruder einen Vertrag über eine halbe Million unterzeichnet. Der wird jetzt die Paragon-Gruppe mit Lastwagen versorgen. Dieser Bruder hat noch am selben Nachmittag einen Kredit beantragt, um fünf Kipper zu kaufen und weitere Fahrer einzustellen. Er wird seinen Bruder bearbeiten, um sicherzustellen, dass Paragons Interessen gewahrt werden.« Van Schank blies eine Rauchwolke aus und lachte.

»Wunderbar.« Comstock schöpfte Hoffnung. »Hast du noch andere Eisen im Feuer?«

»Shascle Deering steckt bis zum Hals in Schulden, und sie hat ein Kind zu versorgen. Da stecken gewisse Möglichkeiten drin. Carol Wheelings Mann hat eine Affäre. Wir können Druck auf ihn ausüben, damit er seine Frau bearbeitet. Und natürlich ist da noch der Gebrauchtwagenhändler. Das sollte einfach sein.« Van Schank nahm noch ein tiefen Zug. »Wir brauchen nur vier Stimmen für einen Freispruch. Charlie braucht neun für einen Schuldspruch.«

»Kannst du mir diese vier Stimmen garantieren?« Comstock beugte sich über den Tisch.

Van Schank schlug die Beine übereinander. »Die habe ich in der Tasche.«

»Ja, und du hast mir auch weismachen wollen, dass dieser Fall nie vor Gericht verhandelt werden würde, und dass die Königin der Vergleiche schon alles regeln würde!«

»Jetzt sei doch nicht so nachtragend, Walter. Immer flexibel bleiben.«

Richter Fitzwaring setzte sich auf seinen Platz, während die Geschworenen sich weiter hinten im Gerichtsgebäude aufhielten, Doughnuts aßen und abgestandenen Kaffee tranken. Er öffnete die Akte und setzte sich die Zweistärkenbrille auf die Nasenspitze. Die Anwälte der Anklage und der Verteidigung saßen ganz vorne auf der Stuhlkante und warteten gespannt auf den Richterspruch. Charlies Magen rebellierte. Er konnte sich nicht an einen einzigen Fall seiner Laufbahn erinnern, bei dem es so häufig auf und ab gegangen war.

»Soweit ich es verstehe, ist die wissenschaftliche Welt in dieser Frage gespalten.« Fitzwaring räusperte sich. »Es ist aber auch so, dass das Gesetz nicht auf hundertprozentige Zustimmung vonseiten der Wissenschaftler warten muss. Zum Beispiel halten einige Wissenschaftler das prämenstruale Syndrom immer noch für eine Legende, während Anwälte es in Strafprozessen bereits als mildernden Umstand geltend machen. Wir stellen Zigarettenhersteller vor Gericht, obwohl es dazu auch andere Meinungen gibt. Ich glaube, der Menschheit ist besser gedient, wenn wir die

Aufmerksamkeit auf dieses Problem lenken und die Wissenschaftler damit auffordern, es ein für alle Mal zu beweisen.«

Als er merkte, dass Nancy dabei war, sich zu erheben, winkte er ihr zu, sich wieder zu setzen. »Ms. Lockman-Kurtz, wenn Ihnen diese Entscheidung nicht passt, können Sie in Berufung gehen. Ich vermute allerdings, dass Sie ebenso wie ich bereits herausgefunden haben, dass das Berufungsgericht des westlichen Bezirks von North Carolina in der Regel das Urteil der ersten Verhandlung bestätigt. Mr. Harrigan, sind Sie bereit fortzufahren?«

Charlie versuchte ein Lächeln zu unterdrücken und den erfahrenen Anwalt herauszukehren. »Wenn Euer Ehren es wünscht, kann ich sofort beginnen.«

Der Gerichtsdiener führte die Geschworenen wieder herein, und der Richter erklärte ihnen, dass ihre Entscheidung dazu geführt habe, dass sich die Verhandlung noch einige Tage hinziehen würde. Er erinnerte sie auch daran, dass sie es ihn sofort wissen lassen müssten, wenn eine der beiden Seiten mit ihnen Kontakt aufnähme. Er erklärte ihnen, dass Walter Comstock und die Paragon-Gruppe der fahrlässigen Tötung von Matthew Douglas angeklagt würden. Er setzte ihnen den Unterschied zwischen leichter und grober Fahrlässigkeit auseinander und erklärte ihnen das Haftungsprinzip. Möglicherweise war Walter Comstock Matthew Douglas niemals persönlich begegnet, aber wenn die Art und Weise, wie er sein Unternehmen führte, Matthew Douglas in Gefahr gebracht habe, sei er dafür verantwortlich. Er erklärte ihnen, dass die Paragon-Gruppe ein privates Unternehmen mit mehreren Teilhabern sei, so dass Mr. Comstock für Verfehlungen der Paragon-Gruppe persönlich haftbar gemacht werden könne. Schließlich verdeutlichte der Richter ihnen noch die vier Kriterien eines vermuteten Risikos, dessen Vorliegen Charlie beweisen musste.

Charlie erhob sich und rief seine erste Zeugin auf, Mrs. Betty Douglas. Das war jetzt seine Verhandlung, und er würde glänzen. Er entschloss sich, mit Betty zu beginnen und mit Horace abzuschließen. Die Gefühle, die ihre Aussagen bei den Geschworenen auslösen würden, würden seinen Mandanten helfen. Die kleine, zerbrechlich wirkende Dame betrat mit einem Taschentuch in der Hand voller Stolz den Zeugenstand. Sie war bereit. Mehr als ein Jahr hatte sie Gerechtigkeit gesucht; sie wollte die Geschichte ihres Sohns erzählen, und Charlie gab ihr die Möglichkeit dazu. Nach ein paar einleitenden Bemerkungen fragte Charlie sie nach ihrem Sohn.

»Bitte erzählen Sie den Geschworenen von Matthew.«

»Matthew war unser einziger Sohn. Er hatte Schwierigkeiten in der Schule, und deswegen ließen wir ihn testen. Sein IQ lag bei fünfundachtzig. Das bedeutete, dass er zwar etwas lernen konnte, aber dass er immer etwas langsamer sein würde als andere. Er machte seinen Schulabschluss mit zwanzig. Sein Vater Horace ist ein begeisterter Heimwerker, er baut Tische und andere Dinge. Und Matthew liebte es, mit seinem Vater zusammen Einrichtungsgegenstände für unser Haus zusammenzubauen. Als wir von dem »Ich-kann's«-Haus erfuhren und davon, dass Mr. Grady ihm eine Stelle in der näheren Umgebung besorgen konnte, waren wir begeistert. Sie können sich nicht vorstellen, was es heißt, ein behindertes Kind zu haben, und welche Freude man empfindet, wenn es kleine Schritte vorwärts macht.«

Sie schluchzte und putzte sich die Nase. Charlie trat neben sie und legte behutsam den Arm um sie.

»Ist alles in Ordnung? Brauchen Sie eine Pause?«

»Nein, es geht schon. Jedenfalls hat Mr. Grady Matthew beigebracht, wie man mit dem Bus fährt, das Wechselgeld nachzählt und seine Kleidung wäscht. Dann besorgte er ihm eine Stelle bei der Paragon-Gruppe. Matthew erledigte dort kleinere Arbeiten, er sammelte Abfall, trug Ziegel und Baumaterial – solche Sachen eben. Wir fuhren manchmal an einem Haus vorbei, wo er auf der Baustelle mitgeholfen hatte, und dann sagte er immer: ›Das ist mein Haus, ich habe geholfen, es zu bauen.‹«

»Welchen Lohn bekam er ausbezahlt?«

»Ich glaube, vier Dollar fünfzig pro Stunde.«

»Liegt das nicht unter dem Mindestlohn?«

»Ja, aber eigentlich war es mehr eine Art Praktikum. Man

nahm allgemein an, dass Mr. Comstock damit ein gutes Werk tat, und Matthew war offiziell kein Arbeitnehmer, sondern gewissermaßen ein Wohlfahrtsfall, um den sich die Firma kümmerte.«

»Hmmm.« Charlie kratzte sich am Kinn. »Waren Sie sich bewusst, dass Charlie auch gefährlichere Arbeiten übernommen hatte, wie zum Beispiel einen Sandstrahler zu bedienen?«

»Einspruch.« Nancy war bei der Mutter eher vorsichtig. »Mr. Harrigan unterstellt Dinge, die noch nicht bewiesen sind.«

»Stattgegeben.« Der Richter machte eine Handbewegung.

»Was erzählte Ihnen Matt von seinen Aufgaben auf der Baustelle?«

»Er sprach davon, wie er seine Kanone abschoss. Wir mussten es ihm förmlich aus der Nase ziehen, bis wir verstanden, was er damit meinte. Schließlich begriffen wir, dass er häufig am Sandstrahler eingesetzt wurde.«

»Machten Sie sich Sorgen um seine Sicherheit?«

»Natürlich. Ich wandte mich deshalb an Mr. Grady und bat ihn, sich der Sache anzunehmen.«

»Was antwortete er Ihnen?«

»Einspruch. Die Antwort beruht auf Hörensagen.« Nancy blickte dieses Mal nicht einmal auf. Sie gab vor, dass die Zeugenaussage sie langweilte.

»Stattgegeben. Bitte kommen Sie zum nächsten Punkt, Mr. Harrigan.«

Weiter hatte Betty eigentlich nichts zu berichten, aber Charlie befragte sie noch zwanzig Minuten nach dem Verlust ihres Kindes. Sie schilderte, wie Matthew gelitten hatte. Während er ihr Fragen stellte, befestigte er zwei Fotos von Matthew auf Flipcharts, die er vor den Geschworenen aufstellte. Das erste Bild war bei seinem Schulabschluss entstanden. Das zweite Bild war das letzte Foto, das von Matt gemacht worden war. Sein Gesicht war dünn und grau. Dunkle Ringe hatten sich unter seinen Augen eingegraben. Er lag im Bett und versuchte zu lächeln, aber es wirkte gezwungen. Man sah ihm an, dass er Schmerzen hatte. Charlie ließ die Bilder den ganzen Tag dort stehen. Beim Kreuzverhör beschränkte Nancy sich auf wenige Fragen.

»Warum haben Sie Paragon auf zehn Komma zwei Millionen Dollar verklagt?«

Nancy verzog ihr Gesicht zu einem spöttischen Grinsen, als ob sie etwas wusste, was sie eigentlich nicht wissen sollte.

»Es geht mir nicht um das Geld. Ich fordere von Mr. Comstock lediglich eine Entschuldigung. Ich will, dass er die Verantwortung dafür übernimmt, dass er meinen Sohn nicht geschützt hat. Aber unser erster Anwalt sagte uns, dass wir nur auf eine bestimmte Summe klagen können.«

»Besitzen Sie viel Geld?«

»Wir haben keine Schulden, aber wir sind nicht reich.«

»Sie könnten sich von diesem Geld also ein schönes neues Haus oder so etwas leisten?«

»Das Geld wird Mr. Grady zukommen, damit er ein neues Haus bauen und so mehr Jugendlichen wie Matthew helfen kann.«

Nancy wusste, wann sie aufhören musste, und zog sich schnell auf ihren Platz zurück.

Nancy beschwerte sich nach der Verhandlung, dass die Fotos zur Voreingenommenheit führten. Wenn sie kein Beweisstück seien, müssten sie abgenommen werden. Der Richter gab ihr Recht, stellte Charlie aber frei, sie während seines Schlussplädoyers noch einmal zu zeigen.

Charlies nächster Zeuge war Frank Grady. Grady schilderte seine Football-Karriere an der Clemson-Universität und erzählte von der Knieverletzung, die er in seinem letzten Studienjahr erlitten hatte. Dann hatte er die Diplomprüfung in Sozialpädagogik abgelegt. Seit fünfundzwanzig Jahren arbeitete er schon mit behinderten Kindern in Charlotte, und sein unabhängiges Wohnheim, das »Ich-kann's«-Haus, bestand seit sieben Jahren. Er half Menschen mit leichter geistiger Behinderung dabei, in einer feindlichen Welt zu bestehen, die sie ausnutzen wollte. Grady war ein großartiger Zeuge. Durch seine imposante Größe wirkte er beinah Furcht einflößend, dabei sprach er so sanft wie ein Teddybär. Ein Mann, der sein Leben den Benachteiligten und Unterprivilegierten widmete, würde niemals lügen.

»Mr. Grady, machten Sie sich Sorgen über die Art von Arbeit, die Matt verrichten musste?«

Er sah den Geschworenen direkt ins Gesicht. »Zuerst nicht. Ich muss leider zugeben, dass ich es nicht gemerkt habe. Vierzehn Menschen leben bei uns im Haus. In den ersten Monaten, nachdem Matt seine Stelle angetreten hatte, wurden wir zweimal ausgeraubt. Ich hätte mehr darauf achten sollen. Aber nach einem Jahr sah ich, wie Matt nach dem Abendessen einen ziemlich schlimmen Hustenanfall bekam. Ich ließ ihn untersuchen, aber der Arzt hielt es für eine Allergie. Sie kennen diese kleinen Praxen, dort nimmt man sich nicht die Zeit, einen Patienten wirklich kennen zu lernen und eine gründliche Diagnose zu stellen.«

Bonnie Husbie nickte mit dem Kopf. Sie verstand ihn und war ganz seiner Meinung. Für Charlie war das ein gutes Zeichen.

»Was haben Sie also getan?«

»Nichts.« Frank sah zu Boden. »Bis ich eines Tages bemerkte, dass sich Matts Schmutzwäsche stapelte. Ich muss meine Klienten dauernd daran erinnern, dass sie einmal in der Woche ihre Wäsche waschen. Ich habe ihn ausgeschimpft, dass er Tag für Tag dieselbe Kleidung trug.«

»Sind Sie sich bewusst, dass das regelmäßige Waschen der Wäsche zu den Empfehlungen des Amts für Gesundheit und Sicherheit am Arbeitsplatz gehört, um die gesundheitsschädlichen Auswirkungen von Silicaten zu vermindern?«

»Heute weiß ich das, aber damals hatte ich keine Ahnung. Außerdem rief ich Josh Donovan, den Leiter der Stadtverwaltung, an, und er sagte mir, dass er sich darum kümmern wollte. Comstocks Männer, vor allem der Vorarbeiter Barry Kasick, sollten Matt im Auge behalten.«

»Sie haben sich also keine Sorgen um Matt gemacht?«
»Nein.«
»Weil Sie Mr. Comstock vertrauten?«
»Ja.«
»Halten Sie Mr. Comstock für vertrauenswürdig?«
»Einspruch!«, schrie Nancy.

»Stattgegeben. Mr. Harrigan.« Fitzwaring legte sehr viel Nachdruck in seine Stimme.

»Keine weiteren Fragen, Euer Ehren.« Charlie setzte sich.

Nancy schlenderte auf die Geschworenen zu. »Mr. Grady, haben Sie je von staatlichen Stellen eine Abmahnung erhalten?«

»Nein.«

»Haben Sie jemals einen Ihrer Klienten schlecht behandelt?«

»Natürlich nicht.«

»Bringen Sie Ihre Klienten nicht häufig zum Weinen?«

»Sie müssen verstehen, dass meine Klienten in mancher Hinsicht Kindern gleichen. Sie haben ein weiches Herz. Wenn ich sie zurechtweise, dann regen sie sich oft auf. Aber es geschieht alles aus Liebe, wie bei Eltern.«

»Sind Sie jemals verklagt worden?«, fragte Nancy mit einem Lächeln.

»Also ... das ist ...« Frank blickte Charlie voller Verzweiflung an.

Charlie stand auf. »Euer Ehren, ich beantrage eine Unterbrechung.«

»Nein, Mr. Harrigan, setzen Sie sich.«

»Kann ich kurz mit Ihnen sprechen, ohne dass es in das Protokoll aufgenommen wird?« Charlie gab nicht nach.

»Kommen Sie beide hier nach vorn«, brummte Fitzwaring. »Was gibt es?«

»Dieser Fall ist abgeschlossen und versiegelt. Ms. Lockman-Kurtz hat kein Recht, ihn in ihrer Beweisführung zu verwenden. Eigentlich sollte sie nicht einmal etwas davon wissen.«

Nancy zuckte unschuldig mit den Schultern. »Ich kann ja nichts dafür, wenn die beteiligten Parteien nicht alle die Entscheidung des Gerichts respektieren.«

Fitzwaring sah sie an. »Machen Sie schnell und kommen dann auf das eigentliche Thema zurück. Jetzt zurück mit Ihnen beiden.«

»Mr. Grady, warum wurden Sie angeklagt?«

Er ließ den Kopf hängen. »Wegen körperlicher Misshandlung.«

»Danke, Sie dürfen den Zeugenstand verlassen.«

Charlie sprang auf. »Euer Ehren, darf ich den Zeugen noch einmal befragen?« Ohne auf die Antwort zu warten, begann er: »Mr. Grady, Sie würden niemals absichtlich jemanden verletzen, oder?«

»Natürlich nicht. Ich hatte einen Klienten, der manchmal die Kontrolle über sich verlor und seine Mitbewohner schlug. Er hatte eins der Mädchen im ersten Stock angegriffen. Ich warf mich auf ihn und versuchte ihn von dem Mädchen abzubringen. Ich glaube, ich habe gar nicht gemerkt, wie aufgebracht ich war, weil ich mir Sorgen um Stefanie machte. Dann fiel er die Treppe hinunter. Er erlitt eine Gehirnerschütterung und trug Blutergüsse davon.«

»Wurden Sie von staatlichen Stellen abgemahnt?«

»Nein. Sie untersuchten den Vorfall und kamen zu dem Schluss, dass es ein Unfall gewesen war. Die Klage kam nie zur Verhandlung.«

»Hat es jemals andere Vorfälle dieser Art gegeben?«

»Nein«, entgegnete Frank niedergeschlagen, aber der Schaden war bereits angerichtet.

42

CHARLIE GING den Korridor im Gerichtsgebäude hinunter und blickte auf den Verkehr, der sich auf der Fourth Street aus der Innenstadt herausquälte. Brad war mit ihrem Starzeugen Diego Stratos immer noch nicht aufgetaucht. Charlie stellte sich vor, wie er Nancy mit diesem illegalen Ausländer überraschen würde. Sie würde an die Decke gehen und Einspruch erheben. Charlie würde dann auf die Zeugenliste hinweisen, die alle Arbeitnehmer bei Paragon aufführte. Comstock wäre gezwungen, entweder zuzugeben, dass Diego weder Arbeits- noch Aufenthaltserlaubnis besaß und deshalb nicht als Arbeitnehmer galt, oder seine Zeugenaussage zuzulassen. Welche Wahl er auch treffen würde, Charlie würde damit einen Volltreffer landen.

Er hatte den gestrigen Tag damit verbracht, noch einmal mit Dr. Alford zu sprechen, der die ungewöhnlich hohen Silicatmengen in Matts Lungen bezeugte. Er musste irgendwo gearbeitet haben, wo die Atemluft mit Silicatstäuben gesättigt war und ihn vergiftete, und zwar fünf Tage pro Woche, sechs oder sieben Stunden am Tag, und das achtzehn Monate lang. Bis auf eine Großmutter, die an Brustkrebs gestorben war, hatte Matt keine problematische Krankengeschichte und war auch keinen anderen Krebs erregenden Stoffen ausgesetzt gewesen.

Wichtige Zeugen waren auch Barry Kasick und Dake Warner, die beide bei Paragon arbeiteten. Er brauchte Diegos Aussage, damit die anderen Zeugen bei der Wahrheit blieben. Bei den Befragungen vor der eigentlichen Verhandlung war nicht viel herausgekommen. Charlie würde Mark Ashton in den Zeugenstand rufen und möglicherweise Joshua Donovan. Als letzten Zeugen wollte er Horace aufrufen, der eine erschütternde Schilderung von Matts letzten Tagen geben würde. Während Charlie die Verhandlung in Gedanken schon einmal durchspielte, klingelte das Handy in seiner Tasche.

»Ja?«

Es war Brad. Er sprach in kurzen, abgehackten Sätzen. »Sie sind weg. Keiner hier. Alles leer. Weiß auch nicht.«

»Nun mal langsam. Was ist passiert?« Charlie bemerkte, dass ein Passant ihn seltsam anstarrte.

»Diego. Sein Wohnwagen stand doch an diesem Kiesweg, der von der Rozzelles Ferry Road abging, und da waren doch fünf Wohnwagen, richtig?«

»Ja, warum?«

»Sie sind weg, Charlie. Hier ist alles leer. Keine Wohnwagen. Keine Kinder, die Fußball spielen. Keine Kühlboxen voller Bier. Alles ist verschwunden, als ob das Ende der Welt gekommen wäre.«

»Bist du sicher, dass du am richtigen Ort bist?« Charlie begann schwer zu atmen.

»Ich bin die Straße auf und ab gefahren. Es gibt keinen Platz, der diesem hier auch nur annähernd ähnelt. Es war genau hier, und ich sage dir, sie sind verschwunden.«

Charlie ging zum Treppenhaus und setzte sich auf eine Stufe. »Lass mich nachdenken. Schau noch mal sorgfältig nach, auf dem Boden, in den Büschen, versuch irgendeine Spur zu finden.«

Brad ging herum, während sein Handy Warntöne ausstieß, weil der Akku fast leer war. »Hier liegen Hülsen auf dem Boden und ein paar im Gras.«

»Was für Hülsen?«

»Patronenhülsen natürlich. Und zwar ziemlich viele.« Brad schaute sich noch einmal um und entdeckte Glasscherben. »Ich vermute, dass Comstock ein paar Halbstarke hierher geschickt hat und sie herumballern ließ, bis alle verschwanden. Die finden wir nie wieder.«

»Nein! Das darf einfach nicht wahr sein.« Charlie schlug seinen Kopf gegen die Ziegelwand. »Sie würden nicht zulassen, dass sie wieder an ihrem Arbeitsplatz erscheinen. Überprüf die Notaufnahmen und versuch herauszufinden, ob jemand von ihnen dort aufgetaucht ist. Ruf die Polizei an und erkundige dich, ob jemand die Schießerei gehört oder die Illegalen gesehen hat. Ruf Melinda Powell an, sie kann dir dabei helfen. Und dann kommst du hierher, so schnell du kannst.«

»Verstanden, Kumpel. Ich gebe noch nicht auf.« Dann war die Leitung tot.

Barry Kasick wich Charlies Fragen etwa eine Stunde lang aus. Seines Wissens hatte Matthew nur Müll gesammelt. Er hatte ihn nie bei Schleifarbeiten mit dem Sandstrahler gesehen. Barry hatte von Walter Comstock niemals besondere Anweisungen zum Umgang mit den Behinderten bekommen. Charlie kam schließlich zu dem Schluss, dass Barry jede klare und direkte Antwort vermeiden würde. Nancy hatte ihn gut vorbereitet.

»Würden Sie bitte Ihre Aufgaben und die Ihres Teams erklären?«, fragte Charlie ins Blaue hinein.

»Die Paragon-Gruppe besteht im Grunde aus vier Teams. Jedes Team hat eine andere Aufgabe. Mein Team bereitet den Bauplatz vor, reißt die alten Gebäude ab und räumt alles aus dem Weg, damit das nächste Team die Grundmauern hochziehen kann.«

»Ihr Team übernimmt also die Arbeiten mit dem Sandstrahler, die Rostentfernung und die Ausschachtung im felsigen Boden?«

»Ja, das gehört dazu.«

»Befolgen Sie die Empfehlungen des Amtes für Gesundheit und Sicherheit am Arbeitsplatz?«

»Ja, natürlich. Andernfalls würden wir vom Inspektor eine Abmahnung erhalten, und das passiert bei uns nur selten. Seltener als bei jeder anderen Firma in diesem Land.«

»Einer von den Inspektoren ist Mark Ashton, richtig?«

»Ich glaube, er gehört mit dazu, ja.«

»Wer sind die anderen Inspektoren?«, hakte Charlie nach.

»Das weiß ich nicht. Ich müsste es nachgucken.«

»Mr. Ashton kennen Sie mit Namen. Seinen Namen mussten Sie nicht nachschlagen, oder?« Kasick rutschte auf seinem Stuhl herum, und die Geschworenen sahen, wie sich sein Gesichtsausdruck änderte. »Er ist nämlich der Einzige der sechs städtischen Inspektoren, die Ihre Baustelle besuchen, oder?«

»Das müsste ich auch nachgucken.« Barry versuchte mit Comstock Blickkontakt aufzunehmen.

»Sie sind auch nicht immer da, wenn er Besuche macht, stimmt das? Ich meine, normalerweise besucht er eins der anderen Teams?«

»Also ... das hängt davon ab, wer der Vorarbeiter ist.«

»Das habe ich Sie nicht gefragt, Mr. Kasick. Normalerweise kommt der Inspektor auf die Baustelle, wenn die Grundmauern hochgezogen werden, und dann noch einmal, wenn die Arbeiten beendet sind. Dann hat er Ihre Arbeit also nie persönlich begutachtet, oder?«

Barry zögerte, fing sich aber schnell wieder. »Das hängt alles vom Zufall ab. Sie müssten den Inspektor selbst fragen.«

»Das werde ich auch tun. Ich danke Ihnen, Mr. Kasick.« Charlie steuerte wieder auf seinen Tisch zu, und Barry wollte schon aufstehen. »Übrigens, Mr. Kasick, wie lauten die Empfehlungen des Amtes für Gesundheit und Sicherheit am Arbeitsplatz zur Vorbeugung gegen Silikose?«

Charlie hatte ihm nie diese Frage gestellt, auch nicht in den

Befragungen vor der Verhandlung. Er setzte darauf, dass Nancy die Empfehlungen auch nur erwähnt und ihn nicht angewiesen hatte, sie auswendig zu lernen. Barry rutschte unruhig herum und kratzte sich am Kopf. »Also, man muss Augen, Ohren, Nase und Mund schützen. Die Arbeitnehmer schulen. Sie anweisen, dass sie ihre Hände und ihre Kleidung gut waschen. Feinen Schmutz mit Wasserschläuchen, nicht mit Druckluft entfernen. Aufpassen, dass sich niemand zu lange an einem Arbeitsplatz aufhält, an dem Sandstrahler eingesetzt werden.« Er machte eine Pause, um Atem zu holen, und Charlie fiel ihm direkt ins Wort.

»Wie steht es mit der Überwachung der Atemluft?«

»Ja, das wollte ich gerade erwähnen.«

»Ist das alles?« Charlie gab ihm reichlich Zeit zu überlegen.

»Ich glaube schon.«

Charlie ging zu seinem Tisch zurück, als ob er sich setzen wollte. Die Geschworenen beugten sich vor, um zu sehen, was Charlie als Nächstes tat. Er schlug ein großes schwarzes Handbuch auf. »Überwachung der Wirksamkeit Ihres Sicherheitsprogramms? Gehört das auch zu den Empfehlungen?« Barry nickte. »Nachweise, dass die Arbeitnehmer an bestimmten Geräten ausreichend geschult wurden?« Wieder nickte Barry. »Wie steht es damit, dass Essen und Trinken am Arbeitsplatz verboten ist?« Barry nickte und Schweißperlen standen auf seiner Stirn. »Wie steht es mit der Warnung, dass Zigarettenrauchen die gesundheitsschädliche Wirkung noch verstärkt?« Barry nickte und senkte den Kopf.

Charlie ging wieder auf seinen Platz zu und drehte sich noch einmal um. Diesen Teil seines Berufs genoss er wirklich. »Was ist mit Matthew?« Barry starrte ihn verständnislos an. »Hat Matthew all diese Anweisungen verstanden, oder glauben Sie, dass er besondere Erläuterungen und ständige Überwachung gebraucht hätte?«

»Ich weiß es nicht«, entgegnete Barry leise. Die Antwort spielte keine Rolle, weil die Geschworenen wussten, dass es wahr war.

Nancy ging in ihrem Kreuzverhör auf alle Sicherheitsmaßnahmen ein, die bei Paragon angewendet wurden. Sie befragte Barry zu dem Paragon-Sicherheitshandbuch, das dicker und gründlicher war als das des Amtes für Gesundheit und Sicherheit am Arbeitsplatz. Zwei Stunden lang ging es so weiter, und nach der Mittagspause unterhielt sie sich mit Kasick über die verschiedenen Anerkennungen und Preise, die die Paragon-Gruppe vonseiten der Stadtverwaltung eingeheimst hatte.

Wie ein Blitz aus heiterem Himmel fragte sie plötzlich: »Mögen Sie Basketball?«

»Ja.«

»Kennen Sie alle Regeln?«

»Natürlich«, entgegnete er zögernd.

»Bitte erklären Sie die Basketballregeln.«

Barry sah sie verwirrt an. Nancy hatte ihn offensichtlich nicht auf diese Frage vorbereitet. »Also ... da ist die Zehnsekunden-Regel. Schrittfehler. Verletzung der Dreisekunden-Regel. Persönliche Fouls. Technische Fouls.« Mit verwirrtem Blick brach er seine Aufzählung ab.

»Was ist mit der Dreipunkte-Linie?«, blaffte sie ihn an. Barry saß sprachlos und wie gelähmt auf seinem Stuhl. »Wie sieht es mit Sperren aus? Mit Blocken? Sie sagten doch, Sie kennen die Basketballregeln. Ich glaube, Sie sind ein Lügner.«

»Nein. Es ist schwierig, hier zu sitzen und alles aufzuzählen, aber ich erkenne jede Regelverletzung sofort, wenn ich sie sehe. Ich habe nicht gelogen.«

»Danke.« Nancy setzte sich.

Sie machten eine Viertelstunde Pause. Nancys Kreuzverhör hatte Wirkung gezeigt. Aber Charlie hatte von Kasick auch nicht allzu viel erwartet. Er hatte damit wenig gewonnen und wenig verloren. Kasick war für Comstock lediglich ein Schoßhund. Wahrscheinlich hatte er sich irgendeines Vergehens schuldig gemacht, aber er war zu dumm, um hinter den Kulissen die Fäden zu ziehen. Charlie und Horace tranken noch eine Tasse abgestandenen Kaffee. Betty hatte ihre Stricksachen mitgebracht, weil die Warterei sie nervös machte. Sie brauchte eine Beschäftigung.

Plötzlich hörte Charlie, wie ihn jemand ansprach. Er drehte sich blitzartig um, konnte aber niemanden entdecken. Dann hörte er wieder seinen Namen. Brad spähte aus dem rückwärtigen Treppenhaus hervor.

»Komm mal rüber. Ich habe eine Überraschung für dich.«

Charlie schaute im Treppenhaus nach. Dort stand sein Starzeuge, und Charlie musste ihn einfach umarmen. Diego trug einen Verband auf der Stirn und hatte einige Schnittwunden. Seine Kleidung war schmutzig und zerknittert.

Charlie erstarrte vor Ehrfurcht. »Wie hast du ihn gefunden?«

»Ich glaube, das mit Religion funktioniert.« Brad machte große Augen. »Ich hab ein Gebet gesprochen und bin zum Bezirksgefängnis gefahren. Sie wollten Diego und seine Familie gerade zum Flughafen bringen, damit sie dort die nächste Nacht in Abschiebehaft verbringen. Dann wollten sie sie nach Mexiko zurückschicken. Diese Schlägertypen kamen letzte Nacht zu ihrem Wohnwagen. Sie haben die Bewohner mit Baseballschlägern verprügelt und die Fenster zerschossen. Sie hatten solche Angst, dass sie sich aus dem Staub gemacht haben. Ein Autobahnpolizist hat Diego angehalten, weil seine Rücklichter nicht funktionierten. Als sie herausfanden, dass er sich illegal im Land aufhielt, haben sie ihn ins Gefängnis geworfen. Ich habe sie so lange hingehalten, bis ich Melinda erreicht habe. Wir haben uns dann dort getroffen, und sie hat dafür gesorgt, dass er freigelassen wurde. Ich muss jetzt auf ihn aufpassen. Sie arbeitet daran, Visa für die ganze Familie zu besorgen, damit sie hier bleiben können.«

»Gott segne Sie, Diego.« Charlie schüttelte seine Hand. »Es tut mir Leid. Das ist alles meine Schuld. So etwas hätten Sie nicht durchmachen dürfen.«

»Es ist nicht Ihre Schuld, Señor. Es ist Comstocks Schuld. Er hat mich und meine Freunde aus Georgia geholt, damit wir auf dem Bau arbeiten. Wir arbeiteten wie Sklaven. Und jetzt erzählen Sie mir, dass er mich langsam umbringt. Ich will Ihnen helfen, so viel ich kann.«

Charlies Augen blitzten. »Brad, du wartest fünf Minuten, nachdem ich Dake Warner hereingerufen habe, und dann kommst du mit Diego herein und setzt dich in die erste Reihe. Wenn Dake ihn sieht, dann wird er nicht lügen können.«

»Das ist ein wunderbarer Plan.« Brad lächelte. »Ich kann es gar nicht abwarten, Nancy schwitzen zu sehen.«

Charlie war schon fast durch die Tür verschwunden. »Aber, aber. Sie ist ein Dame. Sie schwitzt nicht.«

»Ich weiß. Sie glänzt. Glänzt wie ein Schwein.« Brad musste laut lachen.

Nach der Pause strömten die am Prozess Beteiligten wieder im Gerichtssaal zusammen. Charlie rief Dake Warner auf. Er war kräftig gebaut und wirkte abweisend. Charlie konnte nicht begreifen, dass Nancy die äußere Erscheinung ihrer Zeugen anscheinend überhaupt nicht einschätzen konnte. Charlie hatte nette ältere Damen und Nancy raue Burschen mit langen Haaren. Schon durch seinen Körperbau wirkte Dake Warner einschüchternd, und er arbeitete für einen noch weitaus bedrohlicher wirkenden Arbeitgeber. Warner trat in den Zeugenstand und sah Charlie mit hasserfülltem Blick an. Nach der Befragung hatte Nancy Dake angebrüllt, und dann hatte ihn Kasick angebrüllt. Als Kasick Comstock davon berichtet hatte, nahm der ihn auch noch in die Mangel. Es war ein endloser Kreislauf gewesen, und alles war Charlies Schuld.

»Guten Tag«, begrüßte ihn Charlie mit einem breiten Lächeln. Dake nickte, um den Gruß zu erwidern. »Mr. Warner, würden Sie den Geschworenen bitte erzählen, welche Aufgaben Sie in der Paragon-Gruppe wahrnehmen?«

»Klar. Ich baue Gebäude.« Er verschränkte die Arme über seinem gewaltigen Brustkasten. Er rechnete mit einem Lacher, und ein paar Reporter taten ihm den Gefallen.

»Könnten Sie das etwas genauer sagen?«

»Ja, große Gebäude.« Er musste über seinen eigenen Witz lachen.

»Euer Ehren, ich beantrage, dass ich diesen Zeugen als Zeugen der Gegenseite ins Kreuzverhör nehmen darf.«

Fitzwaring konnte es nicht ausstehen, wenn jemand in seinem Gerichtssaal dumme Bemerkungen machte. »Bitte sehr, Mr. Harrigan.«

»Mr. Warner, bei der Befragung haben Sie gesagt, dass Sie Matthew Warner am Sandstrahler angelernt haben. Ist das richtig?«

»Ich kann mich nicht erinnern. Das müsste ich nachsehen.«

»Sie haben gesagt, dass es zu Ihrem Verantwortungsbereich gehört, die Einhaltung der Sicherheitsvorschriften zu überwachen und einzelne Mitarbeiter zu schulen. Ist das richtig?«

»Das gehört unter anderem zu meinen Pflichten.«

»Haben Sie Matthew am Sandstrahler angelernt?«

»Möglicherweise. Wenn ja, habe ich auf jeden Fall sichergestellt, dass die Vorschriften eingehalten wurden.«

Charlie erreichte nichts. Er sah auf seine Uhr. Fünf Minuten waren fast vorüber. »Kennen Sie einen Mann namens Diego Stratos?«

»Einspruch, Euer Ehren.« Nancy schoss von ihrem Stuhl hoch.

Charlie drehte sich auf dem Absatz um. »Wieso können Sie Einspruch erheben? Welchen Grund wollen Sie geltend machen?«

»Mr. Harrigan, seien Sie still. Das ist mein Gerichtssaal.« Fitzwaring wandte sich zu Nancy. »Aus welchem Grund, Ms. Lockman-Kurtz?«

Sie setzte sich langsam hin und zog ihren Einspruch zurück.

Der Richter blickte Warner an. »Bitte beantworten Sie die Frage.«

»Nein. Ich habe keine Ahnung, von wem Sie reden.«

»Mr. Warner, stellt Walter Comstock Ausländer ohne Aufenthaltsberechtigung ein, die Sie dann auf den gefährlicheren Arbeitsplätzen anlernen?«

»Einspruch! Suggestivfrage!«, schrie Nancy.

»Einem Zeugen der Gegenseite stellt man Suggestivfragen. Das liegt in der Natur der Sache. Lernt man denn gar nichts auf der Duke-Universität?«

»Sie beide kommen jetzt sofort hierher!« Der Richter schlug empört mit der Faust auf den Tisch.

Aus dem Augenwinkel sah Charlie, wie Dake bleich wurde. Brad hatte gerade mit Diego den Gerichtssaal betreten. Die Verteidigung hatte nicht damit gerechnet, ihn noch einmal zu Gesicht zu bekommen, nachdem der kleine Schlägertrupp seine ganze Familie bedroht hatte.

Fitzwaring warnte Charlie und Nancy, dass der nächste unkontrollierte Ausbruch sie beide wegen Missachtung des Gerichts ins Gefängnis bringen würde. Charlie ging zu seinem Tisch zurück und blickte seinen Star an. Er trank einen Schluck Wasser, während Dake einige Schweißtropfen die Schläfe hinunterrannen.

»Mr. Warner, erkennen Sie den Mann, der in der ersten Reihe sitzt?«

Dake schaute Nancy an und stammelte undeutlich: »Ich bin mir nicht sicher.«

»Mr. Warner, wenn ich diesen Mann jetzt auf den Zeugenstand holen würde, würde er Sie kennen?«

»Ja«, murmelte Dake.

»Wenn Sie jetzt im Gedächtnis behalten, dass Lügen unter Eid ein Verbrechen ist – wer ist dieser Mann, der in der ersten Reihe sitzt, Mr. Warner?« Charlie stellte sich mitten im Gerichtssaal auf, deutete mit absichtlich theatralischer Pose auf Diego und wartete auf eine Antwort.

»Das ist, also … er hat bei Paragon gearbeitet.« Dake vermied es, zum Tisch der Verteidigung hinüberzublicken.

»Wie heißt er?«, wollte Charlie wissen.

»Diego Stratos.«

Charlie beobachtete, wie einigen Angeklagten und Vertretern der Verteidigung der Kiefer herunterklappte.

»Hält er sich legal in diesem Land auf?«

»Ich bin nicht sicher, aber ich glaube nicht.« Dake wollte nicht wieder lügen. Einmal hatte man ihn erwischt, aber ab jetzt würde er die reine Wahrheit sagen.

»Haben Sie ihn angelernt?«

»Ja, als Matt zu krank wurde, um zur Arbeit zu kommen, fing Diego auch an, am Sandstrahler zu arbeiten.«

»Hat er noch etwas anderes gemacht?«

»Eigentlich nicht. Er hat mehr oder weniger den ganzen Tag über alte Farbe abgeschmirgelt und Rost entfernt.«

Charlie machte eine kurze Pause und sah auf seinen gelben Notizblock. »Eine Frage noch: Als Sie Mr. Kasick darauf aufmerksam machten, dass Matt nicht alle Sicherheitsvorschriften befolgte, was hat er da gesagt?« Charlie blickte Walter Comstock direkt in die Augen.

»Er sagte, dass dieser Zurückgebliebene selbst schuld sei, wenn er es nicht besser wüsste.« Wieder ging ein Raunen durch den Gerichtssaal.

43

NANCY NAHM DAKE WARNER nicht ins Verhör. Die Geschworenen würden ihn nie wieder zu Gesicht bekommen. Charlie rief den städtischen Inspektor Mark Ashton herein. Er war fest entschlossen, dem Fall bis zur Mittagspause die entscheidende Wendung zu geben. Die Geschworenen hatten schon genug gehört, und er wollte, dass sie jetzt zu einer Entscheidung kamen. Ashtons Auskunft war so unergiebig wie zuvor, und er konnte eigentlich nur eine Sache bezeugen. Er hatte einen Großteil der Inspektionen bei der Paragon-Gruppe ausgeführt und war Barry Kasick niemals begegnet. Es war immer einer der anderen Vorarbeiter auf der Baustelle gewesen. Widerwillig gab er zu, dass Joshua Donovan den Einsatzplan für Routine- und Überraschungsbesuche auf den Baustellen erstellte.

Charlie befragte Ashton zu Brian Beckley, der früher bei Paragon beschäftigt gewesen war, dort einen Arbeitsunfall erlitten hatte und jetzt spurlos verschwunden war. Er lebte in einer Blockhütte in den Bergen von Murphy in North Carolina an der Grenze zu Tennessee. Charlie wusste nicht, dass man ihm fünfzigtausend Dollar geboten hatte, wenn er nicht aussagte. Die mysteriösen Begleitumstände seines Unfalls wurden niemals aufgedeckt; es hatte nie eine Verhandlung gegeben.

Nach Ashton rief Charlie Joshua Donovan herein. Er war das Gehirn, das hinter dem städtischen Sanierungsprogramm steckte, und deshalb genoss er überall großen Respekt. Charlie musste ihn auf dem Zeugenstand überführen. Wenn ihm das nicht gelang, lief er Gefahr, die Sympathien der Geschworenen zu verlieren, weil er einen Lokalhelden angegriffen hatte. Charlie stand zögernd auf.

»Guten Morgen, Mr. Donovan.«

»Guten Morgen.« Er antwortete ernst und mit einem gewissen Charme. Shascle Deerings Augen blitzten, als sie ihn von der Geschworenenbank aus beobachtete.

»Mr. Donovan, warum bekommt die Paragon-Gruppe so oft den Zuschlag bei städtischen Aufträgen?«

»Im Wesentlichen deswegen, weil sie eine gute Sicherheitsstatistik nachweisen kann. Und weil es sich um eine große Firma handelt, macht sie im Allgemeinen das günstigste Angebot.«

»Wie geht das mit den Angeboten vor sich?«

Donovan lehnte sich in seinem Stuhl zurück. »Wir schicken die Ausschreibungen an alle Baufirmen der Umgegend oder sogar außerhalb des Staates, wenn sie auf unserer Liste stehen. Sie machen einen Kostenvoranschlag und unterbreiten der Stadt dann ein Angebot.«

»Das ist alles vertraulich?«, fragte Charlie.

»Richtig. Keine Firma bekommt jemals das Angebot eines Konkurrenten zu Gesicht.«

»Wäre es einem Ihrer Angestellten möglich, diese Informationen an einen Freund durchsickern zu lassen?«

»Einspruch.«

»Ich ziehe die Frage zurück, Euer Ehren.« Charlie redete unbewegt weiter. »Warum hat ausgerechnet Mark Ashton, der jüngste Inspektor und der einzige, den Sie persönlich eingestellt haben, fast immer die Inspektionen bei Paragon durchgeführt? Von fünfzig Inspektionen gehen vierzig auf sein Konto.«

»Das ist Zufall. Das hängt davon ab, wer als Nächstes auf der Liste steht.« Mit Donovan würde es nicht einfach werden.

»Ist es nicht normal, wenn eine Firma ein oder zwei Abmahnungen pro Jahr erhält?«

»Ich glaube schon.«

»Ist es nicht seltsam, dass Paragon in den letzten fünf Jahren insgesamt nur zwei Abmahnungen kassiert hat?«

»Eigentlich nicht. Genau darum hat Mr. Comstock ja auch so viele Auszeichnungen erhalten.«

Das war das zweite Mal, dass Charlie so etwas hörte. Nancy hatte die Aussagen wirklich gründlich mit ihnen eingeübt.

»Würden Sie einer Firma, die illegale Ausländer beschäftigt, eine staatliche Auszeichnung verleihen?«

»Natürlich nicht.«

»Weder Sie noch Mr. Ashton haben also etwas von Diego Stratos gewusst?«

»Ich kann mir nicht vorstellen, dass Mr. Comstock so etwas gemacht hat.«

»Können Sie uns schildern, wie das Programm zur Förderung von Behinderten aussieht, bei dem Mr. Comstock mitarbeitet?«

»Natürlich, dieses Gremium hatte die Idee, etwas für diese Menschen zu tun und eine Art Praktikantenstellen für solche Behinderte einzurichten, die kleinere Arbeiten verrichten können.«

»Sie waren also keine Arbeitnehmer, aber der Arbeitgeber war für sie verantwortlich, und sie kamen nur für eine begrenzte Anzahl von Tätigkeiten in Frage?«

»Die Grenzen wurden lediglich von ihren eigenen Fähigkeiten diktiert.«

Über eine Stunde lang gelang es Joshua Donovan, jede direkte Antwort zu vermeiden. Er stelle Paragon und Walter Comstock in einem sehr positiven Licht dar und deutete an, dass irgendwelche Untergebenen dafür verantwortlich seien, wenn es zu Problemen gekommen sei. Es schien, als wollte Charlie die Befragung gerade abbrechen, als er plötzlich vorgab, ihm sei soeben noch etwas sehr Wichtiges eingefallen.

»Mr. Donovan, an der Wand in Ihrem Büro habe ich ein Foto von Ihnen vor einer A-6 Intruder gesehen, das in Vietnam aufgenommen wurde.«

»Das ist richtig. Ich habe in drei Einsätzen gedient.« Er setzte sich noch ein bisschen gerader hin.

»Ich weiß, ebenso wie alle anderen hier, Ihr Opfer zu schätzen.« Charlie machte ein paar Schritte. »In welcher Kompanie?«
»Fünfte Marine-Luftstaffel«, entgegnete Donovan stolz.
»Wie sahen Ihre Aufgaben aus?«
»Wir operierten vom Flugzeugträger *Eisenhower* aus. Die A-6 waren die ersten Flugzeuge, die ins Land kamen. Im Wesentlichen lenkten wir das Flakfeuer auf uns, so dass uns die Bomber folgen und militärische Anlagen zerstören konnten.«
»Toll.« Charlie schüttelte den Kopf. »Das ist unglaublich!« Er machte eine Pause und fragte: »War Walter Comstock nicht auch in Ihrer Kompanie? Er war auch auf dem Foto zu sehen.«
Donovan schien zu einem Eiszapfen erstarrt. Wie hatte er das wissen können? Niemand hätte diese eher beiläufige Verbindung herstellen können. »Ja, Mr. Comstock und ich kennen uns schon sehr lange.«
»Walter Comstock hat Sie doch sogar vor der Gefangennahme durch die Nordvietnamesen bewahrt, als Ihr Flugzeug abgeschossen wurde, richtig?«
»Er umkreiste das Gebiet und gab mir Feuerschutz. Damit setzte er sich und seinen Kopiloten einem beträchtlichen Risiko aus.«
»Es ist doch interessant, dass Sie beide auch heute so eng zusammenarbeiten.« Charlie beschloss, jetzt den entscheidenden Schlag zu führen. »Sind Sie der stille Teilhaber, der in Comstocks Teilhabervereinbarung erwähnt wird?«
Nancy rief: »Einspruch. Ich beantrage, die letzte Frage aus dem Protokoll zu streichen.«
»Stattgegeben!« Fitzwaring schlug mit seinem Hammer.
Charlie schrie immer noch seine Fragen hinaus: »Decken Sie ihn darum? Wurde Oliver Burchette umgebracht, weil er von Ihrer geheimen Vereinbarung wusste?«
»Gerichtsdiener, bitte begleiten Sie die Geschworenen hinaus. Meine Damen und Herren Geschworenen, bitte ignorieren Sie den letzten Wortwechsel.« Nachdem alle Geschworenen gegangen waren, ließ Fitzwaring den Saal räumen. »Mr. Harrigan, ich bin drauf und dran, die Verhandlung abzubrechen. Sie werden auf

jeden Fall die Nacht im Gefängnis verbringen. Was sind das für wilde Beschuldigungen, die Sie vorgebracht haben?«

Charlie ging an den Richtertisch und überreichte Fitzwaring Burchettes Manuskript, eine der zwanzig Kopien, die er überall in der Stadt in verschiedenen Schließfächern hinterlegt hatte. Ein Exemplar hatte er sogar unter seiner Matratze versteckt. »Ich glaube, dass Oliver Burchette umgebracht wurde, weil er von diesen zwielichtigen Geschäften wusste. Als Gegenleistung für die Wahrung seiner Interessen vertuschte Donovan, dass bei Paragon gegen Sicherheitsvorschriften verstoßen wurde und die Firma über die Angebote der Konkurrenten informiert wurde.«

»Das wäre kriminell, Mr. Harrigan. Das wissen Sie.«

»Euer Ehren, die Verantwortlichen haben sich meinem Mandanten gegenüber bewusst fahrlässig verhalten.«

Nancy schaltete sich wieder ein: »Das ganze Verfahren hat nichts mehr mit der eigentlichen Frage zu tun und sollte eingestellt werden.«

»Das werde ich nicht zulassen, aber ich werde der Frage nachgehen. Ich möchte, dass Sie nach der Pause Ihren letzten Zeugen aufrufen und die Sache zum Abschluss bringen. Langsam wird das hier zu einer Zirkusveranstaltung, und das gefällt mir nicht.«

Fitzwaring stürmte die Treppen hinunter, um den Rest der Pause in seinem Büro zu verbringen.

Charlie hatte dafür gesorgt, dass sich die Geschworenen während der Verhandlung nicht langweilten oder ein Nickerchen machten. Er weigerte sich, den Prozess zu verlieren, nur weil die Geschworenen müde waren und nach Hause wollten. Charlie befragte Diego Stratos zwanzig Minuten lang. Diego schilderte, wie er jeden Tag acht Stunden lang den Sandstrahler bedient hatte, und dass er jeden Tag die gleiche Kleidung getragen hatte, wenn er zur Arbeit gegangen war. Keiner hatte ihn jemals darüber aufgeklärt, dass das gefährlich war. Er rauchte zwei Packungen am Tag und hatte jetzt Angst, dass er wie Matthew sterben und dass seine Frau mit fünf Kindern in einem fremden Land ohne Unterstützung zurückbleiben würde.

Nancy beschränkte sich auf nebensächliche Fragen. Sie deutete an, dass er ein Krimineller sei, weil er sich illegal im Land aufhalte. Als sie ihm vorwarf, Amerikanern einen Arbeitsplatz wegzunehmen, blickte Diego die Geschworenen an und erwiderte: »Jeder von Ihnen, der meinen Job haben möchte, kann ihn kriegen.«

Charlie hatte sich Horace bis zum Schluss aufgespart. Nancy würde ihn nicht ins Kreuzverhör nehmen, weil damit für sie nichts gewonnen wäre. Sie könnte ihn wegen des Schmerzensgeldes befragen, aber er würde die gleiche Antwort geben wie seine Frau. Horace sprach darüber, wie es sei, ein behindertes Kind zu haben, wie er anfangs schockiert gewesen war, dieser Schock aber einer tiefen Liebe Platz gemacht hatte. Er schilderte, wie aufgeregt sie gewesen waren, wenn er kleine Siege errungen hatte, und wie selbstsicher Matt geworden war, als er immer unabhängiger wurde und schließlich sogar eine Arbeitsstelle fand.

Seine Stimme zitterte vor Zorn, als er noch einmal auf Kasicks und Warners Sorglosigkeit hinwies, was die Sicherheit ihres Sohns anging. Horace bat die Geschworenen, dafür zu sorgen, dass jemand die Verantwortung dafür übernahm. Leidenschaftlich sprach er davon, dass sich niemand darum kümmerte, wenn Arbeiter, illegale Ausländer oder junge Männer mit niedrigem IQ litten. Wer machte den Mund für sie auf? Diese Worte bewegten die Geschworenen, und mit der Erinnerung an diese letzte Zeugenaussage entließ sie der Richter bis zum nächsten Tag.

Die Zelle war überfüllt. Charlie saß in seinem Anzug da. Er beobachtete die Betrunkenen, die sich vollsabberten. Die jungen Punks hängten den Macho heraus, aber er konnte sehen, dass einer der sechzehnjährigen Jungen panische Angst hatte. Charlie lehnte sich gegen die Gitterstäbe. Er war nicht ärgerlich. Er hatte diesen Pfeil abschießen müssen und musste jetzt mit den Konsequenzen leben. Er brauchte nur neun Geschworene, die mit ihm einer Meinung waren, und dafür war er bereit, alles zu geben. Sandy wäre außer sich gewesen, aber insgeheim hätte sie über ihn gelacht. Der große Anwalt in einer Zelle mit gewöhnlichen Kriminellen. Er schlief kaum in dieser Nacht. Zwischen den Albträumen und den Seufzern des verängstigten kleinen Jungen verbrachte er die Nacht hauptsächlich damit, mit Gott zu sprechen. Alles lag jetzt in seiner Hand. Charlie hatte alles getan, was er konnte. Gegen halb fünf schlief er ein.

Nancy war das Pulver schon fast ausgegangen, als sie mit ihrer Verteidigung begann, und sie wirkte kaum mehr glaubwürdig. Sie rief alle Vorarbeiter in den Zeugenstand. Sie sagten aus, dass ihres Wissens nach keine illegalen Ausländer bei Paragon beschäftigt waren. Wenn das doch der Fall sein sollte, hätte der Betreffende im Einstellungsgespräch gelogen. Barry Kasick gab zu Protokoll, dass Diego sicherlich auch unter Eid lügen würde, wenn er bei seiner Einstellung gelogen hatte. Er entschuldigte sich dafür, den Begriff »zurückgeblieben« benutzt zu haben. Er gab zu, dass er in der Hitze des Gefechts oft das Falsche sagte, dass er aber kein schlechter Mensch sei, nur weil er hin und wieder die Kontrolle über sich verlor.

Kasick sprach noch einmal ausführlich über jede einzelne Auszeichnung, die Paragon je erhalten hatte. Die Sicherheitsstatistiken wurden noch einmal durchgegangen. Die Anzahl der Anträge auf Krankengeld und Lohnfortzahlung aufgrund von Arbeitsunfällen lag so niedrig wie nie zuvor. Alles in allem waren die Aussagen der Vorarbeiter nicht sehr überzeugend. Keiner von ihnen hatte Matthew Douglas wirklich persönlich gekannt.

»Mr. Warner hat ausgesagt, dass Sie ihn angewiesen hätten, Mr. Douglas am Sandstrahler anzulernen.« Nancy gab vor, ihn anzugreifen, als ob sie beweisen wollte, dass sie auch ihre eigenen Zeugen hart anfassen konnte.

»Mr. Warner hat das möglicherweise missverstanden. Er neigt dazu, Anweisungen nicht sonderlich ernst zu nehmen. Ich habe oft erlebt, dass er jemand anders die Schuld in die Schuhe schob, weil er faul war oder keine Lust hatte.«

Sie versuchten sich gegenseitig die Schuld zuzuweisen und mit dem Finger auf den anderen zu zeigen. Nancy rief die Hersteller von Sandstrahlern in den Zeugenstand, damit sie über die sicherheitstechnischen Verbesserungen redeten. Sie rief Angestellte des Amtes für Gesundheit und Sicherheit am Arbeitsplatz auf, die die wunderbare Arbeit von Walter Comstock in den höchsten Tönen lobten. Es fehlte nur noch, dass sie den Papst in den Zeugenstand rief, damit er Comstock für die Heiligsprechung vorschlug. Als sie fertig war, fand Charlie, dass sie ihre Meinung nicht überzeugend dargelegt hatte. Andererseits brauchte sie nur vier Geschworene, um den Fall zu gewinnen. Das wäre möglicherweise eine leichte Aufgabe.

Charlie stand auf und wandte sich in seinem Schlusswort an die Geschworenen. »Ladies und Gentlemen, ich möchte Ihnen für Ihre Arbeit danken. Ich weiß, dass schwere Wochen hinter Ihnen liegen und dass Sie große Opfer gebracht haben. Ich möchte mich auch für mein Verhalten entschuldigen, aber ich kann sehr leidenschaftlich werden, wenn es um meine Mandanten und meine Arbeit geht. Ich habe es satt, mit anzusehen, dass man auf den Benachteiligten herumtrampelt, nur damit geldgierige Unternehmer schnelles Geld machen können. Ich werde zornig, wenn man jemanden ausnutzt, der sich nicht selbst verteidigen kann.

Ich weiß, Sie sitzen da und glauben, dass ich irgendein reicher Anwalt bin, der die Paragon-Gruppe auf zehn Millionen und zweihunderttausend Dollar verklagt, weil ich selbst ein Drittel der Summe einstreiche. Aber das stimmt nicht. Ich bin nicht reich, und ich habe auch nicht vor, mich an diesem Prozess zu bereichern. Der Grund, weshalb wir auf eine so hohe Summe geklagt haben, ist der, dass das die einzige Sprache ist, die die Geschäftswelt versteht. Paragon liegt in privater Hand, wir wissen also nicht, wie viel die Firma wert ist. Aber sie muss bestraft werden. Damit sie ihre Beschäftigten nicht mehr dieser Gefahr aussetzt, muss sie zahlen, bis es schmerzt. Wie viel ist ein Leben wert? Wie berechnet man den Wert eines Kindes? Eltern würden alles tun, jeden Preis bezahlen, um ihr Kind zurückzubekommen.«

Charlie ging zu seinem Tisch und stützte sich mit den Händen auf. Er trank einen Schluck Wasser und versuchte die Tränen zurückzuhalten. »Ich habe Ihnen am Anfang dieses Prozesses erzählt, dass es um etwas sehr Einfaches geht, um Sand. Ms. Lockman-Kurtz hat dargelegt, wie lächerlich das ist und dass Menschen, die McDonald's verklagen, weil sie heißen Kaffee verschüttet haben, unser System kaputtmachen und sich daran bereichern wollen. Aber wie viele von Ihnen wissen eigentlich, was genau in diesem McDonald's-Fall geschah?« Charlie blickte die Geschworenen an, und alle Augen waren auf ihn gerichtet. Sie sogen jedes seiner Worte auf. »McDonald's serviert den Kaffee siedend heiß. Die Frau, die damals Klage einreichte, war vierundachtzig Jahre alt. Sie verklagte die Imbisskette, weil ihr Styroporbecher einknickte, als sie den Deckel öffnete. Nach sieben Hauttransplantationen wurden ihr zwei Komma sechs Millionen Dollar zugesprochen. Das ist der Nettoverdienst, der durch den Verkauf von Kaffee an einem einzigen Tag allein in den USA gemacht wird. Die Summe wurde später auf einhunderttausend Dollar vermindert. Ich möchte Ihnen jetzt eine Frage stellen: Wenn es Ihre Großmutter gewesen wäre, die Verbrennungen dritten Grades erlitten hätte, weil sie kochend heißen Kaffee verschüttet hätte, wie viel Geld würden Sie verlangen?

Glaubt einer von Ihnen wirklich, dass dieses freundliche Ehepaar nur hinter dem Geld her ist? Das kann ich mir nicht vorstellen. Walter Comstock nutzte ihren Sohn aus und brachte ihn um. Matthew Douglas atmete mikroskopisch feinen Staub ein, Stunde für Stunde, bis er an Lungenkrebs erkrankte und die Tumorzellen seinen Körper zerstörten. Wir haben gehört, wie er in seinen letzten Tagen hustete und keine Luft mehr bekam.

Die Verteidigung wird Ihnen sicherlich erzählen, dass Matthew über das Risiko Bescheid wusste. Matthew kannte die Gefahren, die seine Arbeit barg, ebenso wie man weiß, dass Zigaretten gefährlich sind. Er konnte die Gefahr einschätzen und entschloss sich, sie zu ignorieren. Aber das stimmt nicht. Matthew war kein Mensch wie Sie und ich. Sie haben Mr. Grady gehört. Matthew vertraute jedem Menschen grenzenlos, ein gesundes Misstrauen hatte er nie entwickelt. Er wusste nicht, er konnte gar nicht wissen, dass ihn diese kleinen Staubteilchen töten würden. Vielleicht hatte man es ihm gesagt, aber hatte er es verstanden? Hatte man ihn immer wieder darauf hingewiesen? War es irgendjemandem wichtig?«

Charlie wandte sich ab. »Mir ist es wichtig. Und ich hoffe, Ihnen ist es auch wichtig.« Charlie ging zu seinem Stuhl zurück und setzte sich.

Nancy stand auf und knöpfte ihre Jacke zu. Ungerührt begann sie: »Ich empfinde Mitleid mit der Familie Douglas. Ich habe meine Eltern verloren. Jeder von uns hat geliebte Menschen verloren, und es ist nur natürlich, dass wir uns nach jemandem umschauen, dem wir die Schuld in die Schuhe schieben können. Aber dürfen wir wirklich Walter Comstock dafür verantwortlich machen? Er kann doch nicht auf jeden einzelnen seiner Arbeitnehmer aufpassen. Können wir Barry Kasick verantwortlich machen? Es ist doch nicht seine Schuld, dass Dake Warner seine Pflichten vernachlässigte. Wie weit kann man die Kette zurückverfolgen, wenn man einen Verantwortlichen sucht?

Wenn jemand erschossen wird, verklagen wir dann die Waffenfabrik, den Hersteller der Munition oder das Geschäft, in dem wir die Pistole gekauft haben? Nein. Der Schütze wird zur Verantwortung gezogen. Unsere Gesellschaft hat einen Punkt erreicht, an dem ein Barkeeper haftet, weil er nicht auf den Alkoholkonsum eines Gastes geachtet hat, der später einen Unfall verursacht. Und das ist lächerlich. Sollten wir nicht den Eigentümer der Bar verklagen? Oder den Vermieter des Hauses, in dem sich die Bar befindet? Was ist mit der Bezirksregierung, die den Ausschank von alkoholischen Getränken genehmigt hat? Es gibt einen Punkt, an dem man aufstehen und sagen muss: Genug ist genug. Wir alle treffen Entscheidungen, und wir alle müssen die Verantwortung für unsere Handlungen übernehmen.«

Nancy ging zu einer Tafel hinüber und schrieb einige Zahlen auf. »Nehmen wir einmal an, dass Mr. Douglas sechs Dollar pro Stunde verdiente und acht Stunden pro Tag arbeitete, fünf Tage in der Woche, fünfzig Wochen im Jahr. Wenn er das fünfzig Jahre lang getan hätte, hätte er sechshunderttausend Dollar verdient. Ich finde, das ist fair. Mr. Comstock hat den Douglas' eine weitaus größere Summe angeboten, um ihren Schmerz zu lindern. Er hat alles getan, was in seiner Macht stand, um ihnen ihren Verlust zu erleichtern. Bitte denken Sie daran, Ladies und Gentlemen – wenn sich das nächste Mal auf Ihrem Grund und Boden jemand den Knöchel verstaucht, könnte er Sie auf ein Schmerzensgeld in Millionenhöhe verklagen.«

Mit dieser kleinen Predigt schloss Nancy ihr Plädoyer. Bevor Fitzwaring die Geschworenen entließ, wies er sie noch einmal an, alle Zeugenaussagen für ihr Urteil zu berücksichtigen. Man würde ihnen eine Mahlzeit kommen lassen, so dass sie keine Pause machen mussten. Damit war die Verhandlung vertagt.

44

D<small>IE</small> S<small>TUNDEN SCHIENEN</small> sich zu Tagen hinzuziehen. Charlie ging unruhig im Schnellimbiss auf und ab. Sonny schenkte Brad immer wieder Kaffee nach. Betty löste das Kreuzworträtsel in der *USA Today*. Horace starrte aus dem Fenster und hielt das Foto von Matthew in der Hand. Hin und wieder versuchte einer von ihnen, das Schweigen zu brechen, aber die Gespräche waren kurz und gezwungen. Stillschweigend einigten sie sich darauf, nicht miteinander zu reden. Einer der Gerichtsdiener hatte erzählt, dass die Geschworenen sich noch einmal über die genauen Regelungen zur Haftung bei Fahrlässigkeit informieren wollten. Außerdem wollten sie sich noch einmal Klarheit über einige Zeugenaussagen der Wissenschaftler aus dem ersten Teil des Verfahrens verschaffen. Sie baten darum, dass ihnen das Abendessen gebracht wurde, damit sie ihre Beratung nicht unterbrechen mussten.

Für Charlie war das ein schlechtes Zeichen. Seiner Meinung nach ging es um eine einfache, eindeutige Frage. Entweder trug Comstock die Verantwortung für Matthews Tod oder nicht. Möglicherweise waren die Geschworenen geteilter Meinung, oder sie diskutierten darüber, welche Rolle Comstock im eigentlichen Tagesgeschäft der Firma spielte. Offensichtlich waren alle Geschworenen eher reserviert, was eine Verurteilung anging.

Charlie brauchte nur neun Geschworene auf seiner Seite. Schließlich setzte er sich hin und aß ein Stück Kokosnusscreme-Torte. Er hatte nichts mehr zu sich genommen, seit er gegen Mitternacht etwas im *Domino's* gegessen hatte.

Nach sieben Stunden und zweiundvierzig Minuten klingelte das Telefon, wenn Charlie seiner Uhr vertrauen konnte. Die Geschworenen waren zu einem Urteil gekommen. Charlie, Brad, ihre Mandanten und sogar Sonny kletterten in Charlies Blazer, um die Urteilsverkündung zu hören. Sonny schloss Charlie zu Ehren seinen Imbiss, ganz egal, wie das Urteil ausfallen würde. Es war sechs Uhr, und stadtauswärts standen die Autos im Stau. Charlie hupte und versuchte sich durch den Feierabendverkehr hindurchzuschlängeln. Er bog nach rechts in die McDowell Street, aber auch dort ging es nicht vorwärts. Zwanzig Minuten brauchte er für die vierhundert Meter bis zum Gericht.

Am Tisch der Verteidigung hatten bereits alle mit zusammengebissenen Zähnen Platz genommen und schauten Charlie mit zornigen Blicken an. Am liebsten hätte er ihnen entgegengehalten: »Das habt ihr euch selber zuzuschreiben. Dafür könnt ihr mir nicht die Schuld geben.« Aber er vermied es, sie direkt anzublicken. Als er mit seinen Mandanten Platz genommen hatte, rief Richter Fitzwaring die Geschworenen herein. Wieder schauten zwölf Gesichter nach unten und gaben keine Gefühlsregung preis.

Der Richter schaute den Sprecher an und fragte ihn in dem typischen feierlichen Ton, den Charlie schon immer lächerlich gefunden hatte: »Sind die Geschworenen zu einem Urteil gekommen?«

Thomas Landon stand auf und verkündete: »Ja, Euer Ehren, das sind wir.« Jeden Tag stellen Juristen in Amerikas Gerichtssälen einander Fragen, deren Antworten jeder kennt.

Der Gerichtsdiener übergab Fitzwaring ein Blatt Papier. Fitzwaring faltete es auseinander und las es. Dann setzte er seine Brille ab. »Ist das Ihre Entscheidung?«

»Ja, Euer Ehren.« Der Gerichtsdiener gab dem Sprecher das Blatt Papier zurück.

»Ich bitte den Sprecher der Geschworenen, das Urteil zu verlesen.«

Thomas Landon blickte sich nervös um und holte tief Luft. »Wir, die Geschworenen, entscheiden zugunsten der Kläger.«

Comstock ließ seinen Kopf leicht sinken. Nancy blickte den Sprecher an, ohne mit der Wimper zu zucken.

»Wir sprechen dem Kläger zweihunderttausend Dollar Schadensersatz zu ...« Hier holte er noch einmal Luft.

Charlie griff nach Bettys Hand.

»... und erkennen dem Kläger ein Schmerzensgeld von ... fünfundzwanzig Millionen Dollar zu.«

Ein entsetztes Stöhnen ließ sich von irgendwo vernehmen. Comstock ließ seinen Kopf auf den Tisch niederknallen. Nancy stand sofort auf und stellte alle möglichen Anträge. Fitzwaring ignorierte sie und ließ immer wieder seinen Hammer niedersausen, um die Journalisten zur Ruhe zu bringen, aber ohne Erfolg. Sie stürmten zur Tür hinaus, um die Lokalsender und -zeitungen zu informieren. Betty umarmte Charlie tränenüberströmt. Horace schlang seine Arme um Brad, der etwas unsicher war, wie er reagieren sollte.

»Ruhe.« Wieder sauste der Hammer nieder. »Ich will, dass in meinem Gericht Ruhe herrscht.«

»Euer Ehren, ich bitte darum, dass die Geschworenen einzeln nach ihrer Entscheidung gefragt werden«, verlangte Nancy in einem verzweifelten Versuch, die Entscheidung rückgängig zu machen.

Der Richter forderte jeden Geschworenen auf, seine oder ihre persönliche Entscheidung offen zu legen. Als das geschehen war und jeder Geschworene sein »schuldig« oder »nicht schuldig« verkündet hatte, stand es zehn zu zwei. Nancy stellte den Antrag auf Änderung des Urteils und versuchte noch weitere Manöver.

Richter Fitzwaring befahl ihr, sich hinzusetzen. »Ms. Lockman-Kurtz, ich verstehe, dass Sie mit dem Urteil nicht zufrieden sind, aber Sie können Ihren Einspruch beim Berufungsgericht geltend machen. Ich werde das Urteil der Geschworenen nicht antasten. Ich möchte den Geschworenen für ihre sorgfältige Arbeit danken. Sie können jetzt gehen. Die Verhandlung ist geschlossen.« Zum letzten Mal schwang er seinen Hammer.

Auf der Galerie jubelte man und fiel sich gegenseitig um den Hals. Martin Van Schank, der sich die Urteilsverkündung von der letzten Reihe aus mit angehört hatte, stahl sich leise aus dem Saal, ohne dass ihn jemand bemerkte. Nancy schüttelte Charlie die Hand und gratulierte ihm. Er wusste, dass es ihr zuwider war, und versuchte höflich zu sein. Comstock warf Charlie einen hasserfüllten Blick zu und stürmte hinaus.

Horace und Betty umarmten sich und lachten unter Tränen. Brad klopfte Charlie auf den Rücken. »Gute Arbeit, Kumpel. Du hast es wieder einmal geschafft!«

»Danke.« Charlie blieb auf seinem Stuhl sitzen.

Er hatte nie richtig gewusst, wie man sich verhalten sollte, wenn man einen Fall wie diesen gewann. Wie Maggie Thomason wurde auch Matthew Douglas nicht wieder lebendig. Er saß still da, dankte Gott und hoffte, dass das, was er getan hatte, ausreichte.

Sie feierten den Sieg mit einer Party im kleinen Kreis in *Sonny's Teriyaki Grill*. Die Hamburger, Pommes frites, Milchshakes und Colas gingen heute auf das Haus. Alle, die am Prozess beteiligt gewesen waren, wirkten völlig erschöpft. Charlie hatte vor, um neun Uhr ins Bett zu gehen und zwölf Stunden durchzuschlafen. Sonny brachte Charlie einen Schokoladenshake an den Tisch.

»Mein Freund, Sie sind wieder ein Held.«

»Schon möglich.«

»Ja, Sie sind ein Held. Sie kämpfen und Sie gewinnen. Ich bin stolz auf Sie.« Sonny schüttelte ihm die Hand.

Horace kam zu ihm heran und sagte: »Ich bin auch stolz auf dich. Ich glaube nicht, dass irgendjemand anders so hart für Matt gekämpft hätte wie du. Ich danke dir von ganzem Herzen. Werden wir dich hin und wieder noch einmal sehen?«

»Natürlich, jeden Sonntag, besonders wenn ich nach dem Gottesdienst zum Mittagessen kommen kann. Solange es bei euch Brathähnchen mit Kartoffelbrei gibt, komme ich gerne vorbei.«

»Du weißt, dass du uns mehr als willkommen bist.« Horace drehte sich zu Betty um und sagte: »Mein Schatz, wir sollten uns lieber auf den Weg machen. Du weißt, dass ich nach Einbruch der Dunkelheit nicht gerne fahre.«

»Gut. Danke für alles, Charlie.« Sie umarmte ihn noch einmal und verabschiedete sich.

»Hey, Kumpel. Ich habe mich mit der Angestellten vom ersten Stock noch zu einem späten Abendessen verabredet. Willst du mitkommen?« Brad hoffte, Charlie würde ablehnen, aber er wollte höflich sein.

»Nächstes Mal vielleicht. Ich will heute ganz still für mich feiern. Bis später, Kumpel.« Charlie sah Brad nach, als er in seinen Porsche stieg und abfuhr.

Sonny blickte ihn an. »Sie machen es besser als irgendjemand anders.«

Einige Augenblicke saßen sie schweigend da und beobachteten die Autos, in denen die Angestellten heim zu ihren Familien fuhren. Sonny brach das Schweigen. »In jedem dieser Wagen sitzt ein Mensch. Jeder Mensch ist auf einer Reise. Manche sind an einem Ort, wo es ihnen gut geht, und manche sitzen in ihrem persönlichen Fegefeuer …«

Charlie führte Sonnys Gedanken zu Ende. »Und jeder von uns, der auf dieser Reise schon ein Stück vorangekommen ist, muss denen helfen, die noch zurückliegen. Genau das hast du mit mir in den letzten Monaten gemacht.«

Sonny lächelte und nippte an seinem Kaffee. »Die Menschen wollen, dass Schmerzen und Leid einen Sinn ergeben, aber sie sind einfach ein Teil dieser Welt. Entweder lassen wir zu, dass uns der Schmerz kaputtmacht, oder wir halten mitten im Leid Ausschau nach Gott. Am Kreuz hat er den Schmerz nicht einfach abgewischt. Er hat ihn am eigenen Leib erfahren. Er versteht, was es heißt zu leiden.«

»Irgendwie habe ich in allem, was ich durchgemacht habe, das entdeckt, was du damals im Kriegsgefangenenlager erfahren hast. Der Schmerz ist nicht vollkommen weg, und manchmal fühle ich mich verwirrt und verzweifelt, aber dann erlebe ich Augenblicke des Friedens und spüre, dass Gott bei mir ist. Ich kann es nicht erklären.«

»Es gibt keine Worte für einen so schrecklichen Schmerz oder einen so großen Gott.« Sonny schlürfte die letzten Tropfen aus seinem Becher.

»Danke, Sonny, ich glaube, ohne dich hätte ich es nicht so weit geschafft.«

»Ich mache nur meine Arbeit, genau wie du.« Sonny fing an, die Teller und Tassen abzuwaschen. Charlie hing noch eine Weile seinen Gedanken nach und machte sich dann daran, ihm beim Spülen zu helfen.

Als Charlie am nächsten Morgen den *Charlotte Observer* holte, entdeckte er auf der ersten Seite wieder sein Porträt unter der Überschrift »Harrigan hat es wieder geschafft«. Der Untertitel, etwas kleiner gedruckt, lautete »25 Millionen Dollar«. Er las den Artikel, der vom Urteil gegen Walter Comstock und die Paragon-Gruppe berichtete und den gesamten Prozess noch einmal zusammenfasste. Charlie und die beiden Rekordurteile, die er in Mecklenburg County erkämpft hatte, wurden ebenfalls erwähnt. Er überflog den restlichen Artikel und lächelte.

Das Telefon wollte nicht stillstehen, aber Charlie hob nicht ab. Als er die Zeitung aufklappte, sah er unterhalb des Mittelkniffs eine Reihe von Fotos: Walter Comstock, Martin Van Schank, Nancy Lockman-Kurtz und Joshua Donovan. Unter den Bildern berichtete ein Artikel von der Anklage gegen diese vier wegen Betrugs, unzulässiger Preisabsprache und der illegalen Einschleusung von Ausländern, und es wurde angedeutet, dass möglicherweise auch andere Verbrechen wie zum Beispiel Mord, Brandstiftung und tätlicher Angriff im Spiel waren. Paragon hatte an diesem Morgen als Reaktion auf den Artikel nicht geöffnet. Ihr Chef saß im Gefängnis, und die Baufirma würde wohl entweder verkauft oder geschlossen werden. In jedem Fall würde sie aufhören zu existieren. Horace und Betty würden sich freuen.

Die Tür zu Charlies kleinem Büro ging auf. »Hey, Kumpel, hast du die erste Seite gesehen? Wir sind wieder im Geschäft.«

»Wovon redest du?« Charlie blickte Brad verständnislos an.

»Sag, dass du mein Angebot annimmst. Du weißt doch, du und

ich, unsere eigene Kanzlei.« Brad sprang aufgeregt im ganzen Zimmer umher.

»Ich weiß wirklich nicht, ob ich mir das noch antun will.«

Brad setzte sich gegenüber von Charlie an den Tisch. »Denk noch mal nach. Ich habe Anrufe aus Pittsburgh, San Diego, Houston, Colorado Springs, Steubenville ...«

»Steubenville? Wo liegt das denn?«

»Ich glaube, in Ohio oder so. Jedenfalls, diese Firmen wollen, dass wir einen großen Prozess gegen alle führen, die mit Silicaten handeln, vielleicht sogar die Hersteller verklagen. Wir haben das große Los gezogen. Du kannst dich nicht aus der Affäre ziehen. Die Welt braucht Menschen wie uns.«

Es klopfte an der Tür. Einen Augenblick lang kam ihr Gespräch ins Stocken.

»Herein!«, rief Charlie.

Melinda Powell betrat das Zimmer mit der Zeitung in der einen und einem Karton in der anderen Hand. »Herzlichen Glückwunsch, meine Herren Anwälte! Ich wusste nicht, ob ihr schon in die Zeitung geguckt habt, also habe ich gedacht, ich bringe sie persönlich vorbei.«

»Bitte setzen Sie sich.« Brad bot ihr einen Stuhl an. »Erzählen Sie uns von der Anklage.«

Melinda räusperte sich und erzählte ihnen die Geschichte in allen Einzelheiten. »Ich habe das Manuskript gelesen, das Sie mir gegeben haben, und daraufhin Nachforschungen angestellt. Die Verbindung zwischen Van Schank, Donovan und Comstock geht auf Vietnam zurück. Ich habe Nancy verhaften lassen. Sie berief sich auf die Kronzeugenregelung und hat alles erzählt. Ihr verdanken wir die fehlenden Informationen, die wir noch brauchten, um die anderen Haftbefehle auszustellen. Offenbar haben die drei damit begonnen, Heroin in die Vereinigten Staaten zu schmuggeln. Nachdem sie sich mit ihren jeweiligen Firmen etabliert hatten – alle durch Drogengelder finanziert –, organisierte Van Schank die Schmuggelei im großen Stil, und jeder von ihnen bekam seinen Anteil. Comstocks stille Teilhaber bei Paragon waren Van Schank und Donovan. Hätten Sie das für möglich gehalten?« Sie lächelte. »Paragon hat heute nicht einmal geöffnet. Ich glaube, die Gesellschaft wird aufgelöst werden.«

Charlie war wie vom Donner gerührt. »Sie waren also dermaßen korrupt! Hatten Hobbes oder Reimarus etwas damit zu tun?«

»Ich glaube nicht. Es ist nicht ganz leicht herauszufinden, wie viel sie gewusst haben, aber dem werde ich auch noch nachgehen.« Sie lächelte Charlie an. »Und Sie haben den Stein ins Rollen gebracht. Ich glaube nicht, dass jemand ihre Verbrechen aufgedeckt hätte, wenn Sie nicht diesen Prozess geführt hätten. Comstock und Donovan sitzen jetzt im Gefängnis und warten darauf, dass sie gegen Kaution freikommen. Die schlechte Nachricht ist, dass Van Schank spurlos verschwunden ist. Seit der Urteilsverkündung gestern Abend hat ihn niemand mehr gesehen.«

Charlie blickte verwirrt. »Wer hat Burchette umgebracht? Wer hat mein Haus niedergebrannt und mich zusammengeschlagen?«

Melinda genoss es sichtlich, die ganze Geschichte zu erzählen. »Vor ein paar Tagen hat das Pentagon die Fingerabdrücke freigegeben, die man auf Burchettes Boot entdeckt hat. Sie stammen von einem Mann namens Slade, der offenbar Van Schanks rechte Hand in Vietnam war. Sie nahmen beide an geheimen Operationen teil. Niemand will mir sagen, was für Missionen das gewesen sind. Offenbar besaß Slade hier in der Stadt eine private Wachfirma. Er erledigte für Van Schank und Donovan die Drecksarbeit. Wir vermuten, dass er zusammen mit Van Schank das Land verlassen hat.« Sie sah niedergeschlagen aus.

Brad begriff die Ironie und musste lachen. »Großartig. Noch ein Dr. Johnston.«

»Ach, ja«, ihre Miene hellte sich auf, »Dr. Johnston befindet sich in Polizeigewahrsam, und zwar in Cayenne in Französisch-Guayana. Ich warte auf seine Auslieferung. Wenn er in den Staaten eintrifft, beginnt sein Strafprozess.«

»Ja, Gott erhört wirklich Gebete!«, rief Charlie und klatschte in Brads Hand.

»Ich habe noch eine gute Neuigkeit«, fuhr Melinda fort und

hielt einen Umschlag hoch. »Das ist ein Haftbefehl für Ihren Freund Reverend Billy. Wir werden ihn heute Nachmittag wegen Betrugs und Täuschung der Öffentlichkeit verhaften. Wenn Sie wollen, können Sie mitkommen.«

»Und was ist in dem Karton da?« Brad war neugierig.

»Ach, ich habe gedacht, ich bringe euch ein Geschenk mit, zur Feier des Tages.« Sie übergab Charlie den Karton. »Nach der Urteilsverkündung habe ich das hier von einem Graveur für euch beide anfertigen lassen. Es ist heute Morgen fertig geworden.«

Der Karton war ziemlich schwer. Charlie riss ihn auf und schaute hinein. »Oh, das sieht aber schön aus.«

»Was ist es denn, Kumpel?«

Charlie zog ein Messingschild heraus. Es trug die Aufschrift *Harrigan & Connelly, Rechtsanwälte*.

»Also, ich glaube, ich muss mit dir ins Geschäft kommen, wenn Melinda sich die Mühe gemacht hat, ein Schild für uns anfertigen zu lassen.« Charlie wandte sich an Melinda. »Vielen Dank.«

»Ich habe zu danken! Ich habe einen Riesenbetrug aufgedeckt. Dank Ihnen werde ich vielleicht bald Bezirksstaatsanwältin!«

Brad führte sich auf wie ein Kind. »Ich hänge es draußen neben die Tür.«

»Natürlich.« Melinda beobachtete, wie Brad die Treppe hinunterstürzte, und wandte sich wieder Charlie zu. »Charlie, ich weiß, dass Sie in letzter Zeit eine Menge durchgemacht haben, aber ich würde Sie gerne zum Brunch einladen, um Ihnen zu zeigen, wie sehr ich Sie mag und schätze.«

Charlie zögerte und suchte nach den richtigen Worten: »Ich weiß nicht, ob ich dazu schon bereit bin ... ich meine, ich finde Sie sehr nett und alles, aber ... ich bin einfach noch nicht so weit ...«

»Ich weiß. Es hat ja auch weiter nichts zu bedeuten. Einfach zwei Freunde, die zusammen essen gehen.« Sie neigte den Kopf und lächelte ihn an.

Charlie dachte einen Moment nach und griff nach seiner Jacke. »Ja, natürlich, warum nicht?«

Sie gingen die Treppe hinunter und zur Tür hinaus. Brad hatte sich von Sonny eine Bohrmaschine ausgeliehen und bohrte Löcher in den Beton, um das Schild der gerade gegründeten Kanzlei *Harrigan & Connelly* anzubringen. Charlie und Melinda gingen den Bürgersteig hinunter. Sie schlenderten einfach drauflos, ohne bestimmte Richtung, ohne bestimmtes Ziel.

John Fischer

Und Gott schuf Ben

Roman

352 Seiten, ABCteam-Geschenkband, Bestell-Nr. 111 804

Ben ist ein ganz besonderer Junge. Als Sohn des neuen Pastors in der Standard Christian Church gibt er sich nicht damit zufrieden, wie seine Umgebung den christlichen Glauben lebt. Ben will selbst der Sache mit Gott auf den Grund gehen und ihn selbst erfahren. Dass Ben dabei den gewohnten Trott der Sonntagsgemeinde kräftig durcheinander wirbelt, stellt nicht nur seine eigene Familie vor so manche Herausforderung. Und schließlich erlebt Ben Gott selbst und sehr persönlich – in eine unheilbaren Krankheit.

Ein fesselnder Roman über die Liebe Gottes, über Freundschaft und einen unangepassten, herzerfrischenden kleinen Jungen.

ONCKEN VERLAG WUPPERTAL UND KASSEL